Ulf Abraham/Julia Knopf (Hrsg.)

# Deutsch – Didaktik für die Grundschule

Herausgeber der Reihe

**Dr. Klaus Metzger,**
**Schulamtsdirektor im Regierungsbezirk Schwaben/Bayern**

---

**Die Herausgeber und die Autorinnen und Autoren dieses Bandes:**
**Prof. Dr. Ulf Abraham**, Universität Bamberg
**Prof. Dr. Julia Knopf**, Universität des Saarlandes
**Dr. Horst Bartnitzky**, Lehrer und Schulleiter, Lehrerfortbildner
**Dr. Kristina Bismarck**, Akademische Rätin, Universität Bamberg
**Prof. Dr. Christoph Bräuer**, Georg-August-Universität Göttingen
**Prof. Dr. Brigit Eriksson**, Leiterin des Zentrums Mündlichkeit und Rektorin, Pädagogische Hochschule Zug
**Dr. Klaus Gattermaier**, Akademischer Rat, Universität Passau
**Prof. Dr. Werner Knapp**, Pädagogische Hochschule Weingarten
**Prof. Dr. Eva Maria Kohl**, Martin-Luther Universität Halle/Wittenberg
**Michael Krelle**, Wissenschaftlicher Mitarbeiter, Universität Duisburg-Essen
**Dr. Claudia Kupfer-Schreiner**, Akademische Rätin, Universität Bamberg
**Prof. Dr. Martin Luginbühl**, Universität Neuchâtel
**Prof. Dr. Thomas Möbius**, Rheinisch-Westfaelische Technische Hochschule Aachen
**Dr. Annemarie Niklas**, Akademische Rätin, Universität Augsburg
**Sören Ohlhus**, Wissenschaftlicher Assistent, Universität Bielefeld
**Prof. Dr. Jakob Ossner**, Pädagogische Hochschule St. Gallen
**Annette Pöhlmann-Lang**, Wissenschaftliche Mitarbeiterin, Universität Bamberg
**Ulrike Potthoff**, Lehrerin, Sprecherzieherin DGSS, Fachleiterin
**Prof. Dr. Sigrun Richter**, Universität Regensburg
**Prof. Dr. Christa Röber**, Universität Freiburg
**Joachim Schäfer**, Akademischer Mitarbeiter, Pädagogische Hochschule Ludwigsburg
**Friederike Sevegnani**, Lehrerin an einer Grund- und Werkrealschule, Ludwigsburg
**Dr. Anne Steiner**, Wissenschaftliche Assistentin und Theaterpädagogin, Universität Bayreuth
**Prof. Dr. Karin Vach**, Pädagogische Hochschule Heidelberg

Ulf Abraham/Julia Knopf (Hrsg.)

# Deutsch – Didaktik für die Grundschule

Cornelsen
SCRIPTOR

Projektleitung: Gabriele Teubner-Nicolai, Berlin
Redaktion: Anja Sieber, Berlin
Reihengestaltung: zweiband.media, Berlin
Umschlaggestaltung: Magdalene Krumbeck, Wuppertal
Layout/technische Umsetzung: Ludger Stallmeister, Wuppertal

**www.cornelsen.de**



3. Auflage 2016



Druck: CPI – Clausen & Bosse, Leck

ISBN 978-3-589-16210-9

Inhalt gedruckt auf säurefreiem Papier aus nachhaltiger Forstwirtschaft.

# Inhalt

# Deutschunterricht auf der Primarstufe

*Ulf Abraham/Julia Knopf*

Keine der aktuell vorliegenden Einführungen in die Deutschdidaktik konzentriert sich auf die Primarstufe. Obwohl alle mit dem Anspruch auftreten, Grundlagen für den Deutschunterricht auf allen Schulstufen zu vermitteln, wird sekundarstufentypischen Inhalten und Lernzielen deutlich mehr Aufmerksamkeit geschenkt. Das Unterrichten von Sprache, Lesen, Literatur und Medien in der Grundschule bekommt durch diese Ausrichtung eher propädeutische Funktion: Seine Aufgabe scheint es v. a. zu sein, die Lernenden auf das vorzubereiten, was in den weiterführenden Schulen folgt.

Natürlich ist diese Perspektive nicht ganz falsch; aber sie ist nicht unbedingt dafür geeignet, sprachliches, literarisches und mediales Lernen in den ersten vier bis sechs Schuljahren in seiner Eigenlogik zu erfassen und diese Schulstufe als Lernphase eigenen Rechts zu begreifen. Im Folgenden werden einführend einige Hinweise diesbezüglich gegeben.

## 1 Lernprozesse und Arbeitsbereiche im Deutschunterricht

Lernbereichsgliederungen, die an sprachlichen oder sprachbezogenen Tätigkeiten (Sprechen/Hören, Schreiben, Lesen, über Sprache nachdenken) orientiert sind, prägen die Theorie des Deutschunterrichts seit der „Kommunikativen Wende" der frühen 1970er Jahre. Die in den 1990er Jahren ausgerufene „Kognitive Wende" hat daran nicht prinzipiell etwas geändert, sondern lediglich den Schwerpunkt verschoben: weg vom nur ‚übenden' Vollzug sprachlichen Handelns und hin zu den kognitiven Voraussetzungen solchen Handelns im Rahmen von Erwerbsprozessen (besonders Lesen, Schreiben, Rechtschreiben). Für die Lernkultur der Grundschulkinder ist eine solche Sichtweise ganz besonders sinnvoll: Es geht zum einen um den Auf- und Ausbau sprachlicher Fähigkeiten und Fertigkeiten (v. a. in Bezug auf die Schriftlichkeit), zum anderen um die allmähliche Gewinnung einer Distanz zum eigenen Sprachgebrauch. So untersuchte schon Gerhart Wolff, inwieweit das mündliche Erzählen und Berichten von Zweitklässern dazu beiträgt,

> *[...] eine Auseinandersetzung des Kindes mit der Außenwelt, mit sich selbst, mit dem Gegenüber zu unterstützen.* (Wolff 1981, 93)

Und Andresen (2002) zeigt, dass Grundschulkinder sprachliche Dekontextualisierungs- und Bewusstwerdungsprozesse als Vorbereitung für die

Schriftlichkeit weniger beim mündlichen Erzählen als im Rollenspiel erlernen, also sozusagen in Distanz zum eigenen Sprechen.

Einen entwicklungsbedingten Schwerpunkt im Deutschunterricht der Grundschule stellt die Entdeckung der Schrift als neues Medium dar. „Schriftlich-konzeptuale Fähigkeiten", wie FEILKE (2003) sie basierend auf Entwicklungsmodellen sprachlichen Lernens beschreibt, bilden sich lange vor dem eigentlichen Schrifterwerb aus (vgl. FEILKE 2003, 178 f.): Alltagskontakte mit Schrift(en) und Beobachtungen an Schreibenden führen zu ersten subjektiven Vorstellungen von Schriftlichkeit als Konzept (was tun Menschen, wenn sie lesen und schreiben?) und als Medium (was brauchen und gebrauchen sie dazu?). Das Kind entdeckt damit eine zweite Welt, die die bekannte Lebenswelt auf Schritt und Tritt überlagert und beeinflusst. Die Erforschung dieser Welt stößt in seinem Kopf eine Tür auf; hinter dieser Tür liegt die Abstraktions- und Ordnungsfunktion, die Schriftlichkeit als „Sprache der Distanz" anbietet.

Das vielen Vorschulkindern ‚protoliterarisch' vertraute Eintauchen in die Vorstellungswelt einer erzählten Geschichte, eines vorgelesenen Bilderbuchs oder eines angehörten und mitgesungenen Kinderliedes bleibt auch für den Deutschunterricht wichtig, es ist die Basis für alles literarische Lernen. Aber hinzu tritt jetzt die sich entwickelnde eigene Lesekompetenz und damit die allmählich wachsende Unabhängigkeit von erwachsenen Literaturvermittlern: Grundschüler entdecken, dass und wie sie sich selbst (lesend) Geschichten erzählen können; Distanzgewinn und Selbstständigkeit sind der Lohn des (Selber-)Lesens.

Wie damit das bereits vor der Einschulung erworbene Sprachwissen (bei all seiner sozialisations-, schicht- und ethniebedingten Unterschiedlichkeit) in der Grundschulzeit „eine tiefgreifende Restrukturierung" erfährt (ebd., 178), kann hier nicht weiter dargestellt werden. Es genügt zu sagen, dass der Erwerb basaler Textsortenkompetenz (also die Unterscheidung von „Narration, Deskription, Argumentation", ebd., 183) die weitere sprachliche und kognitive Entwicklung tiefgreifender beeinflusst, als man lange gedacht hat. Vereinfacht gesagt, entwickeln sich sprachliche Fähigkeiten je nach Textsorte sicherlich unterschiedlich schnell und eventuell auch unterschiedlich weit. Dies hat sowohl für den Bereich „Sprechen, Zuhören und Gespräche-Führen" als auch für den Bereich „Für sich und andere schreiben" und schließlich für „Lesen und mit Literatur umgehen" Konsequenzen: In diesen sogenannten „Lernbereichen", die bis heute als Binnengliederung von Lehr- und Bildungsplänen fungieren, kann man basale Arbeitsbereiche des Faches Deutsch sehen, die zweifach bestimmt werden müssen:

- einerseits durch die hier jeweils erreichbaren sprachbasierten Kompetenzen (vgl. dazu den nächsten Abschnitt),
- andererseits aber durch einen Entwicklungsprozess, der dem Erwerb von Kenntnissen, der Ausbildung von Vorstellungen und der Klärung von Begriffen gilt.

In diese Sichtweise fügt sich auch die Neubewertung eines „Lernbereichs“ ein, der heute meist „Sprache untersuchen“ heißt: Die erwähnte kognitive Wende hat hier dazu geführt, dass das allmähliche Entstehen eines „literalen Sprachbewusstseins“ – wie HOLLE (1997) den Begriff *metalinguistic awareness* übersetzt – und damit ein distanzierter Blick auf das eigene Sprechen und Schreiben betont worden ist. Die Kenntnis basaler grammatischer Begriffe und Bezeichnungen für Textsorten (z. B. Berichten, Beschreiben) wird damit nicht unwichtig, sie ordnet sich aber in das eigentliche Ziel ein: Sprachliches thematisieren zu lernen.

Noch zu wenig gesehen wird hier, dass Sprachliches selten ohne seine „mediale Basis“ thematisiert werden kann; diese liegt den Kindern im Unterricht jedoch buchstäblich vor – als Buch, als Hörbuch, als Film, im Internet. Die „Medien“ daher einfach an denjenigen Lernbereich anzuhängen, der das Lesen und die Literatur näher beschreibt, ist zwar in den letzten dreißig Jahren sehr üblich geworden, aber es wird nun obsolet; auch das Medium selbst muss thematisiert werden, und entsprechend ist neben einer Lese-, Schreib-, Rechtschreib- sowie Rede- und Gesprächskompetenz auch eine Medienkompetenz zu modellieren.

Und für diese gilt, was auch über Textsorten schon gesagt wurde: Die Fähigkeit, einzelne Medien zu verstehen und zu nutzen, entwickelt sich unterschiedlich schnell und vermutlich auch bei jedem unterschiedlich weit.

## 2 Kompetenzen und Bildungsstandards aus fachdidaktischer Sicht

Dem *Lexikon Deutschdidaktik* zufolge (Artikel „Lesekompetenz“) „meint Kompetenz gleichermaßen Fähigkeiten und Fertigkeiten“ (DEHN 2006, 413). Allerdings schließt die Autorin des Artikels dann ein Zitat aus GROEBEN/HURRELMANN (2002, 14) an, demzufolge der Kompetenzbegriff die Vorstellung einer interindividuell unterschiedlichen, aber zeitlich relativ stabilen „Disposition“ einschließe. Mit dem Begriff „Disposition“ ist angedeutet, dass eine Kompetenz ein Konstrukt ist und nicht etwas, was man direkt beobachten könnte; beobachtbar sind ja ausschließlich Tätigkeiten, die Schüler ausführen (einen Text lesen, ein Rollenspiel machen, Wörter einer bestimmten Wortart finden usw.). Mit wie viel Kompetenz sie das jeweils tun, muss aus dem Arbeitsergebnis erschlossen werden. Dabei ist allerdings Vorsicht geboten: Nicht jeder Text, den ein Schüler schreibt, ist gleichsam auf der Höhe seiner Fähigkeiten, und über eine gehörte oder gelesene Geschichte könnten viele Kinder mehr sagen, als sie tatsächlich äußern.

„Kompetenzorientierter Unterricht", wie er als Zielvorstellung alle Beiträge dieses Bandes miteinander verbindet, erfordert, dass der Unterschied zwischen Kompetenz (also der Könnensdisposition) und Performanz (also dem faktischen Ge-/Misslingen) im Bewusstsein der Lehrenden bleibt. Schüler, die einer (Schreib-, Lese-, Spiel-)Aufgabe gerecht werden wollen, müssen ihre Kenntnisse und Fähigkeiten gleichsam mobilisieren; sie werden ‚sich anstrengen' – und zwar desto mehr, je interessanter und herausfordernder die Aufgabe ist. Hier nun sind die Lehrenden gefordert – nämlich eine Auswahl fordernder Lerngegenstände zu treffen und diese durch geeignete Aufgabenstellungen zu erschließen. (Je mehr Kinderliteratur der Lehrer bspw. selbst kennt und je größer die eigene Sammlung solcher Titel und ihrer medialen Adaptionen ist, desto passgenauer kann das Lernangebot ausfallen.) Es geht hier durchaus um Vielfalt; standardisiert sind in den ländergemeinsamen Vorgaben der KMK mit gutem Grund weniger die fachlichen Inhalte als die auf sie (in Deutsch etwa auf Texte) bezogenen Kompetenzen. Um sie zeigen und verbessern zu können, brauchen Schüler geeignete Anforderungssituationen – so soll z. B. in Zusammenhang mit dem Schrifterwerb

- ein einfacher Sachtext hinsichtlich einer bestimmten Frage gelesen und verstanden werden (können),
- der Anfang einer Geschichte durch eine eigene Erzählung so fortgesetzt werden, dass der vorliegende fremde Textanfang und die eigene Fortsetzung zueinander passen.

Auch in der Mündlichkeit gibt es Anforderungssituationen – etwa

- für ein Gedicht eine möglichst überzeugende Sprechfassung zu finden,
- einen in Gruppenarbeit gelesenen Textes für das Klassenplenum zusammenzufassen,
- sinnähnliche Sprichwörter in den verschiedenen Sprachen, die im Klassenzimmer repräsentiert sind, miteinander zu vergleichen.

*Der Deutschunterricht entwickelt Sprechen und Zuhören, Lesen und Schreiben sowie Einsichten in die kulturelle und interkulturelle Bedeutung von Sprache.*

*(Kultusministerkonferenz 2004)*

So beginnen die Ausführungen, die die KMK (2004) den Bildungsstandards für die Primarstufe vorangestellt hat. Diese selbst sind in vier Bereiche gegliedert, die von einem fünften („Methoden und Arbeitstechniken") durchdrungen werden. Die Standards sollen sicherstellen, dass Schüler am Ende der Grundschulzeit unabhängig vom Bundesland, vom Einzugsgebiet ihrer Schule sowie von persönlichen Stärken/Schwächen ihrer Lehrer über ein gleichartiges Grundwissen und im Fach Deutsch über angemessene Kompetenzen verfügen. In diesem Sinn sind die Vorgaben der KMK sinnvoll, und sie sind desto nötiger, je heterogener die Schülerschaft (gerade in Grundschulen) bzgl. Lernvoraussetzungen, Begabungen und Sozialisationsbedingungen ist oder wird. Eine Erörterung über Standardisierung im Bildungssystem oder gar des Bildungssystems insgesamt kann hier nicht stattfinden; stattdessen erfolgt eine Beschränkung auf drei Bemerkungen:

**Zu den Bildungsstandards für die Grundschule**

Es ist mittlerweile üblich, die Standards für Primarstufen mit der Notwendigkeit der Vorbereitung auf berufliche und gesellschaftliche Aufgaben zu begründen (vgl. z. B. Bremerich-Vos et al. 2009). Eine solche Sichtweise entspricht zwar dem Bildungsauftrag der Schule einerseits und der Outcome-Orientierung der Bildungswissenschaften (einschließlich der Fachdidaktiken) andererseits. Sie darf aber nicht dazu führen, die Gegenwartsbedeutung fachlichen Lernens zugunsten einer fernen Zukunftsbedeutung zu vergessen, die im Horizont der Kinder noch nicht einmal die Zone der nächsten Entwicklung darstellt: Hier und jetzt muss den Kindern etwas bedeuten, was sie in Deutsch kennenlernen (die Schrift, eine Wortart, ein Gedicht, einen Kinderroman usw.).

Die in der Darstellung der Standards unterschiedenen Bereiche sind in ihrer Abgrenzung gegeneinander (und in ihren Berührungspunkten) zwar weitgehend unstrittig. Problematisch ist allerdings die schon erwähnte „Anhängsellösung" für „die Medien". Hier hätte man sich einen eigenen Bereich gewünscht (und auch unter den Aufgabenbeispielen der KMK-Standards wenigstens eine Aufgabe, die die Medien fokussiert).

Der Sinn von Bildungsstandards liegt nicht in der Verbesserung von Leistungstestergebnissen gleich welcher Art, sondern in der Selbstverpflichtung eines Schulsystems auf das, was definierte Etappen einer Schullaufbahn allen Lernenden als Lernchancen anbieten müssen. Die als Standards ausgewählten Kompetenzen sind so betrachtet weniger eine Bringschuld der Schüler als eine Bringschuld des Unterrichts, der für ihren Auf- und Ausbau angemessene Gelegenheiten schaffen muss. Dies gilt zwar für andere Schulfächer auch, ist aber besonders für ein Fach wie Deutsch zu bedenken, dessen fachliche Kompetenzen (v. a. Sprechen, Lesen, Schreiben) als „Schlüsselqualifikationen" gelten.

## 3 Überblick über den Band

Der Sammelband richtet sich an Studierende, Lehramtsanwärter und bereits unterrichtende Grundschullehrer. Er soll sie in ihrer Tätigkeit begleiten, ihnen also theoretische Grundlagen nachvollziehbar darstellen und praktische Anregungen für ihre tägliche Arbeit geben. Der Aufbau des Buches orientiert sich an den für die Grundschule zentralen Themenfeldern der Literatur-, Sprach- und Mediendidaktik. Die ebenfalls relevanten Bereiche „Schriftspracherwerb“ und „Didaktik des Deutschen als Zweitsprache“ werden in diesem Band nur am Rande thematisiert, da hier bereits andere Werke vorliegen. Jedes der gewählten Themenfelder umfasst drei bis vier Beiträge, in denen sowohl fachdidaktische Grundlagen als auch konkrete Umsetzungsbeispiele dargestellt werden. Den Kapiteln ist ein Überblick vorangestellt, der die Grundlagen des jeweiligen Bereichs beinhaltet. Verfasst wurden alle Artikel von Autoren, die im Bereich Deutschdidaktik für die Grundschule auf eine umfassende Forschungs- und Lehrpraxis zurückgreifen können.

*Notiz: Aus Gründen der besseren Lesbarkeit wurde durchgehend die männliche Form verwendet. Natürlich ist damit auch immer die weibliche Form mitgemeint, also Lehrerinnen, Schülerinnen usw.*

# Lesen und mit Literatur umgehen

1

## 1.1 Leseförderung als Aufgabe wahrnehmen

*Kristina Bismarck*

Die Bedeutung von Lesekompetenz ist in der aktuellen didaktischen Diskussion unumstritten, vorhandene oder mangelnde Lesekompetenz nimmt maßgeblich Einfluss auf die Bildungskarriere – ein Prozess, der durch die Digitalisierung der Gesellschaft eher noch verschärft wird (vgl. ABRAHAM)– und beeinflusst die wichtigen Prozesse der Individuation, Sozialisation und Enkulturation (vgl. z. B. ABRAHAM/KEPSER 2009). Ebenso unbestritten ist die tragende Rolle der Grundschule für den Erwerb von Lesekompetenz. Hier findet in der Regel die erste gezielte und selbstständige Auseinandersetzung mit geschriebenen Texten statt. Bei Schuleintritt kommen hier die Unterschiede bzgl. Qualität und Ausmaß der literarischen Sozialisation zum Vorschein: Ob und wie Schriftsprache als eigenständiges System in Büchern und Medien wahrgenommen wird, ist „von der Qualität der familiären Kommunikation" (ROSEBROCK/NIX 2012, 20) abhängig. Leseunterricht in der Grundschule muss also immer auch kompensatorisch wirken.

### 1.1.1 Der Leseprozess

Lesen ist ein komplexer Prozess und stellt hohe Anforderungen an den Leser. Dieser muss nicht nur Buchstaben, Wörter und größere Einheiten wie Sinneinheiten (Propositionen), Satzstrukturen, Verweise, Absätze und Kapitel decodieren, sondern immer auch Sinn konstruieren. Kognitionspsychologische Forschungen zum Leseprozess nehmen an, dass ein Textverständnis nur durch vom Leser gesteuerte Informationsverarbeitung aufgebaut wird. Um Schüler dabei gezielt zu unterstützen, ist es notwendig, sich zunächst die einzelnen Schritte des Leseprozesses zu vergegenwärtigen. Dieser lässt sich in automatisiert ablaufende, hierarchieniedrige (Bedeutungszuschreibung auf der Wort- und Satzebene sowie lokale Kohärenzbildung) und in strategisch-zielbezogene, hierarchiehöhere Prozesse (globale Kohärenzbildung, Bildung von Superstrukturen) unterteilen.

*Lesen ist ein aktiver Prozess: Sinn muss* konstruiert *werden.*

#### Bedeutungszuschreibung auf der Wort- und Satzebene

Der Leser identifiziert zunächst Buchstaben und Wörter, ordnet diesen Bedeutungen zu und verbindet sie auf der Basis semantischer und syntaktischer Beziehungen zu größeren Sinneinheiten (Propositionen). Die Bedeutung der Syntax wird umso größer, je uneindeutiger der Kontext ist. Kognitionspsychologische Forschungen gehen davon aus, dass die Bedeutung der Wörter in Form eines mentalen Lexikons im Gedächtnis verfügbar ist. Der Umfang des Wortschatzes beeinflusst den lexikalischen Zugriff maßgeblich: Nur bei bekannten Wörtern kann ein unmittelbarer Zugriff erfolgen. Ein vom Satzkontext unabhängiger Zugriff auf Wortbedeutungen ist ein wesentliches Merkmal des kompetenten Lesers. Schwache Leser haben hier Schwierigkeiten und müssen diese durch den Satzkontext erschließen (vgl. RICHTER/CHRISTMANN 2006, 39). An dieser Stelle des Leseprozesses setzt die Strategie „Unverstandenes erkennen und klären" an (vgl. S. 18, „Erwerb und Einsatz von Lesestrategien").

Die kognitionspsychologische Modellierung des Leseprozesses geht zumeist von begrifflich repräsentiertem Vorwissen aus, das bei der Bedeutungszuschreibung aktiviert wird. HÖLSKEN (1993, 51) weist aber anhand von Schülerantworten nach, dass dem Gelesenen auch durch die Verknüpfung mit bildlichen Vorstellungen Sinn zugeordnet werden kann. Um diesen Prozess der Bedeutungszuschreibung zu unterstützen, werden Strategien zur Aktivierung des Vorwissens und ganzheitlich-imaginative Strategien eingesetzt (vgl. S. 19).

### Lokale Kohärenzbildung

Kohärenz kann beim Lesen entweder wissens- oder textbasiert hergestellt werden. Der Leser arbeitet also entweder durch Rückgriffe auf das eigene Vorwissen oder mit Hinweisen aus dem Text. Solche Hinweise im Text können sein: Wortwiederholungen, Pronomina, Anaphora (Rückverweise), Kataphora (Vorverweise), Wiederaufnahme von Satzsequenzen durch Pro-Formen, partielle Rekurrenz (Wiederholung eines Wortes mit Wortveränderung) oder Kontiguitätsrelationen (Verweise auf verschiedene, aber logisch zusammengehörende Sachverhalte) (vgl. RICHTER/CHRISTMANN 2006 30 ff.).

### Globale Kohärenzbildung

Der Leser erfasst den globalen Zusammenhang eines Textes auf einer höheren Abstraktionsebene. Durch reduktive Vorgänge (Auslassen, Selegieren, Generalisieren und Konstruieren) werden größere Textteile (sog. Propositionssequenzen) verknüpft und verdichtet, der Leser entscheidet dabei selbstständig, welche Teilinformationen für den globalen Textsinn bedeutsam sind. Diese Vorgänge können durch Signale im Text, wie z. B. einführende Sätze, zusammenfassende Aussagen, Überschriften, Vergleiche, Abstraktionen und Beispiele, unterstützt werden (vgl. RICHTER/ CHRISTMANN

2006, 32). Fehlen diese Signale im Text, muss der Leser selbst Verknüpfungen durch Schlussfolgerungen (Inferenzen) herstellen. Da jeder Text, insbesondere literarische Texte, „Leerstellen" enthält, die durch aktive Konstruktionstätigkeiten des Lesers gefüllt werden müssen, sind immer auch textüberschreitende Verknüpfungen mit dem eigenen Weltwissen notwendig. Neben den textbasierten Inferenzen werden auch vorwissens-, interessens- und zielbasierte Schlussfolgerungen gezogen.

**Bildung von Superstrukturen**

Der Begriff „Superstruktur" bezeichnet die globale Ordnung von Texten, die häufig eine spezifische, konventionalisierte Struktur aufweisen und damit unterschiedlichen Textsorten angehören (z.B. Erzähltexten, Forschungsberichten, Werbetexten, argumentierenden Texten). Diese Superstrukturen sind bei einem versierten Leser gespeichert und steuern den Leseprozess in Form von Erwartungen. Ergebnisse der Lesesozialisationsforschung haben gezeigt, dass jüngere Leser Schwierigkeiten haben, zwischen fiktionalen und nicht-fiktionalen Texten zu unterscheiden und mit einer literarischen Lesehaltung an Sachtexte herantreten und umgekehrt (vgl. Rosebrock/Nix 2012, 20). Leseförderung bedeutet somit auch, die Schüler gezielt bei der Bildung von Superstrukturen zu unterstützen, indem sie verschiedene Textsorten kennen lernen (vgl. dazu „Lesen als kulturelle Praxis erfahrbar machen", S. 20).

### 1.1.2 Lesekompetenz

Den beiden wichtigen Leistungsvergleichsstudien PISA und IGLU liegt das Kompetenzkonzept der *reading literacy* zugrunde, das aus der anglo-amerikanischen Forschung übernommen wurde. Lesekompetenz wird hier definiert als Fähigkeit, geschriebene Texte zu verstehen, zu nutzen und über sie zu reflektieren. Dieser Kompetenzbegriff wird in der aktuellen didaktischen Diskussion jedoch als zu eng und zu stark pragmatisch ausgerichtet kritisiert. Insbesondere literarischen Texten und deren Deutungsoffenheit würde dieses Konzept nicht gerecht (vgl. z.B. Karg 2005). Daher wurden Überlegungen zu einer umfassenderen Leseförderung vorgelegt: Seit Hurrelmann (2002) versteht man Lesen als „kulturelle Praxis". Rosebrock und Nix (2012) legen ein „Mehrebenenmodell" zur Leseförderung vor, das neben dem Leseprozess auch die Subjektebene und die soziale Ebene fokussiert, Bartnitzky (2006) fordert eine „systemische Leseförderung". Beisbart und Bismarck (2012) betonen die Bedeutung ganzheitlich-imaginativer Lesestrategien für den Umgang mit (literarischen) Texten und auch das Modell von Groeben (2004) fußt auf einem weiteren Lesekompetenzbegriff. Gemeinsam

*Ohne Lesemotivation ist der Aufbau von Lesekompetenz nicht möglich.*

ist den hier genannten Ansätzen, dass neben der kognitiven Dimension auch die folgenden Kompetenzdimensionen zur Lesekompetenz zählen.

| Motivationale Dimension |
| --- |
| Bereitschaft, Texte zu lesen und die Fähigkeit, diese Bereitschaft auch über einen längeren Zeitraum und trotz auftretender Schwierigkeiten aufrecht zu erhalten |
| **Emotionale Dimension** |
| Fähigkeit, eine emotionale Beziehung zum Text aufzubauen, z. B. indem man sich literarischen Figuren empathisch oder identifikatorisch nähert |
| **Imaginative Dimension** |
| Fähigkeit, die durch einzelne Wörter, Textabschnitte oder auch einen gesamten Text evozierten Vorstellungsbilder sichtbar und kommunizierbar zu machen |
| **Soziale Dimension** |
| Fähigkeit, sich über das Gelesene auszutauschen und Textbedeutungen in sozialer Interaktion auszuhandeln (Anschlusskommunikation) |
| **Metakognitive Dimension** |
| Fähigkeit, den eigenen Leseprozess entsprechend der Leseintention und der Textanforderung bewusst zu gestalten; hier ist die Verfügbarkeit von Lesestrategien zentral |

### 1.1.3 Leseförderung

Um Lesekompetenz aufzubauen, bedarf es einer gezielten Leseförderung, die direkt an den Erstleselehrgang anknüpft und kontinuierlich bis zum Ende der Grundschulzeit (und darüber hinaus) fortgeführt wird. Die Annahme, dass sich Lesefähigkeit nach dem Erwerb von Lesetechnik (verstanden als das Entschlüsseln von Buchstaben, Wörtern und Sätzen) gleichsam von selbst entwickelt, hat sich als unhaltbar erwiesen (vgl. Rosebrock 2010, 326). Auch die Reduzierung der Leseförderung auf Leseanimation und damit die Durchführung von Lesenächten, Autorenlesungen, Märchenwochen usw. animiert Schüler nicht zu einer vermehrten Lektüre in ihrer Freizeit. Gerade schwächere Leser profitieren von solchen Projekten nur wenig, da die Motivation, Bücher zu lesen, durch mangelnde Lesekompetenz blockiert wird. Aber auch wenn Leseanimation allein keine angemessene Antwort auf die schlechten Ergebnisse der Lesevergleichsstudien darstellt, machen Forschungsergebnisse deutlich, dass Lesemotivation „zentrale Merkmale des Leseverhaltens (z. B. die Häufigkeit des Lesens und die Ausdauer beim Lesen schwieriger Texte) beeinfluss[t] und auf diese Weise die Lesekompetenz förder[t]." (Artelt et al. 2007, 20). Alle Dimensionen von Lesekompetenz müssen also gefördert werden. Daraus folgen Aktivitäten zur Verbesserung der Leseflüssigkeit, Erwerb und Einsatz von Lesestrategien und Möglichkeiten, Lesen als kulturelle Praxis erfahrbar zu machen.

**Verbesserung der Leseflüssigkeit**

Die hier geschilderten Übungen setzen an den hierarchieniedrigen Teilprozessen des Lesens an, wirken sich jedoch auch positiv auf die hierarchiehöheren Prozesse aus und tragen dazu bei, die Lesemotivation der Schüler zu erhöhen. Unter Leseflüssigkeit versteht man die Fähigkeit „in hoch automatisierten Decodierungsprozessen Texte mit einem für ihr Verstehen ausreichendem Lesetempo lesen und verstehen zu können." (Holle 2010, 147). Diese Kompetenz ist bei vielen Schülern nicht in ausreichendem Maße vorhanden. Viele gelten selbst am Ende der vierten Klasse noch als disfluente Leser (vgl. Rosebrock/Nix 2012, 28). Rosebrock/Nix (2012) unterscheiden vier Dimensionen der Leseflüssigkeit:

| Lesetempo (gelesene Wörter pro Minute) |
|---|
| Untersuchungen zeigen, dass das Lesetempo und Lesekompetenz in einem direkten Zusammenhang stehen. Kompetentere Leser lesen schneller. Das Lesetempo wirkt sich unmittelbar auf das Textverständnis aus: Ist der Leseprozess sehr langsam, kann die für die Sinnentnahme benötigte Information nicht im Arbeitsspeicher abgelegt werden. Dadurch verstehen langsame Leser nicht mehr den Zusammenhang dessen, was sie lesen. Am Ende des Satzes angekommen, können sie sich nicht mehr an den Beginn des Satzes erinnern. |
| **Automatisierung der Decodierfähigkeit** |
| Laufen die Prozesse, die für das Entziffern der Schrift benötigt werden, nicht automatisiert ab, so bindet das Decodieren die gesamte kognitive Aufmerksamkeit, die eigentlich für die Etablierung von Sinn benötigt wird. |
| **Lesegenauigkeit** |
| Unter ihr versteht man die Fähigkeit, Wörter ohne Lesefehler bzw. mit deren sofortiger Korrektur zu decodieren. |
| **Prosodie (ausdrucksstarkes Vorlesen)** |
| Der Leser sollte in der Lage sein, die morphologischen, syntaktischen, orthographischen und semantischen Hinweise des Textes zu berücksichtigen und durch angemessene Betonung, das Setzen von Pausen und die Stimmführung im Lesevortrag zu realisieren. |

Der gezielte Einsatz von sogenannten Lautleseverfahren verbessert die Leseflüssigkeit von Schülern erheblich (vgl. Rosebrock/Nix 2012, 42 f.). Diese Lautleseverfahren umfassen das wiederholte und das begleitete Lautlesen. Anders als das Reihumlesen, das trotz vielfacher Kritik immer noch Bestandteil der Lesepraxis ist, haben die Lautleseverfahren einen nachweisbaren hohen Übungseffekt. Beim wiederholten Lautlesen liest ein Schüler einem Tutor einen Text so oft vor, bis ein zuvor festgelegter Standardwert an gelesenen Wörtern pro Minute erreicht wird. Der Tutor achtet sowohl auf eine sinnvolle Betonung und Strukturierung des Textes als auch darauf, dass Verlesungen bemerkt und korrigiert werden. Beim begleitenden Lautlesen fungiert ein Tutor als kompetentes Lesevorbild, Tutor und Tutand können entweder gemeinsam oder abwechselnd lesen. Der Tutand wird dadurch auf Verlesungen, falsche Betonungen usw. aufmerksam und kann diese mit Hilfe des Tutors korrigieren. Der Erfolg der hier geschilderten Methoden ist empirisch belegt: Die Leseflüssigkeit wird verbessert und dadurch auch das Textverstehen. Darüber hinaus ist eine Steigerung der Lesemotivation zu verzeichnen: Erfolge werden durch diese Methode für die Schüler unmittelbar sichtbar (Steigerung der Wörter pro Minute). Dies hat positive Auswirkungen auf das Selbstkonzept des Lesers.

Die hier aufgeführten Übungen werden allerdings nur dann wirksam, wenn sie regelmäßig über einen längeren Zeitraum durchgeführt werden. Um zu verhindern, dass dieses Training sich durch seine relative Monotonie negativ auf die Motivation auswirkt, schlagen Rosebrock/Nix (2012) vor, die Übungen in attraktive Vorlesesituationen – eventuell vor geladenem Publikum – münden zu lassen, auf die die Schüler sich gezielt vorbereiten.

#### Erwerb und Einsatz von Lesestrategien

Lesestrategien setzen an den hierarchiehöheren Teilprozessen des Lesens an, es werden hier Textverstehensprozesse im engeren Sinne in den Blick genommen. Ergebnisse der PISA- und der DESI-Studie zeigen, dass viele Schüler zwar in der Lage sind, einen Text flüssig zu lesen, aber trotzdem kein angemessenes mentales Modell zu diesem Text konstruieren können – sie verstehen also nicht, was sie gelesen haben. Der Einsatz von Lesestrategien kann die Informationsverarbeitungsprozesse jedoch erheblich verbessern (vgl. Artelt et al. 2001, 131), stellen diese doch das „Handwerkszeug" dar, mit deren Hilfe sich die Schüler aktiv und zunehmend selbstständig mit Texten auseinandersetzen. Da der Leseprozess, wie oben gezeigt, nicht nur ein kognitiver Verstehensprozess ist, sondern von vielen weiteren Faktoren geprägt wird, umfasst die folgende Darstellung kognitiv-analytische, ganzheitlich-imaginative und metakognitive Lesestrategien (vgl. z. B. Beisbart/Bismarck 2012, Holle 2010, Rosebrock/Nix 2012; und Willenberg 2004). Die genannten Strategien lassen sich durch verschiedene Operationen realisieren, die der Schüler zunächst unter Anleitung des Lehrers und später zunehmend selbstständig durchführt.

#### Kognitiv-analytische Lesestrategien

Die hier erläuterten Lesestrategien beziehen sich weitgehend auf die konkrete Arbeit am Text: In Bottom-up-Prozessen werden Signale des Textes verarbeitet und Textverständnis aufgebaut.

**Vorwissen aktivieren**

Die Schüler stellen anhand der Überschrift, des Klappentextes oder des Inhaltsverzeichnisses einer Ganzschrift Vermutungen über den Inhalt an. Ausgehend davon überlegen sie, was sie durch die Lektüre erfahren wollen, und formulieren Fragen an den Text. Dabei beziehen sie sich auf bereits vorhandene literarische Erfahrungen und versuchen, den vorliegenden Text einem bestimmten Genre zuzuordnen bzw. informieren sich über den Autor.

**Unverstandenes erkennen und klären**

Die Schüler markieren unverstandene Wörter und klären deren Bedeutung (z. B. durch Nachfragen). Sie lesen Textstellen noch einmal, die sie nicht verstanden haben und nutzen gezielt externe Informationen zum Thema (weitere Texte, Nachschlagewerke usw.). Zudem betrachten sie beigefügte Bilder, Diagramme oder Skizzen und beziehen sie in den Leseprozess mit ein.

**Den Text strukturieren**

Die Schüler markieren wichtige Textstellen, gliedern den Text in Abschnitte und finden passende Überschriften. Sie rekapitulieren das Gelesene, indem sie z. B. eine Mindmap erstellen, einzelne Abschnitte schriftlich zusammenfassen oder das Gelesene in eigenen Worten wiedergeben. Bei literarischen Texten helfen produktive Schreibaufgaben, das Geschehen zu rekonstruieren (vgl. Haas 1997).

## Ganzheitlich-imaginative Lesestrategien

Als ganzheitlich-imaginative Lesestrategien werden jene Strategien bezeichnet, die in Top-down-Prozessen vorwissens- und erfahrungsbasiert helfen, Textsinn zu konstruieren. Die hier geschilderten Verfahren finden vorrangig bei der Lektüre literarischer Texte Anwendung.

**Durch den Text evozierte Vorstellungsbilder sichtbar und kommunizierbar machen**

Die Schüler malen Bilder oder erstellen Collagen von den handelnden Figuren und den Handlungsorten. Sie führen ein fiktives Casting für die Hauptfiguren des Textes durch, stellen ausgewählte Textstellen bzw. Situationen szenisch dar oder setzen diese in einem Standbild um. Sie wählen Farben oder Musikstücke, die der Atmosphäre des Textes entsprechen, lesen den Text ausdrucksstark vor und experimentieren dabei mit verschiedenen Vortragsweisen. Sie vertonen den Text (z. B. mit Orff-Instrumenten) oder wählen eine passende „Hintergrundmusik".

**Eine emotionale Beziehung zum Text aufbauen**

Die Schüler nähern sich dem Text, indem sie z. B. Sympathiepunkte für die handelnden Figuren verteilen, Bezüge zu eigenen Erfahrungen herstellen oder auch die Gedanken und Gefühle der Figuren erfassen. Sie gehen bewusst mit der Mehrdeutigkeit literarischer Texte um, indem sie im Gespräch mit anderen mehrere Deutungsansätze nebeneinanderstellen. Die hier aufgeführten Impulse können durch handlungs- und produktionsorientierte Verfahren bearbeitet werden, vgl. in diesem Band den Beitrag von Niklas (s. S. 43).

## Metakognitive Strategien

Kompetente Leser sind in der Lage, ihren Leseprozess bewusst zu gestalten (vgl. Artelt 2007). Unter dem Begriff „metakognitive Strategien" werden daher alle kognitiven, emotionalen und sozialen Handlungen gefasst, die bewusst eingesetzt werden, um ein Leseziel zu erreichen.

| Sich seiner Leseintention bewusst werden / Texte gemäß dieser Intention auswählen |
|---|
| Der Schüler verschafft sich Klarheit über die gestellte Leseaufgabe oder überlegt, zu welchem Zweck er einen Text lesen möchte. Gemäß diesem Leseziel wählt er entsprechende Texte, eventuell unterstützt durch den Lehrer, Eltern oder Buchhändlern. Die Leseintention wirkt sich maßgeblich auf die Gestaltung des Leseprozesses aus: Eine Sachtextlektüre gestaltet sich weit distanzierter als die Lektüre eines literarischen Textes (vgl. PETTE 2001, 132 f.). |
| **Lesemotivation aufbauen und erhalten** |
| Um Lesemotivation auch über einen längeren Zeitraum zu erhalten, gestaltet der Schüler mit Unterstützung des Lehrers bewusst sein Lesesetting, z. B. indem er feste Lesezeiten einrichtet und einen angenehmen Ort für die Lektüre wählt. |

### Lesen als kulturelle Praxis erfahrbar machen

HURRELMANNS Konzept „Lesen als kulturelle Praxis" verdeutlicht, dass Leseförderung mehr als nur das Training von Lesefertigkeiten umfassen muss. Gefordert ist vielmehr ein Leseunterricht, der den Schülern ein breites Repertoire an Texten anbietet, ihre (Lese-)bedürfnisse ernst nimmt und über den engen Rahmen des Unterrichts hinaus den Schülern eine Teilnahme am kulturellen Leben ermöglicht.

### Textauswahl

ROSEBROCK und NIX (2012, 101) weisen zu Recht darauf hin, dass der Einsatz von Kinderliteratur – anders als in der Praxis vielfach angenommen – an sich noch keine lesefördernde Aktivität darstellt. Eine Untersuchung zur Lesemotivation bei Grundschülern (RICHTER/PLATH 2005) hat ergeben, dass die Lektüreauswahl von Lehrenden den Lektürepräferenzen der Schüler eher entgegenläuft als diese zu berücksichtigen. Die Textauswahl ist somit ein zentrales Moment in den Bemühungen um Leseförderung. Während die Lektüreauswahl der Lehrer häufig realistisch-problemorientierte Kinderbücher umfasst (vgl. ebd., 74 ff.), sind spannende Erzählungen mit märchenhaften bzw. fantastischen Elementen, die von abenteuerlichen Ereignissen berichten (vgl. ebd., 72 ff.), bei Schülern am beliebtesten. Und auch bezüglich des Anforderungsniveaus der Texte treffen Lehrer häufig eine Wahl, die nicht den Bedürfnissen der Schüler entspricht: Aus dem Wunsch heraus, Texte zu präsentieren, die die Schüler selbst erlesen können, fällt die Wahl häufig auf sehr einfache, anspruchslose Texte, die die Schüler zum Teil intellektuell unterfordern (vgl. ebd., 80). Dies wirkt sich negativ auf die Lesemotivation der Schüler aus. Die Kluft zwischen der noch zu erwerbenden

Lesekompetenz und dem Wunsch nach anspruchsvoller Lektüre lässt sich problemlos durch den ergänzenden/begleitenden Einsatz von Hörspielkassetten (vgl. MÜLLER 2006), Hörbüchern (GAILBERGER 2011) und Filmen (vgl. ABRAHAM 2009) sowie durch das Vorlesen ausgewählter Textstellen schließen. Bei der Textauswahl sind auch genderspezifische Bedürfnisse zu berücksichtigen: Mädchen lesen nicht nur mehr als Jungen, sie erreichen auch eine weitaus größere Breite des Lektürespektrums. Jungen präferieren die Sachbuchlektüre (vgl. RICHTER/PLATH 2005, 73). Um eine angemessene Textauswahl treffen und um sinnvolle Lektüreempfehlungen für Schüler aussprechen zu können, sollte der Lehrer stets über die neuesten Entwicklungen des Kinderbuchmarktes informiert sein.

*Zeitschriften zur Kinderliteratur:*
- *JuLit*
- *Der bunte Hund*
- *Kjl&m*

**Vorlesen**

„Die Vorlesegespräche zwischen Mutter und Kind gelten als Urszene des Literaturerwerbs", so SPINNER (2004), und WIELER (2010) verweist auf zahlreiche Studien, die die hohe Bedeutung des Vorlesens für die literarische Sozialisation nachweisen. Das Vorlesen nimmt auch in einem lesefördernden Deutschunterricht zahlreiche Funktionen wahr. Zum einen wirkt es sich positiv auf die Lesemotivation aus. Das mündliche Präsentieren von Texten verwandelt die Konfrontation mit Schriftzeichen, die für viele Schüler ein mühsames Decodieren bedeutet, in ein ganzheitliches Erleben von Literatur. Ferner werden Schüler bei geeigneter Lektürewahl mit einem breiten Spektrum an Textsorten vertraut gemacht (vgl. Punkt 1.1.1, S. 14 und erweitern ihren Wortschatz. Und schließlich dient auch der Lehrer, der regelmäßig vorliest, als Vorbild für Leseflüssigkeit.

**Anschlusskommunikation**

RICHTER und PLATH (2005) haben in ihrer Studie nachgewiesen, wie wichtig Anschlusskommunikation für den Auf- und Ausbau von Lesemotivation ist: Schüler sprechen gerne mit ihren Lehrern über das Gelesene, die Häufigkeit solcher Anschlussgespräche wirkt sich direkt auf die Motivation, Bücher zu lesen, aus. Auch in der jüngeren literaturdidaktischen Diskussion herrscht Einigkeit über die Bedeutung der Anschlusskommunikation für eine gelungene Lesesozialisation. In Gesprächen über Gelesenes erhalten die Schüler die Möglichkeit, sich möglichst „ungelenkt" über ihre literarischen Erfahrungen auszutauschen. Die Rolle des Lehrers sollte sich phasenweise auf die einer moderierenden Gesprächsleitung beschränken (vgl. WIELER 2010, 291).

**Einführung in das literarische Leben**
Leseförderung darf nicht auf den Deutschunterricht beschränkt bleiben, sondern muss auch außerschulische Institutionen und Veranstaltungen mit einbeziehen. Regelmäßige Besuche in der Bibliothek helfen den Schülern, mit dieser Institution vertraut zu werden und zunehmend selbstständig Texte gemäß der eigenen Leseintention zu wählen. Viele Stadtbüchereien bieten spezielle Führungen für Grundschüler an. Der literarische Spaziergang führt die Schüler an Handlungsorte von literarischen Texten oder an Orte, die Autoren zu ihren Werken inspirierten. Auch der Besuch von Autorenlesungen macht die Schüler mit einer wichtigen kulturellen Praxis vertraut. Leseförderung als Aufgabe wahrnehmen – dies bedeutet eine große Herausforderung für alle Lehrer. Angesichts dieser Herausforderung darf jedoch nicht vergessen werden, dass Leselust ein wichtiger Faktor ist, ohne den eine ausdifferenzierte Lesekompetenz nicht zu erreichen ist.

## 1.2 Lesekompetenz(en) ausbilden

*Klaus Gattermaier*

Von dem Psychoanalytiker Bettelheim (1903–1990), der vielen Deutschlehrern durch seine beiden Werke *Kinder brauchen Märchen* (1977) und *Kinder brauchen Bücher* (1982) bekannt ist, stammt die Aussage:

> *Lesen und das Lesenlernen sind entweder von großem Wert, wenn man in der Welt vorankommen will, oder es ist Quelle eines unbegrenzten Wissens und zutiefst bewegender ästhetischer Erfahrungen.* (Bettelheim 1982, 55)

Schon lange also bevor der Begriff „Lesekompetenz" um das Jahr 2000 herum im Umfeld der großen Evaluationsstudien PISA (Program for International Student Assessment) und IGLU (Internationale Grundschul-Lese-Untersuchung) als Fachterminus „Karriere gemacht" hat, umriss Bettelheim hier das Bild eines lesekompetenten Menschen. Wer nämlich Lesetexte aller Art – die Palette reicht hier von Zeitungsartikeln über Sachtexte inklusive der sie oft ergänzenden Schaubilder oder Diagramme bis hin zum Kosmos literarischer Texte – auf eine so qualifizierte Art und Weise lesen kann, dass daraus jene skizzierten Gratifikationen (schulischer bzw. beruflicher Erfolg, Wissenserwerb, Lesegenuss) resultieren, dem kann gewiss eine hohe Lesekompetenz bescheinigt werden. Was aber versteckt sich alles hinter dieser Chiffre? Aus welchen Teilkompetenzen setzt sie sich zusammen? Welche

Abstufungen von Lesekompetenz sind zu unterscheiden? Wie erwerben Schüler Lesekompetenz? Und wie kann der Deutschunterricht in der Grundschule diesen Erwerbsprozess begleiten und fördern? Viele Fragen, die zeigen: Lesen und das Lesenlernen sind sehr komplexe Vorgänge.

### 1.2.1 Was ist eine „Kompetenz"?

In der Bildungsdebatte dominiert seit gut einem Jahrzehnt der Begriff „Kompetenz". Praktisch alles, was heute in der Schule den Schülern „zuwachsen" soll, wird in ein „Kompetenz-Kompositum" gegossen: Sozialkompetenz, Methodenkompetenz, Medienkompetenz oder eben auch Lesekompetenz. Der Mehrwert, der dem Begriff „Kompetenz" dabei gegenüber den Bezeichnungen „Fähigkeit", „Fertigkeit", „Können" oder „Qualifikation" zugeschrieben wird, ergibt sich aus der besonderen Betonung des Anwendungsbezugs. „Lesekompetenz" ist in diesem Denkmodell vor allem deshalb nicht einfach durch „Lesefertigkeit" zu ersetzen, weil sich eine Kompetenz erst dann „materialisiert", wenn ein Mensch sich einer konkreten Lesesituation stellt oder stellen muss, sich also einem Problem gegenübersieht, das erfolgreich gelöst werden will.

*Kompetenzen haben einen deutlichen Anwendungsbezug.*

Allerdings ist der Kompetenzbegriff auch der Kritik ausgesetzt. Für Ladenthin bspw. ist die Kompetenzorientierung ganz generell ein „Indiz pädagogischer Orientierungslosigkeit" und der Begriff der „Kompetenz" lediglich eine „rhetorische Aufrüstung der bekannten ‚Fähigkeiten und Fertigkeiten' (Ladenthin 2012, 1). Unabhängig von dieser Debatte: Mit „Lesekompetenz" ist nie nur der Endpunkt eines entsprechenden Lernprozesses gemeint. Vielmehr lässt sie sich in verschiedene Ausprägungsgrade unterteilen. Man hat es dabei also in jedem Falle nicht mit einem „Simplex", sondern mit einem „Komplex" zu tun, den man sich bildlich als ein Konglomerat aus einzelnen Teilkompetenzen vorstellen muss.

### 1.2.2 Ergebnisse der IGLU-Studie

IGLU ist die deutsche Bezeichnung für PIRLS (Progress in International Reading Literacy Study). In ihr wurde 2001 zum ersten und 2006 zum zweiten Mal die Lesekompetenz von Schülern der vierten Jahrgangsstufe im internationalen Vergleich getestet. 2006 beteiligten sich daran insgesamt 45 Staaten. In der Abkürzung PIRLS stehen die Buchstaben RL für *Reading Literacy*, was sich im Deutschen jedoch gegen eine wörtliche Übersetzung sperrt, weswegen es entweder mit „Lesekompetenz" übersetzt wird oder aber unübersetzt bleibt:

*Mit reading literacy wird die Fähigkeit bezeichnet, Lesen in unterschiedlichsten, für die Lebensbewältigung praktisch bedeutsamen Verwendungssituationen einsetzen zu können.* (vgl. Bos et al. 2003, 73)

*Textverstehen findet auf unterschiedlichen Ebenen statt.*

Wichtig ist nun, dass im Lesekompetenzmodell von IGLU 2006 zwischen hierarchisch gegliederten Dimensionen unterschieden wird, auf welcher Ebene Kinder Texte verstehen können (vgl. Bos et al. 2007, 4). Im Einzelnen werden dabei folgende vier Aspekte erfasst:

- Erkennen und Wiedergeben explizit angegebener Informationen,
- einfache Schlussfolgerungen ziehen,
- komplexe Schlussfolgerungen ziehen und begründen; Interpretieren des Gelesenen,
- Prüfen und Bewerten von Inhalt und Sprache.

Es ist leicht einsichtig, dass die Anforderungen an das Verstehen hier von oben nach unten zunehmen. In einem Text etwa zu erkennen, dass darin von einem rot-weißen, nicht aber von einem grünen Ball gesprochen wird (Ebene 1), ist eine einfachere Verstehensleistung, als unter Zuhilfenahme von Textinformationen zu begründen, ob man selbst gerne einem Fußballverein beitreten möchte oder eher nicht (Ebene 4). Während für die hierarchieniedrigere Aufgabe „lediglich" textimmanente Informationen genutzt werden müssen, reicht dies für die hierarchiehöhere Aufgabe nicht aus. Für diese Verstehensdimension muss ein Kind auch in der Lage sein, zusätzlich zum Gelesenen externes (Welt-)Wissen mit heranziehen zu können.

In der IGLU-Studie, in der den Kindern im Übrigen sowohl Fragen zu altersgerechten Sach- und Informationstexten als auch zu literarischen Texten gestellt worden sind, wurden bei der Auswertung insgesamt fünf Lese-Kompetenzstufen unterschieden. Die Kompetenzstufen II-V korrespondieren dabei eng mit den einzelnen der vier obigen Verstehensanforderungen. Als Kompetenzstufe I wurde allerdings noch vorgeschaltet, ob ein Kind überhaupt in der Lage zum eigenständigen (Er-)Lesen (= Dekodieren) der Wörter und Sätze ist. Als zentrales Ergebnis der IGLU-Lesekompetenzstudie 2006 zeigte sich, dass die in deutschen Grundschulen unterrichteten Kinder im internationalen Vergleich den elften Rang belegen. Deutschland liegt damit gerade noch im oberen Viertel aller Teilnehmerstaaten (vgl. ebd., 8). Festhaltenswert ist ferner, dass

- Kinder aus bildungsnahen Elternhäusern in Deutschland gegenüber Kindern aus bildungsfernen Elternhäusern einen deutlich größeren Lesekompetenz-Vorsprung aufweisen, als dies im internationalen Mittel der Fall ist (vgl. ebd., 15),

- hierzulande Kinder ohne Migrationshintergrund signifikant bessere Lesekompetenzwerte erzielen als Kinder mit Migrationshintergrund, der Unterschied dieser beiden Schülergruppen allerdings im Vergleich zur Studie von 2001 verringert werden konnte (vgl. ebd., 17),
- Mädchen signifikant lesekompetenter sind als Jungen, diese Unterschiede aber in Deutschland am kleinsten von allen teilnehmenden Staaten ausfallen (vgl. ebd., 16).

Darüber hinaus gibt es eine Fülle weiterer Erkenntnisse (vgl. Bos et al. 2007 sowie Bos et al. 2008). Entscheidender als eine detaillierte Ergebnisdarstellung ist an dieser Stelle nun aber aufzuzeigen, welche Teilkompetenzen es sind, die Kinder in so einem Lesekompetenztest nachweisen oder eben nicht nachweisen. Denn eines ist auch klar: So wertvoll größere (IGLU) und kleinere Lesekompetenztests (z.B. diverse länderspezifische Jahrgangsstufentests) auch immer sein mögen, für die tägliche Arbeit von Lehrern spielt es eine viel größere Rolle, ob, wann und wie sie den Kompetenzerwerb ihrer Schüler im Lesen initiieren, fördern, steuern und begleiten.

### 1.2.3 Vorschulische Erfahrungen mit Lesetexten sind wichtig

Der erste Schultag von Kindern ist bekanntermaßen keine „Stunde Null". Vielmehr kommen die Schüler ja mit vielfältigen und ganz unterschiedlichen primären Sozialisationsverläufen in die erste Klasse. Dies war schon immer so, allerdings gilt mit Sicherheit auch, dass das Ausmaß der im Klassenzimmer zu erwartenden Heterogenität in der pluralen, globalisierten und mediatisierten Wissensgesellschaft von heute nie größer gewesen ist, als dies aktuell beobachtet werden kann. Dies findet seinen Niederschlag selbstverständlich auch in den ganz unterschiedlichen Vorerfahrungen, die Kinder mit Texten haben (vgl. Graf 2007, 19 ff.), wobei die diesbezügliche Bandbreite von „groß" bis „gering" bzw. „gar keine" reicht. Wer die von Graf zitierten lesebiographischen Aussagen und seine dazu jeweils angestellten Analysen betrachtet, wird nicht umhin können, bereits hier einen frühen und ganz eng auf das Lesen und den Umgang mit Texten bezogenen Kompetenzerwerb anzusiedeln, auch wenn hier – der begrifflichen Klarheit halber – vorerst von literarischen Kompetenzen die Rede ist (denn selbst lesen die Kinder ja noch nicht!). Ganz unabhängig aber von der Unterscheidung zwischen „Lesekompetenz" und „literarischer Kompetenz" (vgl. dazu Abraham 2005a) muss davon ausgegangen werden, dass sich früh einsetzende, positiv erlebte und noch in der „Vor-Lese-Zeit" (Graf 2007, 19) liegende Leseerlebnisse positiv auf den späteren – in der Schule anzustoßenden – Erwerb von Lesekompetenzen auswirken. Die Erfahrung, dass es interessante

*Frühe positive Leseerlebnisse sind wichtig.*

Geschichten gibt, die in Büchern stehen, die in einer schönen Sprache das Ohr erreichen und einen neuen Blick auf die bekannte und noch unbekannte Welt vermitteln, machen manche Kinder schon in der Zeit vor der Schule; sie haben damit einen erheblichen Vorsprung gegenüber all jenen, denen diese Erfahrungen nur sehr reduziert oder gar nicht zuteilwerden. In jedem Fall scheint es gerechtfertigt, wenn diese frühe, noch vorschulische Sozialisationsphase als „Genese literarischer Motivations- und Kompetenzstrukturen" (Graf 2007, 25) bezeichnet wird.

### 1.2.4 Phonologische Bewusstheit

Die phonologische Bewusstheit gilt als eine wichtige Vorläuferfertigkeit für den Schriftspracherwerb. Sie ist ein spezieller Aspekt der auditiven Wahrnehmung und bezeichnet die Fähigkeit von Kindern, nicht (mehr) nur der Inhaltsseite von Sprache (z. B. Wörtern) Aufmerksamkeit zu schenken, sondern auch ihrer spezifischen Lautstruktur und damit einer formalen Seite von Sprache.

Für ein phonologisch noch unbewusstes Kind ist eine Maus lediglich ein kleines graues Tier, vor dem es Angst hat oder das es putzig findet. Für ein bereits phonologisch bewusstes Kind ist „Maus" zusätzlich auch ein Wort, das sich auf „Haus" oder „Klaus" reimt, das aus einer einzigen Silbe besteht, weil man dabei nicht zwei Silben klatschen kann wie bei („TI – GER") und bei dem sich drei lautliche Einheiten (Phoneme) heraushören lassen (M – AU – S), wobei der „M-Laut" am Anfang des Wortes und der „S-Laut" an seinem Ende zu hören ist.

Die phonologische Bewusstheit wird heute bereits in vielen Kindergärten gezielt gefördert, um Schülern so möglichst gute Startchancen für den schulischen Schriftspracherwerb zu eröffnen. Aber gerade auch in den ersten beiden Schuljahren muss die Arbeit an der phonologischen Bewusstheit als ein wichtiges Aufgabenfeld wahrgenommen werden. Gemeinhin wird die phonologische Bewusstheit zwar „nur" als eine Vorläuferfertigkeit des Lesens bezeichnet, vor dem Hintergrund aber, dass phonemanalytische (= Wörter in Einzellaute zerlegen) und phonemsynthetische (= einzelne Laute zu Wörtern zusammenfügen) Fähigkeiten gerade für das Lesen- und Schreibenlernen unverzichtbar sind, ist es nicht verfehlt, sie stärker noch als bislang auch als genuine Lese-Teilkompetenz wahrzunehmen.

### 1.2.5 Was Kinder beim Lesenlernen leisten müssen

Bislang war keineswegs von unwichtigen Randphänomenen des Lesens die Rede, und dennoch stößt man jetzt erst zu genau jenen Teilfertigkeiten vor, die gewissermaßen den „basalen Kern" der Lesekompetenz bilden. Sie lassen sich in Form einer hierarchischen Abfolge einzelner Lese-Teilprozesse darstellen (vgl. z. B. ROSEBROCK/NIX 2008; SPINNER 2010). Was Schüler beim Lesen leisten müssen, lässt sich am besten anhand eines konkreten Lesetextes nachvollziehen, etwa dem folgenden; es ist der Textanfang der allerersten „Franz-Geschichte" von Christine Nöstlinger (vgl. NÖSTLINGER 1997, 5) – ein literarischer Text also (es könnte aber ebenso gut an einem Sachtext demonstriert werden).

> Der Franz ist sechs Jahre alt. Weil der Franz aber sehr klein ist, merken das viele Leute nicht. Sie halten ihn für vier Jahre. Und dass er ein Bub ist, glauben sie auch nicht. „Grüß Gott, kleines Mädchen", sagt die Gemüsefrau, wenn der Franz bei ihr einen Apfel kauft.
> „Du bekommst noch Geld zurück, kleines Fräulein", sagt der Mann am Kiosk, wenn der Franz die Zeitung holt. Das kommt davon, weil der Franz blonde Ringellocken hat und Kornblumenaugen. Und einen Herzkirschenmund. Und rosarote Plusterbacken. So, glauben die meisten Leute, sehen nur hübsche kleine Mädchen aus.

*Das Wechselspiel zwischen Lauten und Buchstaben „spielen" lernen*

Das selbstständige Lesen dieses Textes setzt als ersten elementaren Schritt die Kenntnis der einzelnen Buchstaben voraus. Bei genauer Betrachtung ist dies aber nur die halbe Wahrheit, denn der Leser muss wissen, welche Laute unserer Sprache durch welche Buchstaben (kombinationen) repräsentiert werden. Lesenlernen heißt zunächst also einmal, Schritt für Schritt in das Wechselspiel zwischen der lautlichen und der verschrifteten Seite der Sprache einzudringen. Dass Kinder dies nicht von heute auf morgen erlernen können, ist auch daran abzulesen, dass der Schriftspracherwerb in der Grundschule in der Regel auf zwei Jahre veranschlagt wird. Obigen Text können Kinder selbstständig also erst dann lesen, wenn Sie alle Buchstaben bzw. Buchstabenkombinationen und deren Lautbezug kennengelernt haben, das wird frühestens in der zweiten Hälfte des ersten Schuljahres geschehen sein. Und auch dann gelingt das Lesen nur, wenn Kinder es schaffen, die Buchstaben-Laut-Folge (z. B. des Wortes Kornblumenaugen) adäquat zu „verschleifen", also nicht nach jedem „erlesenen" Buchstaben eine Art Pause machen. Wie sehr diese Aktivität Kinder beansprucht, ist daran zu erkennen, dass sie gerade auch beim stillen Lesen „lautierend" lesen, also leise mitsprechen. Besonders gefordert sind beim Lesen vor allem die Augen, denn Lesen ist keineswegs ein kontinuierliches Vorwärtsgleiten im Wort bzw. Text. Vielmehr „hüpft" der Blick dabei zwischen verschiedenen Fixationspunkten hin und her (vgl. FALSCHLEHNER 1997, 65 f.). Dass Kinder also eine ausreichende Leseflüssigkeit bzw. -geschwindigkeit entwickeln, hat demnach auch mit physiologischen Trainingsprozessen zu tun. Für die Schule ist das Steuern der Lese-Trainingsarbeit in dieser Phase wohl eine der größten Herausforderungen, denn die jungen Leser erleben diese Tätigkeit zunächst als mühevoll und anstrengend, ohne aber dafür schon jetzt all die Belohnungen – die Leseforschung spricht hier von „Gratifikationen" – zu erhalten, die das Lesen später bereithält.

Eine nächste Teilkompetenz hat nun damit zu tun, dass es gelingen muss, dem Gelesenen Sinn zuzuweisen bzw. eben: das Gelesene zu verstehen. Dass das Lesen ohne gleichzeitiges Verstehen nämlich eine recht hohle Angelegenheit ist, lässt sich schnell an einem einfachen Beispiel zeigen: Legt man einem Kind am Ende der ersten Klasse das englische Wort *dog* vor, kann es dies zwar lesen, aber was hätte es gewonnen, wenn es nicht wüsste, was sich hinter dieser Buchstaben-Laut-Folge für ein „Ding" versteckt. Jenseits der bloßen Entzifferung einzelner Buchstaben ist das Lesen also untrennbar an Verstehensprozesse gekoppelt. Beim Lesen findet nämlich ein beständiger Abgleich zwischen den gelesenen Wörtern mit dem eigenen inneren Lexikon statt. Liest ein Kind in der zweiten Jahrgangsstufe bspw. alleine für sich den Textausschnitt des Buches von NÖSTLINGER, wird es gewiss viele Worte verstehen: So wird es z. B. *Geld* mit jenen Münzen und Scheinen in Verbindung bringen, mit denen die Eltern beim Einkaufen bezahlen. Hier findet also Verstehen statt. Bei anderen Wörtern hingegen wird sich Verstehen eventuell auch nicht einstellen, etwa dann, wenn ein Kind aus Bremen die Wörter *Bub* oder *Grüß Gott* nichts Bekanntem zuordnen kann. Gelingt die Sinn-Zuweisung von Wörtern beim Lesen eines Textes aber in zu dichter Folge nicht, wird das Lesen als so unbefriedigend erlebt, dass es einfach abgebrochen wird. Hieran zeigt sich wieder einmal, wie wichtig gerade in dieser Phase das Vorlesen oder das begleitete gemeinsame Lesen ist: Wie schnell kann hier doch im Gespräch die Klärung erfolgen. Vorlesen und gemeinsame Sinndeutung müssen daher auch in der Grundschule einen festen Platz haben.

*Vorlesen und begleitetes Lesen helfen beim Verstehen.*

Der gelingende Abgleich der Wörter mit dem eigenen Wortschatz ist aber nur eine Dimension des Verstehens. Auch die nächstgrößere Einheit, die Sätze, wollen verstanden werden. Kinder können dabei am Beginn der Grundschule zwar schon auf ein entwickeltes Fundament an grammatischem Anwendungswissen in der Muttersprache zurückgreifen. Allerdings bezieht sich das zunächst auf die gesprochene und nicht im selben Maße auch auf die Schriftsprache. Hier stellt etwa der Satz *So, glauben die meisten Leute, sehen nur hübsche kleine Mädchen aus* gewiss für viele Kinder beim stillen Lesen ein erhebliches Verstehenshemmnis dar. Ohne ein Durchschauen dieses Gefüges kann der Satz nämlich nicht auf adäquate Art und Weise mitlautiert werden, so dass sich daraus Sinn herstellen ließe. Wer die

Kommata nicht beachtet (und auch nicht beachten kann, weil deren Bedeutung noch gar nicht bekannt ist) wird den Satz eher so lesen, wie es in „So sehen Sieger aus" der Fall ist. Das Verstehen hängt hier also sehr stark von der angemessenen Betonung des Wörtchens „So" ab. Wer *glauben* zudem als vermeintliches Prädikat setzt, bekommt spätestens beim Verb *sehen* ein syntaktisches Verstehensproblem. Das Beispiel zeigt, welche Anforderungen das stille Lesen gerade auch an die grammatische Kompetenz von Leseanfängern stellt. Da dies schon für deutschsprachig aufwachsende Kinder gilt, kann man erahnen, vor welche Verstehenshürden hier gerade jene Kinder gestellt sind, die Deutsch nur als Zweitsprache sprechen.

Es ist aber nicht nur der einzelne Satz, zu dem Leser Sinnbezüge generieren müssen. In einem Text interagieren ja die Sätze auf verschiedenartigste Weise miteinander. Nicht selten gibt es Elemente in Sätzen, die auf etwas zuvor Gesagtes rückverweisen, Pronomina bspw. oder auch sogenannte deiktische Elemente. Im zweiten Satz des Textausschnitts von NÖSTLINGER ist etwa das Wörtchen *das* so ein deiktisches Element: Es verweist zurück auf die Tatsache, dass der Franz sechs Jahre alt ist. Blitzschnell muss sich das lesende Kind dies beim Wörtchen *das* wieder vor Augen führen bzw. in Erinnerung rufen, was hier immerhin noch dadurch erleichtert wird, dass die entsprechende Information gleichsam in unmittelbarer Nachbarschaft liegt.

*Sätze sind mehr als die Summe ihrer Wörter!*

Schon nicht mehr ganz so einfach ist dies in dem weiter unten liegenden Satz *Das kommt davon, weil der Franz blonde Ringellocken hat und Kornblumenaugen.* Schließlich liegt die Referenzinformation – *Und dass er ein Bub ist, glauben sie auch nicht* – räumlich und auch zeitlich (wenn man an die noch niedrige Lesegeschwindigkeit denkt) schon weiter entfernt. Überdies bezieht sich dieses *Das* hier zusätzlich auch auf die als Beispiele eingefügten wörtlichen Reden, innerhalb derer der Franz ja als *kleines Mädchen* bzw. als *kleines Fräulein* angesprochen wird. Kompetente Leser würden sich hier also in etwa Folgendes ergänzen: „Die Gemüsefrau und der Mann im Kiosk reden den Franz als Mädchen oder Fräulein an, weil er mit seinen blonden Ringellocken eben wie ein Mädchen aussieht." Man sieht: Es sind wichtige Lese-Teilkompetenzen, die logischen Zusammenhänge zwischen zwei nahe beieinanderliegenden Sätzen (= lokale Kohärenzbildung) bzw. zwischen weiter auseinanderliegenden Sätzen in einem Text (= globale Kohärenzbildung) sowie auch nicht explizit Gesagtes, aber Mitgemeintes (Herstellen von Inferenzen) erfassen und mit Sinn füllen zu können.

Es gibt bekanntermaßen viele verschiedene Arten von Lesetexten. Die wichtigsten sind: epische Kurzformen, Kinderromane, Kindersachbücher, Kindergeschichten. Während diesen Leseanfängern noch nicht bewusst ist,

*Sich in der Vielfalt unterschiedlicher Textsorten zurechtfinden lernen*

gelingt es erfahreneren Lesern dagegen bereits, diese Vielfalt zu strukturieren. Sie verfügen nämlich schon über ein Ordnungssystem, das es ihnen erlaubt, ähnliche Texte als zusammengehörige Gruppe in einer gemeinsamen „mentalen Schublade" abzulegen. Diese Sammel- und Kategorisierungstätigkeit leisten zu können, ist wichtig, weil bestimmte Schemata von Textsorten ja auch das Verstehen steuern. Schließlich sind die Erwartungen eines Lesers bei der Lektüre eines erzählenden Kinderbuches andere als beim nachschlagenden Lesen in einem Rechtschreibwörterbuch. Für die Grundschule bedeutet dies, dass sie den Aufbau eines solchen „Text-Ordnungssystems" unterstützen muss. Dabei ist allerdings auch mit Sensibilität vorzugehen: Es ist nämlich unsinnig, bei jedem Märchen und bei jeder Fabel die Kennzeichen dieser epischen Kurzformen „gewaltsam" mitzuliefern.

Wie ein „Strukturmusterwissen" (Spinner 2010, 51) Verstehensprozesse aber unterstützen kann, lässt sich erneut am Beispiel der „Franz-Geschichten" zeigen. Wenn Kinder bereits mehrere davon kennen (denn es handelt sich ja um eine mittlerweile 20 Bände umfassende Serie), erleichtert dies auf vielfältige Art und Weise das Textverstehen: Sie wissen dann nämlich bereits, was es bedeutet, wenn Franz' Stimme „piepsig" wird, oder können aus der genauen Kenntnis des Charakters von Gabi bestimmte Konflikte antizipieren. Leseanfänger haben meist noch Mühe, Textinhalte auf die eigene Person zu beziehen. Das Lesen ist noch zu mühsam, um über das Dekodieren und basale Wortverstehen hinaus Kapazitäten frei zu haben für weiterreichende Reflexionen über das Gelesene. Die Fähigkeit, sich während des Lesens oder im Anschluss an den Leseprozess metakognitive Fragen stellen zu können, die einen Textinhalt in Beziehung zur eigenen Person setzen, gelten deshalb auch in Tests (wie IGLU oder PISA) stets als Nachweis für eine bereits erreichte hohe Lesekompetenz. So könnte zum Textausschnitt von Nöstlinger etwa ein lesender siebenjähriger Junge die Reflexion anstellen, dass er – wie der Franz – leider auch recht klein ist, viel kleiner jedenfalls als die meisten Mädchen seiner Klasse; und er könnte sich hier bewusst machen, dass ihn das ganz schön „ärgert", so wie dies ja auch den Franz gehörig „wurmt". Dieser Junge könnte dann aber eventuell erleichtert für sich festhalten, dass er im Unterschied zum Franz immerhin nicht wie ein Mädchen aussieht, und er deshalb deutlich besser dran ist als der Franz. Gerade weil aber nicht alle Siebenjährigen schon zu solchen Reflexionen in der Lage sind, müssen solche Gedanken im Unterricht dadurch angestoßen werden, dass gemeinsam darüber nachgedacht wird, wie der Franz sich fühlt, wenn alle ihn für ein Mädchen halten. Schrift erkennen – Buchstaben dekodieren – Wörter lesen – Sätze verstehen – Satzverbindungen herstellen

– Zusammenhänge begreifen – Textsortenwissen einbeziehen – über Texte nachdenken (vgl. SPINNER 2010, 49 ff.): Es sind nicht eben wenige Teilkompetenzen, über die ein Kind verfügen muss, wenn das Lesen in einem umfassenden Sinne gelingen soll. Allerdings ist es nun nicht so, dass die Teilprozesse eine Art Leselehrgang darstellten, den man nur konsequent von unten nach oben durchlaufen müsste, um am Ende quasi „automatisch" Lesekompetenz erworben zu haben. Das wäre eine zu vereinfachende, zu „mechanistische" Vorstellung und würde dem Lesen als ganzheitlichem kognitivem Akt nicht gerecht. Gerade für das Lesen gilt also, dass das Ganze mehr ist als die Summe seiner Teile. Der Grundschule muss daher immer auch eine vernünftige Balance zwischen dem „echten" Lesen – und damit ist das interessengeleitete Lesen kindgerechter „ganzer" Texte gemeint – und der isolierten Übung einzelner Teilkompetenzen gelingen.

*Das Üben und die Freude am Lesen müssen ausbalanciert werden.*

### 1.2.6 Lesestrategien

Es ist schon mehrfach betont worden, dass das Lesen von Texten im Kern immer „Verstehensarbeit" ist. Für diese Verstehensarbeit sind vor allem diejenigen Leser gut gerüstet, die „Werkzeuge" an der Hand haben, mithilfe derer sie ihr Textverstehen optimieren können. Lesestrategien ermöglichen es gewissermaßen, in den eigenen Leseprozess steuernd einzugreifen. Sie sind so betrachtet ebenfalls Lese-Teilkompetenzen, und deren Vermittlung ein wichtiges Aufgabenfeld des Deutschunterrichts (vgl. BISMARCK in diesem Band, S. 13). So müssen Schüler erstens Techniken kennenlernen, wie das eigene Vorwissen zum nachfolgenden Lesetext aktiviert werden kann. Sie müssen sich dann zweitens während des Lesens Zeit dafür nehmen, Bilder und Vorstellungen zum Gelesenen zu entwickeln oder Auffälliges auf Wort-, Satz- und Textebene auch wahrnehmen zu können. Drittens sind Strategien nötig, die nach dem Lesen angewandt werden, um die Leseeindrücke entsprechend der eigenen Bedürfnisse oder Erfordernisse zu verarbeiten.

### 1.2.7 Literarisches Lernen

Das Lesen einzig und allein auf der Prozessebene zu betrachten, würde einen besonders bedeutsamen Aspekt der Leserealität ausblenden: das Lesen von Kinderliteratur. Schließlich sind es doch gerade all die kurzen oder längeren „Geschichten" von Kirsten Boie, Cornelia Funke, Knister, James Krüss, Christine Nöstlinger u. a., die Kinder zum lustvollen literarischen Lesen verlocken. Es geht folglich beim Lesen immer auch um literarisches Lernen! Zwar stellt hierzu SPINNER zunächst noch etwas zögerlich fest: „Auch stellt sich die Frage, ob für den Umgang mit literarischen Texten der Übenkompetenzbegriff nicht noch erweitert werden muss" (SPINNER 2011, 192), beantwortet diese Frage dann aber faktisch gleich selbst mit einem entschiedenen „Ja", indem er bedeutsame Aspekte benennt und diese explizit als Teilkompetenzen des literarischen Lernens ausweist. Für die Grundschule erachtet SPINNER dabei vor allem folgende sieben Aspekte für zentral wichtig (vgl. ebd., 193 f.):

**Wichtige Aspekte literarischen Lernens**

- Die Kinder sollen beim Lesen Vorstellungen entwickeln können.
- Die Kinder sollen fähig werden, Gefühle und Einstellungen von Figuren nachvollziehen zu können.
- Die Kinder sollen fähig werden, fremde Perspektiven auszuhalten und evtl. sogar übernehmen zu können.
- Die Kinder sollen mit dem literarischen Gespräch vertraut werden.
- Die Kinder sollen eine prototypische Vorstellung von literarischen Textsorten und Genres gewinnen.
- Die Kinder sollen literarästhetische Sensibilität entwickeln (z. B. für die Schönheit, den Klang und den Rhythmus von Gedichten).
- Die Kinder sollen fähig werden, die Symbol- und Bildhaftigkeit literarischer Sprache zu erkennen und zu verstehen.

Dass heute wieder vermehrt die Bedeutung literarischer Lernprozesse ins fachdidaktische Bewusstsein gehoben wird, kann auch als korrigierender Reflex darauf interpretiert werden, dass in den zurückliegenden Jahren der Lesekompetenzbegriff mitunter zu einseitig pragmatisch ausgerichtet und das lustvolle literarische Lesen dabei zu wenig berücksichtigt worden ist (vgl. ebd., 192). In gewisser Weise gewinnt damit ein anthropologischer (nämlich: den Menschen in den Mittelpunkt stellender) Bildungsbegriff wieder Land gegen einen allzu instrumentalistischen (vgl. LÖSENER/SIEBAUER 2011, 54). Umso wichtiger ist es vor diesem Hintergrund, die obigen Aspekte des literarischen Lernens auch tatsächlich als „echte" Lese-Teilkompetenzen aufzufassen (sofern sie sich eben gerade auf Printtexte beziehen). Und es leuchtet ja auch ganz unmittelbar ein: Wer es auf Dauer nicht schafft, sich den Franz und seine Plusterbacken vorzustellen und auch nicht seinen Gesichtsausdruck, wenn der dicke (oder dünne?), rothaarige (oder glatzköpfige?) Zeitungsmann ihn wieder einmal als kleines Fräulein tituliert, wem es also nicht gelingt, das innere Bilderkino beim Lesen in Gang zu setzen, der wird auf lange Sicht die notwendige Motivation für diese dann eben nur anstrengende Tätigkeit nicht aufbringen.

Es muss daher in der Grundschule ganz generell viel „didaktische Energie" in den Aufbau von Lesekompetenz(en) fließen. Im besten Falle wandelt sich diese dann in den Kindern in „$E_{pot.}$" um – in die potenzielle Energie, um in der Welt voranzukommen. Dass also auch hier der physikalische Energieerhaltungssatz gilt, mag allen Primarstufenlehrern eine besondere Ermutigung für ihre Arbeit sein.

## 1.3 Lesegespräche führen

*Christoph Bräuer*

Das Lesen und Verstehen literarischer Texte ist ein *interaktiver, ko-konstruktiver* Prozess. Auch wenn unser Bild vom literarischen Lesen stark geprägt ist vom stummen, versunkenen Leser, dessen „intimer Lesemodus" (Graf 2004) ihn ganz der Umwelt und den Mitmenschen enthebt, so zeigt Grafs Differenzierung der Lesehaltung in insgesamt sieben Lesemodi, dass das „intime" Lesen nur *einen* Modus unter sieben beschreibt und dieser der *einzige* Modus ist, der den Leseprozess gleichsam aus seiner interaktiv-ko-konstruktiven Situierung herauslöst. Das im Folgenden vorgestellte Lesegespräch im Unterricht stellt ein gemeinschaftliches, gesprächsförmiges Format literarischen Lernens dar (vgl. Steinbrenner/Wipprächtiger-Geppert 2006, 14 f.), das als kulturelle Praxis vorschulische (Vor-)Lesegespräche wie außerschulische literarische Gespräche aufgreift (vgl. Lypp 2000; Wieler 1997).

*Lesen ist ein interaktiver und konstruktiver Prozess.*

Entsprechend ihrer Bedeutung für Literaturerwerb und Lesesozialisation findet sich gesprächsförmige „Anschlusskommunikation" sowohl als ausgewiesener Bereich in didaktisch konstruierten Modellen von Lesekompetenz (Rosebrock/Nix 2008) als auch als eigenständiger Anforderungsbereich literarischen Lernens. So hält Spinner fest:

> *Unabschließbare Sinndeutungen können am besten im offenen Gespräch entwickelt werden […]; die Fähigkeit, an einem solchen Gespräch teilzunehmen, sollte als eigene Teilkompetenz (also nicht nur als methodisches Mittel oder Sozialform des Unterrichts) in den Blick genommen werden. Teilhabe an literarischer Kultur schließt ein, sich mit anderen über Texterfahrungen angemessen austauschen zu können.* (Spinner 2006a, 12, vgl. auch Härle 2011, 30)

Der Begriff der Anschlusskommunikation führt zu dem Eindruck, die Verständigung über einen literarischen Text schließe sich an dessen Lesen und Verstehen an. In der Konzeption des Lesegesprächs dagegen konstituiert das Gespräch zuallererst den Prozess des Lesens und Verstehens. Dass dies gelingt, liegt an der Passung zwischen Gespräch und literarischem Lernen und Verstehen: Die „Flüchtigkeit“ und „Prozesshaftigkeit“ des Gesprächs hält die Auseinandersetzung mit dem literarischen Text gleichsam im *Fluss* und führt zu immer neuen Annäherungs*bewegungen*, die durch die unterschiedlichen Zugänge und das gemeinsame Deutungsbedürfnis der Gesprächsteilnehmer immer wieder neuen *Schwung* erhalten. So führt „die Zentrierung um ein echtes SACH-Anliegen, die Interaktion des WIR, die Offenheit des PROZESSES und die Ausrichtung auf KOOPERATION“ (HÄRLE 2011, 60) zu einer *gemeinsamen Suchbewegung im Gespräch* als Paradigma poetischen Verstehens.

*Das Gespräch als eine gemeinsame Suchbewegung*

Entsprechend beginnt der folgende Beitrag zunächst mit einer Bestimmung des Lesegesprächs als „wahres Gespräch“ (HÄRLE 2004) und seiner Abgrenzung zu anderen Formen des unterrichtlichen Sprechens über Literatur. Diese konstituierende Bedeutung wird anschließend über die besondere Angemessenheit des Gesprächs in Hinblick auf den literarischen Text, den literarischen Lese- und Verstehensprozess sowie den Erwerb literarischer Fähigkeiten ausgewiesen. Im Anschluss an diese didaktische Grundlegung werden die Implikationen für den Unterricht aufgezeigt und an einem Beispiel konkretisiert.

### 1.3.1 „Mit dem Text ins Gespräch kommen“

Das „wahre Gespräch“ zeichnet sich aus durch seine „Intentionalität“ und seine „Qualität“ (HÄRLE 2004, 144): Die *Intention* betrifft die thematische Fokussierung, ‚mit dem Text' ins Gespräch zu kommen, und rührt aus dem Bedürfnis, den literarischen Text zu deuten; die *Qualität* betrifft das Einhalten gemeinsamer Verbindlichkeiten im Gespräch – Maximen der Kooperation (GRICE 1979). Sich auf ein Gespräch in diesem Sinne einzulassen, bedeutet, sich dem literarischen Text wie den Gesprächspartnern gleichermaßen zu öffnen.

Die Gesprächspartner leisten sowohl durch ihre eigenen Gesprächsbeiträge als auch durch ihr aktives Zuhören fremder Gesprächsbeiträge „maieutische Unterstützung“ (HÄRLE 2004, 144). Das Lesegespräch eröffnet den Gesprächspartnern einen Raum, ihre je eigenen lebensweltlich geprägten Textzugänge und Deutungsansätze im Zuge des Lese- und Verstehensprozesses zur Sprache zu bringen und mit anderen Textzugängen und Deutungsansätzen zu vergleichen; so kann sich das identitätsbildende Potenzial literarischer Verständigung als Selbstvergewisserung über eigene und fremde Verstehensschemata entfalten (vgl. WIELER 1998, 28).

## Das Gespräch als eine kooperative Suchbewegung

Die Offenheit im Gespräch gilt für das *Sprechen* und das *Zuhören*. Ein Gespräch als kooperative Suchbewegung gelingt nicht voraussetzungslos: Es stellt Anforderungen an die „kognitiven, sprachlichen und affektiven Fähigkeiten der Handelnden" (Becker-Mrotzek 2009, 74). Die Sequenzialität des Gesprächs verlangt von den Gesprächspartnern, in einer zeitlichen Abfolge und im Wechsel von Sprechen und Zuhören den Gesprächsgegenstand zu entwickeln (vgl. Becker-Mrotzek 2009):

*Gesprächskompetenzen*

**Das thematische Wissen**

Die Gesprächspartner müssen ihr gemeinsames Anliegen (stets neu) aushandeln, an thematisch Bekanntes anknüpfen und es um Neues ergänzen, frühere Gesprächsbeiträge aufgreifen, weiterentwickeln oder hinterfragen.

**Die eigene Identität**

Jeder Gesprächspartner stellt sich über sein Sprechen und Zuhören selbst und in seiner (institutionellen) Rolle dar, seine Gefühle, Interessen, sein Verstehen und Nicht-Verstehen.

**Die Beziehung zwischen den Gesprächspartnern**

Eine kooperative und partnerschaftliche Gesprächsatmosphäre, in der sich die Gesprächsteilnehmer auch in ihren Fragen und Unsicherheiten zu öffnen getrauen und sich nicht hinter einer vorgespielten Identität verstecken müssen, muss im Gespräch – gerade auch in einem institutionellen Rahmen – immer von Neuem hergestellt werden.

**Spezifische Handlungsmuster**

Dies gilt sowohl für die stützende Abfolge verschiedener aufeinander aufbauender Gesprächsphasen an der Oberfläche des Gesprächs (siehe unten) als auch für tiefere Gesprächsstrukturen – etwa die Balance zwischen subjektiver Involviertheit und genauer Wahrnehmung (vgl. Spinner 2006a, 8).

**Die gegenseitige Verständnissicherung**

Durch Unterstützungsverfahren wie Nachfragen und Spiegeln des Verstandenen, durch ein Wiederholen und Neuformulieren von Unklarem, wird das gegenseitige Verständnis gesichert.

## Unterschiede zum „Unterrichtsgespräch" über Literatur

Im Unterrichtsgespräch über Literatur legt die Lehrkraft das Gesprächsthema fest, steuert die Gesprächsentwicklung und überprüft die Zielerreichung. Die Gesprächsbeiträge unterliegen einer Wertung, die sich daran bemisst, ob die Antwort zielführend im Sinne der Frage- oder Aufgabenstellung ist. Die Lehrkraft verteilt das Rederecht und eröffnet und beendet die einzelnen Gesprächsschritte. Die Lernenden können in einem solchen Unterrichtsgespräch weder die oben entwickelten Fähigkeiten und Fertigkeiten des Sprechens und Zuhörens erfahren noch erwerben oder erproben. Für HÄRLE kann ein solches Unterrichtsgespräch über Literatur kein literarisches Gespräch sein, weil es beschreibend und analysierend auf das Erreichen eines bestimmten Interpretationsziels angelegt ist, statt einen interaktionellen Verstehensprozess als gemeinsame Sinnsuche zu ermöglichen (HÄRLE 2004, 145).

Das Lesegespräch kann und will nicht alle institutionell bedingten Asymmetrien im Unterricht auflösen, aber es gestaltet sie sowohl interaktions- als als auch gegenstandsbezogen offen und erlaubt eine gleichberechtigte Teilhabe und Teilnahme aller. Dies entspricht dem Wesen der Literatur, ihre Deutungen „kennen kein letztes Wort“ (HAUEIS 1995, 194).

### 1.3.2 Didaktische Grundlegung des Lesegesprächs

Lesegespräche bilden eine kulturelle Praxis, die nicht nur in besonderer Weise Zugänge zu Literatur eröffnet, sondern an der die literarische Kompetenz der Schüler und ihre literarischen Erfahrungen auch (mit-)wachsen können. In diesem Sinne ist das Lesegespräch nicht nur eine Methode neben anderen, sondern es ist ein „didaktisch notwendiges Verfahren“, da es sich „um eine der Literatur und dem literarischen Lesen in besonderer Weise angemessene Form des Umgangs handelt“ (HÄRLE 2004, 143 f.).

#### Angemessenheit dem literarischen Text gegenüber

Literarische Texte sind als gestaltete Sprache auf die Deutung durch Leser angewiesen. Sie legen ihre Deutung aber nicht einsinnig fest. Literarische Texte schöpfen das gesamte Potenzial der (Schrift-)Sprache aus, sie schaffen, zitieren und verändern sie, indem sie mit ihren sprachlichen Formen, Bildern, Eindeutigkeiten und Zweideutigkeiten spielen. Dies führt dazu, dass literarische Texte mehrdeutig oder ganz offen bleiben, stellenweise widersetzen sie sich ihrer deutenden Vereinnahmung. Literarische Suchbewegungen sind in diesem Sinne ausgezeichnet durch ein Wechselspiel von Verstehen und Nicht-Verstehen.

#### Angemessenheit dem Verstehensprozess gegenüber

Der Lese- und Verstehensprozess wird in der aktuellen Leseforschung übereinstimmend als ein Prozess der Verknüpfung von Textinformationen mit dem (Vor-)Wissen des Lesers und damit als „Ko-Konstruktion“ (GROEBEN 2002) verstanden (vgl. den Artikel von BISMARCK, s. S. 13) Im Lesegespräch ko-konstruieren die Gesprächspartner in ihren Gesprächsbeiträgen einen Verstehensprozess, im individuellen stillen Lese- und Verstehensprozess führen sie gleichsam ein Selbstgespräch mit verteilten Rollen. Die Sequenzialität des Lesegesprächs bildet seinen Prozesscharakter nicht nur ab, sondern zuallererst aus: Das Gespräch verlangt aufgrund seiner Kommunikationsbedingungen die „allmähliche Verfertigung der Gedanken beim Reden" (Heinrich von Kleist), es führt zu einer Verflüssigung der Interpretation durch das Gespräch und zeichnet den Interpretationsprozess vom Anfang her nach.

**Angemessenheit dem Erwerbsprozess gegenüber**

Alle Literatur entstand aus dem Gespräch, aus dem Mit-Teilen von Erfahrungen und Traditionen im gemeinsamen Austausch und bis heute wird im Mit-Teilen von Leseerfahrungen und Lesarten das Literarische eines Textes ausgehandelt (vgl. ABRAHAM 2011, 49). Dies lässt sich mit Blick auf die Ergebnisse der Lesesozialisationsforschung (vgl. PIEPER 2009) gut veranschaulichen. Literarisches Lernen beginnt im Sprechen und Zuhören schon kurz nach der Geburt und lange vor dem Schriftspracherwerb. Solche prä- oder paraliterarisch genannten Erfahrungen erwerben Kinder in idealtypischen Sozialisationsverläufen früh über Sprachspiele und Reime, Verse und Lieder, Vorlesen und Geschichtenerzählen sowie das gemeinsame Betrachten und Besprechen von Bilderbüchern. Fehlt Gesprächssituationen kooperative und stützende Intentionalität und Qualität, etwa wenn den Kindern eine passive Zuhörerrolle zugewiesen und ihre Beteiligung unterbunden wird, verliert es seine entwicklungsfördernde Funktion für den Sprach- wie Literaturerwerb (vgl. WIELER 1997). Wo Schüler diese prä- und paraliterarischen Erfahrungen in der Interaktion machen konnten, kann ein gesprächsförmiger Lese- und Literaturunterricht im Allgemeinen und das Lesegespräch im Besonderen daran anknüpfen – wo den Schülern diese Erfahrungen fehlen, kann ein gesprächsförmiger Lese- und Literaturunterricht kompensatorisch wirken.

### 1.3.3 Literarisches Sprechen (und) Lernen

Das Lesegespräch greift vielfältige schulische Zielsetzungen auf. Sieben Aspekte, die sich an Vorschläge SPINNERS (2006a; 2011) anlehnen, scheinen auch mit Blick auf die Grundschule zentral:

*Lern- und Kompetenzziele*

**Grundsätzliche Ziele des Lesegesprächs**

- Literarische Lesegespräche halten dazu an, sich Zeit zu nehmen für jeden Text. Ein solcher Rahmen muss in der Institution Schule zunächst für alle verbindlich geschaffen werden.
- Lesegespräche gedeihen nur in der warmen Atmosphäre eines kooperativen Gesprächs – sich auf diese gemeinsam einzulassen, sie gemeinsam herzustellen und aufrechtzuerhalten ist ein zentrales Ziel. Diese Gesprächskompetenz sollte nicht stillschweigend vorausgesetzt, ihr Erwerb muss gezielt unterstützt werden.
- Das Äußern subjektiver Eindrücke hat im Lesegespräch einen systematisch bedeutenden Platz: Lesegespräche zielen darauf, diese ernst zu nehmen und für die weitere Auseinandersetzung mit dem literarischen Text in Anschlag zu bringen.
- Das Mit-Teilen der Vorstellungsbilder, die der literarische Text in einem Rezipienten entstehen lässt, fördert die Entwicklung von Imaginationen; im kooperativen Austausch wird an eigenen wie fremden Imaginationen gearbeitet und gelernt.
- Im Lesegespräch kann nach einer gemeinsamen und verbindenden Sprache zwischen dem gesucht werden, was im Text zur Sprache gebracht wird, und dem, was nicht ausgesprochen wird. In diesem Sinne wird im Gespräch die Text-Leser-Interaktion erfahrbar: verbunden mit der Einsicht in die Notwendigkeit, Leseeindrücke begrifflich zu fassen, um sie begreiflich zu machen, und der Unmöglichkeit, jeden Eindruck auf einen Begriff bringen zu können.
- Im Lesegespräch lässt sich erfahren, dass literarische Sinngebungsprozesse prinzipiell unabschließbar sind. Hier können Lesarten sowohl Bestätigung als auch Widerspruch erfahren und dürfen auch nebeneinander stehen.
- In Lesegesprächen werden Differenzerfahrungen in ihren unterschiedlichen „Reibeverhältnissen" spürbar: sei es zwischen den Rezipienten, in Text und Sprache, zwischen Text und Welt oder zwischen verschiedenen Texten (vgl. Heizmann 2011). Diese Reibeverhältnisse als Herausforderung anzunehmen und zu akzeptieren, ist ein Ziel von Literaturunterricht. (Spinner 2011, 70)

Diese Ziele sind nicht durch ein einziges literarisches Lesegespräch zu erwerben; sie lassen sich aber kumulativ über vielfache und vielfältige Lesegespräche gut erfahren und entwickeln. Voraussetzung ist aber die Etablierung des Lesegesprächs als eigenständiges Format im Unterricht.

**Das Lesegespräch: Textauswahl**

*Textgrundlage*

Prinzipiell lässt sich jeder (literarische) Text zur Grundlage eines Gesprächs machen; das Potenzial eines kooperativen Gesprächs verlangt aber nach einem Text, der einen möglichst weiten sprachlich-literarischen „Erfahrungsraum" eröffnet (vgl. Rank/Bräuer 2008) und ein Deutungsbedürfnis begründet – und zwar für Lehrkraft und Schüler! Geeignete Texte vermögen an subjektive Leseinteressen und Lebenserfahrungen anzuknüpfen, führen aber auch über sie hinaus und lassen literarische Texte (und Medien) als eigene Handlungs- und Erfahrungsräume dadurch erlebbar werden. Sie zeigen durch ihre sprachliche Gestalt, inwiefern sie

- Wirklichkeit umgestalten und eine literarische Welt schaffen,
- existenziell und lebensweltlich bedeutsame Themen aufgreifen,
- Identifikation und Auseinandersetzung mit literarischen Figuren ermöglichen,
- Erfahrungen mit sprachlicher Intensität und Differenziertheit (Klang, Rhythmus, Wortwahl, Mehrdeutigkeit usw.) erlauben und
- Erfahrungen mit spezifischen Merkmalen literarischer Gattungen und (literatur)geschichtlicher Zusammenhänge eröffnen (vgl. RANK/BRÄUER 2008).

Dies spricht zugleich für eine „Einfachheit" der ausgewählten Texte im Sinne LYPPS (1984): für Texte, die ihre literarische Gemachtheit und ihr Spiel mit Form und Inhalt offenlegen und so zum Mit-Teilen und Mit-Spielen einladen; und zugleich gegen Texte, die thematisch und sprachlich sehr nahe an der Lebenswelt der Schüler sind. Letzteres befördert die Gefahr, dass die Texte nur als Gesprächsanlass für das Sprechen über die eigenen Erfahrungen und Probleme verstanden werden.

**Das Lesegespräch: Strukturierung**

*Gesprächsphasen*

Das (literarische) Lesegespräch entspricht einer Sprachhandlung, die ein vielstimmiges Interpretieren und nicht eine einstimmige Interpretation anzielt. Entsprechend muss jede leitende Strukturierung des Gesprächs sich an einer Stützung und Gestaltung des poetischen Verstehens*prozesses* orientieren und nicht an der Zielerreichung eines angestrebten Produkts (vgl. HÄRLE 2011, 51). Die hier vorgeschlagene Strukturierung orientiert sich an Beobachtungen HURRELMANNS (1987) und zielt sowohl auf die Etablierung und Aufrechterhaltung eines Gesprächs als auch auf die thematische Entwicklung der Inhalte ab.

**Vorbereitung des Gesprächs**

Lesegespräche setzen voraus, dass sich alle Gesprächsteilnehmer sehen können und werden deshalb in einem Stuhl- oder Sitzkreis geführt. Bewährt haben sich Gesprächsgruppen mit fünf bis 15 Teilnehmern. Größere Lerngruppen können sich – möglichst selbstbestimmt – auf einen Innen- und einen Außenkreis aufteilen. Wenn der zu besprechende Text nicht im Rahmen der ersten Gesprächsphase vorgelesen wird, sollte er von allen Schülern zuvor gelesen und für das Gespräch vorbereitet worden sein. Dabei können die spontanen Leseeindrücke oder die aufgefallenen Textstellen für Blitzlicht und Vorleserunde festgehalten werden. Bei manchen Texten oder Lerngruppen mag auch eine erste produktive Annäherung an den literarischen Text vor dem Gespräch den individuellen Zugang unterstützen.

| Erste Phase – Vorleserunde |
|---|
| In der Vorleserunde lesen alle Gesprächspartner in der Vorbereitung ausgewählte Textstellen vor. Die Vorleserunde bringt den Text in seinen individuellen Zugängen und in seinen vielfältigen Aspekten und Wirkungen zum Klingen und schafft eine gemeinsame Textgrundlage, auf die sich jeder im Gespräch beziehen kann. Sie endet dann, wenn keiner der Gesprächsteilnehmer mehr den Wunsch verspürt, eine Textstelle vorzulesen. |
| **Zweite Gesprächsphase – Blitzlichtrunde** |
| In der Blitzlichtrunde gibt jeder eine kurze Stellungnahme, einen Leseeindruck, ein Empfinden wieder. Empirie und Erfahrung zeigen, dass die Blitzlichtrunde zugleich die Funktion einer Sollbruchstelle im Übergang zum freien Gespräch hat: Häufig führt ein Beitrag zu Reaktionen der anderen Gesprächspartner, so dass sich aus der Blitzlichtrunde ein offenes Gespräch entwickelt. |
| **Dritte Gesprächsphase – Offenes Gespräch** |
| Das offene Gespräch bildet die dritte und zentrale Phase des Lesegesprächs; es sollte entsprechend der didaktischen Prinzipien so gestaltet sein, dass alle Beteiligten ihre Fragen und Antworten, subjektiven Wertungen und Deutungen einbringen können; dazu gehört insbesondere, dass unterschiedliche Meinungen und gegensätzliche Beiträge ausgesprochen und gehört werden. |
| **Letzte Gesprächsphase – Schlussrunde** |
| Den – häufig pragmatisch erzwungenen – Abschluss des Lesegesprächs bildet die Schlussrunde, in der jeder kurz seinen Eindruck vom Text und/oder vom Gespräch äußern kann. Zugleich dient die Schlussrunde dazu, offene Fragen oder ungeklärte Probleme anzusprechen, um sie später aufgreifen zu können (siehe unten). |
| **Nachbereitung des Gesprächs** |
| Eine Nachbereitung erscheint besonders dann angemessen, wenn im Verlauf des Gesprächs Fragen oder Bedürfnisse auftreten, die nicht geklärt oder befriedigt werden konnten. So können im Anschluss etwa Informationen zu Autor, Gattung oder Epoche oder zu Entstehungskontext, Rezeption und Wirkung des Textes erarbeitet werden, mit denen dann wiederum in ein zweites Lesegespräch zum Text eingestiegen werden kann. |

### Das Lesegespräch: Rolle der Lehrkraft

*Gesprächsleitung*

Der Lehrkraft kommt eine doppelte Rolle im Lesegespräch zu: Als Leitende und Leserin fungiert sie als kompetente Andere, deren Gesprächsbeiträge sowohl für die Etablierung und Aufrechterhaltung des Gesprächsrahmens als auch für die thematische Entwicklung der Inhalte eine stützende Struktur bereitstellen. Um dieser Rolle gerecht werden zu können, muss sie sich als Leserin zu erkennen geben, ihre Leseeindrücke und Lesarten als individuell-persönliche und nicht als institutionell-evaluative einbringen.

**Das Sprachhandeln der Lehrkraft orientiert sich am literarischen Verstehens- und Gesprächsprozess:**

- Sie nimmt sich in ihren Gesprächsbeiträgen zurück, reiht sich in die Gesprächsgruppe ein.
- Sie stellt ihre eigenen Leseeindrücke und Lesarten zur Disposition, findet Gründe für und wider ihre eigenen Deutungsversuche.
- Sie greift fremde Deutungsversuche auf und spinnt sie weiter.
- Sie bindet eigene/fremde Deutungsversuche an den Text zurück.
- Sie legt ihre eigenen Fragen und Irritationen offen und fordert Lösungsvorschläge ein.
- Sie lässt ihr Wissen und ihre Kompetenz an den Stellen einfließen, an denen es für die gemeinsame Suchbewegung hilfreich ist.
- Sie überlässt, wo möglich, Schülern die Rolle der kompetenten Anderen.
- Sie vermeidet evozierende und evaluierende Beiträge.
- Sie nimmt sich zurück und gibt Zeit, wenn sich Gedanken langsam entwickeln oder das Gespräch ins Stocken gerät.

### 1.3.4 Das Lesegespräch im Beispiel

Lesegespräche gestalten die poetischen Verstehensprozesse, ohne sie zu reduzieren oder die Lernenden durch interpretatorische Restriktionen zu bevormunden. Gleichwohl dürfte deutlich geworden sein, dass Lesegespräche als kooperative Suchbewegung allen Gesprächspartnern einiges abverlangen – sie stellen ein Wagnis dar, einschließlich der Möglichkeit ihres Scheiterns. Grundschüler bringen entsprechend unterschiedliche Voraussetzungen für das Lesegespräch mit, die in Rechnung gestellt werden müssen. Das Format des Lesegesprächs eröffnet aber gerade auch in der Grundschule einen Raum, in dem die entsprechenden Fähigkeiten und Fertigkeiten erfahren, erworben und erprobt werden können.

*Lesegespräch-Beispiel*

Dies sei abschließend an einem kurzen Auszug aus einem literarischen Unterrichtsgespräch veranschaulicht:

**Zirkuskind**

Ich bin ein Zirkuskind
spiele mit Einfällen
Bälle auf – ab

Ich geh auf dem Seil
über die Arena
der Erde

reite auf einem Flügelpferd
über ein Mohnfeld
wo der Traum
wächst
Werfe dir Traumbälle zu
fang sie auf

Heizmann (2011) hat im Rahmen seiner Studie zu Alteritätserfahrungen von Grundschulkindern (mehrere Gespräche über das Gedicht *Zirkuskind* (1979) von Rose Ausländer in dritten und vierten Grundschulklassen geführt.

In einem von Heizmann zitierten Auszug aus einem dieser Gespräche sprechen Ramona (Ram), Tina (Tin), Linda (Lin), Judith (Jud) und Pierre (Pie) über ihre Eindrücke und Deutungen (Heizmann 2011, 322–323; im Transkript stehen * für eine kurze Pause, Großbuchstaben für Betonung und / für einen angenommenen Wortabbruch):

| | |
|---|---|
| Ram: | Bei über die Erde dann * man weiß ja nicht * also * da das ist ja ein Zirkus so mal über ner Arena, aber es ist irgendwie komisch * es könnte der Name vom Zirkus sein oder vielleicht auch irgendetwas Interessantes, vielleicht ist da drunter mal irgendwas GeHEIMnisvolles gefunden worden oder irgend so etwas |
| Lin: | Ja wie die Tina schon gesagt hat * irgendwie hat das was so ein bisschen Magisches und BeZAUberndes, wenn man den die Strophen jetzt liest, dann denkt man irgendwie ähm * ja ist die Erde ist eigentlich nur eine Arena, weil ganz viele kleine Sachen passieren, die * ja manchmal schlimm und manchmal schön sind |
| L: | mhm |
| Jud: | Es kann auch sein, dass das KIND jetzt grad TRÄUMT und dass das dann denkt, dass die Arena jetzt die ganze Erde wäre und wie die Linda schon gesagt hat, dass da immer kleine DINge passieren * und dass das immer ganz anders ist |
| Tin: | Und da steht ja au/ * oben in der zweiten Zeile * spiele mit Einfällen * dass und in dem ganzen Gedicht werden ja auch diese Einfälle beschrieben und das halt |
| L: | mhm Ich glaube die Linda hat gerade gesagt, wenn man auf einem Seil läuft oder das hört sich in dem Text so an, als ob die Dinge auf der Erde ganz klein sind * und so geht es mir auch, wenn ich mir da ein BILD von mache, fällt mir auch auf * ah ganz WEIT oben auf einem Seil und alles ist unten klein * gefällt euch das Bild? ** Weil es ist ja schon auch gefährlich |
| Pie: | Ja * weil ähm wenn s wirklich so * das gibt es doch in Zirku/ ähm Zirkussen oft, dass mal, dass jemand dort oben auf dem Seil das Gleichgewicht verLIERT, dann kann man ihn nicht mehr auffangen oder vielleicht irg/ etwas rechtzeitig holen und … |
| Lin: | und dann bricht er sich was |
| Pie: | … dann kann da was Schlimmes passieren |

In diesem sehr kurzen Gesprächsauszug zeigen die Beiträge von Ramona und Linda deutlich, wie mit der zweiten Strophe („Ich geh auf dem Seil / über die Arena / der Erde“) des Gedichts ein Thema gemeinsam gesetzt und entwickelt wird; die Schüler artikulieren ihre Irritationen und Assoziationen (Ramona), greifen im Sinne einer kooperativen Suchbewegung frühere Beiträge auf und führen sie weiter (Linda), deuten die Metaphorik und interpretieren sie, um diese Hypothesen zur Diskussion zu stellen (Judith), binden Deutungshypothesen an den Text zurück (Tina) – und dies alles ohne Eingriff der Lehrkraft (L). Die Lehrkraft bringt sich in das Gespräch ein, indem sie die Überlegungen von Tina aufgreift und in ihre eigenen Leseeindrücke einbindet. Alle Gesprächspartner zeigen ihre Offenheit und ihre Kooperationsbereitschaft, miteinander im Gespräch über die Deutung des Gedichts zu bleiben. Deutlich wird die Prozessierung der eigenen Identität und der gegenseitigen Beziehung sowie die Vergewisserung des gegenseitigen Verständnisses in den einzelnen Beiträgen zum Ausdruck gebracht.

## 1.4 Handlungs- und produktionsorientierte Methoden für den Literaturunterricht

*Annemarie Niklas*

Der handlungs- und produktionsorientierte Literaturunterricht lässt sich als Konzept bis in die 1980er Jahre zurückverfolgen. Er will literaturbezogene Fähigkeiten und Fertigkeiten mittels Grundformen „aktiv-produktiven Tuns" (Haas et al. 1994, 18) der Schüler ausbilden, wobei mit dem Begriff „handlungsorientiert" der Aspekt des „bildlich-illustrativen, musikalischen, darstellenden und spielenden Reagierens auf Texte" (ebd.) bezeichnet wird. „Produktionsorientiert" hingegen zielt auf „die stärker das kognitive Vermögen beanspruchende Erzeugung von neuen Texten" (ebd.).

Von Anfang an muss sich das Konzept mit einer Reihe von Widerständen und Vorbehalten auseinandersetzen, die Lecke pointiert in dem Schlagwort „Werkel-, Bastel- und ‚Alle wollen Maoam'-Pädagogik" (Lecke 2003, 2) zusammenfasst. Umso bemerkenswerter ist, dass der von Haas geprägte Begriff nach mittlerweile fast 30 Jahren und massiven Umbrüchen innerhalb der Deutschdidaktik immer noch aktuell ist. Interessant ist dies vor allem auch, weil der Ansatz dem engen, an PISA orientierten Kompetenzbegriff nicht entspricht. Als zentrales Ziel wird für den handlungs- und produktionsorientierten Literaturunterricht von den drei Hauptvertretern in bewusster Anlehnung an die Reformpädagogik die „Selbsttätigkeit" (Haas et al. 1994, 18) genannt. Da bis dahin Selbsttätigkeit zwar ideologisch unterfüttert, aber dennoch eher als Methode denn als Ziel verstanden wurde, scheint außerdem der Vorwurf, der handlungs- und produktionsorientierte Literaturunterricht sei theorielos und eher Methodensammlung als literaturdidaktische Konzeption, nicht unbegründet (vgl. Spinner 2002, 255). Für diese Kritik spricht auch, dass unterschiedliche literaturdidaktische Konzepte sich unter verschiedenen Blickwinkeln bei dessen Methodenreper-

*Vorwurf der „Werkel-, Bastel-, und ‚Alle wollen Maoam'-Pädagogik"*

toire bedienen (vgl. Rosebrock 2000, 43 f.). Darin liegt jedoch auch die Stärke. Denn das vielfältige Angebot an methodischen Unterrichtsformen, die alle den „handelnden Umgang mit Texten" (Spinner 2002, 247) in den Mittelpunkt stellen, lässt sich für sämtliche Ausrichtungen in den Dienst nehmen, ohne das grundsätzliche Anliegen des Ansatzes zu sehr zu verbiegen.

*Im Mittelpunkt steht das Anliegen, das Subjekt zu fördern.*

Geht man von einem weit gefassten Begriff einer „literarischen Kompetenz" aus, der „Kernanliegen" literarischer Bildung integriert (vgl. Abraham/Kepser 2009, 53 ff.), so darf das ursprüngliche Anliegen, das Subjekt zu fördern, nicht aufgegeben werden. Gleichzeitig muss aber sehr gründlich reflektiert werden, worin genau der Mehrwert für die Schüler besteht.

### 1.4.1 Handlungs- und produktionsorientierter Unterricht

Anhand von je zwei Beispielen aus den Genres Kinderlyrik, Bilderbuch und Kinderroman soll gezeigt werden, wie sich eine Handlungs- und Produktionsorientierung im Unterricht umsetzen lässt.

#### Emotionale Zugänge zu Literatur: Lachen und Weinen

Spricht man mit (angehenden) Grundschullehrkräften darüber, was ihnen für ihren Literaturunterricht wichtig ist, so bekommt man oft die Antwort, Literatur müsse den Kindern „Spaß machen". Häufig stehen die von ihnen gewählten Texte jedoch hinter diesem Ziel zurück: Spaß bedeutet gemeinsam laut lachen zu können, bedeutet Zeit und Raum für Unfug und Unsinn. Das heißt, es geht um Texte, die sich nicht zügig in den Dienst nehmen lassen, als Erziehungsmittel oder Lerngelegenheit für literarisches Sekundärwissen. In besonderer Weise bedient die Spiel- und Sprachspiellyrik für Kinder dieses kindliche Bedürfnis nach „Spaß". Lyrische Texte dieser Art sind vor allem bei Schulanfängern sehr positiv besetzt, da auch Sechsjährige Knieverse (z. B. „Hoppe, hoppe Reiter") und Fingerspiele (z. B. „Nasenmann") als körperlich-sinnliche Erfahrung elterlicher Zuneigung genießen. An diese Urerfahrung mit Lyrik in ihrer ursprünglichsten Form kann Literaturunterricht gut anknüpfen. Ein Beispiel dafür wäre das folgende Gedicht von Guggenmos (1970, 59):

*Spiel- und Sprachspiellyrik zielen auf reines Vergnügen am Text.*

**Sieben kecke Schnirkelschnecken**

Sieben kecke Schnirkelschnecken
saßen einst auf einem Stecken,
machten dort auf ihrem Sitze
kecke Schnirkelschneckenwitze.
Lachten alle so:
„Ho, ho, ho, ho, ho!"

Doch vor lauter Ho-ho-Lachen,
Schnirkelschneckenwitze-Machen,
fielen sie von ihrem Stecken:
alle sieben Schnirkelschnecken.
Liegen alle da.
Ha, ha, ha, ha, ha!

Dieser Text lässt sich bereits im Anfangsunterricht ausgezeichnet handlungsorientiert gestalten: Nach einer Einstimmung in den Themenbereich, etwa über die Betrachtung von Schneckenhäusern und Erzählungen oder über Erfahrungen mit Schnecken folgt eine Erstbegegnung mit dem Text, den die Lehrkraft mehrfach frei vorträgt. Als Hausaufgabe sammeln die Kinder „Schnirkelschneckenwitze".

Am nächsten Tag bauen die Kinder aus sieben Stühlen, die sie in einer Reihe aufstellen, den „Stecken". Im Anschluss wird der Text nachgespielt: Die Klassengemeinschaft spricht das Gedicht gemeinsam (d. h. die Lehrkraft spricht vor und wer möchte und sich schon Teile gemerkt hat, darf mitsprechen), an der passenden Stelle dürfen dann sieben Kinder in der Rolle der Schnecken „von ihrem Sitze" aus die Witze vortragen und „Ho-ho-lachen". Während der zweiten Strophe stürzen sie sich vom Stuhl und fallen am Schluss in das gemeinsame Gelächter ein. Ergänzen kann man den Vortrag durch eine akustische Gestaltung, z. B. mit Orff-Instrumenten.

Die Kinder werden schließlich ermutigt, sich den Text anzueignen, indem man sie anspornt, es zu Hause „möglichst lustig" den Eltern zu erzählen. Selbstverständlich ist es möglich, den ästhetischen Gehalt des Textes zu vertiefen, etwa in einem Gespräch darüber, wie es gelungen ist, den Text „lustig" vorzutragen (indem man u. a. auf die Lautstrukturen eingeht). Auch die Thematisierung eines pädagogischen Aspekts, ob die Schnecken ausgelacht werden und wie sie dabei empfinden, wäre theoretisch machbar, beides führt jedoch weg von einem durch und durch emotionalen Vergnügen am Text.

Die Erfahrung, dass Literatur Spaß machen kann, ist wichtig, aber Literaturunterricht an der Grundschule darf dabei nicht stehen bleiben. Literarisches Lernen wird immer auch unter dem Aspekt der Persönlichkeitsentwicklung (vgl. Büker 2002, 130) verstanden, ein Ziel, das mit der anthropologischen Funktion von Literatur (ebd., 18) korrespondiert. Gerade Emotionen wie Trauer, Einsamkeit oder Ängste nehmen eine wichtige Rolle in der zeitgenössischen Kinder- und Jugendliteratur ein. Sie werden in der Regel von den Schülern in einer Haltung, die Graf „intimes Lesen" (Graf 2004, 61) nennt, rezipiert, wobei als zentrale Voraussetzung dieses „Lesemodul" gilt, dass der Text den „Identitätsthemen" des Lesers entspricht. Die Fähigkeit zur Empathie, eine zentrale Entwicklungsaufgabe im Grundschulalter, ist dabei gleichzeitig Voraussetzung und Ziel: Sie kann durch handlungs- und produktionsorientierte Methoden besonders verstärkt werden.

*Abb. 1.1: Aus Patricia* McLachlan, Schere, Stein, Papier. *dtv, München 1994, 39*

Der Kinderroman *Schere, Stein, Papier* von Patricia Mac Lachlan (MacLachlan 1994) erzählt die Geschichte einer Familie, die das Kleinkind Sophie aufnimmt, das vor der Tür abgelegt wird und es lieben lernt, in dem Wissen, dass eines Tages seine Mutter zurückkommen und es holen wird. Dabei changiert der atmosphärisch sehr dichte Text zwischen der Beschreibung einer glücklichen, behüteten Kindheit und deren Bedrohung durch verschwiegene Familiengeheimnisse.

Das Buch ist anspruchsvoll für eine vierte Klasse, bietet aber in besonderer, sehr poetischer Weise Modelle, wie mit belastenden Gefühlen angesichts der Sprachlosigkeit innerhalb einer Familie umgegangen werden kann. Diese können über handlungs- und produktionsorientierte Zugänge behutsam erschlossen werden. Als Einstieg dienen die zarten Illustrationen von Quint Buchholz, die schemen- und rätselhafte Andeutungen machen. Die Kinder können anhand der Bilder im Vorfeld selbst Geschichten erfinden. Erlesen werden sollte der Text in einem Rhythmus aus Vorlesen und stillem Lesen, das durch ein Lesebegleitheft gesichert wird.

*Der Kinderroman* Schere, Stein, Papier *spricht Identitätsthemen an.*

Neben Aufgaben, die das inhaltliche Verständnis vertiefen, kann so ein Heft, das den Leseprozess begleitet, Möglichkeiten offerieren, die handlungs- und produktionsorientiert Empathie und Textverstehen fördern.

Dabei bieten sich hier vor allem Schreibaufgaben an (vgl. Kupfer-Schreiner in diesem Band, S. 62), etwa das Schreiben aus der Sicht einer der handelnden Personen (z. B. die Ereignisse des Kapitels 5 als Tagebucheintrag aus der Sicht von Larkin, Lily, John oder Byrd, wobei die Kinder die Person selbst wählen dürfen; am Ende des Textes das Geschehen aus einer zeitlich versetzten Perspektive – Sophie schreibt an eine Freundin einen Brief, in dem sie von ihren Kindheitserinnerungen an den einen Sommer berichtet). Möglich sind auch lyrische Formen der Be- und Verarbeitung, wie z. B. Akrosticha („Lily fängt an zu weinen", aus den Anfangsbuchstaben des Wortes TRÄNE entsteht ein Gedicht, das ihre Gefühle wiedergibt), Gedichte mit allen Sinnen (z. B. zu der Traurigkeit, die der Abschied von Sophie bei der Familie hervorruft: Wie sieht Traurigkeit aus? / Wie schmeckt Traurigkeit? / Wie riecht Traurigkeit? / Wie fühlt sich Traurigkeit an? / Wie klingt Traurigkeit?). Das Lesebegleitheft gestattet eine starke Individualisierung des Rezeptionsvorgangs, so dass den unterschiedlichen Lesegeschwindigkeiten der Schüler Rechnung getragen wird. Da ein Ziel des Literaturunterrichts hier die Förderung von Perspektivenwechsel und Empathie sein sollte, darf man die genannten Aufgaben allerdings nicht als bloße Beschäftigung für schnelle Leser sehen, sondern muss sie vertieft im Unterricht behandeln. Es muss auch für langsame Leser genügend Zeit vorhanden sein, sich diesen Aufgaben zu widmen, gleichzeitig sollte aber die Möglichkeit gegeben werden, dass Kinder, die sich auf diese emotionale Ebene nicht einlassen können oder wollen, andere Aufgaben bearbeiten. Die entstandenen Texte müssen dann Grundlage für eine gemeinsame Anschlusskommunikation sein.

**Kognitive Zugänge zu Literatur: Erforschen und Erfinden**

Unter geschlechterspezifischen Gesichtspunkten spricht eine emotionale Ausrichtung der Lektüre vor allem Mädchen an, während Jungen und Männer „eher sachbezogen und distanziert lesen [...]" (Garbe 2007, 67). Das bedeutet jedoch nicht, dass man sich nur auf Sachbücher beschränken muss, wenn man besonders die Jungen zum Lesen motivieren will. Andererseits reicht es auch nicht aus, lediglich Texte mit einem Jungen als Protagonisten zu wählen. Vielmehr müssen Motive und Themen gefunden werden, von denen sich gezielt Jungen begeistern lassen.

Ein Text, der in allen Jahrgangsstufen der Grundschule dieses Kriterium erfüllt, ist das Bilderbuch *Tatu und Patu und ihre verrückten Maschinen* von Aino Havukainen und Sami Toivonen (2010). Tatu und Patu erfinden 14 vollkommen verrückte Maschinen, wie z. B. den „Ekelzutaten-Entferner" oder die „Schlüsselmütze". 2011 wurde das Bilderbuch für den Deutschen Jugendliteraturpreis nominiert. Die Jury begründet dies damit, dass die originellen Einfälle der beiden Brüder zum Nachmachen einladen, die Illustrationen mit ihrer unglaublichen Menge an Details zum genauen und wiederholten Hinsehen bewegen und sich so auch weniger lesebegeisterte Kinder mit dem Text alleine auseinandersetzen wollen und können.

Tatu und Patu *lädt v. a. Jungen zum Nachschöpfen skurriler Erfindungen ein.*

Im Unterricht bietet es sich an, die Kinder zunächst während freier Arbeitsphasen oder der Wochenplanarbeit anzuregen, das Buch alleine oder in Kleingruppen zu lesen. In einer Gesprächsrunde können sie dann zeigen, was sie an lustigen Ideen und Details entdeckt haben. Eine handlungs- und produktionsorientierte Anschlussmöglichkeit ist es, als Hausaufgabe eigene Erfindungen in Auftrag zu geben und im Klassenzimmer eine Ausstellung dazu zu machen. Die Schüler können dann im Unterricht ihre Erfindungen zeichnen und beschreiben und so ein eigenes Bilderbuch herstellen. Außerdem könnte man einzelne Erfindungen herausgreifen, wie z. B. den „Gespenstervertreiber". Dieser lässt sich problemlos nachbauen und regt als Requisit dazu an, eigene Gespenstergeschichten zu erfinden und zu erzählen, zu spielen oder auch zu schreiben. Außerdem können die Kinder Gedichte, Geschichten und Bücher zum Thema „Gespenster“ mitbringen und vorstellen.

Timur und die Erfindungen aus lauter Liebe *erzählt, wie Dinge und Geschichten entstehen.*

Für die dritte und vierte Klasse böte sich ein literarischer Text an, der ebenfalls „Erfindungen“ zum Thema hat, das Buch *Timur und die Erfindungen aus lauter Liebe* von Marlies Bardeli (2009). Es geht um Herrn Kubin, der den Regenschirm, den Besen und vieles mehr aus lauter Liebe zur schönen Agathe erfunden hat. Aber weil er sehr menschenscheu ist, traut er sich nicht sie anzusprechen. Diese Geschichte aus dem Mittelalter erfindet, auf Timurs neugierige Fragen hin, Timurs Mutter und Timur hört zu, bis es ihm zu bunt wird. Er beschließt, die Sache selbst in die Hand zu nehmen und schlüpft in die Geschichte hinein, um dem schüchternen Erfinder zur Seite zu stehen. Auf den ersten Blick kreist dieses Buch um die Thematik „Liebe“ und ist insofern, da emotional ausgerichtet, eher ein Text für Mädchen. Allerdings bietet die Geschichte auch in mehr als einer Hinsicht ein für Jungen attraktives Angebot. So kommt sie mit dem Motiv der Reise ins Mittelalter dem Interesse von Jungen nahe, die „in fremde, phantastische und exotische Welten abtauchen wollen“ (Garbe 2007, 67).

Zwei männliche Figuren stehen dabei im Mittelpunkt, der menschenscheue Herr Kubin und der Junge Timur. Timur ist zwar sensibel, da er Interesse am Thema Liebe zeigt und Herrn Kubin helfen möchte, gleichzeitig aber auch eine starke Jungenfigur. Er ist an allem interessiert und löchert seine Mutter mit Fragen. Er beschließt in die Geschichte hineinzugehen und verändert sie mit Erfolg. Er ist Herrn Kubin überlegen und zeigt sich immer souverän.

Parallel zur Liebesgeschichte von Herrn Kubin und Agathe kommt auch die liebevolle Beziehung von Timurs Eltern zur Sprache: „Das kann man ja nicht mehr mit ansehen!“, rief Timur. Papa fand das ebenfalls. „Wäre ich so feige gewesen wie er, hätte ich Mama niemals bekommen“, sagte er. Die unaufgeregte Thematisierung einer gelungenen Beziehung der Eltern mit einer positiven Vaterfigur, die zur Mutter in einem gleichberechtigten, partnerschaftlichen Verhältnis steht, ist ungewöhnlich für ein modernes Kinderbuch. Es wird gezeigt, dass Liebe und Zusammenleben gelingen können, wenngleich man dabei manchmal über den eigenen Schatten springen muss. Zudem wird der Erfindergeist verschiedener Figuren thematisiert: Timur findet und erfindet Fragen an die Welt, seine Mutter, und zunehmend auch sein Vater, erfinden Geschichten als Antwort auf diese Fragen und Herr Kubin, als zentrale Figur der Geschichten, ist der typische, introvertierte männliche Erfinder.

Mit Hilfe handlungs- und produktionsorientierter Methoden lassen sich die (nicht nur) für Jungen sehr ansprechenden sachorientierten Aspekte kreativ behandeln: Die Kinder erhalten die Aufgabe, in ihrem Alltag Gegenstände zu suchen, deren Herkunft sie interessiert. Sie erstellen gemeinsam eine Liste mit solchen Gegenständen. Dann dürfen sie sich entscheiden, ob sie entweder, wie Timurs Mutter, eine Geschichte erfinden wollen, wer diese Gegenstände wann und warum erfunden hat. Sie können aber auch den „Forscherauftrag“ annehmen, mit Hilfe von Sachbüchern, Lexika und dem Internet, die „wahre“ Geschichte der Gegenstände ausfindig zu machen. Dann halten sie als „Wissenschaftler“ einen Vortrag zu ihrem Gegenstand und die Klasse rät, ob es sich eine wahre oder erfundene Geschichte handelt. Eine weitere Möglichkeit ist das Aufgreifen der Idee, in Geschichten hineinzugehen und sie zu verändern. Die Kinder können dazu eine Geschichte mitbringen, die sie gerne verändern möchten, diese in der Klasse vorstellen und erzählen, was sie tun würden, wenn sie in diesen Text hineinschlüpfen könnten. Zudem bietet der Text eine Reihe von Informationen, die Ausgangspunkt sein können, das Leben im Mittelalter zu erforschen. Die Schüler können auf Plakaten die Angaben darüber, wie Herr Kubin lebt, zusammenstellen. Viele der beschriebenen Details lassen sich nachahmen, etwa das Backen von Buchweizenpfannkuchen (vgl. Marlies Bardeli, 24), das Basteln von Ketten aus Hagebutten und Bucheckern (ebd., 34), das Brauen von Tee aus Brombeerblättern und Kamillenwurzeln (ebd., 62) oder die Herstellung von Kerzen aus geschmolzenem Bienenwachs (ebd., 126). Der Text spielt auch auf die mittelalterliche Literatur an, zum einen über die von mittelalterlicher Buchmalerei inspirierten Illustrationen, aber auch in Zitaten (ebd., 80). Fächerübergreifend mit dem Heimat- und Sachunterricht bietet sich ein „Mittelalterprojekt“ an, bei dem die Recherchen der Kinder innerhalb des Buchs Grundlage werden. Die Aussicht, die im Buch ermittelten Informationen handelnd umsetzen zu dürfen, motiviert auch schwache Leser, sich intensiv mit dem Text auseinanderzusetzen und Lesestrategien, die die Lehrkraft als Hilfe begleitend anbietet, anzuwenden.

### Ästhetische Zugänge zu Literatur: Wahrnehmen und Genießen

In ihrer Darstellung eines „literaturdidaktischen Fundaments“ sprechen Abraham und Kepser davon, dass „literarische Texte in ihrer Ästhetik wahrgenommen werden sollen“ (Abraham/Kepser 2009, 33). Auch Spinner versteht die genaue und aufmerksame Wahrnehmung als zentralen Aspekt literarischen Lernens (vgl. Spinner 2006, 8 f.). Die Autoren betonen dabei einen weiten Textbegriff, der Literatur in verschiedenen medialen Formen einschließt. Bilderbücher, als klassische Einstiegsliteratur, sind per se bereits ein Medienverbund, eine Verbindung von Text und Bild.

Die Buchauswahl unter literarästhetischen Kriterien ist auf dem kurzlebigen aktuellen Bilderbuchmarkt nicht ganz einfach, da hier die kommerziellen Interessen der Verlage andere Schwerpunkte setzen (vgl. THIELE 2000, 16). Christian Duda und Julia Friese nehmen laut der *Frankfurter Allgemeinen Zeitung* diesen „Kampf gegen die Erwartungen der Verlage" (SPRECKELSEN 2012) auf und stellen u. a. mit *Schnipselgestrüpp* (DUDA/FRIESE 2010) ein Buch vor, das „zu kompliziert, zu anspruchsvoll für Kinder" (SPRECKELSEN 2012) sei. Spreckelsen betont dazu in seiner Rezension: „Kinder werden permanent unterschätzt" (ebd.). Damit spricht er ein zentrales Kriterium an, das auch für den Literaturunterricht in der Grundschule gilt: Es muss literarische Angebote geben, die mehrschichtiger, tiefgründiger sind und es kann nicht der Anspruch erhoben werden, dass jedes Kind sich jeden Text vollständig und zweifelsfrei erschließt. Genau dann fordert der Text zur vertieften Wahrnehmung auf, die durch Methoden des handlungs- und produktionsorientierten Literaturunterrichts intensiviert werden kann.

*Das Bilderbuch* Schnipselgestrüpp *fordert zur vertieften ästhetischen Wahrnehmung auf.*

*Abb. 1.2: Aus Christian Duda/Julia Friese* Schnipselgestrüpp *© 2010 Bajazzo in der Verlagsgruppe Beltz, Weinheim/Basel, S. 36*

Christian Duda stellt in *Schnipselgestrüpp* Typen vor: „Der Junge", „Vater", „Mutter", die am Anfang des Bilderbuchs beziehungslos vor dem Fernseher sitzen. Dem Jungen gelingt es allerdings über das Medium Zeitung seine eigene Fantasiewelt zu entfalten und schließlich seinen Vater und zuletzt auch die Mutter mit einzubeziehen. Die fragilen Bilder und der lakonische Text ergänzen sich dabei, erzählen aber je eine eigene Geschichte. Eine erste Begegnung über ein Bilderbuchkino bietet Raum für Fragen und Ideen.

Zur Wahrnehmungsschulung empfehlen sich zwei Ausgangspunkte: Zum einen können die Kinder den fantasievollen Umgang mit den Zeitungsinhalten nachahmen, indem sie, parallel zur Collage, die der Junge an der Wand seines Kinderzimmers anbringt (ebd., 24 f.), selbst eine Collage aus Zeitungen erstellen und überlegen, wer sie darauf sein möchten. Im Kreisgespräch werden die verschiedenen Collagen mit dem Buchinhalt verglichen und die Kinder thematisieren ihre Auswahlkriterien, beschreiben, was der Junge im Bilderbuch ausgewählt hat, und überlegen, warum er sich so entschieden hat. Zum anderen lassen sich die statischen Bilder, die die Familienkonstellation ausdrücken (vgl. Duda/Friese 4 f., 34 f., 36 f.), in Standbildern nachempfinden, wobei die Schüler den Auftrag erhalten, Körperhaltung und Mimik der Figuren genau nachzustellen. Zu jedem Bild suchen die Darsteller einen Satz aus dem Text, der besonders gut passt. Im Gespräch über die Satzwahl und die nonverbalen Veränderungen werden Interpretationsansätze der Kinder deutlich.

Ein Text, der auf verschiedenen Ebenen verstanden werden kann und daher Differenzierungsmöglichkeiten bietet, ist das Gedicht *Alles kann man nicht sagen* von Martin Auer (1986). Es erlaubt auf allen Ebenen einen literarästhetischen Genuss, der durch handlungs- und produktionsorientierte Verfahren vertieft werden kann.

*Das Gedicht* Alles kann man nicht sagen *kann aktiv als ästhetischer Genuss inszeniert werden.*

**Alles kann man nicht sagen**

Wenn man eine Sternschnuppe sieht,
kann man sich etwas wünschen.
Aber man darf es nicht sagen,
weil es sonst nicht in Erfüllung geht.

Wenn ich mir wünsche, dass du mich
ganz unerwartet
an dich ziehst und mir über die Haare streichst,
kann ich es nicht sagen.

Wenn ich es sagen würde
und du es dann tätest,
wäre es überhaupt nicht,
was ich mir gewünscht habe.

In Anlehnung an die „Methode Kett“ (vgl. Niklas 2010, 52 ff.) kann der Erlebnisbereich für die Kinder im Sitzkreis aktiviert werden, indem die Lehrkraft dunkelblaue Tücher in die Mitte legt und mit goldenen Sternchen bestreut. Die Kinder verbalisieren Erlebnisse zum Thema „Sternenhimmel“. Dann präsentiert der Lehrer den ersten Vers (Z. 2 f.). Möglicherweise werden Kinder, die den Spruch kennen, hier schon ergänzen. Passende Musik weckt dann Wunschfantasien der Kinder, die sie auf kleine Papiersterne notieren. Da ja nicht „gesagt“ werden darf, was man sich wünscht, legen sie die Sterne stumm auf den Sternenhimmel. Jedes Kind entscheidet, ob es den Stern offen oder verdeckt auflegt. Die zweite Textstrophe wird mit einem, ebenfalls auf einen Stern geklebten, Bild antizipiert, das ein Kind zeigt, das von der Mutter in den Arm genommen wird, etwa die Lithographie von

Käthe Kollwitz „Mutter mit Jungen". Über den Wunsch des Kindes, in den Arm genommen zu werden, können alle Kinder aus eigener Erfahrung sprechen. Nach der Präsentation der letzten beiden Strophen bekommen sie den Auftrag, über eigene unausgesprochene Wünsche nachzudenken und ihre Gefühle farbig mit Jaxon-Kreiden, ebenfalls auf Sternen, darzustellen. Fakultativ schreiben sie dazu Wörter oder eine Gedichtstrophe. Die Sterne werden mit Stecknadeln an die Tücher geheftet, die, um ein Plakat mit dem Gedichttext herum, an die Wand gepinnt werden. Zum Schluss rezitiert/-en die Lehrkraft und/oder die Schüler das Gedicht, das intuitiv mit den eigenen, dargestellten Gefühlen verknüpft wird und als ästhetisches Gesamtkunstwerk, an dem die Kinder selbst aktiv beteiligt sind, wahrgenommen wird.

### 1.4.2 Die „Vielfalt der Richtungen" innerhalb des handlungs- und produktionsorientierten Ansatzes

Die vorgestellten Modelle zeigen exemplarisch, wie Handlungs- und Produktionsorientierung eine Verbindung zwischen Literatur und dem Kind als Subjekt (einzeln und in der Gemeinschaft) herstellt. Diese Verbindung, die emotional, kognitiv oder ästhetisch ausgerichtet sein kann, ist ein wesentlicher Bestandteil literarischer Bildung. Die Schwerpunkte können dabei durchaus unterschiedlich gesetzt werden, Haas, Menzel und Spinner sprechen schon 1994 von einer „Vielfalt der Richtungen" (Haas et al. 1994, 25):

| Vielfalt der Richtungen des handlungs- und produktionsorientierten Ansatzes | |
|---|---|
| **Visuell** | Bilder zu einem Text und/oder Personen malen oder zeichnen, Collagen erstellen, Gefühle/Szenen in Farben umsetzen, graphische Darstellungen … |
| **Akustisch** | Verschiedene Vortragsweisen erproben, Chorisches Sprechen, Textstellen mit Orff-Instrumenten vertonen, Textstellen mit Hintergrundmusik oder Geräuschen versehen, Text als Hörspiel gestalten, Traumreisen mit Versatzstücken aus dem Text anleiten … |
| **Haptisch** | Gestalten von Figuren mit Pappmaché, Marzipan …, Legen von Bodenbildern zu Textstellen, Sinnliches Erspüren von Schlüsselsymbolen, Nachbauen von Gegenständen aus einem Text, Karten-/Würfelspiele zu Geschichten herstellen |
| **Szenisch** | Nach- und Weiterspielen von Textstellen im Personenspiel, mit selbst hergestellten Figuren (z. B. aus Pfeifenreinigern oder Kochlöffeln), als Pantomime, im Schattenspiel …, Standbilder zu Schlüsselszenen stellen lassen, Verfilmung einer Szene … |
| **Schreibend** | Weiterschreiben zu Überschrift, Cover oder Textauszügen …, eine Vorgeschichte zu einem Text oder einer Figur erfinden, Schreiben aus der Sicht einer Person (Brief, Tagebucheintrag …), Steckbriefe erstellen (z. B. in Ich-Form), Wechseln der Textsorte, z. B. aus einem Gedicht einen Zeitungsbericht machen, Poetisches Schreiben zu Texten, z. B. als Akrostichon, Elfchen, Gedicht mit allen Sinnen, Haiku, … |

# Texte schreiben und überarbeiten

2

## 2.1 Texte schreiben, überarbeiten und bewerten: Ein Überblick

### 2.1.1 Texte schreiben als kulturelle Praxis

*Michael Krelle*

Texte schreiben zu können ist in der Informations- und Mediengesellschaft eine wesentliche Kompetenz. Durch schriftliche Texte kann man mit anderen Menschen in Kontakt treten, die gerade nicht anwesend sind, Gedanken für sich selbst festhalten, Ideen entwickeln u. v. m. (vgl. Fix 2008, 14). Dabei stellen sich spezifisch schriftsprachliche Anforderungen: Im Gegensatz zur Mündlichkeit besteht beim Schreiben kein unmittelbarer Kontakt zwischen den Kommunizierenden und kein Sprechzeit-Raum, auf den man sich beziehen kann; schriftliche Texte sind medial fixiert und konstant (vgl. Becker-Mrotzek 2003).

Um solche Anforderungen zu bewältigen, greifen kompetente Schreiber auf ein System kodifizierter (und tradierter) Verschriftlichungsnormen zurück: Das Schreiben von Texten ist eine Kulturtechnik, mit der sprachliche Handlungen durch die Schrift verdauert werden, die in der Mündlichkeit flüchtig waren, Beziehungen zwischen den Kommunizierenden anonymisiert werden, die eher persönlich waren, und die Kommunikationssituation zerdehnt wird, die eine raumzeitliche Einheit von Sagen und Verstehen war (vgl. Abraham et al. 2005, 5). Es verwundert kaum, dass das für Schreibanfänger eine große Herausforderung darstellt. Schließlich geht es um mehr als die Korrespondenz von Phonemen und Graphemen, die Zeichensetzung und grammatische Aspekte: Schriftsprachliches Handeln vollzieht sich mittels komplexer Textmuster und -sorten: gesellschaftlich ausgearbeitete Werkzeuge zur Lösung wiederkehrender Kommunikationsaufgaben und -zwecke im Medium der Schrift (vgl. Becker-Mrotzek/Böttcher 2006, 19).

*Schriftsprachliche Anforderungen bewältigen*

Während Aspekte mündlicher Kommunikation bereits weit vor Schuleintritt (und darüber hinaus) erworben werden, ist die Entwicklung von Schreibfähigkeiten traditionell in der Schulzeit angesiedelt, wobei

> *[…] die Entwicklung weniger abhängig [ist] vom biologischen Alter als vom Schreibalter, das heißt von der Dauer eigener Schreiberfahrung.*

*Erwachsene Analphabeten haben in vieler Hinsicht mit den gleichen Schwierigkeiten zu kämpfen wie Schulanfänger und zeigen entsprechend ähnliche Problemlöseschritte.* (FEILKE 2005, 43)

Für die Primarstufe sind verschiedene schreibbezogene Lernziele und institutionelle Erwartungen maßgeblich, denen ein bestimmter Kompetenzbegriff zu Grunde liegt.

### 2.1.2 Schreibbezogene Lernziele, Standards und Kompetenzen im Bereich der Primarstufe

#### Schreibkompetenz als Begriff

*Schreibprozesse als Grundlage von Schreibkompetenz*

Im Hinblick auf den Begriff „Schreibkompetenz" orientiert man sich häufig an verschiedenen Aspekten des Schreibprozesses. Ein bekanntes Modell stammt hier von HAYES und FLOWER (u. a. HAYES/FLOWER 1980). Diese sehen das Schreiben funktional als einen Problemlöseprozess an, der sowohl vom Autor mit seinem jeweiligen Wissen und dem jeweiligen Adressaten bzw. der Schreibsituation abhängt: So macht es bspw. einen erheblichen Unterschied, ob man einen Brief oder eine E-Mail an einen Freund schreibt, um ihn von einem gemeinsamen Ausflug zu überzeugen, oder ob man einen Tagebucheintrag für sich selbst verfasst. HAYES und FLOWER nennen drei wesentliche Subprozesse des Schreibens: Zunächst wird aus dem Langzeitgedächtnis Wissen abgerufen, z. B. zum Thema, zur Leserschaft und zur Textsorte. Dabei plant man, indem man bestimmte Vorstellungen über den Schreibprozess und das Schreibprodukt erzeugt, man setzt sich ein Schreibziel und „organisiert" eine Abfolge von Inhaltselementen, bevor es zum eigentlichen Schreiben bzw. Formulieren kommt. Beim Formulieren wird dann die gedankliche Ebene auf eine sprachliche „übersetzt". Dieser Prozess wird (auch lesend) überwacht, indem etwa bereits beim Schreiben korrigierend bzw. überarbeitend eingegriffen wird. Solche Einsichten in den Zusammenhang von Schreibfunktion, Schreibsituation und Schreibprozess sind in prominente Definitionen von Schreibkompetenz eingeflossen. Orientiert man sich an den Ausführungen von FIX (2008), meint man mit Schreibkompetenz

*Eine allgemeine Definition*

*[...] die Fähigkeit, pragmatisches Wissen, inhaltliches (Welt- und bereichsspezifisches) Wissen, Textstrukturwissen und Sprachwissen in einem Schreibprozess so anzuwenden, dass das Produkt (der Text) den Anforderungen einer selbst- oder fremdbestimmten Schreibfunktion gerecht wird.* (FIX 2008, 33)

Als Schreibprodukt bzw. Text gilt dabei eine begrenzte Folge sprachlicher Zeichen, die thematisch, strukturell und grammatisch zusammengehört und als Ganzes eine kommunikative Funktion signalisiert (ebd., 84).

Diese grundlegenden Aspekte von Schreibkompetenz finden sich auch in den Bildungsstandards der Kultusministerkonferenz wieder (KMK 2005). Dort wird ausformuliert, welche Leistungen von Schülern bis zum Ende der vierten Klasse erwartbar sind. Sie sind ein gemeinsamer, verbindlicher Referenzrahmen, und zwar gleichermaßen für alle Beteiligten.

### Bildungsstandards im Kompetenzbereich Schreiben

Auf der Primarstufe sollen Schüler zunächst in die Schriftlichkeit als Medium eingeführt werden. In den KMK-Bildungsstandards für den Primarbereich heißt es dazu: „Im individualisierenden und differenzierenden Unterricht werden kontinuierlich das Lese- und Schreibinteresse der Kinder und der Erwerb grundlegender Lese- und Schreibfähigkeiten gefördert." (KMK 2005, 6). Bis zum Ende der Grundschulzeit sollen Schüler dann zu angemessenem schriftsprachlichen Handeln befähigt werden, indem sie über Schreibfertigkeiten verfügen, richtig schreiben und Texte verfassen können (ebd., 11). Während mit den beiden erstgenannten Standards auf verschiedene „technische" und orthografische Aspekte von Schrift und Schreiben abgehoben wird – z. B. „über eine gut lesbare Handschrift verfügen" oder „geübte, rechtschreibwichtige Wörter normgerecht schreiben" – bezieht sich der letztgenannte Standard explizit auf das Planen, Schreiben und Überarbeiten von mehr oder weniger komplexen Texten und Textentwürfen. Im Detail geht es bei dem Standard „Texte verfassen" dann um folgende Kompetenzerwartungen (ebd., 11):

*Schriftsprachliches Handeln als Lehr- und Lernziel*

| | |
|---|---|
| **Texte planen** | Schreibabsicht, Schreibsituation, Adressaten und Verwendungszusammenhang klären |
| | Sprachliche und gestalterische Mittel und Ideen sammeln: Wörter und Wortfelder, Formulierungen und Textmodelle |
| **Texte schreiben** | Verständlich, strukturiert, adressaten- und funktionsgerecht schreiben: Erlebtes und Erfundenes; Gedanken und Gefühle; Bitten, Wünsche, Aufforderungen und Vereinbarungen; Erfahrungen und Sachverhalte |
| | Lernergebnisse geordnet festhalten und auch für eine Veröffentlichung verwenden |
| | Nach Anregungen (Texte, Bilder, Musik) eigene Texte schreiben |
| **Texte überarbeiten** | Texte an der Schreibaufgabe überprüfen, Texte auf Verständlichkeit und Wirkung überprüfen |
| | Texte in Bezug auf die äußere und sprachliche Gestaltung und auf die sprachliche Richtigkeit hin optimieren |
| | Texte für die Veröffentlichung aufbereiten und dabei auch die Schrift gestalten |

Pohl und Baurmann (2009, 96) betonen bei ihrer Interpretation der KMK-Standards, dass neben Wissens- und Prozessaspekten des Schreibens der kompetente Umgang mit den Produkten und den möglichen Lesern zentral ist, wie es in den Standards unter dem Label „Texte schreiben" zu lesen ist. Im Hinblick darauf heißt es bei Pohl und Baurmann (ebd.), zur Schreibkompetenz gehören auch:

- **Ausdruckskompetenz:** Ausgleich fehlender Ausdrucksqualitäten wie Mimik/Gestik durch lexikalische und syntaktische Mittel
- **Kontextualisierungskompetenz:** Aufbau einer aus sich selbst heraus verständlichen Textwelt
- **Antizipationskompetenz:** Einschätzung und Vorwegnahme möglicher Leserreaktionen
- **Textgestaltungskompetenz:** Aufbau und Strukturierung des Textes in einer nachvollziehbaren Ordnung; unter Umständen auf der Basis von Textsortenwissen

In welcher Folge Schüler Aspekte solcher Schreibkompetenzen erwerben, ist mittlerweile vergleichsweise gut untersucht.

### Schreibkompetenzentwicklung

Man unterscheidet häufig verschiedene „Stufen" bzw. „Stadien" von Schreibkompetenz, die im Rahmen der Schulzeit entwickelt werden. Allerdings ist die Annahme überholt, dass es sich dabei um eine klar abgrenzbare Folge von „Entwicklungssprüngen" handelt, die man abschließt. Vielmehr geht man mittlerweile davon aus, dass es sich um unterschiedliche Strategien handelt, die sich mehr oder weniger entfalten, um dann in konkreten Verwendungssituationen verfügbar zu sein. Umstritten ist noch immer, ob einzelne Strategien internalisiert sein müssen, um andere Strategien zu ermöglichen, und ob sich die einzelnen Strategien – zumindest teilweise – auch parallel entwickeln. Zu vermuten sind aber jedenfalls individuelle Unterschiede im Erwerbsprozess.

*Schreibstrategien entfalten*

Im Hinblick auf erste Schreibversuche ist häufig von einer *assoziativen* oder *expressiven Strategie* die Rede. Mit ihr steigt man in die Komposition komplexerer sprachlicher Äußerungen ein: Häufig schreibt man dabei das auf, was einem spontan in den Sinn kommt, und zwar solange einem etwas einfällt. Die Orthografie und die Schreibmotorik beanspruchen die Schreiber dabei häufig noch so sehr, dass der Kohäsion und Kohärenz der Texte kaum Aufmerksamkeit geschenkt wird. Mit zunehmender Schreib- und Leseerfahrung wird dann Wissen um literale Konventionen erworben, das dann sukzessive im Schreibprozess zur Verfügung steht. Ab einem gewissen

*Prototypische Entwicklungen*

Grad spricht man hier von *normorientiertem Schreiben* (bzw. *performative writing*), weil sich Schreiber (häufig sehr eng) an gelernte „Gerüste" halten, z. B. an brieftypische Textsortennormen. Wenn Schüler dann *kommunikativ* schreiben, können sie auch mögliche Leser in den Blick nehmen, indem sie die eigene Perspektive relativieren. Ansatzweise können sie dabei antizipieren, was im Hinblick auf Rezipienten des eigenen Schreibprodukts relevant sein könnte. Sind Schüler in der Lage, *authentisch* zu schreiben, können sie ihr eigenes Produkt als Leser beurteilen bzw. die eigenen Schreibleistungen so analysieren, dass mit Blick auf die Bedürfnisse des Adressaten gegebenenfalls Modifikationen möglich werden. Dabei werden Konventionen, Regeln und Muster nicht mehr nur übernommen, sondern adaptiert, um (komplexere) Problemstellungen zu lösen. Häufig werden auch Strategien genannt, mit denen man schreibt, um Wissen zu gewinnen bzw. das Schreiben als Mittel des Nachdenkens einsetzen zu können (*epistemic writing/ heuristisches Schreiben*). Inwiefern Letztgenanntes möglicherweise immer im Spiel ist, wenn man Schreiben nutzt, um Informationen zu verarbeiten und zu sichern, ist umstritten. Einen Überblick über Studien, die die Entwicklung von Schreibkompetenzen genauer untersuchen, gibt FEILKE (2003).

Eine prominente Untersuchung stammt von AUGST et al. (2007). Die Autoren unterscheiden vier Stadien bzw. Entwicklungsstufen von Schreib- bzw. „Textsortenkompetenz" im Grundschulalter. Zunächst dominiert auch hier ein subjektiver, assoziativer Zugang zum Schreibgegenstand; anschließend können Schüler textsortenspezifisch Sachverhaltsbeziehungen darstellen bzw. sequenziell verketten. Im dritten Stadium werden solche Sequenzen aufgebrochen, indem verschiedene Textteile ausdifferenziert werden. Schließlich wird der Text von seinem funktionalen Ziel her wahrgenommen und in seiner Gesamtheit gegliedert und gestaltet.

*Schreibentwicklung verläuft nicht so geordnet und geradlinig, wie man evtl. erwartet.*

Auf Basis solcher (und anderer) Untersuchungen sind mehrere Vorschläge gemacht worden, wie Aspekte von Schreibkompetenz zum Gegenstand von Deutschunterricht auf der Primarstufe gemacht werden können. Dabei ist zu beachten, dass sich die Schreibkompetenz anders „geordnet" entwickelt, als man es sich als Lehrender vielleicht wünschen würde:

*Die Entwicklung beginnt nicht mit einzelnen Teilfertigkeiten, die dann zusammengefügt werden, sondern parallel in allen Dimensionen. Schreibaufgaben werden mit den je vorhandenen Kompetenzen bearbeitet, die dann vom Kern her ausgeweitet und ausdifferenziert werden. Die Annäherung an die Zielkompetenz erfolgt nicht geradlinig, sondern teilweise über Umwege, indem auf bekannte, aber unzulängliche Strategien zurückgegriffen wird oder indem neue Mittel und Formen überdehnt werden.*

(Becker-Mrotzek/Böttcher *2006, 74*)

### 2.1.3 Aspekte kompetenzorientierten Unterrichts im Bereich Schreiben

Man ist sich weitgehend einig, dass das Schreiben von Texten gerade für Schreibanfänger im Kindesalter sehr aufwendig sein kann, und zwar gleichermaßen in kognitiver, affektiver und motivationaler Hinsicht. Im Hinblick auf den Schreibunterricht in der Grundschule bietet es sich insofern an, Schülern möglichst früh eine Reihe von Erfolgserlebnissen zu ermöglichen, damit es nicht

*[...] bereits in der Grundschule zu einem ‚Teufelskreis' kommt, in dem ausbleibender Erfolg zur Beeinträchtigung der Motivation und der Motivationsmangel zu weiter verminderten Leistungen führt, was wiederum der Motivation abträglich ist und negative Gefühle begünstigt.* (Bremerich-Vos et al. *2011, 3*)

Es sollten also nicht hin und wieder längere Texte geschrieben werden, sondern in kurzen Abständen möglichst viele kürzere Exemplare ein und derselben Textsorte (ebd., 7). Baurmann und Pohl (2009, 87 f.) nennen darüber hinaus weitere Merkmale, die man im kompetenzfördernden Schreibunterricht beachten sollte: Es gehe neben der Motivation auch darum, besonders das Wissen und die individuellen Unterschiede von Schreibern zu beachten. Kompetenzfördernder Schreibunterricht weise dabei eine erkennbare, für die Kinder nachvollziehbare Struktur auf. Der Unterricht orientiert sich an didaktischen Prinzipien, z. B. der Reduktion von Komplexität und der Stufung der Schwierigkeiten. Auf einige dieser Aspekte wird im Folgenden näher eingegangen.

#### Zur Orientierung an Schreibfunktionen und -prozessen

*Auf die Lebenswelt beziehen*

Es wird häufig betont, dass es sich für Schreiblernende motivationssteigernd auswirkt, wenn man einen Schreibanlass wählt, der etwas mit der konkreten Lebenswelt bzw. dem Umfeld der Schüler zu tun hat. Dabei sollte es um alltags- und unterrichtsrelevante Textsorten und -muster gehen, je nach Umfang auch ab und zu um solche Schreibsituationen, die mit konkreten Folgen für die Schülern verbunden sind, z. B. im Hinblick auf gemeinsame Ausflüge, Klassenfeste, Mitteilungen an die Eltern, auch in digitalen Umgebungen (vgl. Abraham in diesem Band, S. 201). Was die *Aus-*

*drucksfunktion* von Sprache betrifft, kann es dabei etwa um Erlebnis- oder Nacherzählung, Reizwortgeschichten, Fantasiegeschichten u. v. m. handeln. Wenn es um die *Darstellungsfunktion* von Sprache geht, können beispielsweise Personen-, Orts-, Bildbeschreibung, Anleitungen angesagt sein; mit Einschränkungen auch Berichte (z. B. „Ereignisberichte"). Auch die *Appellfunktion* kann in der Grundschule Gegenstand von Deutschunterricht sein, z. B. einfache Argumentationen in Briefform (vgl. BAURMANN/POHL 2009, 77).

*Integrative Aufgaben gestalten*

Es empfiehlt sich zusätzlich, komplexe Schreibaufgaben als Teilaufgaben mit integrativem Charakter anzubieten (vgl. KUPFER-SCHREINER in diesem Band, S. 62). Eine Verbindung mit Aspekten von Sprachbewusstheit ergibt sich etwa, wenn man Textentwürfe im Hinblick auf die sprachliche Richtigkeit oder Angemessenheit überarbeiten lässt. Es kann aber auch darum gehen, dass man zunächst Informationen zu einem Schreibauftrag suchen lässt, sodass sich eine Verbindung von kleinen Lese- und Schreibaufgaben ergibt. In diesem Bereich liegen auch Aufgaben, die auf eine Kombination von Lesen und „freiem" und „kreativem" Schreiben abzielen (FIX 2008, 123), z. B. wenn: Geschichten weitergeschrieben werden, Lückengeschichten „kreativ" gefüllt werden, Paralleltexte geschrieben werden, Lesebegleithefte (bzw. „Lesetagebücher") erstellt werden usw.

*Komplexe Aufgaben zerlegen*

Es ist mittlerweile ein verbreiteter Ansatz, sich auch im Schreibunterricht an den einzelnen Teilprozessen des Schreibens zu orientieren, also komplexe Schreibaufgaben zu „zerlegen", um so gerade Schreibanfänger zu entlasten. Gemeinhin unterscheidet man auch hier die Teilprozesse „planen – formulieren – überarbeiten", die die Schüler dann – je nach Bedingungen im Unterricht „vor Ort" gemeinsam („kooperativ") oder alleine („individuell") bewältigen sollen.

*Unterstützungssysteme anbieten*

Insbesondere bei schwächeren Schreibern ist es sinnvoll, auf Unterstützungssysteme, also Formen kooperativen Schreibens in den jeweiligen Schreibphasen zu setzen. Schreibanfängern hilft man etwa, indem man bereits die Planungsphase in Kleingruppen oder in der ganzen Klasse gestaltet. Häufig wird hier methodisch mit Plakaten oder Schaubildern operiert, um bestimmte Planungsschritte festzuhalten und zu visualisieren. Beim Formulieren und beim Umgang mit Textentwürfen ist es dann wichtig, dass den Schülern der Adressat ihrer Texte bewusst ist. Dabei können ansatzweise kommunikative Strategien in den Blick genommen werden. Allerdings ist hier auch zu bedenken, dass viele Kinder auf der Primarstufe – und insbesondere bis zur dritten Klasse – noch nicht über das assoziative Schreiben hinauskommen. Diese Kinder sind noch in erheblichem Maße mit der Motorik beschäftigt, und zwar so, dass die Aufmerksamkeit noch nicht auf den

Gesamttext oder den Adressaten gerichtet werden kann. Hier bietet es sich an, für weitere Entlastung zu sorgen, etwa indem man (auf lexikalischer Ebene) Wörter, Wortgruppen oder Satzfragmente sammelt, die Schreiber dann verwenden können. Im Hinblick auf das Üben normorientierten Schreibens hat es sich auch bewährt, Merkmale bestimmter Textsorten vorzugeben („Briefskelette", „Textbausteine"). Insbesondere in den *Überarbeitungsphasen* lernen Schüler dann, ihre eigenen Textprodukte kritisch zu prüfen bzw. zu beurteilen und zu bewerten.

**Zum Überarbeiten, Beurteilen und Bewerten im Unterricht**

*Kriterien auswählen und anpassen*

Zum Überarbeiten, Beurteilen und Bewerten hat sich das Arbeiten mit Kriterien und Rastern bewährt. Traditionell orientiert man sich dabei an der Einteilung „Inhalt", „Aufbau" und „Sprache" (z.B. „Richtigkeit" und „Angemessenheit"), aber auch an Aspekten wie „Stil", „Wagnis" u.v.m. Einen allgemeinen Katalog mit zwölf Kriterien haben z.B. Becker-Mrotzek/Böttcher (2006) vorgelegt. Die Autoren betonen, dieser müsse von den Lehrkräften

> *[...] in zweifacher Weise an die jeweils konkreten Schreibaufgaben und Bewertungsziele angepasst werden: Zum einen müssen die spezifischen Merkmale der jeweiligen Textart eingearbeitet werden, das heißt, die eher allgemeinen Formulierungen müssen konkretisiert werden. Und zum anderen müssen die didaktischen Ziele der jeweiligen Unterrichtseinheit berücksichtigt werden.* (Becker-Mrotzek/Böttcher, 2006, 94)

*Den Leistungen gerecht werden*

Die Orientierung an solchen (selbst erarbeiteten) Kriterien bietet den Beteiligten eine transparentere und tendenziell „gerechtere" Einschätzung von Leistungen: Die Lehrkräfte zwingt es, über die eigenen Qualitätsmaßstäbe explizit Rechenschaft abzulegen. Auf Schülerseite gilt das Gleiche: Sie können sehen, was von ihnen erwartet wird und gegebenenfalls ihre Anstrengungen gezielt auf Bereiche richten, in denen sie (noch) Schwächen haben. Es geht für sie also ansatzweise um Antworten auf die Fragen „Was kann ich schon ganz gut?" „Was muss ich noch üben?" „Was kann ich noch gar nicht?" (vgl. dazu auch Behrens/Krelle 2011). Weitere Hinweise finden sich bei Knopf (2011), speziell zum Umgang mit „kreativen" Texten auf der Primarstufe auch bei Abraham (2012).

Überarbeitungen von Textentwürfen kommen im Deutschunterricht zumeist im Rahmen bestimmter *formativer* Methoden zustande. Es geht also um lernprozessbegleitende Formen, mit denen nicht auf eine abschließende Beurteilung und Bewertung von (Schreib-)Produkten abgezielt wird, sondern mit denen eine differenzierte, auf Förderung angelegte Rückmeldung zu einem Text im Entwurfsstadium angestrebt wird. Es können Helfer oder die Autoren selbst an Texten bzw. Textentwürfen arbeiten.

Prominent ist hier insbesondere ein Vorschlag von SPITTA (1992), das Überarbeiten von Textentwürfen gemeinsam in Form von „Schreibkonferenzen" zu gestalten (vgl. SCHÄFER/SEVEGNANI in diesem Band, S. 79). Dabei sind die Anforderungen an die Schüler nicht zu unterschätzen (vgl. BREMERICH-VOS 2009, 35): Die Beteiligten müssen etwa kooperationswillig und -fähig sein. Zudem sollte es klar vereinbarte Regeln und Kriterien für das Überarbeiten geben, auf die man sich im Zweifelsfall berufen kann. Es kann zudem hilfreich sein, sich auf wenige Aspekte zu konzentrieren, damit die Schreiber zielführendere Rückmeldungen bekommen. Auch können die Schüler dabei arbeitsteilig vorgehen. Einer z. B. konzentriert sich auf Inhaltliches, ein weiterer auf die sprachliche Gestaltung usw. Häufig spricht man dann davon, „Experten-Teams" bzw. „Spezialisten" einzusetzen (ebd.).

*Beispiel: Schreibkonferenz*

Andere Formen der formativen Überarbeitung sind z. B. die „Textlupe", das „Über-den-Rand-hinaus-Schreiben" (vgl. BÖTTCHER/WAGNER 1993), das „Schreibatelier", der „Stationenbetrieb" (BECKER-MROTZEK/BÖTTCHER 2006, 48 f.) und das „Wandern" von Texten (vgl. GRAU/SEIDLER 2004), aber auch das „Portfolio" oder die „Lernspinne". Für alle diese Arbeitsformen ist es aber beim Überarbeiten wichtig, zwischen Eingriffen an der Textoberfläche (z. B. Rechtschreibung) und Tiefenrevisionen (z. B. Umstellungen ganzer Textteile) zu unterscheiden. Letztere haben, soweit sie nötig sind, Vorrang.

Natürlich können Urteile über die Textqualität auch am Ende eines Lernprozesses stehen, und zwar als *summative* (bzw. „prüfende") Beurteilungen und Bewertungen, die dann gegebenenfalls in eine Note münden. Solche Formen haben dann eine Selektions- und Kontrollfunktion (ABRAHAM/MÜLLER 2009). Im Hinblick auf Schreibleistungen, die sich aus dem jeweiligen Unterricht ergeben, sind sie vielerorts etabliert. In den letzten Jahren haben aber auch „Leistungsmessungen" Konjunktur, die „von außen" gestellt werden. So ist das Institut zur Qualitätsentwicklung im Bildungswesen (IQB) aktuell damit befasst, Kompetenzniveaumodelle zu den Bildungsstandards zu entwickeln, die zukünftig die Grundlage von Lernstandserhebungen und Vergleichsarbeiten sein sollen. Es wird in Zukunft darauf ankommen, dass Lehrkräfte solchen Formen der Bewertung einen Nutzen für ihre tägliche Arbeit abgewinnen können. Wenn aber Rückmeldungen (etwa aus standardbasierten Vergleichsarbeiten) ausschließlich auf Rangvergleiche hinauslaufen und zu wenig förderdiagnostisch Brauchbares liefern, ist der Nutzen nicht ersichtlich (BREMERICH-VOS 2009).

*Prüfende Beurteilungen und Bewertungen*

## 2.2 Aller Anfang ist leicht – Wege ins Schreiben weisen und Schreibaufgaben stellen

*Claudia Kupfer-Schreiner*

### 2.2.1 Schreibaufgaben statt Aufsatzthemen

Der traditionelle Schulaufsatz hat als ausschließlicher Bezugspunkt ausgedient. Nicht länger enge formale Vorgaben stehen im Mittelpunkt der Schreibförderung, sondern der *Weg zum Text*. Statt um Aufsätze geht es um *Schreibaufgaben*, die bestimmte *Kompetenzen*, die für das erfolgreiche Bewältigen des Schreibprozesses notwendig sind, erfordern und fördern. Dabei wird ganz bewusst von *Aufgaben* gesprochen, weil dieser Begriff dem gerade skizzierten Konzept am ehesten gerecht wird. Hier wird zwischen *vorlagengebundenen, kontextgebundenen* und *freien* Schreibaufgaben unterschieden (vgl. ABRAHAM/KUPFER-SCHREINER 2007, 14f.):

Vorlagengebundene Schreibaufgaben sind dadurch gekennzeichnet, dass sie von Impulsen wie Musik, Gerüche, Bilder oder auch von literarischen oder medialen Texten ausgehen.

Kontextgebundene Schreibaufgaben gehen aus dem Unterricht hervor – z.B. dem Leseunterricht – und orientieren sich an dessen Themen und Inhalten.

Freie Schreibaufgaben sind so offen gehalten, dass sowohl Vorlagen auch Kontext nicht genau festgelegt sind bzw. der Schreibende sich davon entfernen darf oder soll.

*Vorlagengebundene* Schreibaufgaben geben einerseits eine klare (Ziel-)Orientierung und ermöglichen andererseits einen flexiblen Umgang mit Lösungswegen und Schreibstrategien (vgl. KRELLE in diesem Band, S. 53) im Rahmen offener Unterrichtsformen, während kontextbezogene Schreibaufgaben in höherem Maß die Begleitung und Betreuung der Schüler erfordern. Indem statt von *Aufsätzen* von *Schreibaufgaben* gesprochen wird, wird ein Perspektivenwechsel in dreifacher Hinsicht vollzogen:

- vom Produkt zum **Prozess,**
- von den Formen (Erlebniserzählung, Bericht usw.) zu den **Funktionen** des Schreibens (und damit Textmustern: vgl. Kap. 2.2.3, S. 68)
- von den Lernzielen zu den Kompetenzen und
- vom Schreiben als Lerngegenstand zum **Schreiben als Medium** des Lernens.

### 2.2.2 Der Einstieg in den Text

„Lust verkürzt den Weg“ – so hat schon Shakespeare auf die Bedeutung einer positiven Einstellung und Motivation beim Schreiben hingewiesen.

Auch wenn sich unsere Grundschulkinder nicht mit ihm messen wollen und können, so gilt dieser Satz in besonderer Weise für die schwierige Phase des Einstiegs in den Text. Schreibhemmungen oder sogar Schreibblockaden treten vor allem dann auf, wenn der Schreibanfang durch Leistungsdruck, Überforderung, Selbstzweifel und, was damit auf die Dauer einhergeht, durch fehlende *Motivation* geprägt ist.

Bei Schreibanfängern entstehen Probleme allein schon dadurch, dass der Prozess des Aufschreibens die Kinder so in Anspruch nimmt, dass sie keine Energie und Kapazität mehr haben, einen sinnvollen und kohärenten Text zu verfassen. Schüler scheitern also oftmals schon, bevor es überhaupt ans „richtige Schreiben" geht.

> *Bisweilen erfordern Phonemanalyse und Schreibmotorik so viel Aufmerksamkeit, dass für andere Aktivitäten keine Kapazitäten mehr bleiben. Das langsame, stark verzögerte Verschriften eines Wortes benötigt alleine so viel Gedächtniskapazität, dass alle weiteren kognitiven Prozesse blockiert sind.*
>
> (Böttcher/Becker-Mrotzek 2003, 41)

Zentrales Anliegen in der ersten Phase des Schreibprozesses muss es deshalb sein, negative Faktoren wie Unsicherheit, Entmutigung, Nervosität oder auch die allseits bekannte „Angst vor dem weißen Blatt" möglichst zu vermeiden und durch geeignete Schreibimpulse oder *Schreib-Wegweiser* den Weg zum Text zu ebnen, ihn *begehbar* zu machen für alle Kinder der Klasse. Wichtig ist zunächst, dass der Schreibimpuls und der Schreibeinstieg motivierend sind – auch wenn die Anfangsmotivation nicht durch den ganzen Schreibprozess trägt. Zudem ist darauf zu achten, dass Entlastungsmomente enthalten sind, die es den Schülern möglich machen, den „Kopf frei zu bekommen" für die vielfältigen Aufgaben, die sie bei diesem anstrengenden Prozess der Verschriftlichung und Vertextung zu bewältigen haben (vgl. die Ausführungen zu den Schreibkompetenzen von Krelle in diesem Band, S. 53). Diese Einstiege sind schreibvorbereitende Handlungen und nicht mit Schreibaufgaben gleichzusetzen: Sie sollen Schreiben auslösen, zu Schreibideen führen, Vorerfahrungen aktivieren und Schreibfreude entstehen lassen. Zentrale Ausgangspunkte sind dabei:

*Keine Angst vor dem weißen Blatt!*

| Motivation |
|---|
| Erfolgserlebnisse sollen bewusst schon vor dem Schreiben der ersten Textversion vermittelt werden. |
| **Entlastung** |
| Der Einstieg ist so zu gestalten, dass eventuelle Schwierigkeiten, Überforderungen und Störfaktoren und damit Unlustgefühle durch die Gestaltung des Schreibeinstiegs weitgehend vermieden werden. |
| **Individualisierung** |
| Schülerorientierte Möglichkeiten eines individuellen und schreiberdifferenzierten Zugangs zum Schreibprozess sollen angeboten werden. |

Im Folgenden werden Schreibimpulse, Schreibanlässe oder Einstiege in den Schreibprozess, die diesen Anforderungen gerecht werden, unter zwei wesentlichen Gesichtspunkten in den Blick genommen: der Orientierung am Lebensweltbezug und an assoziativ-expressiven Verfahren. Sie sollen Wege ins Schreiben weisen, sozusagen „Schreibwegweiser" sein.

**Lebensweltbezug**

In der fachdidaktischen Literatur wird im Kontext eines schülerorientierten Unterrichts vielfach auf die Bedeutung von natürlichen oder authentischen Unterrichtssituationen bzw. auf den *Lebensweltbezug* verwiesen. Böttcher und Becker-Mrotzek (2003, 48/49) sprechen von „motivierenden Schreibanlässen, die in einen sinnvollen sozialen Kontext gestellt werden", während Merz-Grötsch diese Vorstellung etwas weiter fasst und zu der Einschätzung gelangt, dass

> *[...] zu den natürlichen Schreibsituationen Schreibanlässe [zählen], die direkt vom Schreiber und dem jeweiligen situativen und motivationalen Kontext ausgehen und eine Funktion für den Schreiber besitzen.*
>
> (Merz-Grötsch 2005, 57/58)

Keinen Widerspruch zum Lebensweltbezug, der oftmals ausschließlich mit tatsächlich erlebten Situationen gleichgesetzt wird, stellen fantastische Welten dar. Auch sie sind Teil der medial-literarischen Wirklichkeit von Kindern heute und kommen zudem den ersten Schreibversuchen und bevorzugten Erzählformen der Grundschüler (vgl. Krelle in diesem Band, S. 53) entgegen, die beim Schreiben zwischen Fantasie und real Erlebtem zunächst meist nicht unterscheiden (vgl. Böttcher/Becker-Mrotzek 2003, 58 ff.).

Neale (2006) bringt den mittlerweile inflationär gebrauchten Begriff des *Lebensweltbezugs* mit seinem Ansatz, der auch Titel seines 2006 erschienenen Buches ist, auf den Punkt: „Writing what you know" – und dies ist all das, was Kinder erzählen wollen, sei es nun eine Geschichte, die vielleicht tatsächlich so hätte geschehen können, sei es ein Traum, eine „wahre" Begebenheit – aus Büchern oder Filmen, vielleicht auch eine Mischung aus allem. Auf jeden Fall sind es

> *[...] schreiberbezogene Texte [...], die primär eine Ausdrucksfunktion für den Schreiber haben; ihm also ein subjektives, authentisches, personales und kreatives Schreiben ermöglichen. Diese Texte können ausdrücken, was den Schreiber bewegt oder betrifft, was ihn auf den Weg zu sich selbst bringt und wie er die Welt deutet [...].* (Böttcher/Becker-Mrotzek 2006, 58)

Als so verstandene authentische Schreibanlässe bieten sich für den Schreibunterricht beispielsweise an:

- Impulse zu Themen aus der Welt der Kinder wie z. B. Freunde, Wut, Angst, Fußball oder Schule, aber auch Vampire, Drachen oder Hexen;
- Verknüpfungen mit biographischen Aspekten: das Lieblingsspielzeug, bedeutsame Fotos, das liebste Kuscheltier, Gegenstände aus dem Rucksack oder der Büchertasche, Glücksbringer;
- Schreibmeditationen zu Musik, Geräuschen oder Bildern;
- Schreiben „vor Ort" – an außerschulischen Lernorten wie z. B. am Bahnhof, Markt, Friedhof, in der Kirche, am Spielplatz, an stimmungsvollen Plätzen in der Natur (Höhlen, Flussufer, Wald);
- Schreibspaziergänge, auch nachts, im Wohngebiet oder in der nahen Umgebung;
- Schreiben zu Bildern und Illustrationen aus bekannten Filmen, Büchern, Ausschnitten aus Filmen, Hörspielen oder Hörbüchern;
- Fantasiereisen an besondere Orte, ins Land der Träume, zu einer einsamen Insel, in die Welt der Ritter, Seeräuber, Zauberer oder in den Dschungel.

*Fantasiereisen aktivieren Vorerfahrungen.*

Fantasiereisen, begleitet von stimmungsvoller Musik oder Geräuschen, die zum Ziel der Reise passen, können vorstellungsbildende Verfahren sein, die die Vorerfahrungen der Kinder auf individuelle Weise aktivieren (jede/r stellt sich etwas anderes vor) und die für einen motivierenden Schreibeinstieg sorgen. Nach Wolfrum (2010, 53/54) beginnt eine Fantasiereise mit der *Phase der Entspannung und Einstimmung*, gefolgt von der *Imaginationsphase*, bis die Reise schließlich mit der *Rückholphase* endet, damit, dass die Reisenden zurückkehren in die Wirklichkeit.

**Eine Fantasiereise in den Dschungel**

*Phase der Einstimmung und Entspannung*
Mach es dir auf deinem Platz ganz bequem. Leg deinen Kopf auf deine Arme und schließ die Augen. Hole langsam und tief Luft. Lass die Luft genauso langsam wieder aus deinem Bauch heraus. Mach das ein paarmal und merke, wie sich dein Bauch hebt und wieder senkt. Niemand stört dich, nicht die anderen Kinder, auch nicht die Geräusche von der Straße. Wir gehen nun auf eine Traumreise.

*Imaginationsphase*
Du hörst Vögel flattern, Blätter rauschen und Bienen summen. Viele Baumstämme sind umgefallen und zugewachsen. Die Pflanzen wachsen so dicht, dass du den Himmel nicht sehen kannst. Sie sind voller Blüten, in wunderbaren Farben. An vielen Blättern funkeln große Tautropfen. Du gehst ganz nahe an die Blüten heran und holst tief Luft. Du nimmst den Duft der Blumen wahr. Du gehst von Blume zu Blume. Jede riecht anders.
Wir sind im Dschungel.
Es ist furchtbar heiß. Dein T-Shirt klebt an der Haut, der Schweiß läuft dir übers Gesicht. Du musst aufpassen, wo du hintrittst, es raschelt und knistert, Käfer und Insekten laufen herum, möchten an dir hochklettern. Du schaust dich um. [Pause]
Plötzlich hörst du ein lautes Geschrei über deinem Kopf: Ein Affe schwingt sich von Baum zu Baum. Bevor er im Dickicht des Dschungels verschwindet, scheint er dir nochmal zuzuzwinkern. Was er dir wohl sagen wollte? Du siehst es gleich: Hinter einem Baumstumpf, fast gar nicht zu sehen und ohne sich zu bewegen, lauert ein Löwe. Ob er schläft oder auf Beute wartet? [Pause] Du gehst vorsichtig weiter. [Pause] Du siehst noch viele andere Tiere und wundersame Dinge [Pause]

*Rückholphase*
Nun hole ganz tief Luft, öffne die Augen und schau dich um. Du bist zurück, wieder im Klassenzimmer. Du kannst uns gleich erzählen, wie es dir im Dschungel ergangen ist.

### Assoziativ-expressive Verfahren

Schüler, darüber besteht weitgehend Einigkeit in der Schreibdidaktik (vgl Krelle in diesem Band, S. 53), wenden in der Grundschule bzw. zu Beginn ihrer Schreibentwicklung zunächst assoziative und expressiv-subjektive Schreibstrategien an, was in erster Linie heißt, dass sie so lange schreiben, bis ihnen nichts mehr einfällt. Sie reihen Gedanken aneinander, ohne den Text zu planen; es dominiert die eigene Sichtweise, andere Perspektiven werden noch nicht eingenommen. Erst später, und hier verläuft die Entwicklung unterschiedlich, kommen Vorstellungen vom Text(muster) und die Leserorientierung in den Blick.

Assoziativ, expressiv und kreativ angelegte Schreibimpulse oder Einstiege ins Schreiben kommen daher diesen vorherrschenden Schreibstrategien der Kinder entgegen und können auch vorhandenes Wissen und Vorerfahrungen aktivieren. Sie stehen in engem Bezug zum kreativen Schreiben und offenen Lernformen (vgl. Kohl in diesem Band, S. 70) und sind mittlerweile längst in den Lehrplänen und im prozessorientierten Schreibunterricht verankert. Durch die Möglichkeit, auf den jeweiligen Schreibimpuls individuell mit den je eigenen Vorkenntnissen und Fähigkeiten reagieren zu können, wird Schreibhemmungen und -blockaden vorgebeugt, werden Überforderungen vermieden und der Einstieg ins Schreiben auf motivierende Weise entlastet. Im Spannungsfeld von Offenheit und Orientierungshilfe ist darauf zu achten,

- dass der Schreibimpuls einerseits so offen gestaltet wird, dass alle Schüler, ihren momentanen Fähigkeiten und ihrem *Schreibalter* entsprechend, eine Lösung finden, die sie dann weiter zu einer *Schreibidee* ausbauen können,
- und dass die Schreibenden andererseits durch die Art des Schreibimpulses und Einstiegs einen Rahmen vorfinden, der ihnen den Schreibeinstieg erleichtert und sie nicht überfordert.

*Völlige Offenheit kann blockierend wirken.*

*Völlige Offenheit kann in dieser Phase […] blockierend wirken („Angst vor dem leeren Blatt"), denn eine semantische Struktur muss erst geschaffen werden. Entscheidend ist, dass der Impuls nicht zu komplex ist und einen überwindlichen Widerstand bildet, da es sonst ebenfalls zu Schreibblockaden kommen kann.* (Fix 2006, 116)

Neben den gängigen Verfahren wie Clustern oder Mindmapping sind in der Grundschule vor allem solche geeignet, die handlungsorientierte und spielerische Elemente enthalten; sie können auch gemeinsam, in Partner- oder Gruppenarbeit, durchgeführt werden. Folgende Einstiege und Schreibimpulse bieten sich an:

- Motivierende Schreibanfänge wie z. B.: Was wäre, wenn du einen Wunsch frei hättest, wenn du zaubern könntest, wenn heute Sonntag statt Montag wäre, wenn du der Knopf an deiner Hose wärst, wenn es keine Schule mehr gäbe, wenn du aus Papier wärst …;
- Schreibspaziergänge, bei denen die einzelnen Stationen (Bushaltestelle, Bank, Spielplatz, Supermarkt usw.) Auslöser für kleine erste Texte oder auch Textfragmente sind;
- Schreibimpulse in Form von Bildern/Bildfolgen, auch kurze Film- oder Hörsequenzen, und zwar stets solche, die über das rein assoziative Angebot hinaus bereits Handlungen und (Vor-)Geschichten implizit enthalten, die den Einstieg in den Text erleichtern: eine Situation auf dem Spielplatz, ein Hund, der bedrohlich aussieht, ein einzelner Schuh, ein verpacktes Geschenk, eine Einladungskarte usw.;

- SMS-Geschichten, bei denen überlegt wird, was einer SMS vorausging, warum diese SMS verfasst wurde und wie auf diese SMS geantwortet werden kann (die Mitteilungen werden in Form von richtigen Kurznachrichten versandt);
- Flaschenpost-Geschichten: Die Kinder überlegen sich Geschichten und verfassen ihre eigene Flaschenpost;
- Impulse „verpacken": Wutpakete, Reisetaschen, Freundschaftssäckchen oder Schatzkisten (siehe Beispiel am Ende des Textes).

**Die Schatzkiste**
In einer „Schatzkiste" befinden sich anregende und geheimnisvolle Gegenstände. Die Gegenstände können die Schüler selbst oder der Lehrer mitbringen. Es bietet sich an, die Auswahl der Gegenstände an einem Thema zu orientieren: Natur, Fasching, Familie, fremde Länder, mein Lieblingsspielzeug, Reisen usw. Die Gegenstände können auch geheimnisvolle, symbolträchtige Gegenstände sein, die verschiedene „Interpretationen" zulassen (Schlüssel, Muscheln, Federn usw.). Die Kiste selbst soll anregend sein, es kann eine Holzkiste sein, ein Säckchen oder ein Koffer. Am Anfang kann eine Fantasiereise stehen oder die Gegenstände können, unter einer Decke versteckt, ertastet und beschrieben werden. Verschiedene Schreibideen werden nun mit dem Schreibimpuls verbunden: Man kann den Gegenstand aus seiner Sicht erzählen lassen, seine Lebensgeschichte erzählen, eine Geschichte, die man mit dem Gegenstand erlebt hat, erfinden, einen Brief an den Gegenstand oder ein Gedicht über den Gegenstand schreiben, zwei oder mehrere Gegenständen sich begegnen lassen u. v. m.

### 2.2.3 Textmuster als Teil von Schreibaufgaben

‚Textmuster' oder ‚-sorten' im Sinn der Sprachwissenschaft sind nicht Formerwartungen, sondern sprachliche Handlungsmuster, die Kommunikation organisieren („kommunikative Gattungen" nach Fix 2006, 93). Die Bildungsstandards der KMK für die Primarstufe im Fach Deutsch fordern, ohne den Begriff zu verwenden, in genau diesem Sinn die jeweilige Beachtung von „Schreibsituation, Adressaten und Verwendungszusammenhang" (Bildungsstandards 2004, 10). Kindern erste Vorstellungen von Textsorten als Schreibmuster zu vermitteln, ist wichtig; Fix (2006, 92) nennt sie „Formulare, die in je besonderer Weise die Erfüllung von Tätigkeiten erleichtern". Der bürokratischen Metapher zum Trotz geht es hierbei keineswegs nur um pragmatische Textsorten; vier basale Muster sind zu unterscheiden, die im Ansatz bereits in der Grundschule eine Rolle spielen: *erzählen, berichten, beschreiben, argumentieren* (in der Sekundarstufe weitergeführt als „erörtern"). Das jeweils erwartete Muster zu benennen, ist keine Gängelung der Lernenden, sondern eine Hilfe. „Textmuster sollen dazu dienen, die Schreibaufgabe durchschaubarer zu machen und den Schreibprozess zu entlasten" (Fix 2006, 106). Statt zu formulieren; „Schreibe einen Text" (oder gar „einen Aufsatz"), sollte die Schreibaufgabe also besser angeben, welches Textmuster erwartet oder vorgeschlagen wird. Gespräche über Textentwürfe (im Plenum oder in Schreibkonferenzen) können dann neben Inhaltlichem auch die Mittel der Darstellung in den Blick nehmen und so allmählich Sprachaufmerksamkeit für und Wissen von Textmustern auf- und ausbauen. Ob z.B. in Bezug auf Bilder (vgl. Kap. „Lebensweltbezug", ab S.64) *erzählt, beschrieben* oder *argumentiert* werden soll, ist ja nicht belanglos.

### 2.2.4 Ausblick

Wenngleich in der schreibvorbereitenden Phase noch keine intensive Formulierungsarbeit geleistet wird, sondern primär Ideen und mögliche Inhalte generiert werden und die Lust am Schreiben geweckt werden soll, muss der Weg bereits bereitet/geöffnet werden für die kommende Phase der Formulierung und Überarbeitung. Man darf sich als Lehrkraft auf keinen Fall darauf verlassen, dass dieser Schritt, Bräuer spricht vom *composing*, dem „Aufdecken von narrativen Feldern zwischen den verschiedenen Cluster-Teilen" (Bräuer 1998, 64), irgendwie/irgendwann vollzogen wird. Stattdessen muss frühzeitig, bereits in der Phase des Schreibbeginns und der Schreibimpulse, quasi antizipierend, dafür gesorgt werden, dass der Übergang zum planenden Schreiben ohne Bruch weitergeführt wird.

*Die Schreibaufgabe möglichst frühzeitig bekannt geben*

Damit der Gesamtzusammenhang und die Schreibaufgabe in allen Phasen und Teilprozessen für die Schreibenden erkennbar bleibt, soll die Schreibaufgabe bereits zu einem frühen Zeitpunkt des Schreibprozesses bekannt gemacht werden, damit zumindest eine globale Orientierung auf den späteren Text von Anfang an vorhanden ist. So sind isolierte Schreibimpulse wie z.B. das rein assoziative Schreiben zu einem Bild oder zu Musik ohne erkennbaren Bezug zu einer Schreibaufgabe eher weniger hilfreich, weil sie diesen Kontext in der Regel weniger im Blick haben – Thomsen kritisiert dabei das *themalose*, aber *methodenbewusste* Kreative Schreiben (Thomsen 1989, 76).

Weiterhin ist allen Schreibenden klar (und hier darf man die Schüler nicht unterschätzen), dass sie sich, trotz aller Bemühungen, Lebensweltbezug herzustellen, in der Schule befinden und dort schreiben sollen. Sie möchten frühzeitig erfahren, und haben auch ein Recht darauf, was auf sie zukommt, welche Aufgabe sie erledigen sollen (welche Textmuster es gibt). Denn: Eine Schreibaufgabe darf nicht zu einem Rätselspiel oder Kriminalfall werden.

## 2.3 Anregungen für das Kreative Schreiben

*Eva Maria Kohl*

*Schrift eröffnet auch einen Möglichkeitsraum.*

Ein Kind, danach gefragt, was es gern tun möchte, wird vielleicht antworten: spielen. Oder: malen, Rad fahren, singen, fernsehen, lesen, im Meer schwimmen usw. Wird es auch antworten: schreiben? Wann entwickelt ein Kind das Bedürfnis, freiwillig und zum Vergnügen zu schreiben? Schreiben lernt es – wie rechnen und lesen – in der Schule. Dort erwirbt es diese wichtigen Kulturtechniken, um sein Wissen festzuhalten und auszutauschen. Das Schreiben und die Schrift, deren Normen viele Schuljahre hindurch mühsam erlernt werden, entdeckt das Kind im Unterricht zunächst einmal als so etwas wie ein Transport- und Fixiermittel und wohl auch als ein Kontrollinstrument für Wissen, Botschaften, Vereinbarungen und Verständigungen zwischen Menschen. Dafür bekommt es Schreibhefte, Sprachbücher und einen Stift in die Hand und bemüht sich, die Buchstaben in eine geordnete und lesbare Form zu bringen.

Aber mithilfe der Schrift vermag der Mensch auch, seine Gedanken und Gefühle, Träume und Sehnsüchte zu artikulieren und somit nicht nur den Wirklichkeitsraum zu beschreiben, sondern auch einen Möglichkeitsraum zu eröffnen, in dem man sich gedanklich erproben kann.

In diesem Raum sind die Geschichten zu Hause, bewegen sich die Verse und Rätsel, die Märchen und Sagen, die Reime und Lieder, die das Kind, bevor es selbst schriftkundig wird, erzählt und vorgelesen bekommt, und die es auch selbst mündlich weitergibt. Mit den Reimen hat das Kind sich in die Sprache hineingespielt, mit den Versen und Liedern hat es den Wortklang erprobt und in den Märchen hat es das Staunen und Fürchten wiedergefunden, das sein eigenes Leben auch kennengelernt hat.

Wenn das Kind lesen lernt, kann es diese besonderen Erfahrungsräume selbst erobern und immer wieder gedanklich betreten. Aber kann es auf dem Lernweg in die elementare Schriftkultur zum Produzenten von gestalteten Textgebilden werden? Kann es den überwiegend rezeptiven Zugang zur Literatur für sich selbst produktiv erweitern und auch seine eigenen Geschichten zu Papier bringen?

Die Deutschdidaktik hat lange die Frage diskutiert, ob ein Kind erst schreiben können muss, um sich schreibend ausdrücken zu können, oder ob es von Anfang an Schrift als einen Artikulationsraum seiner eigenen Gedanken und Gefühle nutzen sollte (vgl. RITTER 2008). Die Reformpädagogik hat zu Beginn fruchtbare didaktische Ansätze entwickelt, die bis in die gegenwärtige Praxis des freien und kreativen Schreibens hinein wirken. Nachdem über lange Zeit das mehr kommunikative und freie Schreiben favorisiert wurde, haben sich in den letzten zwei Jahrzehnten kreative Schreibkonzepte in der Grundschule bewährt, die Kindern **Schreibspielräume** (KOHL 2005) für sprachspielerische Erprobungen öffnen. Während im didaktischen **Konzept des freien Schreibens** Kindern der Ort und der Zeitpunkt des Schreibens, das Thema, die Textsorte, der Umfang usw. weitgehend frei gestellt sind und es darauf ankommt, Kinder zu ermutigen, sich schreibend zu artikulieren, den Schreibprozess eigenverantwortlich zu bestimmen und Strategien für das Überarbeiten des Geschriebenen zu erlernen, werden beim **Konzept des kreativen Schreibens** ganz bewusst Schreibimpulse gesetzt und Schreibspielräume inszeniert, die es dem Kind ermöglichen, Schreiben als persönlich bedeutsam zu erfahren. Schreiben lernen kann so nicht nur als Vermittlung einer Kulturtechnik begriffen werden, sondern zunehmend auch als eine ästhetische Tätigkeit.

*In Schreibspielräumen können Kinder Schreiben als persönlich bedeutsam erfahren.*

### 2.3.1 Das Baumaterial der Geschichten herbeischaffen

Für Kinder ist die Aufforderung, eigene Erlebnisse oder Gedanken auf ein leeres Blatt Papier zu schreiben, oft überfordernd. „Ich weiß nicht, was ich schreiben soll", erklären sie ratlos. Das Konzept des kreativen Schreibens begleitet den Weg in das selbstbestimmte Schreiben mit gezielten Anregungen, Schreibimpulse genannt, und ermutigt die Kinder, sich auf den Weg zum eigenen Text zu machen (vgl. KUPFER-SCHREINER in diesem Band, S. 62).

In Schreibszenarien (KOHL/RITTER 2011) wird mit den Kindern spielerisch Sprache erprobt, um ihnen zunächst ein Zutrauen in das Grundmaterial aller Geschichten – nämlich die Wörter – zu ermöglichen. Die Wörter sind das Material, aus dem Geschichten „gemacht" sind.

Um sich den Wörtern zu nähern und sie verfügbar zu machen, wird mit „Kopfgymnastik" begonnen, alles wird gesammelt, was vor den fünf Sinnen, den Werkzeugen der menschlichen Wahrnehmung, erscheint. Die Kinder probieren aus, wie das genannt werden kann, was sie sehen, hören, riechen, schmecken oder tasten. Mit den Augen „ablesend", was im Ausschnitt eines Fensters des Klassenzimmers erscheint, können sie die „Hinter-dem-Fenster-Wörter" notieren: *Himmel, Baum, Wolke, Balkon mit Blumenkästen, Dach, Antenne, Haus* usw. Mit geschlossenen Augen horchen sie auf die Geräusche, die hinter der Tür des Zimmers, in dem sie sich gerade befinden, zu hören sind: *Schritte eilen vorbei, etwas fällt mit einem dumpfen Schlag zu Boden, jemand ruft, die Schulklingel schrillt los.* Unterschiedliche Gegenstände in der Handfläche können benannt werden nach ihren tastbaren Eigenschaften: *glatt, rau, weich, trocken, stachlig, samtig* usw. Aus der

*Wortsinn und Wordgestalt werden spielerisch erprobt.*

unmittelbaren Wahrnehmung heraus wird das Wort gesucht, das sich zur Bezeichnung des Wahrgenommen eignet. Und je nach den Sprachgewohnheiten der Kinder, ihrem eigenen Vermögen und Können probieren sie die Wörter in zweifacher Weise aus: nach dem Wortsinn und der Wortgestalt. Bei diesem Spiel gibt es kein Richtig oder Falsch, es gibt nur ein Suchen, Entdecken und Experimentieren mit dem Wort. Und natürlich finden sich in allen Geschichten, die Kinder auf diese Weise spielerisch konstruieren, ihre eigenen Erfahrungen, Gedanken, Erlebnisse wieder – verschlüsselt im Kleid des Märchentiers oder der Märchenhandlung. Konkrete Resultate dieser ersten Übungen, die der Sensibilisierung der Wahrnehmung und der Fähigkeit der Wortverwendung dienen, sind z. B. Rätsel, eine der Urformen der Poesie, die zugleich ein geselliges Ratespiel sind.

**Rätsel**
Es ist weich und weiß.
Wenn der Wind kommt
bläst er sie weg.
(die Feder)

*(Kristin, 10 Jahre)*

Eine andere, besonders in der Grundschule gern genutzte Form ist das Schreiben eines Elfchens oder eines Akrostichons, zwei kleine lyrische Baumuster, deren Ausgangspunkt immer ein besonders wichtiges, also aus dem ursprünglichen Kontext herausgehobenes und in einen neuen Kontext gestelltes Wort ist:

**Wind und Wasser**
W ellen schlagen ans Ufer
I m Wasser hört man einen Hund bellen
N iemand weiß, wo er ist
D er Hund hört die Ente und schwimmt zu ihr hin.

W o sind die Enten
A ber die Enten bleiben
S chon kommt ein Hund
S eht, da, der Hund
E s dauert
R ennt lange nach Hause.

*(Tim, 12 Jahre)*

Tim schrieb diese Texte während einer Schreibwerkstatt in den Sommerferien. Er hatte noch nie vorher Gedichte verfasst und entdeckte an diesem Tag, dass die Wörter ihm gehorchten und dass er etwas Neues damit machen konnte. Er probierte die lyrische Kurzform des Akrostichons aus, die ihm gezeigt worden war. Dazu wählte er die Wörter WIND und WASSER. Diese Wörter drückten für ihn etwas Wichtiges aus. Er hatte lange am Ufer gesessen und auf das Wasser gesehen. Er hatte beobachtet, wie die Wellen ans Ufer schlugen und Wind aufkam. Eine Ente war vorbei geschwommen und vielleicht hatte in der Ferne ein Hund gebellt. Entstanden sind zwei Texte, die aufeinander verweisen in einem dramatischen Geschehen und deren Ausgangspunkte zwei Wörter waren, die Tim sorgfältig ausgewählt hat (vgl. KOHL 2005, 77).

Die besonderen, im Sprachspiel erprobten Worte können aber auch zum Ausgangspunkt eines erzählenden Textes werden. Die folgenden Beispiele veranschaulichen das. Die Kinder wurden gebeten, ein Ding aus dem Raum, in dem sie sich gerade befanden, zu benennen. Eingesammelt wurden z. B.: *Lampe, Tür, Turnschuh, Hauswand, Stuhl, Schuh, Jacke, Bleistift, Haarspange, Tisch, Schalter.* Dieses Wort sollte nun zusammengesetzt werden mit einer Figur, die in den Märchen vorkommt (*König, Königin, Prinzessin, Prinz*). So entstand der Hauptheld eines neuen Märchens: *der Turnschuhprinz, die Lampenkönigin, der Türkönig, die Bleistiftprinzessin.*

Hat man eine Figur gefunden, die sich zum Helden einer Geschichte eignet, hat die wichtigste Arbeit des Erfindens schon begonnen. Die Schreibarbeit kann unterstützt werden, wenn sowohl ein Geschichtenanfang inszeniert wird, der das Schreiben herausfordert, und zusätzlich auch andere Ausdruckstätigkeiten wie z. B. das Malen und Zeichnen, einbezogen werden. Gleichzeitig kann die für die Geschichte passende besondere Buchform entwickelt werden. Im hier beschriebenen Beispiel ist es die Form eines Schlossbuches, aus einem farbigen DIN-A4-Blatt gefaltet. Das Äußere dieser Buchform – ein Schloss – weist schon auf das Innere, das geschriebene Märchen, hin. Die Angst vor dem weißen Blatt verringert sich. Hier wird erfunden, erzählt, gemalt, geschnitten und geklebt. Jedes Kind kann zum Märchenschreiber werden, denn der „Trick", das Finden der Hauptfigur mittels des Sprachspiels, ist jedem Kind verständlich. Das Betonen des Handwerklichen des Schreibvorgangs selbst und die Unterstützung durch andere Ausdruckstätigkeiten wie Malen oder Zeichnen ermutigen so auch Kinder, die zu Schreibblockaden neigen. Hier ein paar Beispiele von Arbeiten einer zweiten Klasse:

*Im Schreibprozess ergänzen sich Malen und Schreiben als ästhetische Tätigkeiten.*

**Der Sonnenkönig**
Es war einmal ein Sonnenkönig. Er hatte manchmal Hunger. Also ging er schnell zum Kühlschrank, holte sich eine Bratwurst. Die verschlang er. Der König legte sich vollgestopft ins Bett und platzte.
*(Paul)*

**Der Tierprinz**
Es war einmal ein Tierprinz. Er war ein Tierfreund. Er hatte ein Tier, das hieß Lena. Es war ein Fisch. Am Sonntag war Lena tot. Der Prinz weinte und weinte. Er war gerade nach Hause gekommen. Erschrocken sah der Prinz den Fisch an. Er nahm den Fisch aus dem Glas und trug ihn in den Garten. Er grub ihn ein. Er kaufte sich nun einen Hund und der Hund war toll.
*(Luisa)*

**Die Schuhkönigin**
Es war einmal eine Schuhkönigin. Sie hatte jeden Tag andere Schuhe an. Die Schuhkönigin beschäftigte sich nur mit ihren Schuhen. Sie glitzerten und strahlten. Sogar ihre Katze hatte wunderschöne Schuhe. Durch die Schuhe erhielt sie magische Kräfte, die ihr Schloss zum Glitzern bringen. Sie hatte das schönste Schloss auf der ganze Welt, und das nur durch ihre Schuhe.
*(Amelie)*

### 2.3.2 Das Spiel mit Sprache als Schreibimpuls

Der spielerische, kreative Umgang mit Sprache erscheint für Grundschulkinder als ein besonders geeigneter Weg, um sie zum Schreiben hinzuführen. Aber natürlich eignen sich auch literarische Baumuster, Erzählbilder, gute Bilder- und Kinderbücher, die Leerstellen zum Weiterschreiben und Fortsetzen der Geschichten bieten. Spinner (2001) nennt drei grundlegende Merkmale kreativen Schreibens: Die Irritation, die Expression und die Imagination. Das eben genannte Beispiel zeigt deutlich das Moment der Irritation. Zwei Worte, die aufeinandertreffen und nicht in einem erwarteten Sinnzusammenhang stehen, lösen im Zuhörer Verwunderung und Staunen aus. Die bekannte Wortbedeutung wird irritiert, ein neues, höchst eigenwilliges Wort ist entstanden: eine Schuhkönigin oder ein Tierprinz.

Expression als zweites Merkmal kreativen Schreibens in Spinners Sinne meint das Vergnügen des Menschen daran, einen persönlichen Ausdruck für das zu finden, was ihn bewegt, was er erfahren hat, denkt und fühlt. Mit Imagination schließlich ist das bereits erwähnte Bedürfnis gemeint, die Wirklichkeit nicht nur so wahrzunehmen, wie sie erscheint, sondern einen gedanklichen Möglichkeitsraum zu errichten, in dem Vorstellungen, Wünsche und Träume ihren Platz haben. Die Schuhkönigin im oben genannten Beispiel ist nicht nur dem Sprachspielvergnügen von Amelie entsprungen, sondern möglicherweise auch ihrem vielleicht unbewussten Wunsch nach solchen schönen, glitzernden Schuhen. Dem Tierprinzen von Luisa wiederum, dem der geliebte Fisch stirbt und der mit dem neuen Hund glücklich zu werden verspricht, liegt möglicherweise ein eigenes Erlebnis zugrunde, das nach Ausdruck drängte und in dem der Wunsch nach einem glücklichen Ende imaginiert wurde.

Der durch das Sprachspiel konstruierte und damit zugleich imaginierte Geschichtenheld braucht, um ein längeres Textgebilde entstehen zu lassen, aber noch eine Handlung. Für die oben angeführten sehr kurzen Texte ist keine inszeniert worden, es ist ein recht offener Schreibimpuls, dessen Schwerpunkt auf dem Finden eines Märchenhelden liegt und der dennoch bei einigen Kindern zu mehr als nur einem Vorstellen der Person geführt hat. Unbewusst hat die aus früheren Erzählsituationen und über Märchenlektüre erworbene Geschichtengrammatik (vgl. Merkel 2000 und Wardetzky 2007) eine Handlung in Gang gesetzt. Sie ist hier nicht umfänglich ausgebaut worden. Um das zu erreichen, können literarische Baumuster genutzt werden, die auch Kindern verstehbar sind. Ein ideales Baumuster stellt die Textform des Märchens dar, die den Kindern durch Vorlesen, Erzählen oder auch schon durch eigene Lektüre vertraut ist.

Märchen bieten Kindern durch ihre poetische und bildhafte Sprache viel Raum für eigene Spracherkundungen und Spracherfahrungen. In den Rätseln und Zaubersprüchen erleben sie die magische Funktion von Sprache. Die einfachen Baumuster der Märchen prägen sich den Kindern rasch ein. Ein Held befindet sich in einer bestimmten Ausgangsposition (Es war einmal eine Königin, die lebte schon lange in einem schönen Schloss hinterm Wald usw.), dann tritt eine Notsituation ein, die sie zwingt, zu handeln (eines Tages wurde die Prinzessin geraubt), ein Helfer wird ausgeschickt (der Prinz ritt sofort auf seinem schnellsten Pferd los) und am Ende ist alles wieder gut (und wenn sie nicht gestorben sind, dann leben sie noch heute). Dieser klar geordnete und immer wiederholte Ablauf ist für Kinder verstehbar und wird für die eigenen Schreibversuche genutzt (vgl. Kohl 2007b).

*Die einfachen Baumuster der Märchen eignen sich gut für erste Textversuche.*

### 2.3.3 Erzählanfänge und Erzählbausteine

Der gemeinsame Erzählanfang, der quasi einen Rahmen für alle dann entstehenden Märchen bietet, kann den Erzählton anschlagen, eine Konfliktsituation entwerfen, die nach einer Lösung drängt, und Lust machen auf ein Fortschreiben der Geschichte. Der gemeinsame Anfang rahmt später alle entstehenden Texte und macht sie vergleichbar. Der Vergleich sollte nicht der wertenden Zensur dienen, sondern der Anerkennung aller Leistungen und der Erfahrung, wie viele verschiedene Geschichten auf dem Spielplatz der literarischen Geselligkeit (vgl. Mattenklott 1979) entstehen können, wenn man diesen Schreibspielraum gemeinsam nutzt. Die folgenden beiden Märchen haben Kinder einer 3. Klasse geschrieben, deren Schreibprozess mit dem Erzählanfang „Das neue Haustier der Königin" angeregt wurde:

> Es war einmal eine Königin, die hatte sehr lange ein ganz besonderes Haustier: einen Vogel, der wunderschön singen konnte. Die Königin saß oft bei dem Vogel und hörte seinen Liedern zu. Der Gesang machte sie glücklich. Aber eines Tages lernte der Vogel eine Brieftaube kennen und flog mit ihr auf und davon. Die Königin war sehr traurig und weinte alle Taschentücher nass. Schließlich schenkte ihr ihre beste Freundin ein neues Haustier: einen echten, indischen Elefanten. Die Königin ließ am Schloss anbauen, damit der Elefant es bequem hatte. Sie bewunderte das große, kluge Tier sehr und unterhielt sich oft mit ihm. Eines Tages kam der Zirkus in das Dorf, das in der Nähe des Schlosses war. Der Elefant hörte die Rufe der Zirkustiere und bekam Sehnsucht, bei ihnen zu sein. Als der Zirkus weiter zog, lief der Elefant mit. Wieder war die Königin sehr, sehr traurig. Sie zog die Vorhänge zu und legte sich weinend ins Bett. Nichts konnte sie aufheitern. Es war jammervoll anzusehen. Aber eines Tages klopfte es an der Schlosstür und davor stand das neue Haustier. […]

Der Erzählrahmen in diesem Beispiel wurde auf geheimnisvolle Weise präsentiert: Vor den Augen der Kinder lagen eine Schachtel und zwölf übereinander gestapelte und verknotete Serviettenbeutel. In der Schachtel verborgen warteten eine kleine Königin, ein blauer Vogel, ein indischer Elefant und ein paar Habseligkeiten der Königin, wie ihr Lieblingsbuch, ihre Schatzkiste und ihr goldenes Fahrrad (alles in Miniaturgröße) darauf, hervorgeholt und zum Erzählen gebracht zu werden. Die Serviettenbeutel beinhalteten zwei Erzählbausteine für die zu schreibende Geschichte. Immer zwei Kinder zusammen haben so ein Serviettenbündel bekommen. Das Märchen war also ein stückweit schon da: der Anfang lag in der Schachtel und die Bausteine der Geschichten in den verschlossenen Bündeln. Schreiben hatte also deutlich – das erlebten die Kinder gerade – mit einem Geheimnis zu tun, das sie ergründen würden. Das langsame Öffnen der Schachtel, das Zeigen der kleinen Dinge und die verbal einsetzende Erzählung bewirkten, dass alle Kinder aufmerksam und staunend bei der Sache waren.

Der **Schreibimpuls,** der mit dieser Inszenierung unterstützt wurde, bestand also darin zu erfinden, wer das neue Haustier der Königin sein könnte und wie der Kummer der Königin zu trösten sei. Die Serviettenbeutel boten dafür zwei konkret gegenständliche Anregungen: ein Tier und einen Gegenstand. Beides hatte wiederum die Größe von Spielzeugfiguren (vgl. dazu Serviettenmärchen in: KOHL/RITTER 2010, 54) Was hatten die beiden

Dinge mit dem Kummer der Königin zu tun? Warum war gerade dieses Tier im Beutel, wo kam es her, welche Geschichte brachte es selbst mit?

**Das neue Haustier der Königin**
Eines Tages stand das neue Haustier vor dem Schlosstor. Es war eine Kuh. Die Prinzessin war überrascht. Sie hatte sich etwas Niedlicheres vorgestellt. Sie strengte sich sehr an das Tier zu versorgen. Trotzdem fand sie es schön, dass sie ein Haustier hatte.

Eines schönen Morgens wollte sie das Tier füttern, da war es nicht mehr da und ihr Fahrrad war auch verschwunden. Sie ging aus dem Schloss und da sah sie die Kuh. Sie hatte Fahrradfahren gelernt. *(Ruben, 9 Jahre)*

**Der goldene Geier**
Eines Tages kam das neue Haustier an. Es war ein Geier. Seine Federn waren goldig. Er war so schön, dass ihn jeder haben wollte. Aber er gehörte der Prinzessin. Er flog und flog und eines Tages tat er sich weh beim Fliegen. Die Prinzessin weinte und alle versuchten ihm zu helfen. Aber niemand schaffte es und er starb. Sie war so traurig, dass überall Wasser war. Eines Tages sah die Prinzessin, dass in ihren Schuhen Eier waren. Die Prinzessin wollte sie essen, aber als sie sie in die Pfanne tat, schlüpften kleine Geier. Sie war so froh, und wenn sie nicht gestorben sind, leben sie noch heute. *(Maria, 8 Jahre)*

### 2.3.4 Schreibspielräume als produktive Lernszenarien

Die auf solche Weise angeregten Schreibprozesse können Kindern helfen, ihr Schreiben als selbstbestimmt und persönlich bedeutsam zu erfahren. Zu einem gelingenden Schreibprozess gehört auf jeden Fall eine über den gesamten Schreibprozess wirksame anregungsreiche, ästhetisch gestaltete Atmosphäre. In den 21 Schreibszenarien des gleichnamigen Bandes (Kohl/Ritter 2011) wird ausführlich beschrieben, was unter einer solchen anregungsreichen Atmosphäre zu verstehen ist, und auch Spitta (1998) oder Dehn (1999) verweisen immer wieder explizit darauf. So gehören in einen Schreibraum z. B. gute Werkzeuge wie verschiedene Papiere in unterschiedlichen Größen, Strukturen und Farben und auch verschiedene Schreib-und Malstifte, die dazu verlocken benutzt zu werden. Da Texte immer auch Kontexte haben und herstellen (vgl. Dehn 1999) sollte eine Auswahl an guten und ästhetisch anspruchsvollen Bilder- und Kinderbüchern zur Hand sein, in denen die Kinder sich anregen lassen können. Für die den Schreibprozess unterstützenden und anregenden Erwachsenen besteht zudem die Herausforderung darin, ein möglichst differenziertes Angebot an geeigneten Schreibimpulsen in Form von Sprachspielen, literarischen Baumustern, Erzählbildern, Erzählanfängen usw. im Vorfeld zu prüfen, auszuwählen und dann zu inszenieren (vgl. Kohl 2007b).

*Eine anregungsreiche Atmosphäre unterstützt Schreibprozesse.*

Die schreibenden Kinder brauchen für ihre Schreibarbeit viel Ruhe, genügend Zeit und Schutz. Das ist gewiss im Schulalltag nicht immer leicht zu organisieren, aber dringend notwendig, wenn die Kinder sich auf die Schreibarbeit konzentrieren wollen. Weil Kinder von Kindern lernen, sollte man immer Möglichkeiten schaffen, dass sie sich untereinander austauschen und beraten können. Zuwendung und Hilfe erwarten die Kinder zu Recht auch von den Erwachsenen, die ihren Schreibprozess begleiten. Und schließlich sollten die Materialien für die Gestaltung einer passenden Buchform und für die Illustrationen bereitgestellt sein. Sind die Texte geschrieben, die Bücher gestaltet und ist der eigentliche Schreibprozess damit abgeschlossen, verlangt jeder der Kindertexte eine entsprechende Würdigung, und zwar durch Lehrerkommentar (zu Prinzipien und Möglichkeiten vgl. ABRAHAM 2012) und durch angemessene Präsentation in Form einer Lesung, einer Ausstellung oder einer Veröffentlichung, die die Texte auch für eine spätere Lektüre bewahrt. Das macht allen noch einmal bewusst, welche Leistung hier jeder Einzelne erbracht hat.

*Die entstandenen Kindertexte sollten angemessen präsentiert werden.*

### 2.3.5 Lesarten für Kindertexte finden

Wenn Kinder schreiben, öffnen sie anderen ein Fenster zu ihrer Vorstellungswelt und Fantasie. Im Text materialisiert sich die kindliche Gedanken- und Gefühlswelt. Was Kinder mithilfe der Schrift auf das Papier bringen, wird durch die Verschriftlichung sichtbar und damit lesbar. Vorher ist es die innere Stimme gewesen, die spricht, und das Gedachte und Geträumte ist in dem Kind selbst zu Hause. Jetzt löst es sich und bekommt eine Gestalt aus aufgeschriebenen Worten und Sätzen. Das Geschriebene wird nun etwas Selbständiges, Eigenwilliges und existiert fortan auch ohne das Kind (vgl. KOHL 2012, 162 und SPITTA 1999, 211).

Die Geschichte vom goldenen Geier, der sterben muss, aber aus dessen Tränen schließlich neues Leben wächst, ist voller Zauber und Magie. Das zuversichtliche Ende tröstet den Kummer über den Verlust. So machen es auch die Märchen, mit denen die Kinder, wenn sie Glück haben, in die Sprache und in das gemeinschaftliche Leben hinein wachsen. Dieses schreibende Kind muss sie schon gekannt haben. KRUSE hat das im Blick, wenn er betont:

> *Es geht um die Erweiterung des Blicks auf die Sprache der Kindertexte und das, was sie zum Ausdruck bringt. Die Erweiterung kann eine Grundlage dafür sein, dass Lehrende die von Kindern in ihren Texten intuitiv gebrauchten*

*sprachlichen Mittel, die sie mit ihren Spracherfahrungen erworben haben, in ihrem Charakter angemessen beschreiben und zur lehrenden Rückmeldung an die Kinder gebrauchen können.* (KRUSE 2011, 76)

In kreativen Schreibprozessen verbinden sich Gelesenes, Gehörtes und Gedachtes mit dem eigenen Erleben und suchen eine Form, in der sie haltbar gemacht werden können. Das Geschriebene vermag Zeit zu überdauern, und so haben die Geschichten, Verse und Märchen der Kinder, wenn sie aufbewahrt werden, das Potenzial, nicht nur die eigenen Geschichten der Kinder, sondern auch die Geschichte ihrer Kindheit zu werden.

## 2.4 Schreibkonferenzen organisieren und moderieren

*Joachim Schäfer/Friederike Sevegnani*

### 2.4.1 Die Rolle des Überarbeitens im Schreibprozess

Die Rolle des Überarbeitens im Schreibprozess wird in der Schreibdidaktik als bedeutsam angesehen (vgl. KRELLE in diesem Band, S. 53): „Im Unterschied zum traditionellen Aufsatzunterricht hat ein prozessorientierter Schreibunterricht eine andere Blickrichtung. Ihm geht es um den entstehenden Text“ (MERZ-GRÖTSCH 2010, 69). Dieser Gedanke wird von den KMK-Standards für den Primarbereich aufgegriffen:

*Sie [die Lernenden] gestalten den Schreibprozess selbstständig und verfassen ihre Texte bewusst im Zusammenhang mit Schreibabsicht, Inhaltsbezug und Verwendungszusammenhang. Dabei greifen die Teilprozesse des Schreibens ineinander: Texte planen, aufschreiben und überarbeiten.* (KMK 2005, 8)

*Wandel der Schreibdidaktik*

Diese Konzeption von Schreibunterricht ist geprägt durch die „kognitive Wende“ in den 1980er Jahren. Lernen wurde bis dahin im Sinne behavioristischer Lerntheorien als eher passiver Vorgang betrachtet, „[...] bei dem Wissen gleichmäßig vom Lehrenden auf den Lernenden übertragen werden könne“ (MERZ-GRÖTSCH 2010, 51). Das lernende Subjekt rückt bei kognitionspsychologischen Betrachtungsweisen in den Mittelpunkt. Der Wissenserwerb wird als aktiver Aneignungsprozess beschrieben, bei dem neues Wissen auf der Basis bisheriger Erfahrungen und Deutungsmuster konstruiert wird. Auf den Schreibunterricht wirkte sich dieser Sichtwechsel insofern aus, als nicht mehr das fertige Schreibprodukt allein und die Reproduktion bestimmter Textsorten mit festgelegten, überprüfbaren Merkmalen im Mittelpunkt des Unterrichts stehen, sondern vor allem der Problemlöseprozess, der dem Produkt vorangeht und als Schreibprozess bezeichnet wird (vgl. Merz-Grötsch 2010, 52). Als eine Form der Überarbeitung in der Schule haben sich z. B. Schreibkonferenzen etabliert.

**Überarbeiten**

Das Überarbeiten von Texten hat keine lange Tradition an deutschen Schulen. Schüler werden zwar meist direkt im Anschluss oder nach der Korrektur durch die Lehrkraft aufgefordert, noch Verbesserungen auszuführen. Diese erstrecken sich aber oftmals auf formale Korrekturen, hauptsächlich der Orthographie. Eine aktive Auseinandersetzung mit dem Geschriebenen auf inhaltlicher und sprachlicher Ebene, um somit eine Weiterentwicklung des Produkts zu erreichen, wird noch zu selten eingefordert. Die Überarbeitung im Sinne einer Verbesserung als Form der Schlussredaktion entspricht jedoch nicht der außerschulischen Schreibwirklichkeit. Überarbeitungen finden während des gesamten Schreibprozesses statt. Wichtig ist, dass die Kinder eine Überarbeitungshaltung aufbauen. Dies gelingt am besten, wenn immer wieder Schreibaufgaben gestellt werden, deren Ergebnisse veröffentlicht werden sollen. Das Grundmuster für alle Überarbeitungen lässt sich mit drei Stufen beschreiben: Missverhältnisse oder Auffälligkeiten identifizieren, Unzulänglichkeiten diagnostizieren, Textstellen durch geeignete Operationen revidieren (vgl. Baurmann 2006, 106).

*Überarbeiten während des Schreibprozesses*

Der Schreibende hat also zu prüfen, an welcher Stelle die vorliegende Schriftäußerung mit seinen Vorstellungen und seinem Wissen über Inhalt, sprachliche Normen sowie Textmuster übereinstimmt oder davon abweicht. Dies erfordert Spracherfahrung und sprachliches Wissen. Anschließend müssen funktionale Lösungsstrategien ausgewählt und angewendet werden, um die Diskrepanz zwischen dem verfassten und dem angestrebten Text zu verringern. Dazu ist es notwendig, den Text aus der Leserperspektive zu betrachten. Meistens benötigt man, um den Blick des Schreibenden durch den des Lesenden abzulösen, eine gewisse Distanz zum eigenen Text. Diese erfordert einen zeitlichen Abstand und stellt hohe Anforderungen an die metakognitiven Strategien der Kinder. Solche Handlungsweisen können aber auch durch das Überarbeiten von Texten geschult werden (vgl. Baurmann 2006, 93). Oftmals erkennen die Kinder zwar problematische Stellen, die Auswahl geeigneter Lösungsstrategien ist jedoch schwieriger (vgl. Fix 2004, 43). Die Aufmerksamkeit richtet sich also nur auf Abweichungen, sofern diese auch als überarbeitungsbedürftig erkannt werden. Baurmann und Ludwig (1985) definieren Revisionstypen, die von einfachen Korrekturen bis

*Überarbeiten aus der Sicht des Lesers*

hin zu Reformulierungen des gesamten Textes reichen. Diese Kategorisierung zeigt, wie komplex Überarbeitungsvorgänge sind.

| | | |
|---|---|---|
| **Nachträge** | Korrekturen auf der Buchstabenebene: kosmetische Veränderungen des Schriftbildes, Einfügen oder Streichung einzelner Grapheme oder Wörter, Ergänzung der Interpunktion (aber nicht Korrektur fehlender Satzzeichen). | Revisionen greifen zunehmend in die Textstruktur ein. Zunahme der Revisionen, die nach dem Schreiben durchgeführt werden. |
| **Korrekturen** | Notwendige Veränderungen bei Verletzung sprachlicher Normen auf der Wortebene: Interpunktion, Orthographie, Syntax, Semantik | |
| **Verbesserungen** | Stilistische Veränderungen, die auf der Satzebene angesiedelt sind: Wortwahl, Vermeidung von Wiederholungen, Satzstruktur; Berücksichtigung von Autor, Leser und Produkt. | |
| **Redigierungen** | Veränderungen, welche die globale Struktur betreffen: Veränderungen der Textstruktur, Streichung überflüssiger Passagen mit dem Ziel, die Verständlichkeit für den Leser zu erhöhen. | |
| **Reformulierungen** | Veränderungen auf der Textebene, wenn ein neues Schreibziel vorhanden ist. Abschnitte, Kapitel oder auch der ganze Text werden geschrieben. | |

## Überarbeitungskompetenz

*Ergebnisse der Unterrichtsforschung*

Die Ergebnisse mehrerer Studien sprechen dafür, dass viele Kinder bereits mit konzeptionellen Vorstellungen zu Texten in die Schule kommen (vgl. Dehn et al. 2011, 70 ff.). Jantzen zeigt auf, dass erste Überarbeitungen bereits im ersten Schuljahr vorgenommen werden (Jantzen 2010, 182). Eine Aufgabe des Deutschunterrichts besteht darin, einschlägige Vorstellungen und Handlungen aufzugreifen und die Kinder bei der Weiterentwicklung von Qualitätsvorstellungen von Anfang an zu unterstützen.

Held (2006) erforscht in Anlehnung an Fix (2004) die Revisionskompetenz von Grundschulkindern. Es werden Überarbeitungen von Kindern der dritten und vierten Klasse dahingehend untersucht, auf welcher Textebene Probleme erkannt und angegangen werden, welche Lösungsstrategien sie für das Problem anwenden und welche Überarbeitungsintentionen verfolgt werden (vgl. Held 2006, 25). Um diesen Lernprozess im Schreibunterricht zu unterstützen, bedarf es genauer Kenntnisse, „[…] auf welchen Textebenen, wie, weshalb und wie erfolgreich junge Schreiber schon in der Grundschule Texte in den Blick nehmen und überarbeiten können" (Held 2006, 26). Held bezieht sich dabei auf die bereits erwähnten fünf Revisionsarten nach Baurmann und Ludwig (1985, siehe oben). Entscheidend ist,

*[…] dass Schreib- und Überarbeitungskompetenzen nicht allein begabungs-, entwicklungs- und altersabhängig sind, sondern dass ihr Erwerb durch unterrichtliche Unterstützung und geeignete ökologische Bedingungen vorangetrieben werden können. Überarbeiten ist lern- und lehrbar.* (FIX 2004, 50)

Das Problem sieht HELD in der Unterrichtsorganisation und der Verwendung entsprechender Methoden, welche sich nicht an der Denkentwicklung der Kinder orientieren. Die Kinder erwerben im Unterricht:

*[…]eine Art nomenklatorisches Wissen über einzelne Elemente der Sprache und der Textgestaltung, sie haben jedoch nur wenig Gelegenheit über Sprache, ihre Wirkungen, ihre Möglichkeiten und ihre Funktionen im schriftlichen Medium nachzudenken, sie zu erproben. […]* (HELD 2006, 27)

*Überarbeitungskompetenz von Grundschülern*

Insgesamt kommt HELD zu einem ähnlichen Ergebnis wie FIX (2004) in einer Untersuchung mit Jugendlichen: Grundschulkinder nehmen Revisionen hauptsächlich auf der Ebene einzelner Elemente innerhalb von Sätzen vor. Überarbeitungen auf der Ebene ganzer Sätze und der Textgrobstruktur können vergleichsweise wenig beobachtet werden. Wenn die Kinder ein Problem erkennen, sind sie in der Lage dieses Problem zu klassifizieren und erforderliche Folgerevisionen durchzuführen (vgl. HELD 2006, 139).

Revisionen von Grundschulkindern beschränken sich anfangs zunächst auf kalligraphische, orthografische und grammatikalische Änderungen von Wörtern im Satz. In Bezug auf die Kategorien von BAURMANN und LUDWIG (1985) handelt es sich dabei um Nachträge und Korrekturen. Damit Schüler Überarbeitungen auf anderen Ebenen vornehmen, bedarf es der Unterstützung durch die Lehrkraft. Um die Lerner z.B. auf stilistischen Überarbeitungsbedarf aufmerksam zu machen, eignen sich ausgesuchte Sätze oder Textteile mit entsprechenden Auffälligkeiten. Einen weiteren Schwerpunkt bilden inhaltliche Fragen zu einzelnen noch unklaren Textstellen. In diesem Zusammenhang schlägt BAURMANN den Einsatz der Textlupe (siehe unten) vor, um das planvolle Untersuchen und Überarbeiten vorzubereiten (vgl. BAURMANN 2006, 112). Um Fragwürdiges zu erkennen und eine Vorstellung von Textqualität auszubilden, benötigen die Lernenden Hinweise. Textlupen können den Fokus der Schüler auf mögliche schwierige Stellen lenken, z.B. inhaltliche Brüche, Wortwiederholungen, fehlende Verbindungen zwischen Sätzen usw.

*Unterstützung durch die Lehrkraft*

Schülern fällt es oft schwer, während des Schreibens die sprachliche und inhaltliche Ausgestaltung des Textes zu überprüfen. Sie sind zu sehr im Prozess involviert. Hier sind Rückmeldungen von anderen sinnvoll. Viele Kinder können ohne ein gezieltes didaktisches Arrangement das sinnvolle und kriteriengeleitetes Überarbeiten ihrer Texte nicht lernen. Sie bleiben dabei, augenscheinliche Fehler auf formaler Ebene zu überarbeiten. Die Überarbeitung des Inhalts unter Berücksichtigung der Schreibabsicht und des Verwendungszusammenhangs wird ansonsten nicht realisiert (vgl. BÖTTCHER/BECKER-MROTZEK 2006, 107). Im Folgenden werden Möglichkeiten aufgezeigt, wie Grundschulkinder zum Überarbeiten angeleitet werden können.

*Rückmeldungen*

### 2.4.2 Die Schreibkonferenz

Maßgeblich geprägt hat SPITTA den Begriff der „Schreibkonferenz". Sie hat ihren Ansatz in über 40 Grundschulklassen in Berlin erprobt (vgl. SPITTA 1999, 6). Bei ihr sind Schreibkonferenzen nicht nur ein Instrument, sondern sind Bestandteil eines schreibdidaktischen Konzepts. Daneben existieren aber viele andere Vorschläge für die Verwendung von Schreibkonferenzen. Deshalb werden in diesem Beitrag die Konzeption von SPITTA als „Schreibkonferenz im engeren Sinne" und die anderen Vorschläge als „Schreibkonferenz im weiteren Sinne" bezeichnet.

*Schreibkonferenzen nach SPITTA*

#### Schreibkonferenz im engeren Sinne

Das didaktische Modell SPITTAS geht auf Ideen von GRAVES aus den 1980er Jahren in Großbritannien (vgl. SPITTA 1999, 13) zurück. Die zentrale Funktion von Schreibkonferenzen formuliert SPITTA (1999, 21): „Schreibkonferenzen bieten somit Grundschulkindern eine Chance, text-, adressaten- und absichtsgemäße Schreibstrategien zu entwickeln, statt Schreiben auf die Erfüllung von Lehrererwartungen zu begrenzen." Nach SPITTA (2008, 41 f.) besteht ein Schreibunterricht, der auf Schreibkonferenzen ausgerichtet ist, aus verschiedenen Komponenten:

**Komponenten von Schreibkonferenzen**

- Ausbildung von Motivations- und Zielsetzungsprozessen durch die freie Wahl von Themen, Textsorten und Adressaten
- Recherche und Aufbereitung von Wissen, das für die Textplanung und -produktion benötigt wird
- die selbstständige Ausgestaltung des Formulierungsprozesses
- die eigenständige Überarbeitung des Textes
- die Dichterlesung, in der die geschriebenen Texte vorgestellt werden
- die Reflexion über die Texte, in der „Schreibgeheimnisse", also Schreibstrategien, Stilistik usw. im Gespräch diskutiert werden, um die Entwicklung von Qualitätsvorstellungen bei Schülern zu unterstützen

*Typischer Ablauf einer Schreibkonferenz*

Diese Komponenten werden über die Schreibkonferenz im Sinne SPITTAS organisiert: Der erste Textentwurf wird zwei anderen Kindern vorgelesen. Die sogenannten „Mitarbeiterkinder" kommentieren anhand eines vorgegebenen Ablaufs den Text, wobei die Würdigung des Geschriebenen im Mittelpunkt steht. Danach wird der Text z.B. auf inhaltliche, gestalterische oder sprachliche Auffälligkeiten hin untersucht. Erst am Schluss erfolgt die Korrektur von Verstößen gegen Normen der Orthographie (vgl. SPITTA 2008, 42). SPITTA (2008, 40 ff.) weist in ihrem Konzept den Lehrkräften eine andere Rolle zu als im traditionellen Aufsatzunterricht. Sie werden dazu angehalten, Schreibanlässe bzw. Schreibanregungen, auch literarischer Art, zu schaffen (vgl. NIKLAS in diesem Band, S. 43) und die Schüler im Schreibprozess zu unterstützen. Dadurch finden die Kinder nach SPITTA selbst heraus, was einen gelungen Text auszeichnet. Die Kinder können sich während des Schreibprozesses von der Lehrkraft beraten lassen. Die Lehrkräfte sollen zudem die orthografische Endredaktion der Texte übernehmen sowie die Reflexionsgespräche zu den sogenannten „Schreibgeheimnissen" moderieren und anregen. In Evaluationsstudien zeigt sich, dass die Haltung der Lehrkräfte zum oben genannten Konzept eine entscheidende Einflussgröße für den Erfolg des Unterrichts darstellt (vgl. SPITTA 1996, 20).

Die Kinder lernen z.B. durch die Präsentation von Manuskripten von Schriftstellern, dass das Überarbeiten einen integralen Bestandteil des Schreibens darstellt und das Schreiben in einem Zug eher selten sofort erfolgreich ist (vgl. SPITTA 1999, 22). Schreibkonferenzen im engeren Sinne können nach SPITTA je nach Voraussetzungen im dritten bzw. bei günstigen Bedingungen bereits im zweiten Schuljahr einsetzen (vgl. SPITTA 1999, 44). Der Ablauf sollte nicht starr verfolgt werden, sondern nach SPITTA (ebd. 2008, 43) flexibel an die jeweilige Klasse angepasst werden.

*Kritik an Schreibkonferenzen*

SPITTA (ebd. 2008, 42 f.) berichtet, dass die durch Schreibkonferenzen angestrebten Ziele häufig erreicht werden. FIX (2004, 14) kritisiert jedoch am didaktischen Modell „Schreibkonferenz", dass die damit verbundenen Erwartungen zu hoch angesetzt sind. Zudem sieht er Probleme, wenn die Kompetenz bei den beratenden Kindern nicht ausreicht, sinnvolle Vorschläge zu unterbreiten oder dominante Gruppenmitglieder sich durchsetzen (vgl. FIX 2008, 176). Nach einer Studie von NECKNIG (2011, 145) lassen sich positive Wirkungen von Schreibkonferenzen im engeren Sinne v.a. in einem Schreibtest, der für VERA entwickelt wurde, sowie im Bereich der Schreibmotivation nachweisen. In anderen Untersuchungsbereichen z.B. Übung von Problemlösestrategien, Wahrnehmung des Lehrerhandelns durch die Kinder, Fähigkeitsselbstkonzept u. a. konnten keine eindeutigen Vorteile aufgezeigt werden.

### Organisation von Schreibkonferenzen

Spitta (1999, 5) weist darauf hin, dass Schreibkonferenzen nicht ein beliebiges Instrument sind, die in jeder Art von Schreibunterricht sinnvoll wirken. Bei der Organisation sollte man einige Aspekte beachten, um Schreibkonferenzen wirksam einzusetzen.

### Voraussetzungen und Vorarbeiten für erfolgreiche Schreibkonferenzen

Bei der Einführung von Schreibkonferenzen im Unterricht empfiehlt Spitta (1999, 36) den kollegialen Austausch, um sich über Ziele, Organisationsformen und den Umgang mit möglichen Schwierigkeiten klar zu werden und mit verschiedenen Vorgehensweisen zu erproben. Schreibkonferenzen sollten auf einer positiven Rückmeldekultur in einer Klasse aufbauen und können dazu beitragen diese weiterzuentwickeln (vgl. Jantzen 2010, 142). Sie fordern von den Schreibenden Kompetenzen, wie das Vorlesen des eigenen Textes sowie metakommunikative Kompetenzen zum Verständnis, zur Einordnung und zur Anwendung der Rückmeldungen. Auch die helfenden Kinder müssen gelungene und überarbeitungsbedürftige Stellen erkennen, ihre Vorschläge formulieren usw. (vgl. Fix 2008, 177). Vor dem Einsatz von Schreibkonferenzen sollte die Lehrkraft planen, welche Ziele mit der Schreibkonferenz verfolgt werden, an welcher Stelle des Schreibprozesses sie einsetzt und welche zeitlichen bzw. räumlichen Vorgaben sinnvoll sind.

*Rückmeldekultur*

### Organisatorische Aspekte

Generell kann man sagen, dass Schreibkonferenzen aus drei bis vier Kindern bestehen sollten, um einen sinnvollen Austausch zu ermöglichen. Hilfreich können auch organisatorische Veränderungen sein, wie die Anordnung von Tischen, die man unaufwändig zu Gruppentischen zusammenschieben kann, und in der Wochenplanung vorgesehene Zeitfenster.

Da es Kindern oft schwerfällt, Distanz zum eigenen Text herzustellen, wird empfohlen, das Überarbeiten einzelner Aspekte zunächst an fremden Texten einzuführen (vgl. Necknig 2011, 40). Hier ist es sinnvoll, auf einzelne Überarbeitungsaspekte einen Schwerpunkt zu legen (siehe unten) und den Kindern einen Fremdtext zu geben, der bspw. nur inhaltliche Brüche oder Lücken aufweist. Dadurch bleibt das Überarbeiten überschaubar. Selbst wenn die Kinder Erfahrung mit Schreibkonferenzen gesammelt haben, bietet es sich an, die Beobachtungsaufgaben innerhalb der Gruppe zu verteilen. Die Arbeit mit Textverarbeitungsprogrammen erleichtert das Überarbeiten, da verschiedene Varianten erprobt werden können.

*An fremden Texten üben*

### Unterstützungsmöglichkeiten für die Kinder

Wenn Kinder in Schreibkonferenzen arbeiten, wird oft nicht sofort alles funktionieren. Die Kinder müssen sich diese Form der Zusammenarbeit und die Betrachtung verschiedener Textaspekte zunächst aneignen. Dabei können vorstrukturierte Lernumgebungen hilfreich sein, z.B. Vorgaben für den respektvollen Umgang mit den Texten, Hilfsmittel für die Analyse von Texten wie Textlupen, Checklisten usw. Es können solche Überarbeitungsschleifen sinnvoll sein, in denen gezielt grammatikalische Phänomene oder spezifische Formulierungen geübt werden. Diese scheinen insbesondere für Kinder nicht deutscher Herkunft ein geeigneter Weg zu sein, die sprachlichen Kompetenzen zu erweitern (vgl. SEVEGNANI 2010). Mögliche Hilfsmittel für Überarbeitungsschleifen sind z.B. Überarbeitungskarteien, Formulierungshilfen, Fragekarten an die Lehrkraft usw. Überarbeitungskarteien enthalten Aufgaben, durch die Problemlösestrategien geübt werden können, z.B. das Umstellen von Sätzen oder die Bearbeitung inhaltlicher Brüche usw. Auf Fragekarten an die Lehrkraft können Stellen, die als problematisch erscheinen, genannt und Tipps der Lehrkraft für Überarbeitungsstrategien erbeten werden.

*Chance für mehrsprachige Kinder*

*Überarbeitungshilfen für Kinder*

In Bezug auf narrative Texte können folgende Fragen zu Schwerpunkten der Überarbeitung in Schreibkonferenzen eine Rolle spielen (vgl. WALCHER-FRANK/CRÄMER 2011, 106):

- Habe ich etwas Wichtiges vergessen?
- Stimmt die Reihenfolge? Was passiert zuerst? Was passiert danach?
- Sind meine Satzanfänge unterschiedlich? Kann ich andere Wörter einsetzen? Kann ich den Satz umstellen?
- Kann ich etwas genauer beschreiben? Welche Adjektive, Verben, zusammengesetzten Nomen passen?
- Kann ich dazuschreiben, was die Personen sagen oder denken?

Diese Aspekte sollten einzeln eingeführt und direkt an den Texten erkundet werden.

### Die Rolle der Lehrkraft in Schreibkonferenzen

*Umgang mit Verschlechterungen*

BAURMANN (2006) hebt die Rolle der Lehrkraft in Schreibkonferenzen hervor. Demnach sei die Förderung der Schreibentwicklung dann besonders erfolgreich, wenn die Lehrkräfte „[...] die Ergebnisse der Schreibkonferenz nicht unkommentiert lassen und sich nicht völlig aus dem Gespräch über Schülertexte heraushalten“ (BAURMANN 2006, 107). Wenn Schüler ihre Texte durch das Überarbeiten qualitativ verschlechtern, sollte man damit behutsam umgehen und versuchen, durch gezielte Hinweise der Lehrkraft den Überarbeitungsprozess zu unterstützen.

## Schreibkonferenzen im weiteren Sinne

Vieles von dem, was bei Schreibkonferenzen im engeren Sinne beachtet werden sollte, gilt auch für Schreibkonferenzen im weiteren Sinne. Neben dem didaktischen Modell von SPITTA gibt es andere Möglichkeiten, über Texte und Phasen des Schreibprozesses zu kommunizieren. Solche Gespräche über Texte und den Schreibprozess werden auch als Schreibgespräche bezeichnet (vgl. SEVEGNANI 2012). Im Unterschied zur Schreibkonferenz ist es möglich, Schreibgespräche in allen Phasen des Schreibprozesses einzusetzen, z. B. zur Ideenfindung und Planung des Textes, zur Reflexion von Textqualitäten, zum Erwerb und zur Übung von Schreibstrategien oder als Instrument zur Lernstandserhebung.

*Alternativen zur Schreibkonferenz*

Schreibkonferenzen im *weiteren Sinne* sind somit bereits bei der Ideenfindung und Planung der Texte hilfreich. Eine Möglichkeit die Planungsphase zu unterstützen ist die Strukturlegetechnik. Hier werden Ideen auf Kärtchen geschrieben und sortiert. Bei informierenden Texten werden die Ideen z. B. nach wichtigen und unwichtigen Informationen sortiert oder es wird eine Reihenfolge der Informationen durch die Sortierung festgelegt. So entsteht ein erster Textplan.

Die Fähigkeit, die Qualität von Texten einzuschätzen, ist eine zentrale Komponente von Schreibförderung. Durch Gespräche in Kleingruppen mit Checklisten oder dem Austausch unter Leitung der Lehrkraft im Klassenverband werden gelungene Merkmale von Texten herausgearbeitet. Auch hier können Fremdtexte als Grundlage für den Aufbau und die Anwendung von Lösungsstrategien überarbeitet werden. Die Lehrkraft strukturiert Problemstellen vor, damit der Fokus der Kinder auf die Lösungsstrategien ausgerichtet wird (vgl. SEVEGNANI 2012).

*Textqualität erkennen*

Die Aufgabe, Entwicklungsprozesse zu beschreiben und den Unterricht darauf abzustimmen, stellt Lehrkräfte oft vor eine große Herausforderung. Eine Möglichkeit, diese Entwicklungen zu erfassen, sind Schreibprotokolle. Dazu werden Schreibgespräche aufgezeichnet. HELD (2010, 217) sieht in Schreibgesprächen ein diagnostisches Moment, um einen Einblick in die Denk- und Arbeitsweisen der Lernenden zu erhalten.

*Schreibprotokolle*

Auch wenn es sich dabei um ein aufwändiges Verfahren handelt, ist es durchaus lohnenswert punktuell mit einzelnen Schülern über ihre Texte zu sprechen. Es lassen sich mit dieser Methode nicht nur Prozesse im (schrift-) sprachlichen Bereich beschreiben, sondern die Schreibprotokolle geben auch Aufschluss über sozial-kommunikative Kompetenzen (z. B. nicht verletzend Rückmeldung geben können usw.) der Kinder (vgl. HELD 1999, 26).

**Textlupe**

Schreibkonferenzen und Schreibgespräche können u. a. durch eine Textlupe unterstützt werden. Hier erhalten die Kinder einen Text, der mit einem systematisch aufgebauten Beurteilungsbogen überarbeitet werden soll. Die Kinder notieren ihre Beobachtungen zu folgenden Aspekten (vgl. BÖTTCHER/WAGNER 1993, 26): Das hat mir besonders gefallen. Hier fällt mir etwas auf/habe ich noch Fragen. Meine Tipps.

*Aufmerksamkeit ausrichten*

Die Aufmerksamkeit der Leser richtet sich gezielt auf den Inhalt der Texte. Formale Fehler, welche die Orthographie und Grammatik betreffen, sollen so ausgeblendet werden. Der Reihe nach tragen die an der Schreibkonferenz beteiligten Kinder ihre Beobachtungen ein. Der Vorteil dieses Verfahrens ist, dass das Autorenkind eine gesammelte Übersicht über die verschiedenen Überarbeitungsvorschläge hat (vgl. BAURMANN 2006, 109). Um ein positives Überarbeitungsergebnis zu erzielen, ist es von Fall zu Fall notwendig, die Eintragungen in der Tabelle zu besprechen und mit dem Kind einen Überarbeitungsschwerpunkt festzulegen. So wird der anspruchsvolle Überarbeitungsprozess entzerrt. Hier nimmt die Lehrkraft eine bedeutende Rolle ein. Formulierungshilfen könnten z. B. sein: An dieser Stelle verstehe ich nicht, warum [...]. Warum geschieht erst das und dann das? Woher kennen sich [...]?

### 2.4.3 Chancen und Grenzen von Schreibkonferenzen

Schreibkonferenzen bieten viele Chancen. Schüler erhalten Anregungen für die Überarbeitung der eigenen Texte. Die direkte Rückmeldung kann bei der Überbrückung der Distanz zum Adressaten beim Schreiben behilflich sein (vgl. BECKER-MROTZEK 2004, 108). Schüler können verschiedene sprachliche Problemlösestrategien erproben, metakognitive Strategien und Vorstellung von Textqualität entwickeln. Auch die Freude am Schreiben bleibt dadurch erhalten. Zudem lassen sich viele Bereiche des Deutschunterrichts wie z. B. der Grammatik- und der Rechtschreibunterricht funktional einbetten.

*Chancen und Grenzen von Schreibkonferenzen*

SPITTA (1999, 65) warnt jedoch davor, Schreibkonferenzen als Allheilmittel für alle Probleme beim Schreiben anzusehen. Die empirischen Ergebnisse von HELD (2006) und FIX (2004) zeigen, dass Kinder bei Schreibkonferenzen häufig an der Textoberfläche Überarbeitungsvorschläge machen. Schreibkonferenzen alleine können also die Vorstrukturierung und gezielte Unterstützung der Lehrkräfte nicht ersetzen.

# Rechtschreiben

3

## 3.1 Basale Normen der Schriftlichkeit reflektieren

*Christa Röber*

*Norm als Repräsentation der maximalen Funktionalität einer Schrift*

Über die Normativität von Schriftlichkeit, d.h. die Verfasstheit der geschriebenen Sprache, zu reflektieren, setzt voraus, diese als Gegenstand zu betrachten, der sich nicht wildwüchsig entwickelt hat: Würden die Regeln, die die Schriftlichkeit bestimmen, nicht funktionieren, wären sie im Laufe der Zeit wirkungslos geworden (vgl. MAAS 2003). Ihre Normen unterrichtlich zu thematisieren, erfordert ein didaktisches Programm, das sich von dem üblichen Umgang mit Normativität in der Schule unterscheidet. Es geht in diesem Unterricht nicht allein um „richtig" und „falsch", sondern um ein Nachdenken über die Funktion und Spezifik von Schrift als sinnvoll konstruiertes, funktionales System. Auf diese Weise verliert Normativität ihren stigmatisierenden, häufig moralischen Charakter (richtig = gut, falsch = schlecht), und an die Stelle des autoritären Druckmittels („man schreibt ...") tritt die Darstellung des Gegenstands als ein praktikabel konstruiertes Gebilde, die einlädt, selbstständig, regelbildend mit (schrift-) sprachlichen Beobachtungen umzugehen.

Kindern werden die Differenzen zwischen ihrem Gesprochenem und dem, das sie z.B. als Vorgelesenes hören, teilweise schon sehr früh bewusst. Dieses vorschulisch erworbene Wissen auszubauen, vielen Kindern jedoch erst den Zugang zu den Merkmalen der Sprache, die das Geschriebene fundiert, zu ermöglichen, ist die Aufgabe des Unterrichts. Er kommt ihr nach, indem er die Kinder Lesen und Schreiben durch die Präsentation von Schrift als Graphie sprachlicher Strukturen, d.h. als Orthographie lehrt.

Die Wahrnehmung, dass Schrift keine Abbildung von alltäglich Gesprochenem ist, sondern durch ihre Strukturiertheit einen Kontrast zu diesem darstellt, ist in der kommunikativ ausgerichteten Didaktik wenig verbreitet. Daher wird der folgende Text auf eine Modellierung der Orthographie eingehen, die diese Differenz exemplarisch und prägnant herausstellt. Diesem Ziel dient eine kurze Darstellung der Entwicklung der Orthographie des Deutschen. Abschließend zeigt eine Analyse der Bildungsstandards deren Kontrast zu der hier vorgenommenen linguistisch basierten Darstellung.

### 3.1.1 Orthographie als Normierung der Schrift im Sinne einer Demotisierung

*Orthographie als die Überdachung aller Varietäten einer Sprache*

Vereinheitlichungsbestrebungen der Schreibungen in deutscher Sprache gibt es bereits seit dem 15. Jahrhundert. Ihre Entwicklung hing mit den Veränderungen der Lebensverhältnisse in Europa am Ende des Mittelalters zusammen. Sie ließen in weiten Teilen der Bevölkerung das generelle Bedürfnis, lesen und schreiben zu lernen, entstehen. Die Schrift wurde gebraucht, um die veränderte Organisation des ökonomischen, sozialen und geistigen Lebens leisten zu können. Gelesen und geschrieben wurde in der Zeit vorher, dem Mittelalter nahezu ausschließlich in lateinischer Sprache. Die wenigen deutschsprachig geschriebenen Texte, die es seit dem neunten Jahrhundert gab, waren „lautgetreu", daher in aller Regel über regionale Grenzen hinaus nicht lesbar. Die Erweiterung des Horizontes zu Beginn der Neuzeit (in mehrfachem Sinn) machte die Grenzüberschreitungen möglich, indem das Geschriebene nicht mehr regionale Lautung, sondern die sprachlichen Strukturen des Deutschen, die allen Varietäten gemeinsam waren, repräsentierte. So entstand eine Vereinheitlichung deutscher Schrift, die grenzüberschreitend wirksam werden konnte: ihre Orthographie als die Verfasstheit von Geschriebenem für Fremde – in Abkehr von Abbildungsversuchen.

Da diese Funktionalisierung der Schrift als Orthographie dem Ziel diente, größeren Gruppen der Bevölkerung einen Zugang zur Schrift zu ermöglichen, bezeichnet man diese Entwicklung als „Demotisierung" der Schrift (vgl. Maas 1992). Systematisch wurde die Orthographie erstmals durch Adelung (1788). Sein Regelwerk wurde erst im 19. Jahrhundert, als der Schrift eine ideologisch motivierte Funktion zugewiesen wurde, in Frage gestellt: Schrift sollte im Rahmen der nationalen Bestrebungen der Zeit, die der Bildung eines deutschen Nationalstaates dienten, zu einer Vereinheitlichung der deutschen Sprache als eine Nationalsprache beitragen: Es wurden jetzt Festschreibungen angestrebt, die dazu dienen sollten, vor allem für diejenigen, die – wie die Volksschullehrer – keine (sprach-)wissenschaftliche Ausbildung erhalten hatten, Maßstäbe vorzugeben: Die Orthographie wurde kodifiziert, d. h. zur Vorschrift.

Dem Ziel, diese Festschreibung vorzunehmen, diente die orthographische Konferenz von 1901 unter der Leitung von Duden. Die Kodifizierungen, die hier fixiert wurden, waren allerdings Kompromisse zwischen den wissenschaftlich rivalisierenden Gruppen, die in den letzten Jahrzehnten des 19. Jahrhunderts um die Formulierung einer optimalen Systematik gestritten hatten. Dabei führte die Enge ihres (politisch motivierten) Blicks teilweise zu Deregulierungen von orthographisch bewährten Formen, die mit einer anderen Modellierung als regulär zu beschreiben waren und sind. So trägt diese Reform sowie ihre Kodifizierungen den Stempel derjenigen, die sie gemacht haben – wie auch die ihr folgenden wie die der 1990er Jahre.

*Die kodifizierte Orthographie ist nicht gleich der normierten.*

Es wird deutlich: Die Diskussion der Normen der Orthographie als zentrale Normen ist noch nicht beendet, vielleicht hat sie seitens der Sprachwissenschaft und -didaktik gerade erst angefangen (vgl. Maas 1992, Eisenberg 2006, Röber- Siekmeyer 1993, Bredel 2004, Hinney 1997, Müller 2010). In den jüngsten Reformbemühungen blieb jedoch die entscheidende Frage ungestellt: ob die Modellierung der orthographischen Systematik, so wie sie von den Reformern des 20. Jahrhunderts in Fortführung der Tradition der Reform des 19. vorgenommen wurde und wie sie sich in den Lehrwerken bis heute niederschlägt, überhaupt Grundlage für ein effektives, regelbasiertes Lernen sein kann: Gelingt es mit ihr, den Schülern Einblick in das Spezifische der geschriebenen Sprache zu geben, die eben nicht eine Abbildung von Gesprochenem sein kann, sondern Strukturen, damit eine alle gesprochenen Varietäten überdachende Systematik zeigt und so einen Kontrast zu der mündlichen Sprache bilden muss? Haben die Reformen die Systematik des 16. Jahrhunderts durch ihre Modellierungen so stark dereguliert, dass sie teilweise unkenntlich wurden? Hat der Verlust des systematisierenden Blicks möglicherweise dadurch dazu beigetragen, dass heute trotz 200 Jahre Allgemeiner Schulpflicht nur 60 % der Bevölkerung zu sicheren Schreibern und Lesern geworden sind (vgl. Grotelüschen/Riekert 2011)? Damit zusammenhängend: stimmt die nahezu uneingeschränkt anzutreffende Annahme, dass die übrigen 40 % deshalb keine guten Leser und Schreiber sind, weil sie durch individuelle Auffälligkeiten („Lese-Rechtschreibschwäche") oder Krankheiten („Legasthenie") am Lernen gehindert werden? Kann die derzeitige Schrifterwerbsdidaktik, die auf eine natürliche, also in einer Stufenfolge verlaufende biologische Entwicklung setzt und dabei diese aus ihrer Perspektive der Schrift beschreibt, einerseits das Differenzierungsvermögen, das viele Kinder bereits vorschulisch aufbauen konnten, andererseits die Bereiche, für deren Erwerb eine systematische Unterstützung notwendig ist, überhaupt wahrnehmen (vgl. Röber 2011, Merkl 2012)?

*Aktuelle schriftsprachdidaktische Fragen*

### 3.1.2 Wissen von Schriftanfängern über die Normiertheit des Geschriebenen

Das Wissen darüber, dass Schriftlichkeit normiert ist, zeigen schon jüngste Schriftanfänger, wenn sie das Präsentieren von selber Geschriebenem mit der Frage „Ist das richtig?" oder die Gestaltung ihrer Texte mit der Bemerkung „Ach, das kann man doch nicht schreiben" begleiten. Sie haben schon früh entdeckt, dass Geschriebenes eine andere Sprache präsentiert als Gesprochenes. Texte wie die folgenden zeigen, dass bereits Vorschüler eine besondere Textgestaltung wählen, wenn sie Texte diktieren: Die beiden Texte sind aufgezeichnete Erzählungen eines Fünfjährigen. Im ersten stellt er den Inhalt seines Lieblingsbuches vor. Der zweite dokumentiert eine diktierte Erzählung des Kindes zu einer Bildergeschichte.

**Text 1:**
**Freie Erzählung am Rande einer Spielsituation:**

1. In einer passiert so was.
2. Zuerst, da haben, da s. . ., äh ankern vier Piraten im Hafen,
3. nee, drei Piraten mit 'nem Papagei, 'ne Ratte ((lacht))
4. und 'n Junge und 'n richtiger Piratenschiff soo.
5. Aber der sieht auch aus wie 'n Kind. ((lacht))
6. Und dann kauft 'n, will der Junge 'n Beutel Salz kaufen.
7. Dann stellt sich aufm Weg 'n andrer Pirat hin.
8. Und dann, und dann wird der . . . Dings, Dings, Dings . . .
9. Dann sagt der, äh nee, der Junge heißt Michi, ja?!

**Text 2:**
**Diktieren der Erzählung einer Bildergeschichte**

1. Und es war einmal ein Vater und ein Kind.
2. Und eines Morgens lag das Kind im Bett und schlief.
3. Und der Vater wollte es aufwecken.
4. Und dann zog der Vater an der Bettdecke.
5. Und das Kind, das wollte nicht raus aus dem Bett.
6. Dann lag das Kind auf dem Boden.
7. und kletterte wieder auf das Bett rauf.
8. Und dann legte sich das Kinder wieder in das Bett.
9. Und der Vater wollte es wieder aufwecken.
10. Und dann saß das Kind aufrecht im Bett
11. und hob das Kissen hoch.
12. Und dann lag der Vater aufm Boden.
13. Und das Kind stand auf der anderen Seite vom Bett.
14. Und dann redete der Vater ein ernstes Wörtchen mit dem Kind.

Die beiden Texte unterscheiden sich durch die Zunahme grammatischer Formen. So enthält der erste Text – um nur ein (allerdings prägnantes) schriftsprachliches Merkmal beispielhaft zu benennen (vgl. MAAS 2008) – nur zwei wohlgeformte Sätze (unterstrichen) von neun, der zweite Text dreizehn von vierzehn. Der Vergleich der Texte lässt annehmen, dass das Kind seine Sprachproduktion unterschiedlich stark kontrolliert hat – kontrollieren konnte.

Das Wissen um die Notwendigkeit, Geschriebenes nicht als Abbild von Gesprochenem zu gestalten, zeigen viele Kinder auch, wenn sie im ersten Schuljahr beginnen, eigene Texte zu schreiben: In dem folgenden Text, die Verschriftung eines Bilderbuches vom Ende des ersten Schulhalbjahrs, drückt der Autor sein Wissen über die spezifischen Anforderungen an die Gestaltung geschriebener Texte nicht nur in der Bildung ausschließlich wohlgeformter Sätze, sondern zugleich in einer semantisch kontrollierten, teils hyperelaborierten Gestaltung des Textes aus: 3. „[...] staunen [...] an", 5. „[...] kommt in einen Sturm", 6. „[...] treibt weiter":

**Text 3:**
**Verschriftlichung eines Bilderbuchs**

1. Olafs Hut fligt weg.
2. Hilfe, schreit Olaf.
3. Die anderen staunen Olaf an.
4. Sie haben ihren Hut noch auf dem Kopf
5. und der Hut von Olaf komt in einen Sturm.
6. Der Sturm treibt weite
7. und bringt den Hut weiter.

*Lernziel: „Für das Schreiben denken lernen"*

Diese Gruppe der Kinder hat bereits früh eine „zweite Sprache" (Wygotski 1934/1971) kennengelernt: beim Vorlesen, beim Versesprechen, beim Umgang mit entsprechenden Medien, möglicherweise auch beim Beobachten von Differenzierungen im mündlichen Sprachgebrauch ihrer Eltern. Geschriebene Sprache ist bereits für sie eine reflektierte, kontrollierte, redigierte Sprache. Sie erkennen, dass Schreiben heißt, sich von der vertrauten Sprachproduktion zu lösen (vgl. Müller 2012). Andere Kinder brauchen mehr Zeit, diese Einsichten zu entwickeln (wenn es ihnen überhaupt gelingt), weil sie nicht gerlernt haben, „für das Schreiben zu denken" (Maas 2008), also ihre Texte nach schriftsprachlichen Erfordernissen zu planen und zu redigieren.

Ziel aller sprachlichen Unterrichtung muss es daher sein, alle Lerner zu befähigen, mehrere sprachliche Register zu beherrschen und in der Lage zu sein, soziale Situationen in der Weise einschätzen zu können, dass sie das jeweils passende Register sowohl im Gesprochenen als auch im Geschriebenen wählen. Gesprochene Texte müssen dann die Grenzen des Spontanen, Vertrauten überschreiten, wenn sie sich – in formellen Situationen – an Fremde wenden, während geschriebene Texte an vetraute Adressaten durchaus Elemente des Spontanen haben können (z. B. SMS, Chat), haben müssen, um Vertrautheit auszudrücken. Der Beschreibung dieser sozial kategorisierenden Differenzierung dienen die Kategorien „orat"/„literat" (vgl. Maas 2008). Das Merkmalsystem des Literaten bildet den normativen Rahmen für die schulische Schriftlichkeit – und sie repräsentiert es.

Texte wie der dritte lassen erkennen, dass die Gruppe der Kinder, die bereits mit einem ausgebauten Wissen über die strukturierte Spezifik von Geschriebenem eingeschult wird, schon früh orthographische Muster erwerben. Ihre Suche nach Strukturen und Regularitäten aufgrund ihres Vorwissens über Schriftlichkeit hat ihnen offensichtlich einen schnellen Zugang zu orthographischen Mustern, die Geschriebenes in seiner Funktion sichtbar macht, ermöglicht. Dieses zeigen z. B. phonographische Abweichungen, die entstehen, wenn sie im Sinne des Beobachteten regelorientiert schreiben (vgl. Röber 2010). Hierzu gehören Schreibungen wie die

- von unbetonten Silben mit <a>, für das sie <er> schreiben, weil sie hier regelbasiert ein offenes Schwa wahrnehmen: „liler"/<lila>, „Sofer"/<Sofa>,
- mit einer Dehnungsmarkierung („er hohlt", „Tühr", „schöhn", „grühn"), bei der sie zeigen, dass sie wahrgenommen haben, dass Stämme mit Langvokalen in geschlossenen Silben vor <l, m, n, r> einer Markierung bedürfen, um mit Langvokalen gelesen zu werden wie in „er zählt", „zahm", „kühn",
- bei denen Dehnungsmarkierungen nicht morphologisch vererbt sind, weil sie sich auch ohne Sondermarkierung mit Langvokal lesen lassen („wir wonen", „die Stüle", „melig").

Diese Kinder haben verstanden, was Schreiben bedeutet, nämlich die regelgeleitete Produktion stabiler graphischer Muster aus leseorientierten Gründen. Didaktische Betrachtungen wie diese lassen Folgendes als basale Normen der Schriftlichkeit formulieren:

*Regelbasierte Lesbarkeit als Zeichen normierter Funktionalität der Schrift*

- Geschriebene Sprache muss eine andere Sprache als gesprochene Sprache sein. Die gesprochene Sprache kann daher nicht als Vorbild für das Geschriebene, diese daher nicht als deren Abbild gesehen werden. Vielmehr repräsentiert es Strukturen, die alle Varietäten überdachen, in aller Regel daher gesprochensprachlich nicht oder anders vorkommen.
- Geschriebene Sprache ist konzipierbar und kontrollierbar.
- Damit jeder unabhängig von seiner Varietät das Geschriebene lesen kann, hat die Schrift feste Muster und Regeln. Sie werden als Orthographie bezeichnet.
- Die Orthographie hat daher die Aufgabe, einen Text lesbar zu machen. Schreibungen, die von den Vorgaben der Orthographie abweichen, versagen damit im Sinne dieses Zwecks des Schreibens.

- Die Kontrolle der orthographischen Richtigkeit in ihrer Funktion für das Verstehen eines Textes geschieht daher durch Lesen.
- Die orthographischen Normen, die an dem Gebot der Lesbarkeit orientiert sind, umfassen nahezu alle Einzelfälle. Darin zeigt sich ihre Systematik. Deshalb führt das Anwenden des orthographischen Wissens in den meisten Fällen zum Richtigschreiben und Richtiglesen. Nur äußerst periphere Fälle sind als Ausnahmen auswendig zu lernen.

Diese Formulierungen orthographischer Normierungen machen den Nutzen ihrer Thematisierung im Unterricht deutlich: Norm beschreibt Funktion, kein moralisierendes Gut/Schlecht, und das Erkennen der Funktion bedeutet eine Erweiterung des sprachlichen Wissens auf einer Metaebene mit dem Ziel, die sprachlichen Kompetenzen im Sinne von sozialen Kompetenzen auszubauen.

### 3.1.3 Überlegungen zu den Bildungsstandards

Die hier dargestellte didaktische Konzeption für einen generellen Ausbau sprachlichen Wissens und Könnens der Kinder unterscheidet sich auf mehreren Ebenen von der Konzeption der Bildungsstandards:

- aufgrund der hier vorgenommenen Fundierung des Unterrichts in dem Kontrast zwischen der oraten Sprache, d. h. dem sprachlichen Können aller Kinder am Schulbeginn, und der literaten Sprache, die systematisch neu zu erwerben ist und deren Erwerb die Basis der schulischen Anforderungen sowohl im gesprochenen als auch im geschriebenem Medium darstellt,
- aufgrund des Auftrags an den Sprachunterricht sich der Aufgabe bewusst zu sein, dass er Neues, eine „andere" Sprache, an die Kinder heranführen muss, zu dem sie bisher nur einen unsystematischen oder gar keinen Zugang gewinnen konnten,
- aufgrund der Funktionszuweisungen an die Orthographie: 1. als symbolisierende Darbietung der Strukturen der „anderen" Sprache und deren Systematik, und 2. als Gegenstand, dessen Beherrschung den Umgang mit der „anderen" Sprache nicht nur beim Lesen und Schreiben, sondern auch im Gesprochenen erst ermöglicht,
- aufgrund der Nutzung des Wissens über die Leserorientierung der Orthographie für deren systematische, daher erlernbare Modellierung der Orthographie im Sinne einer fortschreitenden Demotisierung.

Die Differenzen zwischen dieser didaktischen Konzeption, die auf analytisches, reflektierendes und systematisches Lernen zielt, und den Möglichkeiten der Konzeption der Bildungsstandards lässt sich an folgenden zentralen Punkten festmachen:

**Zentrale Differenzen zu den Bildungsstandards**

- Das schulische Lernen ist auf die unterrichtliche Lehre als Zeigen (vgl. Prange 2002) angewiesen und es erhält damit eine große Verantwortung für das Gelingen der Lernprozesse. Es bedarf einer intensiven, an der adäquaten didaktischen Analyse des Gegenstands und deren Umgestaltung in eine kohärente Progression. Die Kommentierungen der Bildungsstandards durch ihre Autoren lassen erkennen, dass diese Lernen weitestgehend als eine natürliche Entwicklung bereits vorhandener Potenziale interpretieren (vgl. Köster/ Rosebrock 2011). Unterricht erhält hier lediglich die Funktion einer „unaufdringlichen Bearbeitung [der] Bereiche im Deutschunterricht" (Oomen-Welke/Kühn, 2011, 142), „in der sprachliche Arbeit im engeren Sinne ... gelegentlich auch separat stattfinden kann" (ebd. 145) und dabei Rechtschreibung „angebahnt werden muss" (Nauman/Weinhold 2011, 194) (zur Kritik dieser reformpädagogischen Didaktik vgl. Röber 2011).
- Die hier vorgestellte Konzeption hat das Ziel, im Unterricht reflektierend die schriftlich symbolisierenden Merkmale des Literaten herauszuarbeiten, um den Kindern zu ermöglichen, diese als Kontrast zum orat Gesprochenem zu erfahren und Wissen über sie aufzubauen. Die Kommentierungen der Standards betonen zwar an zahlreichen Stellen die beiden Modi Gesprochen/Geschrieben, heben jedoch nicht deren Kontrast hervor, sondern konstruieren Gemeinsamkeiten als Abbildungen: so in der Reihung rechtschreiblicher „Strategien" als „Mitsprechen, Ableiten, Einprägen" (Bremerich-Vos 2011, 18) und in der Definition von Schrift als Laut-Buchstaben-Bezug (vgl. u.a. Köster/Rosebrock 2001, 186 ff).
- Die unzulängliche Wahrnehmung der Notwendigkeit, Kindern den Erwerb dessen, was außerhalb ihres Erfahrungshorizonts liegt, symbolisch darzubieten, lässt seitens der Standards die Bedeutung der Orthographie als graphische Präsentation sprachlicher Systematik verkennen. Sie wird marginalisiert (vgl. die Auflistung in Bremerich-Vos 2011, 16–20), in den Kommentierungen umfasst „Rechtschreiben" 6 von 199 Seiten und „Rechtlesen", d.h. die Notwendigkeit, das Wissen über orthographische Strukturen für das Lesen, für das sie funktional sind, zu nutzen, bleibt gänzlich unerwähnt.

Die geringe Bedeutung, die der Orthographie für das sprachliche Lernen in den Bildungsstandards zugewiesen wird, steht in einem zirkulären Kontext mit der bereits angesprochenen Ignoranz, orthographische Modellierungen, die eine widerspruchslose Systematik herausarbeiten, für ein generelles Lernen zu nutzen (vgl. Maas 1992, 2003, Eisenberg 2006). Folgendes Schema für sprachliches Lernen ist daher den Bildungsstandards gegenüberzustellen:

**Sprachausbau als Erwerb literater Strukturen für den mündlichen und schriftlichen Sprachgebrauch durch**

↓

Erwerb schriftsprachlicher Normen als Symbolisierungen literater Strukturen: Orthographie als Mittel und als Ziel der Lernprozesse durch

↓

Lesenlernen als Resultat einer didaktisch gesteuerten Hinführung zum Erkennen orthographischer Muster und ihrer Funktion

↓

Schreibenlernen als Analyse des Gesprochenen mit Hilfe der beim Lesen erlernten orthographischen Muster

↓

Möglichkeit der Nutzung der erworbenen literaten Sprache im Gesprochenen und Geschriebenen in entsprechenden Situationen

### 3.1.4 Konsequenzen für den Unterricht

Die didaktische Konzeption, die die Standards bestimmt, wird von allen Lehrwerken und diagnostischen Instrumentarien in der schulischen und außerunterrichtlichen Praxis widergespiegelt. Schrift wird dargeboten als eine Summe kasuistischer Phänomene, die memorierend anzueignen sind, und die Fähigkeit zum „genauen Sprechen und Hören" wird entweder vorausgesetzt oder in einem kommunikativ ausgerichteten Unterricht ohne graphische symbolisierende Fixierungen angestrebt. Didaktische Konzeptionen, die einen reflektierenden Unterrichtung von Schulbeginn an ermöglichen, bestehen bereits (vgl. Röber 2010). Die Mechanismen des Lehrmittelmarktes, von denen Unterricht in starkem Maße abhängt, haben auf sie bisher noch nicht positiv reagiert. Es bleibt abzuwarten, in welchem Maße die derzeit zunehmende Kritik an den geringen Erfolgen des sprachlichen, insbesondere des schriftsprachlichen Unterrichts in der Lage ist, die sich derzeit nahezu täglich häufen, dazu beizutragen, dass die ausgetretenen Pfade verlassen werden.

## 3.2 Strategien im Rechtschreibunterricht kennen und anwenden

*Jakob Ossner*

### 3.2.1 Verfahren und Pläne

In den nationalen Bildungsstandards werden für den Primarbereich die Rechtschreibstrategien „Mitsprechen, Ableiten, Einprägen" (Bildungsstandards 2004, 10) genannt. Dass dabei der Begriff der *Rechtschreibstrategie* nicht besonders klar ist, zeigt sich, wenn wenig später unter „Rechtschreibhilfen verwenden", „Wörterbuch nutzen" und „Rechtschreibhilfen des Computers kritisch nutzen" genannt werden (ebd. 11), nachdem es kurz zuvor in der allgemeinen Darstellung des Bereichs *Schreiben* geheißen hatte:

> *Die Kinder verfügen über grundlegende Rechtschreibstrategien. Sie können lautentsprechend verschriften und berücksichtigen orthographische und morphematische Regelungen und grammatisches Wissen. Sie haben erste Einsichten in die Prinzipien der Rechtschreibung gewonnen. Sie erproben und vergleichen Schreibweisen und denken über sie nach. Sie gelangen durch Vergleichen, Nachschlagen im Wörterbuch und Anwenden von Regeln zur richtigen Schreibweise. Sie entwickeln Rechtschreibgespür und Selbstverantwortung ihren Texten gegenüber.* (Bildungsstandards 2004, 10)

*Was versteht man überhaupt unter Strategien?*

Noch deutlicher wird das Diffuse des Rechtschreibstrategiebegriffs, wenn man demgegenüber den Gebrauch bei MAY (2002) betrachtet. MAY spricht von einer alphabetischen, orthographischen, morphematischen und wortübergreifenden Strategie und entdeckt diese im Geschriebenen.

ARTELT verweist überhaupt auf einen sehr schwankenden Sprachgebrauch bei *Strategie*: „So werden von einigen Autoren Ausdrücke wie *Heuristiken, Taktiken, Operationen, Handlungen, Methoden, Lernaktivitäten* usw. gebraucht, die aber im Wesentlichen dasselbe meinen, was weithin als Strategie bezeichnet wird." (ARTELT 2000, 27) Sie unterscheidet konservative und liberale Ansätze (ebd., 19 f.); FRIEDRICH (1995) differenziert zwischen kognitiven und metakognitiven Strategien sowie solchen zum Ressourcenmanagement; FRIEDRICH und MANDL (1992) schlagen „eine Taxonomie vor, in der zwischen (1) *Primär- und Stützstrategien,* (2) *allgemeinen und spezifischen Strategien,* und (3) *Mikro-, Meso- und Makrostrategien* unterschieden wird.

*Strategien und Wissensarten*

Allgemein kann man sagen, dass man unter einer Strategie ein planendes (mentales) Vorgehen auf ein angestrebtes Ziel hin versteht. Diese Darstellung folgt einer konservativen Sichtweise, die automatisiertes Verhalten, unbeschadet der Tatsache, dass Strategien automatisiert werden können, nicht mehr mit Begriffen der Strategie zu erfassen sucht. In dieser Hinsicht nun haben Strategien eine zweifache Wissensperspektive: Sie gehören

- zum Problemlösungswissen, insofern sie Instrumente zur Erreichung eines Ziels sind;

- zum metakognitiven Wissen, insofern jemand über Handlungspläne verfügt und nicht nur über einzelne Strategien, wie sie z. B. in den nationalen Bildungsstandards genannt sind.

Der Unterschied zwischen den beiden Wissensarten ist von einiger Bedeutung bei Rechtschreibstrategien. Die nationalen Bildungsstandards nennen Problemlösungsmodi, die für sich genommen noch keine Garantie für eine Zielerreichung sind; erst wenn die Problemlösungsmodi zu metakognitivem Wissen werden und erst dann, wenn ein Schüler diese Modi bewusst einzusetzen gelernt hat, sind sie auch zielführend. Das folgende Beispiel macht das Gesagte deutlich: Zu schreiben ist die Wortform <kam>. Wird die Strategie Nachsprechen angewandt, so ergibt sich die korrekte Schreibung; wird dagegen die Ableitungsstrategie angewandt, kommt es zur Falschschreibung *<kamm> – abgeleitet aus <kommen>.

Es reicht also nicht, wenn jemand nur Rechtschreibstrategien kennt, er muss auch wissen, wann er welche zielführend anwenden kann.

Der naheliegende Gedanke, dass man von einer Ordnung der Strategien auszugehen habe, z. B. die Ableitungsstrategie erst anzuwenden sei, wenn die Nachsprechstrategie versage, ist sowohl didaktisch unzulänglich, da ein Lernender meist gar nicht weiß, ob eine Strategie versagt, als auch sachlich, da bspw. bei <endlich> die Nachsprechstrategie nach der Ableitungsstrategie angewandt werden muss.

Wenn man also Rechtschreibstrategien als Gegenstand des Unterrichts lehr- und lernbar machen möchte, wie es die nationalen Bildungsstandards verlangen, dann reicht es nicht aus, dass solche Strategien genannt oder gelernt werden, sondern es ist notwendig, dass sie in Handlungsplänen an der richtigen Stelle eingebunden sind. Handlungspläne können nur auf der Grundlage von Wissen aufgestellt werden. Die erste Frage ist also, was man wissen muss, um einen Handlungsplan aufzustellen, erst dann kann es um die richtigen Strategien gehen.

### 3.2.2 Grundwissen für Rechtschreibstrategien

*Das amtliche Regelwerk und das nötige grammatische Wissen*

Das amtliche Regelwerk für die Rechtschreibung in der heute gültigen Fassung v. 1. 8. 2006 kennt als Gebiete der Rechtschreibung

- Laut-Buchstaben-Zuordnungen, inkl. Fremdwortschreibung (§§ 1–32),
- Getrennt- und Zusammenschreibung (§§ 33–39),
- Schreibung mit Bindestrich (§§ 40–51),
- Groß- und Kleinschreibung (§§ 53–66),
- Zeichensetzung (§§ 67–106),
- Worttrennung am Zeilenende (§§ 107–113).

Das für die einzelnen Bereiche einsetzbare Wissen ist sehr unterschiedlich. Braucht man bei der Laut-Buchstaben-Zuordnung vornehmlich phonologisch-graphematisches und morphologisches (vor allem über Stammmorpheme) Wissen, so bei der Getrennt- und Zusammenschreibung morphologisches (vor allem über Wortbildungsmöglichkeiten) und syntaktisches Wissen, bei der Groß- und Kleinschreibung syntaktisches Wissen, ebenso bei der Interpunktion und bei der Worttrennung am Zeilenende wieder phonologisches und morphologisches Wissen.

| Bereich | Wissen | Beispiele |
|---|---|---|
| Laut- Buchstaben-Zuordnungen | phonologisch-graphematisches Wissen<br>phonologisch-graphematisches Wissen und morphologisches Wissen | Tisch<br>Wald – Wälder |
| Getrennt- und Zusammenschreibung | Wortbildungswissen<br>syntaktisches Wissen | Lebensfreude<br>Die Lebensfreude |
| Groß- und Kleinschreibung | syntaktisches Wissen | das anstrengende Wandern |
| Zeichensetzung | syntaktisches Wissen | Das Mädchen, das ich … gesehen habe, ist … |
| Worttrennung am Zeilenende | phonologisches und morphematisches Wissen | he-raus/her-aus |

Die Strategien, die ein Schreiber anwendet, müssen das Wissen aktivieren, das jeweils nötig ist. Da die Orthographie zwar geregelt ist, aber nicht jede Schreibung unter eine Regel fällt, kommt zu diesen kognitiven Strategien auf der Grundlage der Regeln eine weitere dazu, um zwischen geregelten Schreibungen und solchen, die den Regeln nicht unterliegen ( = idiosynkratische Schreibungen), unterscheiden zu können. Um <Vieh> richtig zu schreiben, hilft kein Paragraph weiter. Diese Schreibungen (den sogenannten *Ausnahmen*) kann man in zwei Klassen einteilen:

- unikale Schreibungen wie <Vieh>. Es gibt kein analoges Beispiel für diese Schreibung;
- reihenbildende Schreibungen, die aber nicht herleitbar sind: alle Schreibungen von <ver->, <vor->; stummes <h> vor <r, l, m, n>, ohne dass man sagen könnte, wann es auftaucht und wann nicht usw. (Eine umfängliche Darstellung findet sich für die Laut-Buchstaben-Beziehung in Ossner 2010, 85–118).

Wenn man über Strategien im Rechtschreibprozess redet, braucht man noch eine weitere Dimension, die auf Häufigkeiten Bezug nimmt. Wenn jemand <Vieh> falsch schreibt, wird das weniger auffallen, als wenn dieselbe Person <und> falsch schreibt. Bei Letzterem kann man erwarten, dass das Wort aus dem orthographischen Gedächtnis direkt abgerufen wird (vgl. das *Zwei-Routen-Modell* von Coltheart; zuletzt 2006). Auf diese Weise nun wird der Rechtschreib(lern-)prozess unter dem Blickwinkel von Strategien dreifach beleuchtet:

*Unterscheidung von Rechtschreibstrategien*

- Strategien zum richtigen Schreiben auf der Grundlage von Rechtschreibregeln; hier handelt es sich um kognitive Strategien (bei Friedrich/Mandl 1992: *Primärstrategien*).
- Strategien für das Schreiben von idiosynkratischen Schreibungen, unabhängig davon, ob sie unikal oder reihenbildend sind; hier handelt es sich im Wesentlichen um *Behaltensstrategien* (*Mnemotechniken*), das sind *allgemeine Strategien,* die nicht nur für das Rechtschreiben bedeutsam sind.
- Strategien für das Schreiben auf der Grundlage von häufig und selten (hierzu sind im Sinne von Friedrich/Mandl 1992, *Stützstrategien*, z. B. sich zu Übungen zu motivieren, bedeutsam).

Der letzte Stichpunkt liegt quer zu den erstgenannten. Selbst wenn ein Wort regelmäßig ist, sollte es, wenn es häufig ist, nicht auf der Grundlage einer Regelanwendung richtig geschrieben werden, sondern weil es durch häufige Anwendung und/oder nachhaltige Einprägung so prozeduralisiert ist, dass es keine Regelanwendung mehr braucht. Die Strategien hierzu sind wiederholtes Üben. Dies gilt aber auch für idiosynkratische Schreibungen unabhängig von ihrer Häufigkeit. Darunter sind solche, die im kindlichen Wortschatz sehr häufig sind (*und, Vater, ver-, vor-* usw.) und solche, die selten(er) sind, aber dennoch beherrscht werden sollen (z. B. stumme *h*-Schreibung). Zuvor aber muss zwischen den Fallklassen unterschieden werden, ein Unterfangen, das lange Zeit nicht zu den *Lern*strategien, sondern zu den *Lehr*strategien zu zählen ist, denn die Lehrkraft muss aufgrund ihres Wissens die Fallklassen so präsentieren, dass Lernstrategien entwickelt werden können.

### 3.2.3 Rechtschreibstrategien für die Laut-Buchstaben-Zuordnung

**Strategien bei Lernwörtern**

Unter *Lernwörtern* werden diejenigen Wortschreibungen verstanden, die nicht über Regeln herleitbar sind. Eindeutige Lernwörter sind:

- Wörter, bei denen der Buchstabe für den betonten Vokal verdoppelt wird. Dieses Phänomen ist auf <aa>, <ee>, <oo> beschränkt. <uu>

kommt dem Buchstaben <w>; <ii> dem <ü> graphisch zu nahe. Im Deutschen gibt es, niederdeutsche Wörter wie *Reet* eingerechnet, ca. 70 Wörter mit dieser Schreibung. In der Grundschule sollte man sich auf die häufigen beschränken: *Saal, Haare, Beere, Fee, See, Seele, Schnee, Boot, Moos, Moor* usw.

- Schreibungen für /ks/: Das sind Wörter mit <x>: *Hexe, Axt, fix, Faxen, Box, boxen, Jux, Text, feixen, mixen, Taxi* usw. <*chs*>: *Fuchs, Luchs, Dachs, Echse, Ochs* usw.; <ks> *Keks, schlaksig* usw., <cks> *häckseln,* <*gs*>*: rücklings, tags* usw.
- Wörter mit <ai>: *Laib, Saite, Waise, Mai, Kaiser, Mais, Rain* usw.
- Wörter mit <v>: *Vogel, Vater, Veilchen, ver-, viel, Vers, Vesper, Vetter, Vieh, vier, Volk, voll, völlig, vom, von, vor, vor-* die den Lautwert /f/ haben, sowie *Vase, Villa, Vene, Violine, Vulkan*, die den Lautwert /v/ haben, und solche mit (regional) schwankendem Lautwert wie *Ventil, November.*

Nicht dazu gezählt werden die Lautkombinationen /kv/ → <qu>, /ʃt/ → <st>, /ʃp/ → <sp>, da sie durchgehend regelhaft sind.

Die wichtigsten Lernwörter sind die Schreibungen mit stummem <h> im Stamm, das in ca. 50 % der Fälle vor <r, l, m, n> auftaucht (eine Liste aller Wörter findet sich in Ossner 2010, 98 ff.). Dagegen ist regelhaft, dass vor allen übrigen Graphemen kein stummes <h> geschrieben wird, es sei denn, es handelt sich um eine regelhafte Stammschreibung: *nähen → Naht, drehen → Draht* (aber *Blüte* trotz *blühen*). Lernwörter sind auch alle Fremdwörter (zumindest gilt dies für die Grundschule). Lernwörter brauchen Mnemotechnik-Strategien, wie sie vom Vokabellernen her bekannt sind. Zu den bewährtesten Methoden gehört hier der Einsatz von Lernkarteien. Der folgende Vorschlag ist so intendiert, dass alle Lernwörter auf Karten, z. B. der Farbe Rot, kommen. Wesentlich ist, dass die Lernstelle – auf der Karte als Auffälligkeit bezeichnet – eigens gekennzeichnet ist. Welche weiteren Eintragungen auf einer solchen Lernkarte sinnvoll sind, hängt von der Klassenstufe und den weiteren Zielen der Lernkartei ab. Sinnvoll ist es, immer das Wort in der Form, in der es auffällig wurde, in die Kartei aufzunehmen, was zur Folge hat, dass die lexikalische Grundform, für das Nachschlagen im Wörterbuch unerlässlich, auch aufgenommen werden muss. Da Lernwörter auch Paradigmen bilden, sollte auch eine Abteilung hierfür (= Wortfamilie) vorgesehen sein. (Solche Lernkarten können sukzessiv aufgebaut werden. Abgebildet ist die Form für das Ende der Grundschulzeit).

*Lernkarten können helfen*

Wort im Text: *Maisfelder*
Grundform: *Mais*
Wortart: Substantiv
Auffälligkeit: *Mais*
Wortfamilie: *Mais, Maiskörner, Maiskolben*

**Strategien im Regelbereich**

Analog zu den Lernwörtern kann auch eine Kartei zu den regelgeleiteten Wörtern angelegt werden. Das Erlernen der richtigen Schreibung folgt hier nicht einer Mnemotechnik, sondern den Regelmäßigkeiten der deutschen Orthographie. Daher entfällt hier die Zeile *Auffälligkeit.*

Wort im Text: *zerreibt*
Grundform: *zerreiben*
Wortart: Verb
Wortfamilie: *zerreden, zerfleischen, zerreißen*
usw. *reiben, Reibung, Reiberei*

Die nationalen Bildungsstandards nennen für den Regelbereich *Mitsprechen und Ableiten.* (Im „Anhang zum Grundschullehrplan Bayern: Rechtschreibstrategien zum Grundwortschatz“ ist von *Mitsprechwörtern* und *Nachdenkwörtern* die Rede.) Dabei ist bei *Mitsprechen* besondere Vorsicht geboten, solange man *Mitsprechen* phonetisch und nicht phonologisch interpretiert. Ein Kind das *<Kint> schreibt, hat eine falsche Strategie herangezogen, denn tatsächlich handelt es sich bei dem Laut [t] um eine stellungsbedingte Variante des Phonems /d/ – bedingt durch die deutsche Auslautverhärtung, was dazu führt, dass es sich bei <Kind> um ein *Nachdenkwort* (Wort, das z.B. aus <Kinder> abgeleitet werden muss) handelt. Hier also greifen nun Überlegungen, wann welche Strategien zum Einsatz kommen.

*Mitsprechen ist nicht phonetisch gemeint.*

**Mitsprechstrategie**

So oft auch betont wird, dass die deutsche Orthographie nicht dem Prinzip *Schreibe, wie du sprichst!* folgt, so oft wird dennoch dagegen verstoßen. Betrachtet man die deutsche Wortschreibung, so haben wir, abgesehen von Schreibweisen, die oben schon als idiosynkratisch gekennzeichnet wurden, *phonem*getreue und nicht *phonetisch* getreue Schreibungen. Aber selbst dies ist noch eine sehr allgemeine Aussage, solange man nicht die Basis der Laut-Buchstaben-Zuordnung bestimmt. So folgt die sog. *Schärfung* keinem phonematischen Prinzip auf der Wortebene: <Tanne> hat auf der Wortebene fünf Buchstaben, aber phonematisch nur vier Laute. Dies wirft die Frage auf, ob die Laut-Buchstaben-Zuordnung als Basis der Mitsprechstrategie überhaupt auf der Wortebene sinnvoll anzuwenden ist. Die Dinge werden einfacher, wenn man Silben als grundlegende Einheiten für die Laut-Buchstaben-Zuordnung und gleichzeitig als Grundstruktur einen Trochäus aus betonter und unbetonter Silbe annimmt.

*Silben. Ausgangspunkt der Mitsprechstrategie*

Ausgangspunkt der Mitsprechstrategie sind also jetzt nicht mehr Einsilber wie *(ich) will*, sondern *(wir) wollen;* nicht: *grob*, sondern *grobe*. Nun greift die Mitsprechstrategie bedeutend besser und einfacher als auf der Wortebene. Zerlegt man *wol.len* oder *gro.be* in Silben, tauchen keine Mitsprechprobleme mehr auf. Die Einsilber sind dann Nachdenkwörter auf der Basis der Zweisilber. (In diesem Aufsatz wird silbische Trennung durch einen Punkt und Worttrennung am Zeilenende durch einen Trennungsstrich gekennzeichnet.)

Vielleicht setzt sich diese Einsicht, dass der trochäische Zweisilber das Grundgerüst der deutschen Sprache und der Orthographie bildet, deswegen in der Schule so schwer durch, weil man intuitiv anzunehmen geneigt ist, dass kurze Wörter (Einsilber sind kürzer als Zweisilber) leichter zu schreiben sind als lange. Von den Kapazitäten des Gedächtnisses her stimmt das auch, aber man darf nicht vergessen, dass Zweisilber und Mehrsilber in Silben zerlegt werden und keine Silbe im Deutschen die kritische Zahl des Arbeitsgedächtnisses $7 \pm 2$ Einheiten übersteigt.

Da der Redestrom grundsätzlich in Silben zerlegbar ist, kann der Strategiesatz auch so formuliert werden: Suche zu jedem Bestandteil in einem Wort, ob es dazu nicht eine mehrsilbige Form gibt und schreibe dann nach dieser. In dem Wort *Geburtstag* steckt *Geburt;* eine mehrsilbige Form lautet: *Geburten,* daher ist <t> als richtige Zuordnung zu [t] gesichert. In *hemdsärmelig* steckt *Hemd;* der Mehrsilber lautet *Hemden,* also ist <d> für [t] gesichert und /s/ kann als Fugenelement identifiziert werden (vgl. dazu auch unten); in *endlich* steckt *Ende* – ein Mehrsilber braucht hier nicht mehr gesucht zu werden –, also ist <d> für [t] gesichert. Schließlich: Die mehrsilbige Form zu *kam* ist *kamen* und nicht *kommen.* Zu den Lehrstrategien des Rechtschreibunterrichts sollte also zweierlei gehören:

*Auf einen geeigneten Wortschatz kommt es an.*

- den trochäischen Zweisilber in den Mittelpunkt des Rechtschreiberwerbs zu stellen;
- bei Einsilbern am Anfang mit solchen Wörtern zu operieren, zu denen Kinder leicht Zweisilber finden können.

Ist zu einem gegebenen Wort oder Bestandteil eines Wortes kein Zweisilber zu finden, etwa bei den sehr häufigen Funktionswörtern, wird entsprechend der Mitsprechstrategie geschrieben: *in, an, auf, er, es* usw. Allerdings sind viele Funktionswörter als Lernwörter zu behandeln: *und, wenn* usw.

Zur Mitsprechstrategie gehört also als Erstes eine Strategie zum Silbenzerlegen und ggf. eine Strategie, Einsilber und Wortbestandteile zu erweitern. Keineswegs also kann man die Mitsprechstrategie eine didaktisch basale Strategie für die deutsche Orthographie nennen. Richtig angewandt aber verschwinden Phänomene wie die Schärfung vollständig. Ebenso verschwinden Probleme an Morphemgrenzen wie die Doppel-*r*-Schreibung bei *zerreiben* oder *Fahrrad.* Die Zerlegung in Silben ergibt deutlich die beiden /r/, die so dann auch zu schreiben sind. (Ähnlich: *abbauen, mitteilen, voraussetzen; Berggeist* usw.)

Dass Kinder beim Schreiben(lernen) mitsprechen, hat Scheerer-Neumann (1986) beschrieben und dieses Mitsprechen *Rechtschreibsprache* genannt. Aufgabe des Unterrichts ist es, das Mitsprechen in erfolgversprechende Bahnen zu lenken. Dies ist dann der Fall, wenn geeignete Wortformen präsentiert werden.

**Nachdenkstrategie**

*Nichts ist wichtiger als nachzudenken.*

Wie sich gezeigt hat, ist genau genommen bereits die Mitsprechstrategie eine Nachdenkstrategie, denn der Schreiber muss immer entscheiden, ob sie eine geeignete Wortform zum Mitsprechen haben, diese Form in Silben zerlegen, und daraus die Schreibung herleiten. Nachdenkstrategien in der Form des Verlängerns sind, wie oben gezeigt, grundsätzlich bei Einsilbern angebracht. Dabei spielt es von der Sache her keine Rolle, ob der Einsilber als isolierte Wortform (Beispiele: *Bad, Berg, halb* usw.) gegeben oder als Stamm in einem Wort versteckt ist (Beispiele: *endlich – Ende, Berggeist – Berg/Geist* usw.). Immer gibt erst der jeweilige Zweisilber Aufschluss, wie geschrieben werden muss.

Beim Verlängern kommt eine weitere Besonderheit des Deutschen zum Tragen, sofern bei den Substantiven der geläufige Plural genommen wird und nicht etwa der seltenere Genitiv: Bei Pluralformen auf *-er* und *-e* ändert sich der Stammvokal auf der Grundlage der deutschen Umlautung: *Bad – Bäder; Wald – Wälder; Gras – Gräser; Fall – Fälle, Hof – Höfe* usw., ebenso bei Komparativ-/Superlativfomen: *kalt – kälter – kältesten;* aber auch bei anderen Formen, die im Bereich der Umlautung liegen, kommt es zu Veränderungen im Stamm: *bald – (in) Bälde; Hund – Hündchen* usw.

Während bei der Umlautung von *o* → *ö* oder *u* → *ü* keine Probleme auftauchen, da /ø/ bzw. /œ/ regelhaft durch <ö>, /y:/ bzw. /y/ regelhaft durch <ü> wiedergegeben werden, kann /ɛ/ durch <e> oder bei Umlaut durch <ä> abgebildet werden, wohin gegen /ɛ:/ immer durch <ä> repräsentiert wird.

Als Strategie ist aber nicht die deutsche Umlautung zu lernen, sondern der Umstand, dass bei /ɛ/ bzw. /oj/ überprüft werden muss, ob in der geschriebenen Form im Stamm ein <a> bzw. <au> vorkommt. Auf diese Weise kann man den für Schüler undurchsichtigen, im Wesentlichen sprachhistorischen Begriff der Umlautung gänzlich vermeiden. (Ein paar Lernwörter tummeln sich auch hier, etwa *Säule*, das im Gegenwartsdeutsch keine nicht umgelautete Form kennt, oder *Eltern*, das zwar von *alt* kommt, aber dennoch nicht umgelautet wird.)

*Wortfamilien weisen den Weg.*

Die Beispiele zeigen, wie wichtig für den Rechtschreibunterricht das Sammeln von Wörtern ist, die zusammen eine Familie bilden, was sie durch eine das Wortbild bewahrende Schreibung zum Ausdruck bringen. Dies betrifft vor allem den Stamm eines Wortes, der für das Auge soweit als möglich unverändert präsentiert wird: In dem Wort *sehen* kann man das <h> als silbeneröffnendes <h> phonologisch gut deuten. In *(er) sieht* ist dies nicht mehr möglich. Das nun völlig stumme <h> stellt aber den Zusammenhang zu *sehen* her.

Damit gibt der Schreiber dem Leser in der Schrift Informationen, die sich erst einem interpretierenden Ohr bieten. Dies zeigt sich klar auch beim Zusammenfügen von Präfixen oder Suffixen, die mit einem Konsonanten beginnen, mit dem Stamm oder zwei Stämmen. An diesen Stellen kommt es phonetisch zu Verschleifungen, die die Schrift nicht nachvollzieht: [fəarɛnɛn], [bəhe:bar], [fa:rat] usw. Immer bleiben in der Schrift alle relevanten Merkmale unabhängig davon, wie an der Oberfläche gesprochen wird, erhalten: *verrechnen, behebbar, Fahrrad.*

Durch Silbenzerlegung werden die Phänomene akustisch deutlich, in der Schrift werden diese Verhältnisse abgebildet und sichtbar gemacht.

### Hilfsstrategien

Unter *Hilfsstrategien* werden alle Verfahren zusammengenommen, die zwar nicht vollständig zum Ziel führen, aber auf einen richtigen Weg weisen. Das Bilden von Wortfamilien ist eine typische Hilfsstrategie, die sowohl im Regelbereich als auch im Lernbereich anzuwenden ist.

**Weitere Hilfsstrategien**

Dass nur vor <r, l, m, n> im Stamm ein stummes <h> stehen kann, wurde oben schon angeführt; das stumme <h> wird aber blockiert, wenn ein Wort in <sch> einen weiteren stummen <h>-Buchstaben aufweist; also bleiben *Schal, schön, Scham, Schule* usw. ohne stumme <h>-Schreibung; dasselbe gilt für ein Stamm-<t> und ← <q> am Silbenanfang. Also heißt es: *Tal, quer, Qual* usw.

Für die <x>, <chs>, <ks>, <gs>, <cks> führt zum Ziel, dass alle Tierbezeichnungen mit <chs> geschrieben werden, alle Schreibungen mit <cks> können hergeleitet werden: *hacken –Häcksel;* <gs> schreibt man bei Ableitungen: *tag-s* (*freitags*), *weg-s* (*durchwegs, geradewegs*) und allen Formen von *-lings* (*rücklings, bäuchlings* usw.); durchsichtig sind: *längs (← lang), tags (← Tag).* Auf diese Art ergibt sich aus quantitativen Gründen, dass alle Wörter mit <x> als Lernwörter eingeführt werden.

Ein besonderes Problem ist vor allem im Süddeutschen die <s>-Schreibung, bei der der Unterschied zwischen stimmhaftem /z/ gegenüber stimmlosem /s/ nicht realisiert wird. Daher versagt hier jede Mitsprechstrategie. Als Hilfsstrategie kann man anwenden, dass immer <ß> geschrieben wird, wenn in der Wortfamilie eine <ss>-Schreibung, die über die Silbenstrategie hörbar wird, auftaucht. Also: *gießen ← gegossen, fließen ← geflossen, schießen ← geschossen, genießen ← genossen, schließen ← Schloss ← Schlösser/geschlossen Maß ← messen, Fräß ← fressen, reißen ← Riss ← Risse/gerissen, beißen ← Biss ← Bisse/gebissen* usw. Dass aber *Fuß, Gruß, grüßen, Grieß* mit <ß> geschrieben wird, *Griesgram* und *Mus* aber mit <s>, muss gelernt werden.

Bei /ts/ kann man vier Fälle unterscheiden:
a) /*ts*/ am Wort-(Silben-)anfang wird immer mit <z> verschriftlicht: *Zaun, Zorn, Her.zen, scher.zen, Schmer.zen, War.zen* usw.
b) Im Wortinnern beim Zweisilber ergibt sich nach einem kurzen betonten Vokal (Vokal in einer geschlossenen Tonsilbe) immer die Silbengliederung /t.ts/; schriftlich <t.z>: *Kat.ze.* Nach langem Vokal tritt /ts/ nicht auf.
c) Am Wort-(Morphem-)ende wird <ts> geschrieben bei *-wärts (rückwärts, seitwärts, vorwärts), -seits (abseits, bergseits)*
d) Wenn <s> als Fugenelement nach Stamm-<t> auftaucht: *Geburt-s-tag.*

Zu Strategien werden die aufgezählten Verhältnisse, wenn Schüler gelernt haben, geeignete Gruppen (Paradigmen) zu bilden. Die Strategie besteht dann darin, ein in Frage stehendes Wort einer passenden Gruppe zuzuordnen, die die richtige Schreibung über die Laut-Buchstaben-Beziehung oder die Anwendung von Herleitungsregeln anzeigt. Daher sind unter strategischen Gesichtspunkten Rechtschreibstunden, die unterschiedlichste Phänomene zusammenfassen, wenig sinnvoll. Etwa, wenn Arbeitsblätter zur Schreibung von langem /i:/ vorgelegt werden und die Möglichkeiten <ie> (*Riese*; regelhafte Laut-Buchstaben-Zuordnung); <i> (*Tiger;* im Wesentlichen bei Fremd- und Lehnwörtern), <ih> (*ihr/ihm* usw.; nur bei den einschlägigen Formen des Personalpronomens); <ieh> (nur bei *Vieh,* wenn man Formen wie *sieht* schon adäquat als stammerhaltende Stammschreibung eingeordnet hat) als gleichberechtigte Schreibungen behandelt werden. Eine Hilfsstrategie ganz anderer Art, und nach der Klassifikation von FRIEDRICH/MANDL (1992) als Stützstrategie zu behandeln, ist das Nachschlagen im Wörterbuch oder das Nutzen von Rechtschreibprogrammen eines Textverarbeitungsprogramms. Jenseits der Laut-Buchstaben-Zuordnung ist das Nachschlagen im Wörterbuch durchaus heikel. Nicht nur, dass das Wörterbuch keine Auskunft über die Interpunktion gibt, wenn man in *das Wandern ist des Müllers Lust* die Schreibung von *wandern* nachschlagen möchte,

*Rechtschreibhilfen: Nachschlagen im Wörterbuch und Rechtschreibprogramme*

wird einen das Wörterbuch enttäuschen, denn dort ist nur die kleingeschriebene Verbform verzeichnet. Ebenso bei *„wenn wir diesen Text zusammen schreiben, […]"* – das Wörterbuch verzeichnet nur *zusammenschreiben* (von Wörtern), was hier aber nicht gemeint ist. Wenn man den Umgang mit Wörterbüchern als Strategie lernt, gehören die Grenzen des Wörterbuchs unbedingt dazu – dasselbe gilt für den Gebrauch eines Rechtschreibprogramms. Welche der angezeigten Alternativen die richtige ist, kann nur der Schreiber aufgrund seiner Kenntnisse entscheiden.

**Rechtschreibstrategien der übrigen Bereiche**

In der Grundschule werden die weiteren Orthographiebereiche angebahnt, aber nicht vertieft, ausgenommen die Worttrennung am Zeilenende. Dass es hierbei um keine rein mechanische Prozedur geht, sondern sprachliches Wissen erforderlich ist, ist aus automatisierten, aber falschen Worttrennungen durch Rechtschreibprogramme hinlänglich bekannt. Die Einstiegsbedingung ist: Getrennt werden können nur mehrsilbige Wörter – daher auch der Name *Silbentrennung.* Ist die Einstiegsbedingung erfüllt, geht es aber nicht mehr nur silbisch weiter. Die Grundregel besagt: Alle Bestandteile eines Wortes, die (phonologisch) selbstständig auftreten können, können abgetrennt werden. (Wenn Bestandteile selbstständig auftreten können, ist das Wort immer mehrsilbig.) Also können alle vorangestellten Wortbausteine auch abgetrennt werden (*ver-reisen*) und ebenso die Suffixe, die mit einem Konsonanten beginnen: *be-lad-bar*. Nachgestellte Wortbausteine, die nicht mit einem Konsonanten beginnen, können nicht abgetrennt werden: **eis-ig* (Erklärungen hierfür in Ossner 2010, S. 253 ff.). Abgetrennt werden können bei zusammengesetzten Wörtern alle Stämme: *Schul-hof, Spieler-trainer* usw. Bleiben nach dieser Zerlegung mehrsilbige Teile übrig, so wird stets so getrennt, dass die neue Zeile mit genau einem Konsonantenbuchstaben beginnt: nicht **knus-prig,* wie es der Zerlegung in Silben entspräche, sondern *knusp-rig* – mit nur einem Konsonantenbuchstaben auf der neuen Zeile. (Wegen dieser Verhältnisse sind die Paragraphen des Regelwerks (§ 107- §113) bei der Reform 2006 neu angeordnet worden).

*Die Worttrennung am Zeilenende ist nur teilweise eine Silbentrennung.*

Wie die Darstellung zeigt, ist die Worttrennung am Zeilenende kein Gegenstand der zweiten Klasse, wo sie in Lehrplänen immer noch zu finden ist. Insbesondere sollte die Trennungsregel nicht mit der Zerlegung in Sprechsilben verwechselt werden. Zwar ist das Ergebnis in den meisten Fällen identisch, aber es ist systematisch nicht dasselbe.

### Getrennt- und Zusammenschreibung

Für die Grundschule ist der substantivische und verbale Bereich interessant. Für den substantivischen Bereich sind zwei Überlegungen relevant:

- Worauf bezieht sich der Artikel? In *die Hundeleine* bezieht sich der Artikel auf *-leine.* Alle Substantive, die vor dem Substantiv stehen, auf das sich der Artikel bezieht, werden mit dem folgenden Substantiv zusammengeschrieben.
- Sind zwischen zwei Substantiven sog. Fugenelemente, wird zusammengeschrieben. Bei *Hundeleine* ist das das *-e.*

Beim verbalen Bereich geht es im Wesentlichen um die Verbpartikeln, die sich in Kontaktstellung mit dem Verb verbinden, ansonsten aber vom Verb entfernt alleine stehen: *wiederkommen – Er kommt wieder.* Problemtisch ist nicht die Distanzstellung, sondern die Kontaktstellung. Ab der dritten Klasse kann ein Verständnis dafür geschaffen werden, dass hier über Wortbildung neue Wortbedeutungen entstehen. Als Strategie empfehlen sich grammatische Proben: *Wenn er morgen wiederkommt, [...]* vs. *Wenn er wieder morgen kommt, [...]* Im ersten Fall geht es um ein Zurückkommen, in dieser Bedeutung ist *wiederkommen* ein Wort; im zweiten Fall um ein erneutes Kommen und *wieder* ist ein im Satz verschiebbares Adverb. In der Grundschule können solche Bedeutungsunterschiede nur angebahnt werden. Die zweite Wortklasse, die hier auch schon in der Grundschule eine Rolle spielt, sind Partikelverben, bei denen die Partikel formidentisch mit einer Präposition ist: *vordenken, nachschauen* usw. Wären *vor-* bzw. *nach-* Präpositionen müssten sie eine Nominalgruppe bei sich haben. (Dass dies nicht schon alles sagt, zeigt *mit,* das als Präposition, als Adverb und als Verbpartikel auftauchen kann.)

### Groß- und Kleinschreibung

Bei der Groß- und Kleinschreibung muss in der Grundschule der Kernbereich gesichert werden, d. h. die richtige Anwendung der Artikelregel. In der Schule wird die Artikelregel häufig unzulässig verkürzt und nur noch gesagt, dass man nach einem Artikel großschreibe. Dies trifft den Kern der Sache überhaupt nicht. Vielmehr muss (wie schon bei der Getrennt- und Zusammenschreibung angesprochen) linksstehender Artikel und rechtsstehendes Nomen als für das Deutsche typischer Klammerausdruck gesehen werden. Die Strategie besteht also darin, linken und rechten Rand einer Nominalgruppe zu markieren und den rechten Rand groß zu schreiben. Zum Lernbereich gehören schon in der Grundschule: *ein bisschen, der andere, die beiden.*

### Interpunktion

In der Grundschule geht es zuerst um das Setzen der sog. *Satzschlusszeichen,* um das Setzen von Anführungszeichen zusammen mit dem Doppelpunkt nach vorangestellten Redebegleitsatz und erste Einsichten in Kommasetzung bei Nebensätzen. Sowohl bei der Groß- und Kleinschreibung als auch bei der Interpunktion ist die wesentliche Strategie, grammatisches Wissen zu aktivieren. Grammatikunterricht und Rechtschreibunterricht sind zwei Seiten der „Medaille Sprachbetrachtung", da die Orthographie grammatische Verhältnisse abbildet.

*Rechtschreibunterricht ist Sprachunterricht.*

## 3.2.4 Strategien, Metakognition Regellernen

Strategien werden in der Lehr-/Lernforschung vor allen unter dem Gesichtspunkt selbstorganisierten Lernens diskutiert. Wer bestimmte Strategien anwenden kann, kann sein Lernen selbstbestimmt angehen. Für den Orthographieunterricht bedeutet dies, dass weniger die Frage im Vordergrund steht, wie dieses oder jenes Wort zu schreiben ist, sondern, welche Strategie zur richtigen Schreibung führt.

*Strategien sind mehr als Tipps und Tricks.*

Dass dabei Strategien mehr sind als Tipps und Tricks, sondern sich erst vor dem Hintergrund von sprachlichem Wissen richtig anwenden lassen, sollte aus der bisherigen Darstellung klar geworden sein. Daraus darf man aber nicht den Schluss ziehen, dass zuerst ein Wissen, z. B. über Rechtschreibregeln, aufgebaut werden muss, bevor es an das Lernen von Strategien geht. Überhaupt wird das Lernen von Rechtschreibregeln meistens falsch verstanden. Dass jemand eine Rechtschreibregel gelernt hat, bedeutet nur, dass er sie aufsagen, aber nicht dass er sie anwenden kann. Der Sinn von Strategien ist dagegen ihre Anwendung, wobei sie sich in der Anwendung flexibel erweisen müssen.

Bräuer (2010, 107) zitiert zu Recht Clausewitz mit dem Hinweis, dass eine Strategie ins Feld ziehe und sich nicht im leeren Raum bewähre, sondern erst unter Ansicht der besonderen Gegebenheiten. Das hierzu nötige Wissen wird dabei durch die Anwendung von Strategien erworben, wobei Fehler durchaus klug machen können. Wissen ist also nicht vorgängig, sondern wird durch das Tun erworben. Hier treffen sich die Überlegungen zur Strategie mit dem Zwei-Wege-Modell. Am Anfang ist alles Neuland – unter einem didaktischen Gesichtspunkt könnte man auch sagen: Alles sind Lernwörter. Durch reflektierte Betrachtung und wiederholtes Üben wird das entsprechende Wissen aufgebaut, zwischen tatsächlichen Lernwörtern und regelgeleiteten Wörtern zu unterscheiden und Mnemotechniken hier und den Regelmäßigkeiten angemessene Strategien dort aufzubauen. Dies heißt aber nichts anderes, als dass Rechtschreibenlernen in allen Regelbereichen zuerst ein gesteuerter Prozess ist, bei dem es wesentlich auf die *Lehr*strategien ankommt.

Das sind insbesondere der richtige Wortschatz und die passende Besprechung (Reflexion) an der richtigen Stelle. Der präsentierte Wortschatz sollte dabei geeignet sein, dass die Schüler selbstständig die Regelmäßigkeiten entdecken und von da aus die geeigneten Strategien aufbauen können. Hier sind noch viele Desiderate insbesondere im Fibelwortschatz zu konstatieren. Wird dies getan, so kann auch Rechtschreiben in einem selbstgesteuerten Prozess, in dem eine Lehrkraft immer wieder Wegweisungen wird geben müssen, einmünden, wobei man aber alle Hoffnung, dass es mit Kognition und Metakognition getan sei, von Anfang an fahren lassen sollte. Wie kaum ein anderer Bereich braucht Rechtschreiben ständige Übung.

*Rechtschreiben lernt man nicht ohne Üben.*

## 3.3 Interessenbezogenes Lernen im Rechtschreibunterricht

*Sigrun Richter*

In der Grundschuldidaktik gilt die Forderung, im Unterricht, „jedes Kind dort abzuholen, wo es steht“ – in Bezug auf Lernstand und Lebenshintergrund. So gilt es auch in der Lese- und Schreibdidaktik mittlerweile als selbstverständlich, die Interessen der Kinder in den Unterricht einzubeziehen: beim Lesen durch Lektürealternativen (vgl. u.a. SCHILCHER 2010; BERTSCHI-KAUFMANN 2002), bei der Textproduktion durch freie Wahl der Textsorte und/oder des Themas (ALTENBURG 1996; SPITTA 2010). Im Gegensatz dazu wird der Rechtschreibunterricht weitgehend ohne Wahlmöglichkeiten mit vorgefertigten Arbeitsmitteln gestaltet. Das „interessenbezogene Rechtschreiblernen“ (RICHTER 1998) verzichtet dagegen weitgehend auf Vorgaben und arbeitet mit persönlich bedeutsamen Wörtern aus eigenen Texten. Im Folgenden soll zunächst die Arbeit mit vorgegebenem Material, (z.B. Grundwortschätzen) mit Bezug auf Leistungserhebungen und Lernpsychologie kritisch hinterfragt werden.

### 3.3.1 Kritik an vorgegebenen Wortschätzen

Im Rechtschreibunterricht der Primarstufe ist ein „grundwortschatzorientieres Vorgehen“ verbreitet (HUNEKE 2010, 316). Unter „Grundwortschatz“ versteht man seit BISCHOFF (1976, 162) einen „gesicherten Bestand von gespeicherten Wortbildern“, der vielfältig genug ist, um als Basis für die

Erarbeitung einer kognitiven Ordnung (ebd.) und für die Übertragbarkeit orthographischer Phänomene (MENZEL 1985, 33) dienen zu können. Außerdem muss er so knapp bemessen sein, dass ihn auch lernschwächere Schüler bewältigen können. MENZEL fordert zudem „Fehlerverwertbarkeit" (Schreibsicherheit bei häufigen Wörtern) und „Textgebrauchswert" (MENZEL 1985, 33), also Hilfe bei eigenen Verschriftungen.

Der Umfang definierter Wortschätze für die Grundschule liegt bei etwa 1.000 Wörtern (früher verbindlich vorgeschrieben, heute meist als ‚Empfehlungen' bzw. implizit durch Lernmittel eingeführt). Die Zahl beruht darauf, dass die 1.000 häufigsten Wörter ca. 80 % aller Normaltexte abdecken (vgl. OEHLER 1978). Dabei ist allerdings das linguistische Phänomen der degressiven Struktur der Sprachverwendung übersehen worden: Häufig sind nur wenige Wörter vorhanden (v. a. Funktionswörter), während die Inhaltswörter (Substantive, Verben, Adjektive, Adverbien) breit streuen. Wie Untersuchungen von Kindertexten belegen (u. a. AUGST 1990; RICHTER 2002), decken ca. 100 Wörter bzw. Lexeme ungefähr 2/3 der Texte ab. Danach werden die Abdeckungszuwächse so gering, dass Kinder sich viele Wörter einprägen müssen, die für sie keinen Textgebrauchswert haben. Die Anzahl der Wörter mit hoher Abdeckung reicht aber weder für einen gesicherten Einprägungswortschatz noch für ein kognitives Eindringen in die Besonderheiten der Rechtschreibung aus.

*Subjektiv bedeutsame Wörter statt Vorgaben*

In einigen Bundesländern wird gerade versucht, durch Wiedereinführung verbindlicher Grundwortschätze die Rechtschreibleistung zu verbessern (Berlin, Brandenburg; vgl. Senatsverwaltung für Bildung 2011), wobei die Argumente, die zu einer Lockerung der Vorgaben geführt haben, vernachlässigt werden. Im Konzept des interessenbezogenen Rechtschreiblernens wird dagegen vorgeschlagen, die für einen gesicherten Schreibwortschatz und das kognitive Eindringen in die Struktur notwendigen Wörter individuell aus den Texten der Kinder zu nehmen. Dass ein solches Vorgehen sinnvoll ist, zeigen empirische Leistungsanalysen und lernpsychologische Befunde.

### 3.3.2 Für eine interessenbezogene Wortauswahl

#### Geschlechterdifferenzen beim Rechtschreiben

Rechtschreiberhebungen zeigen eine weibliche Überlegenheit: Mädchen erzielen höhere Durchschnittsleistungen, und sie sind im oberen Leistungsbereich über-, im unteren unterrepräsentiert (vgl. RICHTER 2012). Zur Erklärung wird häufig angeführt, das weibliche Gehirn sei für das Rechtschreiblernen besser ausgestattet als das männliche. Für diese Annahme gibt es aber keine hinreichend verlässlichen Befunde (BEAR et al. 2009, 613).

Eine andere Erklärung basiert auf der sozialisationstheoretischen Annahme, dass in unserer Gesellschaft Schriftsprachaktivitäten eher dem weiblichen Rollenbild zugeschrieben werden: Zum einen sind Schreib-,Modelle' mehrheitlich weiblich (Mütter, Kindergärtnerinnen, Lehrerinnen). Zum anderen werden schon kleine Mädchen für Lese- und Schreibversuche gelobt und zu weiteren Bemühungen ermutigt. Bei den kleinen Jungen bleibt diese Verstärkung aus, was zu abnehmendem Interesse führen kann. Aber auch diese Erklärung reicht nicht, um wesentliche Aspekte der empirischen Befunde zu klären.

*Die weibliche Überlegenheit bezieht sich auf Durchschnittswerte bei sich stark überlappenden Verteilungen.* Bei generalisierbaren Ursachen wären stärker separierte Verteilungen zu erwarten. Zum anderen ergaben Detailauswertungen von Rechtschreibtests, dass sich die Geschlechterdifferenzen nicht einheitlich über das gesamte Wortmaterial hinweg zeigen: Wörter mit spezifisch männlichem Interessenbezug schreiben Jungen häufiger richtig (MAY 1994; BRÜGELMANN/RICHTER 1994; BOS et al. 2003), z. B. in den Bereichen ‚Technik', ‚Abenteuer' und ‚Sport'. Dieses Phänomen lässt sich weder hirnanatomisch noch sozialisationstheoretisch erklären: Wieso sollte ein Junge bei dem Wort ‚Geburtstag' scheitern, sehr wohl aber ‚Schiedsrichter' richtig schreiben, wenn sein Gehirn für das Erlernen der Rechtschreibung generell schlechter ausgerüstet ist oder wenn seine Schreibmodelle Frauen sind? Hier scheint eher eine Leistungsbeeinflussung durch den semantischen Bezug wahrscheinlich.

*Geschlechterdifferente Leistungen zeigen Interessenunterschiede.*

### Lernen und Interesse

#### Kognitive Psychologie und Interessenforschung

Im Behaviorismus (u. a. THORNDIKE 1898; SKINNER 1938) wurden ausschließlich die Außenbedingungen vom Lernen untersucht (Reize, Reaktionen und deren Konsequenzen). Den Lernenden kam in dieser Sichtweise eine relativ passive Rolle zu. Erst die Kognitive Psychologie richtet ihr Augenmerk auf die Abläufe zwischen Reiz und Reaktion und damit auf die „innere Repräsentation der Umwelt" (EDELMANN 1992, 393), die einen aktiven Prozess darstellt (vgl. KLIX 1992; SCHEERER-NEUMANN 1988). Für den Aufbau von Denkstrukturen ist die emotionale Bedeutsamkeit des Gegenstandes von Belang, die den Faktor ‚Interesse' einschließt. Die aktive Übernahme von Informationen aus dem Kurzzeit- ins Langzeitgedächtnis gelingt nur, wenn der lernende Organismus sie in die bestehende kognitive Struktur integriert. Dies geschieht mit größerer Wahrscheinlichkeit bei subjektiv interessanten Inhalten, weil bei ihnen eine größere ‚Verarbeitungstiefe' (CRAIK/LOCKHART 1972) erreicht wird.

Die Interessenforschung (vgl. im Überblick: KRAPP 2010) definiert ‚Interessen' als „Orientierungen in Gegenstandsfeldern, die der Mensch aus eigener Initiative aufnimmt" (SCHIEFELE 1986, 157). Dieser ‚Person-Gegenstandsbezug' bewirkt nach SCHIEFELE/STOCKER (1990, 14ff.) eine Wissenserweiterung, die sich einstellt, wenn die Beschäftigung mit dem Gegenstand Freude macht und anderen Aktivitäten vorgezogen wird. In verschiedenen Untersuchungen ist ein Zusammenhang zwischen Schulleistung und Interesse nachgewiesen worden, was KRAPP (2010) auf effektivere Lernstrategien bei von Interesse geleitetem Lernen zurückführt: Hohe Aufmerksamkeitsleistungen werden ohne zusätzliche willentliche Anstrengung möglich. Heute gilt in der Lernforschung als unbestritten, dass erfolgreiches Lernen eine subjektive Bedeutsamkeit des Lerngegenstandes voraussetzt (vgl. im Überblick ROTH 2011). Im Folgenden soll untersucht werden, wie sich diese Forderung für das Rechtschreiblernen konkretisieren lässt.

*Die Beziehung zwischen Interessen und Leistung ist erwiesen.*

**Interesse und Rechtschreibleistung**

Kinder haben Interesse am Gegenstand ‚Schriftsprache'. Dieses ‚Globalinteresse' kann wohl bei den meisten Kindern zu Schulbeginn vorausgesetzt werden. Es reicht aber nicht, um die Motivation für den langen und komplexen Prozess des Orthographie-Erwerbs aufrechtzuerhalten. Hier kommt der Gestaltung der Unterrichtsbedingungen entscheidende Bedeutung zu: wie eine Untersuchung über Physikinteressen von HOFFMANN/LEHRKE (1986) belegt: Ein zunächst vorhandenes grundsätzliches Interesse verkehrt sich in sein Gegenteil, wenn der schulische Physikunterricht die konkreten Kinderinteressen nicht aufnimmt. Übertragen auf das Rechtschreiblernen ist zu vermuten, dass ein generelles Interesse nachlässt oder in Ablehnung umschlägt, wenn die ‚Lernwörter' nicht die Interessen der Kinder treffen.

Hilfreich zum Verständnis der anzunehmenden Mechanismen ist die Unterscheidung von KERSCHENSTEINER (1922) zwischen einem ‚mittelbaren' und einem ‚unmittelbaren' Interesse: Während das unmittelbare Interesse eng mit „einem in diesem Gegenstande verwirklichten, ihm immanenten Wert verbunden" ist (ebd., 182), besteht das mittelbare Interesse an einer Sache nur durch ihren Bezug zu ‚unmittelbar' interessanten Gegenständen. Übertragen auf den Prozess des Rechtschreiblernens kann angenommen werden, dass das Globalinteresse nur aufrecht erhalten bleibt, wenn die *Wortinhalte* ‚unmittelbares' Interesse erregen. Da die Interessen verschieden sind, können vorgegebene Wortschätze dieser Forderung nicht entsprechen. Nur Wörter aus Texten, die Kinder aus eigenem Antrieb schreiben, erfüllen diese Voraussetzung. Daher sind auch Forderungen nach speziell auf Jungen (vgl. BECK 2009) oder Mädchen (vgl. SCHELLER 2009) abgestimmte Rechtschreibmaterialien eine Absage zu erteilen. Sie können nur von Stereotypen ausgehen, die Tendenzen zeigen, aber keine Hilfe im Einzelfall sein: Es gibt Mädchen mit Technikinteressen und Jungen, deren Herz Tieren gehört.

### 3.3.3 Interessenbezogenes Rechtschreiblernen

Im Modell von RICHTER (1998) werden vier Arbeitsbereiche verknüpft, die im traditionellen Deutschunterricht häufig isoliert nebeneinander stehen: Schreiben eigener Texte, Leseförderung, Sicherung eines individuellen Grundwortschatzes, Erarbeitung von Rechtschreibregeln und -strategien. Als Verknüpfungselement dient eine individuelle Rechtschreibkartei. Ausgangspunkt des Schriftsprachunterrichts muss es sein, Gelegenheit zur Verschriftung eigener Interessenbereiche (1) und zum Lesen persönlich bedeutsamer Texte (2) zu geben. Ausgangspunkt für den Rechtschreibunterricht sind freie Texte der Kinder. Das Lesen (oder am Anfang: Vorlesen) interessierender Texte kann als Anreiz für die Textproduktion dienen. Einige subjektiv besonders bedeutsame Wörter werden sich die Kinder durch häufiges Schreiben sicher einprägen (eigener Vorname, Mama, Papa usw.). Für das Lesen ist ein ähnlicher Mechanismus denkbar. Diese Möglichkeiten sind in der Abbildung (s. S. 116) durch senkrechte Pfeile dargestellt. Die meisten Wörter müssen jedoch geübt werden.

*Rechtschreibunterricht soll in Beziehung zum Lese- und Schreibunterricht stehen.*

#### Individuelle Rechtschreibkartei

Die Lernkartei ist ein effektives Hilfsmittel zum Einprägen von Wortschreibungen (vgl. NAEGELE/VALTIN 1989; LESSMANN 1998), das in verschiedenen methodischen Konzeptionen enthalten und im Unterricht erprobt ist. Auf eine genaue Anleitung wird deshalb hier verzichtet (vgl. RICHTER 1998, 53ff.). Daneben dient die Kartei im hier vorgestellten Modell auch dem systematischen Rechtschreiblernen.

#### Das Wortmaterial

Die in die individuelle Kartei aufgenommen Wörter haben ihren subjektiven Textgebrauchswert dadurch bewiesen, dass das Kind sie in Texten über subjektiv bedeutsame Themen verwendet hat. Sie sind zudem ‚fehlerverwertbar', da sie im Text orthographisch nicht korrekt waren. Die normgerechten Wortschemata (durch Korrektur vorgegeben oder im Wörterbuch nachgeschlagen) werden auf Karteikarten geschrieben.

**Interessenbezogene Methodik des Rechtschreiblernens**

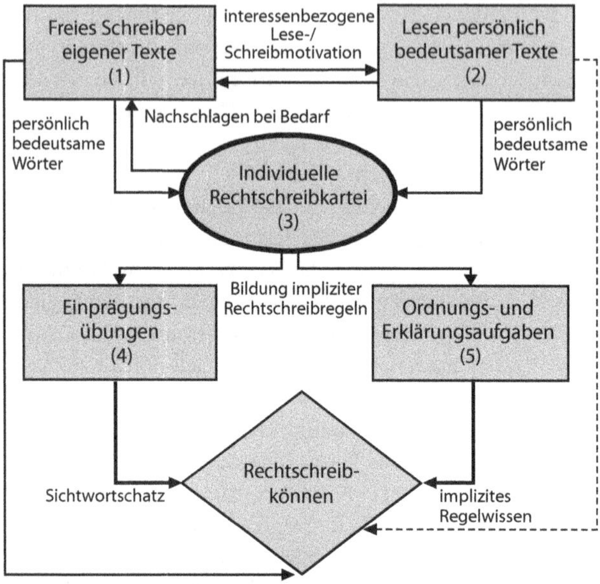


*Abb. 3.1: Interessenbezogene Methodik des Rechtschreiblernens*
© *Sigrun Richter (1998),* Interessenbezogenes Rechtschreiblernen,
*aus: Praxis Pädagogik, Westermann, Braunschweig*

Das Wort wird fünfmal geübt (an verschiedenen Tagen!) und kann dann als rechtschriftlich gesichert gelten. Danach wird die Karte in ein alphabetisches Register eingeordnet, das Teil der Kartei ist. Es ist „eine konkrete Form des inneren orthographischen Lexikons" (Scheerer-Neumann 1985, 185), das mit Zusatzinformationen ergänzt wird.

**Systematische Erarbeitung von Regeln und Strategien**

Regeln und Strategien sind notwendig, weil ein umfassender Wortschatz nicht Wort für Wort einzeln eingeprägt werden kann. Explizites Verkünden von Regeln stellt aber nicht deren Anwendung sicher (vgl. Ossner 2006, 164). Sie müssen zunächst ‚implizit' im Kopf der Kinder entstehen (Brinkmann 1996). Arbeitsblätter können die Rechtschreibbesonderheit vorgeben und beim Wortmaterial auf das Alphabet der eigenen Kartei verweisen. Bei dieser Arbeit gibt es zwei Grundformen: die *Analogiebildung (Wortlistentraining)* und das *Anwenden des morphematischen Prinzips.*

Die *Analogiebildung* stellt eine Zwischenstufe zwischen abgespeicherten Wortschemata und der Entdeckung der Regelhaftigkeit dar (vgl. Menzel

1985; URBANEK 1994; BALHORN/BÜCHNER 2010). ‚Analoge Fälle' sind dabei Wörter, bei denen die Klangbesonderheit (z. B. ein langes a) in gleicher Weise geschrieben wird (z. B. mit Dehnungs-h: Wahl, kahl), also keine Reimwörter, die wegen der Uneindeutigkeit der deutschen Rechtschreibung unterschiedlich geschrieben werden können (z. B.: ‚Mal', ‚Saal', ‚Wahl'). Ein gemeinsames Üben birgt die Gefahr in sich, dass sich die Inhalte beim Lernen gegenseitig hemmen (‚Ranschburg-Hemmung').

Die Kinder sollen im Alphabet ihrer Kartei eine bestimmte Anzahl von Wörtern suchen, die der zu bearbeitenden Besonderheit entsprechend geschrieben werden, und in eine Liste eintragen. Die Anzahl der Wörter kann je nach Klassenstufe und individuellem Leistungsstand variiert werden. Für den Fall, dass ein Kind nicht die festgelegte Anzahl von Wörtern in seiner Kartei hat, enthalten die Arbeitsblätter (auf der Rückseite) eine Auswahlliste von Modellwörtern. Ihre Anzahl sollte größer sein als die der aufzuschreibenden, um eine subjektive Auswahl zu gestatten. Aus der Vorschlagsliste gewählte Wörter werden als ‚Neue Wörter' in die Kartei aufgenommen, um den gesicherten aktiven Schreibwortschatz zu erweitern.

*Individuellen Leistungsstand berücksichtigen*

Im Anschluss an die Erstellung der Wortliste bekommt das Kind die Aufgabe, das Gemeinsame der Wortschreibung selbst in einem Merksatz zu formulieren, um sich eigenaktiv dem Rechtschreibphänomen zu nähern. Der von den Kindern zu formulierende Merksatz soll eng auf die gerade durchgeführte Übung bezogen sein; linguistische Exaktheit ist noch nicht das Ziel (vgl. BALHORN 1986, 122). Da einmaliges Bewusstmachen keinen dauerhaften Lernerfolg sichert, müssen die Übungen wiederholt werden, orientiert an den individuellen Fehlerschwerpunkten. Aber auch gemeinsames Lernen im Klassenverband ist möglich: Nachdem die Kinder individuell Analogielisten zu einem Phänomen erstellt haben, können Gruppen aus den Einzelergebnissen eine Wandzeitung erarbeiten.

Die deutsche Rechtschreibung ist zwar nicht lauttreu, aber fast ausnahmslos morphemtreu. Kinder haben auf dem Weg zum Rechtschreibkönnen einen großen Schritt gemacht, wenn sie sich dieses *morphematische Prinzip* nutzbar machen können, indem sie sich in Zweifelsfällen verwandte Wörter in Erinnerung rufen. Dieses Vorgehen muss immer wieder geübt werden, z. B. mit der Aufgabe, zu den Wörtern auf ihren Karteikarten verwandte Wörter zu suchen und diese ebenfalls auf die betreffende Karte zu schreiben (z. B. Singular/Plural). Diese Ableitungen können bspw. helfen den richtigen Buchstaben zu wählen bei „e" oder „ä", „d" oder „t", „b" oder „p", „g" oder „k", „ig" oder „ich". Da hier ein eindeutiges Unterscheidungskriterium zur Verfügung steht, ist eine Ranschburg'sche Hemmung (siehe oben) nicht zu befürchten. Wichtig ist, dass die Lehrperson die hinzugekommenen Wörter vor dem Einsortieren überprüft.

Ein interessenbezogener Rechtschreibunterricht ist in großem Umfang individualisierend, d. h. Kinder arbeiten an den Wörtern und den Rechtschreibbesonderheiten, bei denen sie wirklich Fehler gemacht haben. Lehrpersonen greifen häufig zu vorgegebenen Übungsmaterialien, weil sie befürchten, bei der Individualisierung wichtige Bereiche zu übersehen. Das kann vermieden werden, wenn die Texte nicht nur im Hinblick auf die Wortschreibung, sondern auch im Hinblick auf die Fehlerarten analysiert werden. Ergebnisse der empirischen Fehlerforschung sind dabei eine Unterstützung (vgl. Menzel 1985).

## 3.4 Fächerorientierter Grundwortschatz

*Annette Pöhlmann-Lang*

### 3.4.1 Rechtschreibkompetenz als Ziel

Rechtschreibkompetenz ist die Basis gelingender schulischer Bildung (Steinig 2010, Marx 2007) und wird im gesellschaftlichen Fokus bzw. beim Eintritt ins Berufsleben als Schlüsselkompetenz angesehen, die die Bildung einer Person respektive ihre Intelligenz widerspiegelt. Besondere Ausgangsbedingungen erlebt jenes Drittel unserer Schüler, die mit einer anderen Familiensprache als Deutsch aufwachsen und deshalb besonders der rechtschriftlichen Förderung bedürfen: sie sind Deutsch-als-Zweitsprache-Lerner. Deren Schwierigkeiten im Fach Deutsch überschneiden sich in vielen Punkten mit denen der Kinder, die aus sogenannten bildungsfernen Elternhäusern stammen. Der Begriff der „Bildungsferne" wird nach dem neuesten Bildungsbericht der Bundesregierung vom Juni 2012 nicht mehr *nur* auf das Verhalten der Eltern und der Familie bezogen. Vielmehr stellt der Bildungsbericht deutlich heraus, dass auch die Bildungseinrichtungen und -institutionen sich von diesen Kindern und Familien „fernhalten". Marx erklärt zur Überrepräsentation von Deutsch-als-Zweitsprache-Lernern an Förderschulen und deren geringe Anzahl an Gymnasien:

> *[...] dazu tragen die Schwierigkeiten im Lesen und Rechtschreiben entscheidend bei, auch wenn sie nicht der einzige Faktor sind. Möglicherweise würden Maßnahmen zum Nachteilsausgleich auch für einige Deutsch-als-Zweitsprache-Kinder bessere Chancen hinsichtlich der Schullaufbahn eröffnen.*
>
> (Marx 2007, 160)

Diesen Gruppen Unterstützung zu geben, sie über einen fächerorientierten Grundwortschatz zur verbesserten Teilhabe am Unterrichtsgeschehen zu befähigen, sei Grundüberlegung und Ziel der nachfolgenden Ausführungen. Dabei soll den Lehrern, in deren Klassen viele Kinder mit Migrationshintergrund beschult werden und die täglich über das normale Maß hinaus Differenzierungs- und Individualisierungsleistungen erbringen, um der Heterogenität ihrer Schülerschaft gerecht zu werden, nicht noch eine weitere Aufgabe übertragen werden. Vielmehr geht es darum, die Arbeit dieser Lehrer zu erleichtern, indem sie auf einen Grundwortschatz Zugriff erhalten, der fach- und bildungssprachliche Lexeme bereitstellt. Die Unterrichtenden arbeiten mit einer CD-ROM, wie sie in der Schweiz bereits im Einsatz ist (Dingsda, BAI et al. 2005; Fachdingsda, NODARI/STEINMANN 2008), stellen per Mausklick die benötigten Wörter in individuellen Listen für ihre Klasse, ihre fachlich behandelte Thematik und ihre verwendete Schulsprache zusammen. Außerdem soll dieser Grundwortschatz fakultativ behandelt werden und den Unterricht der verschiedensten Fächer erleichtern. Der Grundwortschatz könnte den Schülern als „Gerüst" dienen, um die „Mauer Bildungssprache" im rechtschriftlichen Bereich zu erklimmen. Diese Art des Lernens, von GIBBONS (2002) als *scaffolding* in die Diskussion gebracht, intendiert Folgendes: *Scaffolding*

> *Den Lernenden wird ein „Gerüst" („scaffold") gebaut, das es ihnen ermöglicht, die für das jeweilige Unterrichtsthema erforderlichen sprachlichen Fähigkeiten gewissermaßen Etage um Etage aufzubauen.* (GOGOLIN 2011, 193)

### 3.4.2 Der Grundwortschatz – erneut in der Diskussion

Eine Untersuchung zur Entwicklung der Schreibleistung von Grundschülern zwischen den Jahren 1972 und 2002 ergab, dass sie die Qualität und Quantität ihrer Texte im Zeitraum deutlich haben steigern können, während die Quote ihrer Rechtschreibfehler um 77 % zugenommen hat (STEINIG 2010). In der Studie von WEBER, MARX und SCHNEIDER wurde belegt:

> *Im Rechtschreibtest lagen die DaZ-Kinder um etwas mehr als eine halbe Standardabweichung hinter den Kindern mit deutscher Muttersprache zurück, in einem Diktat von Pseudowörtern zeigten sich jedoch keine bedeutsamen Unterschiede. Das weist darauf hin, dass die bessere Wortkenntnis den Kindern mit deutscher Muttersprache zum Vorsprung im Rechtschreibtest verhilft.* (MARX 2007, 161)

DaZ-Kinder hören 200 neue Wörter pro Woche.

### Welche Art des Grundwortschatzes brauchen Schüler?

In der fachwissenschaftlichen Diskussion um Wortlisten für den Grundwortschatz wird nicht selten das Argument angeführt, die geplante Auswahl an Wörtern würde nicht dem Kriterium der Allgemeingültigkeit genügen. Das soll bei der hier angedachten Form des fächerorientierten-bildungssprachlichen Grundwortschatzes auch nicht der Fall sein. Er soll als Arbeitswortschatz dienen, erweiter- und ergänzbar sein und zwar von der unterrichtenden Lehrkraft, die – auf Grundlage einer vorgelegten CD-ROM – zur Verfasserin des Grundwortschatzes für ihre Klasse wird.

### Umfang des Grundwortschatzes

Die „magische 2000 Wortgrenze" (Kühn, zitiert nach Krohn 1992, 67) ist kaum einzuhalten, da Schüler im Grundschulalter pro Woche 8–12 neue Wörter (Griesshaber 2010, 38) lernen – und diese ja auch rechtschriftlich korrekt wiedergeben können sollen. Dabei wird die Gruppe der Kinder mit Migrationshintergrund noch gar nicht in die Überlegung einbezogen. Sie hören 200 neue Wörter pro Woche – zum großen Teil im Schul- und Unterrichtsgeschehen (Griesshaber 2010, 38). Nodari konstatiert: „In der 1. Klasse kann ein produktiver Grundwortschatz von ca. 550 Wörtern sehr wohl ausreichen, um dem Unterricht zu folgen. In der 4. Klasse muss ein Kind dagegen in etwa über 2000 Wörter verfügen können." (Nodari 2005, 4).

### Kriterien der Wortschatz-Auswahl

In Anbetracht dieser Menge an Wörtern, die von den Schülern im Schulalltag zu lernen und folglich zu schreiben sind, darf eine quantitative Reduktion der Wortliste aus Gründen der Überschaubarkeit nicht zugelassen werden. Risel (2011, 100) stellt einen Kriterienkatalog auf, demzufolge folgende Wörter Einzug in den Grundwortschatz finden sollten: Wörter der Fachsprache, Modellwörter für orthographische Regularitäten, häufige Fehlerwörter, fehlerträchtige Wortformen, häufige Wörter und Wortformen der Schulsprache, individuelle und klassenspezifische Wörter.

## 3.4.3 Relevante Sprachregister im Lernumfeld Schule

„Heimlicher" Wortschatz

Rechtschreiben können heißt u. a., sich in den verschiedenen sprachlichen Registern sicher (schriftlich) zu bewegen. Dazu gehören Lexeme, die als „heimlicher Wortschatz" bezeichnet werden könnten. Dieser enthält Wörter, die die Schüler brauchen, um schriftliche Aufgaben zu verstehen und zu bearbeiten. Was ist nun gemeint mit dem „heimlichen Wortschatz"? Die Klärung dieser Frage kann über die Darstellung des aktuellen Diskussionsstandes um Bildungs-, Schul- und Unterrichtssprache gelingen, ohne die fachsprachliche Diskussion dabei zu vergessen.

### Schulsprache

NEULAND et al. führen in ihrem Aufsatz „Schülersprache – Unterrichtssprache – Schulsprache“ Kriterien der Sprache in unseren Schulen auf. Mit dem Austritt des Kindes aus dem Kindergarten und seinem Eintritt in die Institution Schule verändern sich Gesprächskultur und Sprache stark. Abgesehen von Punkten, welche die mündliche Kommunikation betreffen (Melden, Siezen usw.), werden „asymmetrische Interaktionsstrukturen“ (NEULAND et al., 2009, 392) vorgegeben und in der Regel auch von allen Mitgliedern der Schulgemeinde akzeptiert. Schwierigkeiten ergeben sich dann, wenn Schüler nicht wissen, welche Kommunikationsform von den Lehrern erwartet oder in der Schulgemeinde und der Klasse erwünscht ist. Dieses Dilemma erfahren Schüler, die bereits in ihrem Kulturkreis schulisch, aber eben *anders* sozialisiert wurden, immer wieder. Ebenso wenig kennen Eltern, die das deutsche Schulsystem nicht oder nicht erfolgreich durchlaufen haben, diese sprachlichen Register und können ihre Kinder nicht unterstützen. Im Schriftlichen passt sich die Sprache in der Schule ebenso in die Kategorie *Unterrichtssprache* ein: Wörter, die im außerschulischen Bereich gebräuchlich sind, werden im institutionalisierten Rahmen der Schule als ungenau, wenig elegant wahrgenommen – kurzum: negativ konnotiert.

Das Wort *gucken/kucken* steht auf dem unveröffentlichten Index der Wörter, die man in schriftlichen Arbeiten lieber nicht gebraucht. In der Schule – zumal im Fachunterricht – *beobachtet, registriert* oder *sieht* man. Ebenso kindliche Begriffe wie *machen* mit all seinen präfigierten Formen werden im schriftlichen und mündlichen Sprachgebrauch der Schule bemängelt. Bei physikalischen Versuchen oder in der Schulküche, im Sport- oder Kunstunterricht *macht* der Beschreibende nicht sondern *füllt ein* und *zerlegt, führt aus* und *zeichnet,* wenn er eine gute Bewertung durch den Lehrer erhalten möchte. Wird dieses Verhältnis von Alltags- und Unterrichtssprache thematisiert, beleuchtet und erklärt, könnte es für viele Schüler verständlich werden. Üblicherweise mahnt der Lehrer dies immer wieder durch Korrekturen oder Einzelbemerkungen an, stellt aber keine allgemeinen Kategorien auf und keinen entsprechenden Wortschatz vor, der im schriftlichen Bereich Verwendung finden soll. Die Erwartungen der Lehrer gehen dahin, dass die Schüler diese Inhalte „nebenbei“ lernen. Kinder mit Migrationshintergrund geraten hier ins Hintertreffen, da sie die semantischen Feinheiten – ohne Anleitung durch den Lehrer oder einen Mitschüler – nicht überblicken können. Dieser Tatsache könnte man durch die Erstel-

*Notwendigkeit der Kontrastierung: Alltags- vs. Unterrichtssprache*

lung eines Grundwortschatzes begegnen, der entsprechende Synonyme für diese Wörter bereithält und deren Verwendungszusammenhang erklärt.

Die Abgrenzung der Alltagssprache hin zur Schulsprache versucht Ahrenholz (2010) folgendermaßen. Er spricht von Allgemeinsprache, wenn sprachliche Ausdrucksmittel gemeint sind, die „zur Bewältigung alltäglicher Kommunikation notwendig sind." (ebd., 15). Damit ist die Allgemeinsprache ein Teil der Standardsprache und umreißt altersabhängig das, was ein Schüler „von außen" in die Schule einbringt.

**Bildungssprache**

Feilke unterscheidet im Basisartikel des Praxis-Deutsch-Heftes „Bildungssprache" die Begriffe Schul- und Bildungssprache. Eng gefasst versteht er unter Schulsprache die

> *[...] auf das Lehren bezogene und für den Unterricht zu didaktischen Zwecken gemachten Sprach- und Sprachgebrauchsformen, aber auch Spracherwartungen."*
>
> *(Feilke 2012, 5)*

Weiter führt er aus, dass Schulsprache in „didaktischer Absicht konstruiert und gemacht" wurde und „Schulgeschichte" zuzuordnen sei. Die Bildungssprache dagegen sei ein „historisch einzelsprachlich ausgeprägte[s] Sprachmittel" (Feilke 2012, 6), das sich über Jahrhunderte ausgebildet habe und deren Ressourcen zum Sprachsystem gehören. Wichtig für die Diskussion in Bezug auf die Anwendbarkeit für einen Grundwortschatz in der Grundschule erscheinen die weiteren Ausführungen von Feilke, der dann den soziolinguistischen Aspekt des sprachlichen Registers anführt:

> *Das Register der Bildungssprache ist kommunikativ auf vorwiegend schriftliche Situationen bezogen, auch wenn es medial mündlich im Gebrauch ist.*
>
> *(Feilke 2012, 6)*

Hier liegt die Schnittstelle für den zukünftigen Grundwortschatz, der sowohl fachsprachlichen als auch bildungssprachlichen Bedürfnissen genügen soll. Diese Kommunikationsform wird als Basic Interpersonal Communicative Skills (BICS) bezeichnet. Dagegen wird CALP (Cognitive Academic Language Proficiency) abgegrenzt, die zur Bewältigung von Schriftlichkeit im kognitiv akademischen Bereich notwendig ist (zitiert nach: Leisen 2010, 8). Der deutsche Begriff hierfür wurde schon von Gogolin (2006) als „Bildungssprache" eingeführt. Die Merkmale dieser Bildungssprache sind unpersönliche Ausdrücke, Substantivierung, Konjunktiv, Passivgebrauch im mündlichen und schriftlichen Bereich. Bildungssprache darf aber nicht mit Fachsprache verwechselt werden.

**Fachsprache**

Leisen (2010, 6) betont, dass die Alltagssprache häufig in einführenden Texten in Lehrbüchern verwendet wird, die dann auf die fachliche Fragestellungen hinführt. Das heißt, dass Alltagssprache und Fachsprache in Schule und Unterricht genauso benötigt werden wie die Schul- und Bildungssprache. Im schulischen Kontext sind als Fachsprache definiert: „Jene sprachlichen Mittel, die für ein bestimmtes Schulfach typisch sind [...] also Fachtermini und spezifische Kollokationen, aber auch Eigenarten fachspezifischer Diskurse und Textsorten." (Ahrenholz 2010, 16) Folglich sollte der fächerorientierte Grundwortschatz nicht nur fachsprachliche Elemente, sondern auch bildungssprachliche Teile enthalten, um den Schülern aus bildungsfernen Haushalten oder Kindern mit Migrationshintergrund die gleichen Startchancen zu ermöglichen wie Deutsch-Muttersprachlern, die sprachliche Förderung auch zuhause erhalten.

### 3.4.4 Fächerorientierung – warum?

Geht man davon aus, dass ein Text für einen Leser verständlich ist, wenn dieser 95% der Wörter versteht, dann müssten Schüler mit nicht-deutscher Muttersprache an jedem Text eines Fachbuchs scheitern. Hilfestellung kann gegeben werden, indem der Wortschatz definiert ist und in seiner korrekten Schreib- und Anwendungsweise durch den Lehrer eingeführt wurde.

**Fachsprachlich-sensibler Grundschulunterricht**

Leisen weist darauf hin, dass Fachsprache durch „eine hohe Dichte an Fachbegriffen sowie durch Satz- und Textkonstruktionen gekennzeichnet ist, die in der Allgemeinsprache selten vorkommen":

> *In der Fachsprache verfasste Texte können deshalb von den Lernern eigentlich erst verstanden werden, wenn sie bereits viel über das jeweilige Thema wissen. Fachsprachliche Texte sollten damit eher am Ende als am Anfang des Lernens eingesetzt werden.* (Leisen 2010, 6)

Vieles über ein Thema wissen kann ein Kind nur, wenn es die Begriffe kennt, einsetzen und verschriften kann und damit auch auf die rechtschriftliche Kompetenz in diesem Bereich angewiesen ist. Eine Überarbeitung der bisherigen Wort-Listen – unter einem fachspezifischen Aspekt – würde vielen Schülern die Möglichkeit eröffnen, sich im Rahmen Schule konkreter äußern zu können, Sachverhalte begrifflich klarer zu beschreiben und zu „verdichten“ (FEILKE 2012, 6). Auch im rezeptiven Bereich würden diese Schüler dann Texte genauer verstehen, Aufgabenstellungen gezielter umsetzen und bei Leistungsfeststellungen besser ihr Wissen präsentieren können. Gleichzeitig wäre die produktive Umsetzung in schriftlichen Aufgaben, Versuchsbeschreibungen, Hefteinträgen rechtschriftlich gesichert.

**Semantisches und pragmatisches Wissen ausbauen**

Im Zusammenhang mit der Frage, welche Wörter in die Wortliste aufgenommen werden sollen, muss das Verhältnis von Semantik und Pragmatik diskutiert werden. KROHN (1992) stellt richtig fest, dass neben Prädikation und Referenz noch eine weitere Dimension Beachtung finden muss. Diese beschreibt er als das „spezifische Mischungsverhältnis von sprachlich-semantischem und sachlich-enzyklopädischem Weltwissen und Welterfahrung“ (KROHN 1992, 11), das sprachlichen Prädikationen zugrunde liegt. Hier findet sich die Schnittmenge von Grundwortschatz und fachsprachlicher Diskussion. Ein Streben nach semantischer Aufbereitung der Worte hat als Grundlage und Folge ein Fachwissen, das Schülern eine Teilhabe am Unterrichtsfortgang und Bildungsverlauf erst ermöglicht. Dazu müssen didaktische Angebote gemacht werden, die sich u. a. in der fächerorientierten Aufbereitung des Grundwortschatzes niederschlagen könnten. Der Pragmatikbegriff wird über die kommunikative Kompetenz hinaus ausgedehnt.

Eine weitere Fragestellung führt KROHN an, indem er fragt, wie groß der Anteil an Verstehenswortschatz und Produktionswortschatz sein muss. Er betont, dass „[…] Lexeme des potentiellen Wortschatzes eher den Charakter rezeptiver Lexeme in der jeweiligen Fremdsprache besitzen, die bereits in der muttersprachlichen Kompetenz zum rezeptiven Wortschatz einer Person [gehören]“, (KROHN 1992, 12). Das bedeutet für einen fächerorientierten Grundwortschatz, dass zuerst der Verstehenswortschatz gesichert sein muss, jedoch auch stilistische oder textsortenbedingte Unterschiede beim Gebrauch entsprechender Lexeme angegeben werden müssen. Die kindliche Verwendung von Wörtern wie *kriegen* oder *wirtschaftlich* sollten in der Schule durch Entsprechungen wie *bekommen/erhalten* oder *ökonomisch* ersetzt werden.

*Rechtschreiben lernen beim Erwerb von Fachwissen*

Den Klagen der Fachlehrer über die „miserable Rechtschreibung“ der Grundschüler könnte entgegengewirkt werden, die Schüler – besonders die aus bildungsfernen oder nicht-deutschsprachigen Elternhäusern – könnten im Rahmen des Rechtschreibunterrichts gleichzeitig ihr Fachwissen erweitern, indem sie exakte Begriffe kennen und verwenden. Für die Lehrer wäre es keine zusätzliche zeitliche Belastung: Der Rechtschreibunterricht würde lediglich mit einem modifizierten Wortschatz durchgeführt.

### 3.4.5 Lernerautonomie anbahnen

2005 erschien „Dingsda“ (Bai et al. 2005), ein Grundwortschatz für Grundschüler, die Deutsch als Zweitsprache in der Schweiz lernen. Drei Jahre später ein fächerorientierter Grundwortschatz für die 5. bis 9. Jahrgangsstufe (Nodari/Steinmann, 2008) namens „Fachdingsda“. Dieser fächerorientierte Ansatz könnte als Arbeitsgrundlage für die Klassenlehrer dienen, die den Schülern mit Migrationshintergrund eine gleichberechtigte Teilhabe am Deutsch- und Fachunterricht zukommen lassen wollen.

#### Klassenspezifische Wörterlisten

Aus dem vorhandenen Material sollen für jede Klasse und jede Schule Wörterlisten konzipiert werden, wozu die Herausgeber ein Grundmaterial auf CD-ROM zur Verfügung stellen. Inhaltlich wurde die kindliche Sprachverwendung berücksichtigt, indem auf übermäßiges Auflisten von Substantiven verzichtet wurde. Hierzu muss man kritisch anmerken, dass die Orientierung eines Grundwortschatzes an Bildungs- und Fachsprache aber doch Charakteristika dieser Sprachregister wie häufige Substantivierung oder Kompositabildung Rechnung tragen müsste. Dies zu überprüfen, wäre eine dringliche Aufgabe bei der Verwendung von „Dinsgda“. Nodari und seine Mitautoren legten – in Anlehnung an die kindliche Sprache – Wert darauf, mehr Verben und Adjektive aufzunehmen, wenn die einzelnen „Domänen“ wie z. B. *Wohnen, Arbeiten, Schule* nach wichtigem Wortmaterial abgesucht wurden. Außerdem sollten Redemittel zur alltäglichen Erleichterung der Kommunikation in Schule und Unterricht Eingang in den Grundwortschatz finden. Bai benennt die Aufgabe dieser *chunks* folgendermaßen:

> *Sie erfüllen vor allem im DaZ-Anfangsunterricht eine wichtige Kommunikationsfunktion und erleichtern die Verständigung im Alltag. Sie ermöglichen den Kindern, Grundbedürfnisse und Verstehensschwierigkeiten auszudrücken.* (*Bai et al. 2005, 6*)

Die Lernerautonomie und Selbststeuerung des Lernprozesses liegt damit auf der Hand. Der erstellte Grundwortschatz wurde nicht nach Klassenstufen eingeteilt, um den Lehrern entsprechend ihrer Unterrichtsform und der gewählten Vertiefungsthemen so viel Freiheit wie möglich zu lassen, erklären die Verfasser in ihrem Vorwort (Bai et al. 2005, 5). Zudem wurde Wert darauf gelegt, dass die Liste keinesfalls zum Zweck der Überprüfung von

Schülerleistungen herangezogen werden sollte, sondern als Katalog möglicher Lexeme eines Grundwortschatzes dienen könnte.

**Sprachlogische Kompetenz fördern**

Die vierspaltige Aufteilung des Züricher Grundwortschatzes erscheint sinnvoll. Die alphabetische Ordnung der Lexeme gebietet eine vorangestellte Spalte mit Genusmarkierung, in der zweiten Spalte wird die Pluralbildung oder aber bei Adjektiven auch die Antonymbildung mit *un-* oder das Verb in Grundform angegeben. In der folgenden Spalte werden die semantische Einbettung, der Gebrauch in Redewendungen usw. in kindgerechten Beispielsätzen aufgelistet. Die letzte Spalte haben die Herausgeber für eigene Erklärungen frei gelassen. Diese Spalte ist wichtig, da hier die Schüler aktiviert werden, das neue Wortschatzmaterial mit bisherigem Wissen zu vernetzen. Dazu können Eselsbrücken, Zeichnungen, persönliche Verknüpfungen oder die Übersetzung in die Erstsprache dienen. Die Anleitung zum konkreten Sprachvergleich muss nicht bedeuten, dass die Lehrer die Erstsprachen der Kinder beherrschen müssen. Allerdings sollten in der Schulbibliothek Wörterbücher, Anlauttabellen und Sprachlehrmittel in der Erstsprache vorhanden sein. Dadurch wird den Schülern die Notwendigkeit von und Neugierde auf kontrastive Analyse vermittelt und der Einsatz entsprechender Instrumente gezeigt, gefördert und eingeübt.

*Fach- und Deutschlehrer erstellen gemeinsam den Grundwortschatz.*

In Anlehnung an „Dingsda“ soll als Auswahlkriterium die Sprache gelten, die das Kind im Unterricht der Grundschule braucht: eine Mischung aus Unterrichts-, Bildungs-, Alltags- und Fachsprache. Sei es beim Lösen von Textaufgaben im Fach Mathematik, in der schriftlichen Darstellung eines Versuchs im Sachunterricht oder in der Bildbeschreibung im Fach Kunst: Überall wird rechtschriftliches Können gefordert. Die Lehrer der verschiedenen Fächer sollten das Fachvokabular, in die vorgegebenen Listen einbringen können und damit die Wörter der Unterrichtssprache, die auf der CD-ROM vorliegt, pragmatisch ergänzen. Der Lehrer für Textilarbeit/Werken: *Maschen anschlagen* und *raspeln*, der Sportlehrer: *Kasten* und *Startsprung*.

Um die Wörterliste zu einem Arbeitsmittel für die Hand des Schülers werden zu lassen, müssen auch die Pluralformen (wie in einem Wörterbuch) vermerkt sein. Nach Bai et al. wird die rechtschriftliche Absicherung eines neuen Wortes erst an fünfter Stelle des Erwerbs im Speichern neuen Wortmaterials genannt. Davor sollten Aussprache, semantische Variationen, Sprachregister (*blöd* zur Bezeichnung des Mitschülers oder gegenüber dem Lehrer) und der Anwendungsbereich (*fett*: Computersprache – Bezeichnung des Banknachbarn) geklärt sein. Neben der korrekten Schreibweise eines Lexems führen die Autoren noch dessen grammatisches Geschlecht auf. Dies geschieht in einer vorangestellten ersten Spalte, um die Lexeme alphabetisch ordnen zu können (ebd., 7).

*Sprachlogische Kompetenz fördern*

Mithilfe des fächerorientierten Grundwortschatzes soll versucht werden, die „sprachlogische Kompetenz" bei Schülern zu fördern (NODARI/STEINMANN 2008, 22). Gemeint ist die „[...] Fähigkeit, kohärent und nachvollziehbar über komplexe Sachverhalte zu sprechen, komplexe Texte zu lesen und zu verstehen, Texte kohärent und nachvollziehbar zu schreiben, komplexe Sachverhalte und Vorgänge zu verstehen usw." (NODARI/STEINMANN 2008, 22). Dieser Ansatz wird von FEILKE (2012) weiter ausgeführt. Bildungssprachliche Elemente, die die inhaltlichen Aspekte des „Explizierens" und „Verdichtens" (FEILKE 2012, 8) aufnehmen sowie die Möglichkeit für den Nicht-Muttersprachler schaffen, Sachverhalte „als unabhängig von persönlichen, zeitlichen und lokalen Situationsbezügen" (FEILKE 2012, 9) darzustellen, müssen hier beachtet werden. Ganz abgesehen vom Beziehungsaspekt des Diskutierens, wobei der Sprecher „Behauptungen als hypothetisch, vorläufig und diskussionswürdig" (FEILKE 2012, 9) markiert und damit erst an einem fachlichen Meinungsaustausch teilhaben kann.

Diese von NODARI und STEINMANN angesprochene „sprachlogische Kompetenz" kann nur über rechtschriftliche Sicherheit ausgebaut werden. Dabei wird den Lernern die wichtige Rolle sprachlicher Mittel bei schriftlichen Texten, die aus dem Kontext enthoben sind, deutlich. Verweisende Wörter, die den Gesprächskontext klären, werden in ihrer Schlüsselstellung im Satz erkannt. Auch diese Wörter gehören in ihrer Verwendung mit in den fächerorientierten Grundwortschatz, um die sprachlogische Kompetenz aufzubauen. Ist diese schon in der Erstsprache erworben, kann sie häufig leicht in die Zweitsprache übertragen werden (NODARI/STEINMANN 2008, 23).

Einsprachige Schüler entwickeln diese vom Kindergarten ab mehr oder weniger gut – oft in Abhängigkeit von Sprachförderung und Sprachbewusstheit im Elternhaus. Die Konzentration und der Fokus des Lernens der Schüler mit Migrationshintergrund liegt zunächst auf anderen Bereichen: Wortschatzarbeit und Memorierung grammatischer Inhalte. Eine fehlende Förderung der rechtschriftlichen Sicherheit führt notwendigerweise zur verzögerten Ausbildung der sprachlogischen Kompetenz. Diese Retardierung schlägt sich in Schwierigkeiten der Schüler nieder, einfache Sachverhalte sachlogisch und fachlich korrekt wiederzugeben.

# 4 Sprache untersuchen/ Grammatikunterricht

## 4.1 Sprache funktional und pragmatisch betrachten

*Julia Knopf*

### 4.1.1 Grammatikunterricht in der Grundschule

Der Kompetenzbereich *Sprache und Sprachgebrauch untersuchen* zählt zu den eher ungeliebten Gegenstandsfeldern des Deutschunterrichts. Dass das kein subjektiver Eindruck ist, belegen viele Studien. Diese stellen im Ergebnis ein mangelhaftes grammatisches Wissen und negative Einstellungen zum Grammatikunterricht fest (vgl. z. B. BREMERICH-VOS 1999; SCHULZE 2011). Wenngleich diese Ergebnisse aufschrecken und Gegenstand vieler Diskussionen sind, scheint man sich mittlerweile an sie gewöhnt zu haben, sie fast zu erwarten. Auch die Ursachen glaubt man zu kennen: Schüler beschweren sich über den Grammatikunterricht, Studierende und Lehrende über die universitäre Ausbildung, Universitätsdozierende über das fehlende grammatische Wissen der Studierenden.

Diesen Teufelskreis zu durchbrechen ist nicht leicht, vor allem weil trotz der Studien viele Fragen weiter offen sind: So ist u. a. unklar, nach welchen didaktischen Konzepten schulischer Grammatikunterricht ausgerichtet ist oder wie sich Leistungsvergleichsarbeiten wie VERA auf die Durchführung des Unterrichts auswirken. Die Ermittlung mangelnden Wissens und negativer Einstellungen reicht für eine Problemfeldanalyse nicht aus.

*Stellenwert des Grammatikunterrichts in der Schule*

Es erstaunt, dass trotz dieser Ergebnisse Schüler, Studierende und Lehrende an der Notwendigkeit schulischen Grammatikunterrichts festhalten. Dies haben schon IVO und NEULAND in ihrer oft zitierten Studie zum grammatischen Wissen festgestellt:

> *Die Befragten wissen wenig von der Grammatik ihrer Muttersprache, mögen sie nicht sonderlich und erinnern sich nicht gern an ihren Grammatikunterricht, halten aber daran fest, daß Grammatikunterricht sein muß.*
> (IVO/NEULAND 1991, 437)

Dieser Zusammenhang fasziniert, gibt es doch in kaum einem anderen Bereich eine so deutliche Diskrepanz zwischen negativen Einstellungen und mangelndem Wissen auf der einen Seite und hoher Wertschätzung des Gegenstands auf der anderen. Das muss als Chance begriffen werden.

### 4.1.2 Bildungsstandards und Kompetenzmodelle im Bereich „Sprache untersuchen"

Schon in den Vorbemerkungen zu den Bildungsstandards für den Primarbereich wird dem Sprachhandeln eine besondere Bedeutung innerhalb des Deutschunterrichts zugesprochen. Dort heißt es: „Das sinnvolle sprachliche Handeln der Schüler und der sorgfältige und angemessene Umgang mit Sprache stehen im Mittelpunkt." (Bildungsstandards 2004, 8). Die Schüler sollen ihre individuelle Sprachhandlungskompetenz in den folgenden Kompetenzbereichen erweitern: Sprechen und Zuhören, Schreiben, Lesen und Umgehen mit Texten und Medien sowie Untersuchen von Sprache und Sprachgebrauch (vgl. ebd., 7).

*Sprache und Sprachgebrauch untersuchen in den Bildungsstandards*

Basierend auf diesen lernbereichsübergreifenden Forderungen werden für den Kompetenzbereich *Sprache und Sprachgebrauch untersuchen* verschiedene Kompetenzen formuliert (vgl. Bildungsstandards 2004, 13 f.).

| Teilkompetenz | Erläuterung |
|---|---|
| **Sprachliche Verständigung untersuchen** | Beziehung zwischen Absicht, sprachlichen Merkmalen und Wirkungen untersuchen<br>Unterschiede von gesprochener und geschriebener Sprache kennen<br>Rollen von Sprecher/Schreiber – Hörer/Leser untersuchen und nutzen<br>Über Verstehens- und Verständigungsprobleme sprechen |
| **An Wörtern, Sätzen, Texten arbeiten** | Wörter strukturieren und Möglichkeiten der Wortbildung kennen<br>Wörter sammeln und ordnen<br>Sprachliche Operationen nutzen: umstellen, ersetzen, ergänzen, weglassen<br>Die Textproduktion und das Textverständnis durch die Anwendung von sprachlichen Operationen unterstützen<br>Mit Sprache experimentell und spielerisch umgehen |
| **Gemeinsamkeiten/ Unterschiede von Sprachen entdecken** | Deutsch – Fremdsprache, Dialekt – Standardsprache, Deutsch – Muttersprachen der Kinder mit Migrationshintergrund, Deutsch – Nachbarsprachen<br>Gebräuchliche Fremdwörter untersuchen |
| **Grundlegende sprachliche Strukturen und Begriffe kennen und verwenden** | Wortebene: Laute, Buchstaben, Silben, Wortfamilie, Wortstamm, Wortbaustein, Wortfeld, Wortarten<br>Satzebene: Satzzeichen, Satzarten, wörtliche Rede, Subjekt, Prädikat/ Satzkern, Ergänzungen, Zeitstufen |

*Grammatisches Wissen, grammatisches Können, Reflexion über Sprache*

Die Auflistung zeigt, dass in der Grundschule nicht mehr nur der Erwerb grundlegender sprachlicher Strukturen und Begriffe (und damit grammatisches Wissen) im Blick ist. Auch das Sprachgefühl und ein bewusster Umgang mit Sprache sollen gefördert werden (vgl. Bildungsstandards 2004, 9). Zwar geht es immer noch um die Vermittlung grammatischen *Wissens*, aber eben auch um den Aufbau sprachlichen *Könnens* und die Vermittlung einer Fähigkeit zur *Reflexion über Sprache* (vgl. PEYER 2005, 74).

Im Unterschied zu anderen Gegenstandsfeldern des Deutschunterrichts liegen im Bereich *Sprache und Sprachgebrauch untersuchen* bislang nur wenige Versuche vor, die zu erwerbenden Kompetenzen als Modell abzubilden. Ein Modell wurde im Rahmen der DESI-Studie („Deutsch Englisch Schülerleistungen International") entwickelt. Es definiert verschiedene Grade von Sprachbewusstheit: Das zunächst unbewusste sprachliche Können (Stufe eins) wird um eine noch implizit bleibende Aufmerksamkeit für sprachliche Phänomene erweitert (Stufe zwei). Dieses sogenannte Mentoring begleitet von nun an das Sprachhandeln. Auf dem höchsten Niveau, der dritten Stufe, verfügen die Schüler dann über eine explizite Sprachbewusstheit und können mit grammatischen Begrifflichkeiten in funktionaler Verwendung handeln (vgl. EICHLER 2010, 124 ff.).

In dem folgenden Strukturmodell unterscheiden die Autoren drei Reflexionsweisen über Sprache: Sprache als System, Sprache im Gebrauch sowie Sprache und Sprachgebrauch unter weiteren Aspekten. Diesen können unterschiedliche Reflexionen zugeordnet werden (vgl. BUDDE et al. 2011, 133):

| | |
|---|---|
| **Sprache als System reflektieren** | **Strukturbezogene *(grammatische)* Reflexionen** |
| | Auf Wortebene: Wortarten und Flexion, Wortbildung<br>Auf Satzebene: Satzglieder und Attribute, Satzarten, komplexe Sätze<br>Auf Textebene: Textkohäsion |
| | **Bedeutungsbezogene *(semantische)* Reflexionen** |
| | Bedeutungsbeziehungen zwischen sprachlichen Ausdrücken (z. B. Wortfelder, Gegensätze)<br>Mehrdeutigkeit, idiomatische Wendungen u. a.m. |
| **Sprache im Gebrauch reflektieren** | **Handlungsbezogene *(pragmatische)* Reflexionen** |
| | Sprachgebrauch in Rede und Gespräch<br>Sprachgebrauch in Texten |
| **Sprache und Sprachgebrauch unter weiteren Aspekten reflektieren** | **Sonstige Reflexionen** |
| | z. B. historisch-diachrone, varietätenbezogene, philosophische Reflexionen |

Um die in den Bildungsstandards und Kompetenzmodellen geforderten Fähigkeiten bei den Schülern auszubilden, stehen den Lehrenden für den Unterricht verschiedene grammatikdidaktische Konzepte zur Verfügung. Die für die Grundschule relevanten Konzepte werden im Folgenden kurz vorgestellt und dahingehend diskutiert, inwieweit sie mit den Forderungen der Bildungsstandards in Einklang zu bringen sind.

### 4.1.3 Grammatikdidaktische Konzepte

**Traditioneller Grammatikunterricht**

Zum traditionellen Grammatikunterricht sollen im weiteren Verlauf das formale und das systematische Vorgehen gezählt werden. Der *formale* Grammatikunterricht in der Tradition BECKERS basiert auf Überlegungen der Lateingrammatik und impliziert einen von der Lehrkraft gesteuerten, deduktiven Unterrichtsstil (vgl. BECKER 1833). Verschiedene Phänomene der Satz-, Wort- und Formenlehre werden innerhalb eines bestimmten Zeitraums progressiv, vom Einfachen zum Komplexen, vermittelt. Ein solcher Unterricht ist dadurch gekennzeichnet, dass Lehrende etwas vorschreiben oder vorsprechen und Schülern lediglich die Aufgabe zukommt, das Vorgegebene nachzuschreiben oder nachzusprechen (vgl. u. a. BREDEL 2007, 227 f.).

*Formaler Grammatikunterricht*

Nach der linguistischen Wende gewinnt der *systematische* Grammatikunterricht an Bedeutung. Dessen Ziel ist die Einsicht in den Bau und in die Struktur der deutschen Sprache. Auch hier werden grammatische Phänomene der Wortarten- und Satzgliedlehre in einer bestimmten Abfolge von Schritten durch die Lehrkraft vermittelt. Wortgruppen, Texte und vor allem das sprachliche Handeln spielen jedoch kaum eine Rolle (vgl. u. a. KLOTZ 1996). Allerdings ist die Vorgehensweise – im Unterschied zum formalen Grammatikunterricht – nicht mehr rein deduktiv. Auch induktive Anteile kommen vor. Vorgeworfen wird dem systematischen Unterricht dennoch, dass vorwiegend klassische Übungsaufgaben eingesetzt und – ähnlich dem formalen Vorgehen – kaum Verbindungen zu anderen Lernbereichen hergestellt werden. Das in den Bildungsstandards geforderte sprachliche Können und die Reflexion über Sprache werden im traditionellen Grammatikunterricht vernachlässigt.

*Systematischer Grammatikunterricht*

Führt man sich vor Augen, dass traditioneller Grammatikunterricht grammatische Phänomene isoliert und weitgehend unabhängig von Sprachhandlungen betrachtet, verwundert es nicht, wenn es Schülern in Sprech-, Lese- und Schreibsituationen schwerfällt, auf das Gelernte zurückzugreifen. Die eher künstlichen Situationen des traditionellen Grammatikunterrichts unterscheiden sich einfach zu sehr von konkreten Sprachhandlungssituationen. Vielleicht ist auch deshalb der empirische Nachweis positiver Auswirkungen des Grammatikunterrichts auf das Lesen und Schreiben bislang nur in Ansätzen gelungen (vgl. zum aktuellen Forschungsstand ABRAHAM 2010).

*Kritik am traditionellen Grammatikunterricht*

Trotz aller Kritik und negativer Ergebnisse scheint sich der traditionelle Grammatikunterricht großer Beliebtheit zu erfreuen. Dies überrascht nur zum Teil. Gegenüber anderen Konzepten hat er zwei entscheidende Vorteile: Zum einen ist er für Lehrer leicht plan- und durchführbar, zum anderen gibt es eine Vielzahl an Materialien, die zur Verfügung stehen.

**Situationsorientierter Grammatikunterricht**

Situationsorientierter Grammatikunterricht wurde Ende der 1970er Jahre als Folge der pragmatischen Wende von Boettcher und Sitta entwickelt und basiert auf einer anderen sprachtheoretischen Fundierung als der traditionelle Grammatikunterricht. Sprache wird nicht mehr nur als ein System von Zeichen und ihren Verknüpfungsregeln gesehen, sondern als Kommunikationsmittel (vgl. Böttcher/Sitta 1978, 43). Grammatikunterricht solle sich demzufolge mehr an der Lebenswelt der Schüler und „ihren kommunikativen Erfahrungen und Bedürfnissen" (Boueke 1987, 73) orientieren.

*Grammatikträchtige Situationen*

Situationsorientiertem Unterricht liegen sogenannte grammatikträchtige Situationen zugrunde, die die Lernenden in der Realität zu bewältigen haben, z. B. auftretende Kommunikationsschwierigkeiten mit Kindern nichtdeutscher Herkunft oder Verständnisprobleme aufgrund eines anderen Dialekts. Sobald derartige Situationen in der Schule auftauchen, solle die Lehrkraft diese thematisieren. Schwierig für Lehrende ist es, grammatikträchtige Situationen zu erkennen und unmittelbar darauf zu reagieren, denn ein solcher Unterricht ist nicht planbar. Dies ist auch häufig zum Gegenstand der Kritik geworden. Zudem macht die Abhängigkeit von Situationen eine Verbindung mit einem kompetenzorientierten Unterricht schier unmöglich, eine Systematisierung des Schülerwissens erfolgt nicht. Grammatikunterricht wird damit zum „Gelegenheitsunterricht" (vgl. u. a. Bredel 2007). Auch der Begriff der Situation ist eher vorsichtig zu gebrauchen (vgl. Gornik 2006). Die einzelnen grammatikträchtigen Situationen mögen für den einen Schüler vielleicht individuell bedeutsam sein. Für einen anderen Schüler werden sie aber unter Umständen gar nicht als solche aufgefasst (vgl. Boueke 1987).

*Kritik am situationsorientierten Grammatikunterricht*

Situationsorientierter Grammatikunterricht ist damit induktiv und verfolgt weniger das Ziel, deklaratives Wissen zu vermitteln. Wichtiger ist der Erwerb prozeduralen Wissens. Einig ist man sich gegenwärtig darin, dass das Konzept in seiner Reinform nicht umsetzbar ist. Sinnvoll scheint jedoch der Vorschlag, Situationsorientierung nicht als didaktisches Konzept, sondern als Unterrichtsprinzip anzusehen (vgl. Eichler 2001, 259), das den von den Bildungsstandards geforderten Aufbau sprachlichen Könnens und die Entwicklung einer Fähigkeit zur Reflexion über Sprache unterstützen kann.

### Integrativer Grammatikunterricht

Die didaktische Kritik am traditionellen Vorgehen führte auch zur Entwicklung eines integrativen Grammatikunterrichts. Dieser entstand in den 1980er Jahren parallel zum situativen Grammatikunterricht und war ebenfalls kommunikativ ausgerichtet. Insgesamt lassen sich zwei verschiedene Richtungen als „integrativ" bezeichnen: Ein „Grammatikunterricht, der die Ideen der linguistischen Pragmatik in den Unterricht hereinholt. Sprache wird hier nicht länger lediglich als Mittel der Kommunikation gesehen, sondern genauer als Grundlage des Handelns betrachtet." (GORNIK 2006, 821). Diese Richtung ist heute allerdings weniger im Blick, wenn man von integrativem Grammatikunterricht spricht. Meist wird darunter ein lernbereichsübergreifender Unterricht verstanden (vgl. GORNIK 2006, 822). Integration im Unterricht bezieht sich dabei sowohl auf die Auswahl und die Kombination einzelner Inhalte als auch auf die Verbindung unterschiedlicher Lernbereiche. Ein solcher Unterricht knüpft an den sprachlichen Erfahrungen der Schüler an, begründet die grammatische Reflexion aus der Situation heraus und bindet sie am Ende wieder an diese Situation zurück.

*„Integration" im Unterricht*

Theoretisch erscheint dieses Vorgehen vielversprechend; allerdings wird das Konzept in der Praxis häufig nur in reduzierter Form umgesetzt. So zeigt sich bspw. bei der Verbindung von Grammatik und Literatur, dass literarische Texte oft nur als Einstiegsmotivation genutzt werden. Die Auseinandersetzung mit dem grammatischen Phänomen erfolgt dann kaum aus der Situation heraus, sondern eher traditionell. Eine Rückbindung an den literarischen Text findet nicht mehr statt. In anderen Fällen dominiert die inhaltliche Auseinandersetzung mit dem literarischen Text und die Reflexion über das grammatische Phänomen kommt im Unterricht zu kurz. Die verkürzte Umsetzung des Konzepts wird ebenso kritisiert wie die fehlende sprachtheoretische Fundierung und die kaum vollzogene curriculare Anbindung. All dies macht es schwierig, die von den Bildungsstandards formulierten Kompetenzen zu erreichen. Zudem mangelt es an Materialien.

*Kritik am integrativen Grammatikunterricht*

### Funktionaler Grammatikunterricht

Im funktionalen Grammatikunterricht steht nicht die formale Systematik, sondern die kommunikative Leistung grammatischer Phänomene im Mittelpunkt (vgl. z. B. KÖLLER 1997). Leitend ist die Überlegung, dass Sprache „bis hinein in den Aufbau und die Formgestalt durch ihre kommunikativen Zwecke bestimmt ist" (HOFFMANN 1991, 19). Alle im Unterricht behandelten grammatischen Phänomene können dem Konzept zufolge funktional erklärt werden. Als Unterrichtsgegenstand eignen sich solche Situationen, in denen die Funktion grammatischer Phänomene deutlich wird, z. B. eine

*Kommunikative Leistung grammatischer Phänomene*

Werbeanzeige, in der sich die Funktion von Adjektiven erschließen lässt. Die Analyse des jeweiligen Phänomens wird also unmittelbar mit deren Verwendung in einer konkreten Situation verknüpft.

Damit Schüler die Funktion grammatischer Phänomene erfassen, fordert KÖLLER eine konsequente Einbettung des Grammatikunterrichts in den allgemeinen Deutschunterricht (vgl. KÖLLER 1997). Die Schüler sollen daher mit verschiedenen Äußerungssituationen und Textsorten arbeiten. Grammatische Phänomene sind dann auch nützlich für das Schreiben und Formulieren oder für die Analyse literarischer Texte.

*Kritik am funktionalen Grammatikunterricht*

INGENDAHL kritisiert am funktionalen Vorgehen, dass einerseits „jede sprachliche Form viele Funktionen hat" (INGENDAHL 1999, 12) und – auf der anderen Seite – auch nicht alle grammatischen Phänomene funktional erfassbar seien. KÖLLER schlägt daher selbst vor, alle Phänomene, die nicht funktional erarbeitet werden können, über eher traditionelle Übungsformate zu festigen (vgl. KÖLLER 1987). Grundsätzlich jedoch werden die Überlegungen eines funktionalen Grammatikunterrichts gewürdigt, scheint dieses Konzept noch am ehesten die Forderungen der Kompetenzstandards aufzugreifen. Ob das Konzept allerdings in der Praxis zum Einsatz kommt, kann nicht beantwortet werden. Man darf es aber zumindest anzweifeln, da viele Unterrichtsmaterialien weiterhin eher traditionell ausgerichtet sind.

### 4.1.4 Perspektiven für den Grammatikunterricht

Die Ausführungen der letzten Abschnitte haben gezeigt, dass Grammatikunterricht in der Primarstufe nicht mehr auf die reine Vermittlung von Strukturen und Begriffen beschränkt werden darf; auch der Aufbau sprachlichen Könnens und die Entwicklung einer Reflexionskompetenz über Sprache müssen im Blick sein. Ein rein traditionell ausgerichteter Grammatikunterricht wird diesen Anforderungen ebenso wenig gerecht wie bspw. ein rein situationsorientierter. Während in der Grammatikdidaktik gegenwärtig ein funktionales Vorgehen favorisiert wird, ist die Umsetzung im Grammatikunterricht mit Schwierigkeiten verbunden. Neben den bereits genannten Schwierigkeiten kann nicht gesagt werden, ob sich ein funktionaler Grammatikunterricht positiv auf das Lesen und Schreiben auswirkt: „Es hilft Schreibern wenig, wenn sie irgendwann einmal die funktionalen Möglichkeiten einer bestimmten grammatischen Kategorie kennen gelernt haben. Während des Schreibprozesses steht dieses deklarative Wissen kaum zur Verfügung, da es schlecht mit der anstehenden prozeduralen Aufgabe verknüpft werden kann." (STEINIG/HUNEKE 2007, 164).

Vor diesem Hintergrund soll perspektivisch die von GORNIK als „vernachlässigt" bezeichnete Variante des integrativen Grammatikunterrichts noch einmal aufgegriffen werden (vgl. den Abschnitt „Integrativer Grammatikunterricht", S. 133). In diesem Konzept geht es um eine handlungsbezogene bzw. pragmatische Sichtweise von Sprache, die bereits vor einigen Jahren diskutiert wurde. Aktuell finden sich Forderungen nach einer intensiveren Beschäftigung mit dem sprachlichen Handeln auch bei KLOTZ oder FEILKE (vgl. KLOTZ 2010; FEILKE 2003). Diesen und anderen Autoren geht es darum,

*Didaktik des sprachlichen Handelns*

> *[...] einen Sprachunterricht [...] zu verwirklichen, dessen grammatikbezogener Teil einen Zusammenhang herstellt zwischen beiden Aufgaben: der Förderung der kommunikativen Fähigkeiten der Schüler und der Fähigkeiten zur expliziten grammatischen Analyse.* (VOIGT 2001, 25)

Für die Grundschule skizziert BARTNITZKY eine Didaktik des sprachlichen Handelns, der er die Aufgabe zuweist, sprachliche Möglichkeiten der Kinder zu aktivieren, weiterzuentwickeln und Sprachkompetenz aufzubauen (vgl. KNAPP in diesem Band, S. 137). Er regt an, sich in diesem Zusammenhang von der klassischen Segmentierung der Sprachdidaktik in Schreiben, Sprechen, Orthographie und Grammatik zu lösen und über einen sogenannten Sprachunterricht nachzudenken (vgl. BARTNITZKY 2010 und auch seinen Beitrag in diesem Band, S. 146). In einem handlungsorientierten Konzept bildet der Sprachgebrauch der Schüler den Ausgangspunkt. Leitend ist dabei die Überlegung, dass für sämtliche sprachlichen Handlungen sprachliche Entscheidungen zu treffen sind. Für solche Entscheidungen müssen Schüler jedoch erst sensibilisiert werden.

Ein Beispiel soll dies verdeutlichen: Will ein Schüler bspw. in die Nachmittagsvorstellung ins Kino gehen und benötigt dazu die Zustimmung der Eltern, so könnte man dieses Szenario als Sprachhandlungssituation rekonstruieren. Die Handlungsabsicht (Schüler möchte ins Kino) muss zunächst sprachlich geäußert werden. Da nicht per se von der Zustimmung der Eltern auszugehen ist, gilt es verschiedene Sprachhandlungen zu bewältigen. So könnte der Schüler z. B. die Umstände des Kinobesuchs (Uhrzeit, Art des Films) *nennen*, vom letzten Besuch mit den Freunden *erzählen*, Vor- und Nachteile *erörtern*, diese seinen Freunden *berichten* usw. Jede dieser Sprachhandlungen setzt sprachliche Entscheidungen voraus. An der Erörterung der Vor- und Nachteile des Kinobesuchs lassen sich nicht nur Spezifika der Textsorte „Argumentieren", sondern auch unterschiedliche grammatische Phänomene wie Adverbialsätze, Konjunktionen, Präpositionen u. v. m.

funktional erarbeiten. Die Schüler können ihre Erfahrungen austauschen, Möglichkeiten ausprobieren usw. Sie lernen sprachliche Alternativen kennen und üben diese in funktionalen Verwendungszusammenhängen ein.

*Bewusstmachen sprachlicher Vielfalt*

Wenngleich die Forschung hier „wiederbelebt" werden muss und es der verstärkten Entwicklung entsprechender Konzepte bedarf, gibt es bereits vereinzelt Anregungen für den Unterricht. Allen ist gemeinsam, dass es ihnen nicht nur um eine reine Input-Output-Orientierung geht, sondern um das Bewusstmachen sprachlicher Vielfalt. Sie ermöglichen vielfältige Spracherfahrungen – produktiver und rezeptiver Art – und schaffen Anlässe für ein vertieftes Nachdenken über Sprache und Sprachgebrauch.

*Unterrichtsbeispiele*

Viele Möglichkeiten für den Unterricht ergeben sich zunächst aus – absichtlichen oder versehentlichen – Abweichungen vom herkömmlichen Sprachgebrauch. Ob das fehlerhafte Hinweisschild in der Stadt, die sprachlichen Auffälligkeiten in Kurznachrichten oder Facebook-Posts, die Werbeanzeige in der Zeitung oder der Comic. All dies kann zum Unterrichtsgegenstand werden und die Kinder zum Nachdenken über Sprache anregen. Ähnlich verschiedene Sprachspiele, die es mittlerweile hinreichend auch für die Primarstufe gibt (vgl. z. B. Belke 2011). Die Eignung literarischer Texte für den Grammatikunterricht wurde bereits erwähnt, hingewiesen – weil noch weniger in der Praxis bekannt – sei auf dadaistische Gedichte wie z. B. „Die Karawane" von Hugo Ball (vgl. Ball 1917). Da sich diese Texte einer inhaltlichen Deutung verweigern, kann man sich ihnen nur über formale und sprachliche Auffälligkeiten nähern. Bei Ball wird der Schüler damit belohnt, dass durch den Höreindruck des Gedichts die Karawane immer deutlicher vor dem inneren Auge erscheint (vgl. Knopf 2011).

Auf zwei Werke sei noch einmal ausführlicher verwiesen. *Der Sprachabschneider* von Hans Joachim Schädlich scheint besonders für einen sprachhandlungsorientierten Unterricht geeignet. In diesem Werk trifft der Schüler Paul einen Mann namens Vielolog, der ihm verspricht, eine Woche lang die Hausaufgaben zu machen. Bedingung ist aber, dass Paul ihm alle Präpositionen und bestimmten Artikel überlässt. Paul willigt ein. Die Auswirkungen auf Schreiben und Sprechen merkt Paul beinahe zu spät.

Noch deutlicher wird die Bedeutung grammatischer Phänomene in dem Buch *Die Grammatik ist ein sanftes Lied* von Erik Orsenna. Darin geht es um zwei schiffbrüchige Kinder, die ihre Sprache auf einer einsamen Insel wieder erwerben müssen. Es gibt dort eine Stadt, in der Wörter leben, Läden, in denen es Wörter zu kaufen gibt, und nicht zu vergessen das Krankenhaus der Wörter. So wird zum Nachdenken über Sprache angeregt.

In all diesen Beispielen erwerben die Schüler nicht nur grammatisches Wissen, sondern entwickeln auch sprachliches Können und die Fähigkeit zur Reflexion über Sprache. Darüber hinaus fördert ein so verstandener Grammatikunterricht die Freude an Sprache, die im Vergleich zu anderen Gegenstandsfeldern im Grammatikunterricht bislang noch eine untergeordnete Rolle spielt.

## 4.2 Sprachförderung auf der Primarstufe

*Werner Knapp*

### 4.2.1 Sprachförderung

Sprachförderung könnte man in einem umfassenden Sinne verstehen als die Förderung sprachlicher Kompetenzen aller Kinder. Damit gehörten zur Sprachförderung sämtliche Maßnahmen, mit denen sprachliche Kompetenzen gefördert werden. Dafür wird im deutschsprachigen Raum aber üblicherweise der Terminus „Sprachunterricht" oder in einem umfassenderen Sinn „Deutschunterricht" verwendet.

Davon zu unterscheiden ist „Sprachförderung" bezogen auf Kinder mit einem besonderen Förderbedarf, was bedeutet, dass die Sprachförderung über die allgemeinen unterrichtlichen Maßnahmen für alle Kinder hinausgeht. Zielgruppe sind insbesondere Kinder mit Deutsch als Zweitsprache und Kinder aus bildungsfernen Familien. Daneben verwendet man den Begriff „Sprachtherapie" für Kinder, die eine Störung der Sprachentwicklung aufweisen (vgl. Knapp 2009, 75 ff.).

Um die Lernvoraussetzungen der Kinder zu bestimmen, können Beobachtungs- und Dokumentationsverfahren, Fragebogen- und Einschätzskalen, standardisierte Tests und informelle Tests eingesetzt werden (vgl. Knapp 2011, 205 ff.). Wenn man beispielsweise die „Diagnostischen Leitfragen" (Knapp 2001) zur Beobachtung einsetzt, kann man mit ihrer Hilfe

- die Sprachbiografie bezüglich der Erst- und Zweitsprache erheben,
- das sprachliche Verhalten im Unterricht beschreiben, wozu eine Bestimmung der Situationen gehört, in denen das Kind eher versteht und spricht als in anderen,
- die Art und Weise, wie das Kind im Unterricht spricht, näher bestimmen
- oder das kommunikative Verhalten gegenüber Mitschülern charakterisieren.

Mit dem sogenannten C-Test (vgl. BAUR/SPETTMANN 2007) kann die Kompetenz eines Kindes global gut eingeschätzt werden. Die Kinder erhalten eine Textvorlage, bei der etwa bei jedem dritten Wort die Endung unvollständig ist. Sie sollen die Endungen vervollständigen. Dazu müssen sie den Text verstehen und Kompetenzen beim Wortschatz, bei der Satzbildung und bei grammatischen Formen aufweisen. Sogar wenn man als Vergleichsmaßstab nur eine kleine Gruppe hat, bekommt man schon Hinweise darauf, welche Kinder sprachliche Fördermaßnahmen benötigen.

### 4.2.2 Sprachliche Anforderungen auf der Primarstufe

Die sprachlichen Anforderungen im Unterricht auf der Primarstufe steigen rasch an. Im ersten Schuljahr dominiert der Schriftspracherwerb den Unterricht. Das bedeutet, dass die Kommunikation zum Teil einfach strukturiert ist, weil sie sich an den Wörtern und Sätzen orientiert, welche die Schüler lesen und schreiben können. Die Gespräche verlaufen oft konkret, bezogen auf Personen, die anwesend sind oder zum familiären Umfeld gehören, oder auf sinnlich wahrnehmbare Gegenstände oder Vorgänge. Die Sprache ist konzeptionell mündlich, was bedeutet, dass Mimik und Gestik eine große Rolle spielen. Verbunden mit einem hohen Grad an Visualisierung der Unterrichtsinhalte führt dies dazu, dass sprachliche Äußerungen gesamthaft verstanden werden können, ohne dass die einzelnen Wörter oder grammatischen Konstruktionen genau beherrscht werden müssen. Dazu trägt bei, dass oft aus der „sprechenden Situation" heraus verstanden werden kann, was gemeint ist. Schriftliche Unterrichtsmaterialien spielen im Anfangsunterricht noch keine große Rolle.

In dieser speziellen Situation fallen Kinder, die komplexere sprachliche Äußerungen unzureichend verstehen beziehungsweise die nur wenig und unzulänglich sprechen, nicht unmittelbar auf. Deshalb bleiben ihre Schwierigkeiten mit der deutschen Sprache oft unbeobachtet oder verdeckt (vgl. KNAPP 1999).

Im Verlauf der zweiten Klassenstufe, spätestens aber in der dritten wird die Unterrichtssprache, also auch die gesprochene Sprache, zunehmend komplex. Es werden immer mehr Fachbegriffe verwendet. Dazu kommt, dass die konzeptionelle Schriftsprache nur dann verstanden werden kann, wenn die Funktionswörter und grammatischen Formen genau beherrscht werden. Es müssen, wie GRAF (1989) es ausdrückt, die „textimmanenten Relationen" verstanden werden. Ansonsten bleiben die Zusammenhänge zwischen den Personen, Gegenständen und Vorgängen unklar, über die gesprochen wird. Wenn aber mehreren Sätzen hintereinander der Sinn nicht genau entnommen wird, fehlt schnell das Verständnis für die ganze Kommunikation. Die Kinder sind zwar im Unterricht physisch anwesend, sie können Unterrichtsinhalte aber nur in geringem Maße oder gar nicht aufnehmen.

In vielen Unterrichtssituationen fehlt die Passung zwischen den Anforderungen, die sich aus dem Unterrichtsdialog ergeben, und den Kompetenzen der Schüler. Manchmal würden wenige erklärende Worte genügen, damit die Kinder verstehen, worum es geht. Im Unterrichtsalltag werden diese Erläuterungen aber oft nicht in ausreichendem Maße gegeben. Dies führt dazu, dass die Kinder im Unterricht nicht mehr genügend dazulernen und ihre Lücken nicht nur in Deutsch, sondern auch in Mathematik und den Sachfächern größer werden. Der Abstand zu den erfolgreichen Schülern droht immer größer zu werden.

Von der Stundenzahl her ist der Unterricht in der Grundschule so umfangreich, dass man annehmen könnte, dass er quasi von selbst wie ein Sprachkurs sprachfördernd wirkt. Dies ist jedoch nicht der Fall, wie man am hohen Anteil von Kindern und Jugendlichen bemerkt, die erhebliche (zweit-)sprachliche Probleme haben, obwohl sie vom ersten Schuljahr an die deutsche Schule besuchten. Auch dies liegt an der fehlenden Passung zwischen dem Niveau der Unterrichtskommunikation und den Kompetenzen der Kinder. Deshalb können sie die reichhaltigen sprachlichen Anregungen nicht aufnehmen, die in der Grundschule gegeben werden.

*Gezielten sprachlichen Input geben*

Maßnahmen zur Sprachförderung sind nötig, weil im Klassenverband zu wenig spezifisch auf die Kinder mit Deutsch als Zweitsprache oder aus bildungsfernen Familien eingegangen werden kann. Ein wichtiges Kriterium für die Sprachförderung stellt deshalb dar, dass der Dialog mit den einzelnen Kindern sehr intensiv ist. Das bedeutet, dass ein für die zu fördernden Kinder gezielter sprachlicher Input gegeben wird, den die Kinder verstehen und aufnehmen können. Darüber hinaus benötigen sie Gelegenheiten, sich sprachlich zu äußern. Im Klassenverband kommen gerade die Kinder, welche sprachlich besonders gefördert werden sollen, oft zu wenig zu Wort. Eine Sprache kann man aber nur dann gut lernen, wenn man sie auch spricht und Rückmeldungen zu den eigenen Äußerungen erhält (vgl. die Modellierungstechniken, die im Abschnitt „Grammatische Strukturen erwerben" beschrieben werden, s. S. 142). Wenn es gelingt, mit den zu fördernden Kindern in einen Dialog zu kommen, werden nicht nur sprachliche Kompetenzen gefördert, sondern es wird auch dazu motiviert, die zu lernende Sprache zu gebrauchen, was sich wiederum positiv auf den Spracherwerb auswirkt.

### 4.2.3 Wortschatzarbeit

Ein wichtiger Bereich der Sprachförderung ist die Erweiterung des Wortschatzes. Eine häufig zu beobachtende Vorgehensweise besteht darin, Gegenstände zu benennen.

Auf diese Weise kann man zwar einen bestimmten Wortschatz vermitteln, die Methode ist dennoch problematisch. Das Kind kann nur eine Antwort geben, wenn es das Wort schon kennt. Insofern handelt es sich um eine unechte Frage. Weiterhin weiß das Kind nicht dadurch, dass es das Wort kennt, auch den richtigen Artikel in der richtigen Flexionsform. Auf diesbezügliche Fehler folgt gelegentlich das „heitere Artikelraten".

Die Benennungsübungen weisen weitere Nachteile auf. Der mit ihnen zu erarbeitende Wortschatz ist von vornherein eingeschränkt. Benennen, oft verbunden mit einer Zeigegeste, kann man in erster Linie Substantive, und zwar Konkreta. Zu einem gewissen Grad kann man einige Verben, Adjektive und Präpositionen bildlich darstellen. Dies ist genau der Wortschatz, der den meisten Kindern auf der Primarstufe die wenigsten Probleme bereitet und der sie am wenigstens auf die konzeptionelle Schriftlichkeit vorbereitet. Verben wie *verarbeiten*, *eintragen*, *erschüttern* oder *begründen*, Funktionswörter wie *sehr*, *vielleicht*, Abstrakta wie *Nachhaltigkeit*, *Zubehör*, *Mobilität*, *Verbraucher* (alles Wörter von der ersten Seite der Tageszeitung, die zufällig neben mir auf dem Tisch liegt) können mit dieser Methode nicht gelernt werden. Ein Wortschatz wie der soeben genannte ist aber typisch für die konzeptionelle Schriftlichkeit. Unterschiede zwischen Wörtern mit ähnlicher Semantik, wie z. B. *oft*, *häufig*, *manchmal*, *gelegentlich*, *in der Regel*, *ab und zu* lassen sich auf diese Weise nicht erarbeiten. Die Schwierigkeiten der Kinder mit Deutsch als Zweitsprache und aus bildungsfernen Familien liegen aber gerade beim Gebrauch der Funktionswörter, die in unterschiedlichen Verwendungszusammenhängen eine jeweils spezifische Bedeutung annehmen. Und sie liegen im Gebrauch von Begriffen mit einer komplexen Semantik wie beispielsweise bei den Wörtern *Freundschaft, Geld, Nahrung.*

Woher kennt man die Bedeutung der Wörter? Noch immer die einfachste Antwort gibt Wittgenstein (1969, § 43): „Die Bedeutung eines Wortes ist sein Gebrauch in der Sprache". So einfach dieser Satz klingt, so weitreichend ist er auch. Ich kann die Bedeutung eines Wortes nicht durch seine Benennung erfahren, sondern nur durch die Verwendung in Sätzen.

Beim Gebrauch von Bildkarten wird die Semantik auf das bildlich Wahrnehmbare reduziert. Es ist beispielsweise eine Birne abgebildet, man sagt aber nicht, welche Merkmale sie hat oder was man mit ihr machen kann. In realen Situationen kommen dagegen Sätze wie die Folgenden vor:

*Wir nehmen Birnen, Äpfel und Bananen für unseren Obstsalat.*
*Oh, diese Birne ist aber saftig.*
*Wir entfernen den Stiel der Birne.*
*Schneide den Kern heraus.*
*Die Birne schneiden wir in kleine Stücke.*
*Die Birne ist ganz faulig, die nehmen wir nicht.*

Die Summe aller Sätze, in denen das Wort Birne vorkommt, ergibt die Bedeutung des Wortes Birne. Für den Förderunterricht heißt das: Der zu erarbeitende Wortschatz sollte häufig in verschiedenen Kontexten vorkommen, aber mit einer hohen Wiederholungshäufigkeit. Ein Thema mit dem dafür relevanten Wortschatz sollte intensiv und ausführlich behandelt werden. Durch diese Wiederholungen eignen sich die Kinder den Wortschatz an – und zwar in verschiedenen Zusammenhängen, was bei den flektierbaren Wörtern dazu führt, dass auch die verschiedenen Flexionsformen kennengelernt werden (vgl. „Grammatische Strukturen erwerben“, s. S. 142).

*Wörter häufig in verschiedenen Kontexten verwenden.*

Im Dialog mit Kindern, die gefördert werden sollen, kommt es darauf an, sie weder zu über- noch zu unterfordern. Die Sprache, hier der Wortschatz, sollte so einfach sein, dass ein Verständnis möglich ist. Andererseits sollte man Allerweltswörter vermeiden und stattdessen eine differenzierte Begrifflichkeit gebrauchen. Das Verständnis kann durch Paraphrasen gesichert werden, indem man den Fachbegriff zusätzlich umschreibt.

Der Fachwortschatz nimmt in der Grundschulzeit schnell zu. Seine Vermittlung und Sicherung kann in drei Schritten unterstützt werden. Besonders günstig ist, wenn im *ersten Schritt* der Fachwortschatz erarbeitet wird. Dies kann im Rahmen eines vorbereitenden Förderunterrichts oder in Differenzierungsphasen im Regelunterricht geschehen. Wenn zentrale Fachbegriffe – und die dazu gehörenden Inhalte – zuvor vermittelt werden, führt dies zu einer besseren Aufnahme des Lernstoffes und zu einer häufigeren Verwendung des Fachwortschatzes. Der *zweite Schritt* ist der Umgang mit dem Fachwortschatz im Unterricht. Man kann einige Fachbegriffe heraussuchen, auf deren Vermittlung besonderen Wert gelegt wird. Diese werden erklärt, visualisiert und häufig in unterschiedlichen Sätzen verwendet. Hilfreich ist, wenn im *dritten Schritt* der Fachwortschatz in den darauf folgenden Tagen/Wochen häufig gebraucht wird. Damit wird nicht nur der Fachwortschatz gefestigt, sondern auch die Semantik der Wörter ausdifferenziert.

### 4.2.4 Grammatische Strukturen erwerben

Bei der Vermittlung grammatischer Strukturen gibt es eine lange Kontroverse zwischen dem formalen und systematischen Prinzip auf der einen Seite und dem situations- beziehungsweise kommunikationsorientierten und funktionalen Prinzip auf der anderen Seite. Beim Erstspracherwerb lernen die Kinder die korrekten grammatischen Formen, ohne dass diesbezüglich formale Übungen durchgeführt werden. An einem bekannten Beispiel des Spracherwerbsforschers BRUNER (1987, 73 f.) sieht man, wie im Dialog grammatische Formen vermittelt werden:

Mutter: Was ist das?
Kind: Aus.
Mutter: Maus, ja. Das ist eine Maus
Kind: Mehr Maus. (zeigt auf ein anderes Bild)
Mutter: Nein, das sind Eichhörnchen. Sie sind wie Mäuse, aber mit langen Schwänzen. Ungefähr.
Kind: Maus, Maus, Maus.
Mutter: Ja, richtig. Das sind Mäuse.
Kind: Mäuse. Mäuse.

Die Mutter korrigiert, beschränkt sich aber nicht darauf. Ihr Verfahren besteht vielmehr darin, dass sie dem Kind die richtige Form präsentiert, indem sie auf die grammatisch vollständige Form expandiert. Wenn Kinder mit Deutsch als Zweitsprache oder Kinder aus bildungsfernen Familien zu wenige grammatische Konstruktionen sicher beherrschen, kann es daran liegen, dass solche Dialoge zu wenig mit ihnen geführt wurden. Was bedeutet das für die Sprachförderung? Man kann im Dialog den Kindern korrekte grammatische Konstruktionen präsentieren. Dazu setzt man vor und nach einer kindlichen Äußerung Modellierungstechniken ein (DANNENBAUER 1999; KNAPP et al. 2010, 100 ff.). Vor der kindlichen Äußerung *präsentiert* man die Zielform, die das Kind lernen soll, also bspw. das Präteritum oder eine bestimmte Satzstellung, besonders häufig. Nach einer u. U. kurzen oder fehlerhaften kindlichen Äußerung kann man mit der *Expansion* diese vervollständigen, mit dem *korrektiven Feedback* die kindliche Äußerung mit berichtigter Zielstruktur wiedergeben oder mit der *Extension* die kindliche Äußerung weiterführen und ausdifferenzieren. Mithilfe der Modellierungstechniken vermeidet man ein formales Vorgehen.

*Korrekte grammatische Konstruktionen im Dialog präsentieren.*

### 4.2.5 Erzählen

Eine wichtige Funktion des Erzählens ist die expressive. Wir erzählen, weil wir etwas loswerden wollen, weil wir ein Erlebnis, das für uns wichtig ist, anderen mitteilen wollen. Im Rahmen der Sprachförderung sollte es Gelegenheiten geben, dass Kinder dann erzählen können, wenn sie erzählen wollen. Die Erzählung ist die erste Textsorte, mit der die Kinder Erfahrungen machen. Anhand der Erzählung lernen sie, einen längeren Text zu gestalten. Wenn Erwachsene einen Erzähltext in einem Umfang von etwa zehn Sätzen hören oder lesen, kommt ihnen der Text einfach vor. Kinder haben aber schon einen jahrelangen Prozess des Erzählerwerbs durchlaufen, bis sie eine Erzählung formulieren können, wie wir sie aus der Grundschule kennen. Zuerst stellen die Kinder zwischen einzelnen Ereignissen, die sie erzählen, keine Verbindung her. Auf diese Phase der *isolierten Ereignisdarstellung* folgt die *lineare Ereignisdarstellung*, in der ein Zusammenhang hergestellt wird, aber noch keine erzähltypische Ausgestaltung zu finden ist. Zu Beginn der Grundschulzeit gelingt den Kindern zunehmend die *strukturierte Ereignisdarstellung*, in der ein Anfangszustand durch die erzählten Ereignisse in einen anderen Endzustand überführt wird. Gegen Ende der Grundschulzeit produziert die Mehrzahl der Kinder eine *narrativ-strukturierte Ereignisdarstellung*, in der eine sprachlich markierte („plötzlich", „auf einmal") Komplikation vorkommt, die bewertet und aufgelöst wird (vgl. Boueke et al. 1995). Ziel der Erzählförderung auf der Primarstufe ist es, über das strukturierte zum narrativ-strukturierten Erzählen zu kommen.

Beim Erzählen handelt es sich um einen Monolog im Dialog. Dem Erzähler gelingt es, potenzielle Fragen des Zuhörers zu antizipieren und implizit in der Erzählung zu beantworten, sonst könnte er keinen Monolog gestalten, sondern würde dauernd unterbrochen. Wenn man Erzählungen kleiner Kinder betrachtet, stellt man fest, dass die erwachsenen „Zuhörer" selbst stark am Zustandekommen der Erzählung beteiligt sind. Sie stellen Fragen, führen die Erzählung weiter, gestalten sie aus. Mit diesem *scaffolding* unterstützen sie die Kinder. Eine ähnliche Rolle können die Lehrperson oder Mitschüler im Förderunterricht auch spielen.

Wenn die Sprachförderung in der Kleingruppe geschieht, bietet es sich an, gemeinsam Geschichten zu entwickeln und sie auch gemeinsam aufzuschreiben. Ausgangspunkte können eigene Erlebnisse, Bildimpulse oder Reizwörter (die nur zur Anregung dienen sollen ohne Verpflichtung, sie in den Text einzubauen) sein. Man kann dabei den Kindern helfen, den nächsten Erzählschritt zu planen oder angefangene Sätze zu vollenden. Damit präsentiert man ihnen Textmuster, die sie sich aneignen können.

*In der Kleingruppe gemeinsam Geschichten entwickeln.*

Wenn man einen Erzählkreis durchführt, sollte man darauf achten, dass alle Kinder beteiligt sind und die Erzählkompetenz der zu fördernden Kinder erweitert wird. Im Erzählunterricht werden Kindern oft Bildergeschichten präsentiert, um das Erzählen zu erleichtern. Der Vorteil besteht darin, dass eine Entlastung gegeben wird, weil der Strang der Erzählung von den Kindern nicht mehr entwickelt werden muss. Damit geht auch eine Einengung der Möglichkeiten des Kindes einher. Problematisch an der Bildergeschichte ist, dass die Bilder zu Beschreibungen anregen. Wenn man die von Kindern produzierten Bildergeschichten analysiert, so fallen häufig längere Beschreibungssequenzen auf. Dabei wird auf Details eingegangen, die für die Geschichte nicht wichtig sind. Ein weiteres Problem sind die Verknüpfungen, die zwischen den Bildern zu leisten sind, um einen kohärenten Text herzustellen. Manche Bildergeschichten der Kinder sind sprunghaft, weil sie sich auf die Ereignisse konzentrieren, die auf den Bildern zu sehen sind, und die dazwischen liegenden Ereignisse weglassen. Dementsprechend gibt es im Unterricht zu Bildergeschichten Anweisungen, nicht zu viel zu beschreiben und das „Dazwischen" auch darzustellen. Insofern stellt die Bildergeschichte nicht nur eine Entlastung, sondern auch eine Belastung dar. Mündliches und schriftliches Erzählen können sich wechselseitig unterstützen. Man kann die mündliche Erzählung an den Anfang stellen und die Geschichte dann aufschreiben. Man kann aber auch eine Erzählung schreiben und anschließend frei erzählen.

### 4.2.5 Lesen und Vorlesen

Lesen und insbesondere Vorlesen gehören auch in den Förderunterricht. Durch das Vorlesen lernen Kinder interessante Geschichten kennen, was sie zum Umgang mit Büchern und zum eigenen Lesen motiviert. Sie setzen sich mit den Texten und ihren Figuren auseinander. Beim Vorlesen werden literarische Muster, zu denen insbesondere der Textaufbau gehört, genauso vermittelt wie ein Wortschatz, der sich nicht auf „anwesende" Dinge oder Vorgänge beschränkt, wie dies bei vielen Formen der Wortschatzvermittlung sonst geschieht. Insbesondere das dialogische Vorlesen, bei dem Gespräche über den Text geführt werden, hilft beim Aufbau der Schriftsprache. Durch die Art, wie vorgelesen wird, durch Intonation, Gestik und Mimik wird den Kindern das Verständnis des Textes erleichtert. Sie können leicht verstehen, wie der Text gemeint ist.

Die (konzeptionelle) Schriftsprache unterscheidet sich von der Umgangssprache durch bestimmte Makrostrukturen, spezifischen Satzbau und Wortschatz. Die Schriftsprache erfordert außerdem eine Genauigkeit der grammatischen Formen, die in der Umgangssprache so nicht nötig ist, weil Endungen verschliffen werden. Alle Kinder können die Umgangssprache in

Dialogen kennenlernen. Die oben genannten spezifischen Merkmale der Schriftsprache lernt man aber am besten im Umgang mit schriftsprachlichen Mustern. Diese kommen in ausformulierten Texten vor, die Kinder, wenn sie noch nicht lesen können, nur durch Erzählen und insbesondere durch Vorlesen kennen lernen können.

*Durch Vorlesen lernen Kinder Textstrukturen, Satzbau und Wortschatz kennen.*

### 4.2.6 Texte verfassen

Schreiben ist eine komplexe Tätigkeit. Wenn schon Erwachsene, selbst professionelle Schreiber wie Schriftstellter, Angst vor dem leeren Blatt haben oder verschiedene Fluchtmöglichkeiten ergreifen, wenn sie eigentlich schreiben sollten, so gilt das viel mehr für Schreibnovizen wie Kinder. Manche Kinder produzieren „abgebrochene Texte", deren Einleitung und Beginn des Hauptteils gut gelingen, die dann aber abrupt enden, weil die Kinder keine Zeit und Energie mehr haben, um den Text auf dem begonnenen hohen Niveau fertigzustellen.

Bei der Sprachförderung sollte unbedingt die Möglichkeit zur Entlastung beim Schreibprozess genutzt werden. Das bedeutet, dass klar zwischen den drei Phasen *Ideen finden/gliedern*, *Niederschreiben* und *Überarbeiten* differenziert wird. Und das bedeutet auch, dass genügend Zeit zum Schreiben zur Verfügung gestellt wird. Insbesondere das Überarbeiten der Texte ist fruchtbar. Diese Phase ist für die Sprachförderung wertvoll, weil individualisiert mit dem Kind die Bereiche gefördert werden können, die nötig sind. Das gilt für Textstrukturen, für Wortschatz, für Grammatik und für Orthographie.

*Genügend Zeit zum Überarbeiten der Texte geben.*

### 4.2.7 Organisation der Sprachförderung

Abschließend sollen noch einige Hinweise zur Organisation der Sprachförderung gegeben werden. In Schulen kann man immer wieder beobachten, dass in der Sprachförderung Unterrichtsinhalte vertieft werden, nachdem sie im Klassenverband behandelt wurden. An diesem Verfahren ist problematisch, dass manche Kinder demotiviert sind, sich erneut mit einem Stoff auseinanderzusetzen, den sie zunächst nicht verstanden haben. Für die Kinder stellt sich auch die Frage nach der Funktion des Förderunterrichts, weil das, was in ihm gelernt wird, nicht unbedingt sichtbar für die weitere Mitarbeit in der Klasse ist. Demgegenüber weist der vorbereitende Förderunterricht wesentliche Vorteile auf. Im Förderunterricht wird ein Thema behandelt, das später – im günstigen Fall noch am selben Tag – im Klassenverband auftaucht. Die Grundzüge des Themas können erarbeitet werden, was das spätere Verständnis der Unterrichtskommunikation erheblich

*Vorbereitend fördern hilft am meisten.*

erleichtert. Das kann so weit gehen, dass mit den Kindern Antworten erarbeitet werden, die sie später im Unterricht liefern. Damit wird begünstigt, dass sich Kinder an der Unterrichtskommunikation beteiligen, was einerseits den Kompetenzerwerb fördert, andererseits aber auch die Selbst- und Fremdwahrnehmung verbessert. Ein zweites Kennzeichen für einen erfolgreichen Förderunterricht ist die kleinere Gruppengröße. Wie oben schon dargestellt, können die Kinder, welche Sprachförderung benötigen, im Klassenverband zu wenig ihre Kompetenzen entwickeln. Unbedingt sollte verhindert werden, dass die Kinder im Förderunterricht wieder nicht richtig verstehen, worum es geht.

## 4.3 Grammatik handlungsorientiert unterrichten

*Horst Bartnitzky*

### 4.3.1 Untersuchen, sammeln, ordnen

*Sprache und Sprachgebrauch untersuchen* – so lautet der Kompetenzbereich in den Bildungsstandards Deutsch für die Primarstufe, zu dem auch der Inhaltsbereich Grammatik gehört (KMK 2005, 13) (vgl. KNOPF in diesem Band, S. 128). Schon mit dem Verb „untersuchen" wird markiert, dass nicht die Vermittlung eines grammatischen Begriffsapparats das leitende didaktische Konzept ist. Vielmehr ist es der aktiv-entdeckende Zugriff auf Sprache und Sprachgebrauch.

*Aktiv-entdeckendes Lernen …*

„An Wörtern, Sätzen, Texten arbeiten" heißt schlank und ziemlich unkonkret ein zugehöriger Standard; in den Zielen werden die Arbeitsmethoden aber mit zahlreichen Handlungsverben konkretisiert: „Wörter strukturieren", „sammeln und ordnen"; „sprachliche Operationen nutzen: umstellen, ersetzen, ergänzen, weglassen"; „mit Sprache experimentell und spielerisch umgehen" (KMK 2005, 13). Die Ziele sind mithin handlungsbezogene Umgangsweisen mit sprachlichem Material.

Ein weiterer Standard hebt zwar auf Begriffswissen ab: „grundlegende sprachliche Strukturen und Begriffe kennen und verwenden", die dann auch in einer Übersicht zur Wort- und Satzgrammatik zusammengestellt sind. Aber im Kontext des Kompetenzbereichs kann das nur heißen: Sie werden bei den Arbeitsprozessen als Arbeitsbegriffe mitgelernt und verwendet. Das primäre Ziel ist also z. B. nicht, dass es die Wortart Verb für solche Wörter gibt, die Tätigkeiten oder Vorgänge bezeichnen, sondern Strategien zu nutzen, mit denen Verben identifiziert, verändert, probeweise ausgetauscht werden. Das ist anderes und es ist mehr als das bloße Begriffswissen. Die

Termini verbinden sich mit den Handlungen, sie sind zur geistigen Verankerung sowie als Instrumente der Klärung und Verständigung nützlich.

Damit trifft auch auf den Grammatikunterricht zu, was generell für erfolgreiches Lernen in der Grundschule gilt:

> Aktiv-entdeckende Lernkonzepte sind nachhaltig lernwirksamer als rein verbale Belehrung. Dies gilt umso mehr, wenn dabei Lernstrategien entdeckt, erprobt, genutzt werden. Lernstrategien werden zwar in der konkreten Situation verwendet, sind aber nachhaltig nutzbare generalisierte Verfahrensweisen, mit denen auch weiterhin konkrete Aufgaben und Probleme zu lösen sind.

*... und Lernstrategien*

Ein Beispiel: Kinder bemerken in Schreibgesprächen die Häufung der Satzanfänge mit „Und dann" und finden dies langweilig. Was tun? Die beiden Wörter werden gestrichen und die Frage stellt sich: Kann der Satz nun so stehen bleiben? Wohl nicht. Die Kinder probieren die Wörter so umzustellen, dass der Satz wieder gut klingt. Dabei finden sie evtl. auch verschiedene Varianten. Hier werden auf der Satzebene die sprachlichen Operationen „weglassen" und „umstellen" verwendet. Zugleich geht es auch um die Kategorie Satzglied, da die Wörter mehrteiliger Satzglieder auch beim Umstellen zusammenbleiben. Je nach Vorwissen der Kinder wird hiermit noch vorbewusst oder schon bewusst umgegangen. Die gesamte Verfahrensweise ist eine Strategie zur Variation der Satzstellung. Am Beispiel ausprobiert und erfolgreich angewendet, hat sie bei den Kindern gute Chancen in das Handlungsrepertoire zum Überarbeiten von Texten übernommen zu werden.

Damit erfüllt der Grammatikunterricht, hier die Satzgrammatik, auch die Aufgabe, im Kompetenzbereich Schreiben hilfreich zu sein. Dies ist in den Bildungsstandards mit dem Ziel vorgegeben. Es soll:

> *[...] die Textproduktion und das Textverständnis durch die Anwendung von sprachlichen Operationen unterstützen.* (KMK 2005, 13).

### Implizites und explizites Sprachwissen

Bezogen auf den Umgang mit Sprache gibt es neben der generellen Bevorzugung aktiv-entdeckender Lernwege einen fachspezifischen Grund für eine handlungsbezogene Didaktik: Es wird zunächst ein implizites Wissen entwickelt; mit anderen Worten: das Gefühl für die Wortartzugehörigkeit wird gestärkt. Später kann sich der Terminus auf dieses implizite Wissen als explizites Wissen aufsetzen.

Einige Beispiele: Schon im Laufe der Klasse 1, spätestens in Klasse 2 werden Verben, die Kinder bei ihren eigenen Texten oft brauchen, auf einem Wörterplakat gesammelt. Dabei werden alle flektierten Formen im Schreibgebrauch der Kinder aufgenommen, bzw. fallweise ergänzt:

| | |
|---|---|
| *gehen* | *ich gehe, sie geht, wir sind gegangen* |
| *sagen* | *ich habe gesagt, Mama hat gesagt* |

Die Kinder sammeln beim Thema: „Freizeit" oder „Was Menschen alles tun" Wörter wie: *einkaufen, Hausaufgaben machen, fernsehen, Brote essen, am Computer sitzen* usw. Die Verben werden in der Signalfarbe Rot geschrieben oder nachträglich unterstrichen. Die Tätigkeiten werden auf Karten geschrieben. Partnergruppen ziehen eine Karte, spielen pantomimisch die Tätigkeit vor. Beim Thema „Unsere Sinne" wird u. a. gesammelt, was die Hände alles können: klatschen, einen Ball fangen, den Stift festhalten usw. Die eigene Hand wird auf einem Blatt mit einem Stift umfahren, die rot markierten Verben werden in den Handumriss geschrieben. Was kann eine Hand? Was können beide Hände zusammen?

| | |
|---|---|
| *festhalten* | *eine Hand hält fest, beide Hände halten fest* |

Je weniger bei Kindern das Sprachgefühl für die deutsche Standardsprache entwickelt ist, umso wichtiger wird solche vorterminologische Arbeit mit der Entwicklung und Stärkung impliziten Wissens.

Auch wenn der Terminus dann gebräuchlich wird, verstärken die verschiedenen untersuchenden Verfahren das Gefühl für die Wortart Verb weiterhin, z. B. wenn Präfixe als Wortbausteine vor Verben gesetzt werden mit den Fragen: Was geht, was nicht, was bedeutet das neue Verb?

| | |
|---|---|
| *ver* | *laufen, schlafen, sitzen, rechnen, malen usw.* |

Die Kinder ergänzen probeweise jeweils das Anfangsmuster: *Wenn ich mich [...], dann [...] Wenn ich mich verlaufe, dann weiß ich nicht mehr, wo ich bin.* Dabei wird die Inhaltlichkeit des erweiterten Verbs geklärt und auch die Veränderung des Wortsinns durch den voran gestellten Wortbaustein bewusst. Nicht immer gibt die Kombination Baustein + Verb einen Sinn: „versitzen". Oder fällt Kindern doch ein Wortsinn ein?

Das Sprachgefühl ‚weiß' immer mehr als die Sprachbewusstheit. Z. B. hat man ein Gefühl für das, was ein Wort ist. Aber man kann die Kategorie wohl kaum eindeutig definieren. Bei der Entscheidung über Zusammen-

oder Getrenntschreiben entscheiden viele lieber nach ihrem Sprachgefühl, als im Wörterbuch nachzuschlagen. Die Sprachbewusstheit schärft, verstärkt, korrigiert jedoch ihrerseits das Sprachgefühl. Auch die Bildungsstandards tragen dieser Bedeutung des Sprachgefühls Rechnung:

*Sprachgefühl entwickeln hat Vorrang.*

> *Anknüpfend an ihre Spracherfahrungen entwickeln die Kinder ihr Sprachgefühl weiter und gehen bewusster mit Sprache um.* (KMK 2005, 9)

**Zur Wortgrammatik**

Die zentralen Wortarten Nomen, Verb und Adjektiv werden zumeist schon in Klasse 2 eingeführt. Häufig beschrittener Weg ist die Definition der Wortart und die Zuordnung von Beispielwörtern: Verben („Tuwörter") sind Wörter für Tätigkeiten: spielen, lernen, arbeiten, fernsehen usw. Definition und Beispiele werden auf Lernplakate geschrieben und ausgehängt. Auch in den meisten Sprachbüchern wird ähnlich verfahren. Die Ergebnisse sind oft irritierend: Die Kinder haben bis zum Ende der Grundschulzeit keine Sicherheit in der Wortartenbestimmung; kluge aber falsche Zuordnungen zeigen das Fehlverständnis: „Wolken – das sind Tuwörter, weil die ja über den Himmel laufen tun." – „Die Kätzchen haben weiße und schwarze Flecken. Weiße und schwarze Flecken, das sind Wiewörter, weil die Kätzchen ja so aussehen."

Die Kinderäußerungen greifen auf inhaltliche Überlegungen zurück, weil ihnen inhaltsbezogene deklarative Definitionen zu Grunde liegen (Wie-Wörter sagen, wie etwas ist). Explizites Wissen wurde vermutlich ohne hinreichende Stärkung des impliziten vermittelt. Damit fehlte eine intensive vorterminologische Anbahnung, um das Sprachgefühl für die Wortart zu stärken und eine Strategie zur Wortartenbestimmung zu entwickeln. An die Stelle einer deklaratorischen Definition muss eine handlungsbezogene Strategie treten, mit der Kinder Wortarten identifizieren können. Dieser Prozess wird an Beispielen zur Wortgrammatik konkretisiert.

### 4.3.2 Wörter sammeln, ordnen, strukturieren

Beim Thema „Unser Schulweg" in Klasse 2 erzählen die Kinder im Morgenkreis von ihrem Schulweg. Durch Nachfragen werden die zunächst mündlichen Geschichten ausführlicher. Hieraus entsteht schließlich ein Buch mit Kindertexten, Zeichnungen, Straßenkarten und Fotos. Gesammelt werden Wörter aus den Beiträgen der Kinder:

Das habe ich auf dem Schulweg gesehen:

| **Menschen** | **Tiere** | **Pflanzen** | **Dinge** |
|---|---|---|---|
| viele Kinder<br>2 Frauen<br>1 Polizist | Marienkäfer<br>1 Katze<br>4 Hunde | viele Bäume<br>viele Sträucher<br>eine Wiese | 1 Kiosk<br>1 Baustelle<br>1 Kreuzung<br>viele Abfälle<br>2 Busse |

Was fällt an den Wörtern auf? Das sind Wörter, die am Anfang immer großgeschrieben werden. Es gibt sie einmal, aber auch mehrmals. Wie viel sind „viele"? Vor den großgeschriebenen Wörtern steht oft eine Zahl. Ist „viele" auch eine Zahl?

Solche Reflexionen können die numerische Nomenprobe vorbereiten: *ein Kind, viele Kinder.* Untersucht wird, ob das mit all den großgeschriebenen Wörtern zu machen ist. Hier funktioniert es. Später können die Kinder bei der Nomenprobe auf Wörter stoßen, die es nur in der Einzahl oder nur in der Mehrzahl gibt (Wasser, Luft, Gold, Ferien, Eltern usw.). Aber bei den meisten Wörtern, die Kinder gebrauchen, taugt die numerische Nomenprobe, um herauszufinden, ob ein Wort ein Nomen ist.

**Nomenprobe**
Kann ich mit einem Wort so etwas machen wie:
ein Affe, viele Affen?
Dann ist es immer ein Nomen.

Die Nomenprobe gibt Kindern eine handlungsbezogene Strategie an die Hand statt einer statischen Definition (Nomen sind Wörter für Lebewesen und Dinge usw.). Beim gleichen Thema wird der Verbbegriff erarbeitet:

Das beobachte ich auf meinem Schulweg:

| **Menschen** | **Tiere** | **Pflanzen** | **Dinge** |
|---|---|---|---|
| ich laufe<br>Karem wartet<br>wir laufen zusammen | 1 Katze sitzt<br>1 Hund pinkelt<br>einige Käfer krabbeln | Blumen blühen | Autos stehen<br>parken<br>fahren<br>1 Laster fährt<br>Papier fliegt herum |

Die Verben werden rot markiert. Was fällt auf? Sie können sich verändern: *ich laufe, wir laufen.* Ähnlich verändern sich die Verben, wenn statt einer zwei Katzen *sitzen* oder zwei Hunde *pinkeln.* Was ändert sich (Flexionsmorphem), was bleibt gleich (Wortstamm)? Was gleich bleibt, wird bei solchen Untersuchungen eingekreist als Signal für Wortstamm.

Beim Verb *fahren* können Kinder erkennen, dass auch im Wortstamm sich etwas ändern kann: <a> wird zum Umlaut <ä>, ähnlich bei *laufen* <au> zum <äu>. Das kann an anderen Verben mit <a> und mit <au> in der Grundform, auch bei Nomen mit <a> und <au> im Singular ausprobiert werden und führt dann zur Einschränkung: Was beim Verb und beim Nomen immer gleich oder ähnlich bleibt, ist der Wortstamm. Die Verbprobe wird damit vorbereitet. Um sie mit allen Verben sinnvoll durchführen zu können, kann mit drei Personalpronomen probiert werden: er, sie, es.

**Verbprobe**
Kann ich mit einem Wort so etwas machen wie:
spielen, er spielt/regnen, es regnet?
Dann ist es immer ein Verb.

Beim Unterrichtsthema „Unsere Sinne“ können verschiedene Dinge in einen Fühlkorb gelegt werden, der mit einem Tuch abgedeckt wird. Ein Kind greift in den Korb, befühlt den Gegenstand und beschreibt ihn, ohne ihn zu verraten. In sprachschwächeren Klassen können zunächst Adjektive eingeführt und genutzt werden: Einige Gegenstände werden in die Kreismitte gelegt. Ein Kind befühlt einen Gegenstand, die anderen Kinder helfen bei der Beschreibung. Die Lehrkraft schreibt die Adjektive auf Papierstreifen. Schließlich werden die Papierstreifen den Gegenständen zugeordnet. Nach dieser Vorbereitung wird mit dem Fühlkorb das Spiel „Ich fühle was, was du nicht siehst“ durchgeführt. Der Terminus Adjektiv wird ergänzt, wenn er als Arbeitsbegriff nötig ist.

Angebergeschichten werden erfunden, in denen Adjektive bewusst zu verwenden und zu ergänzen sind. Die Kinder setzen sie hierbei in gesteigerter Form ein: der stärkste, der allerstärkste, der megastärkste. Mit den Kindern sammelt die Lehrkraft die verwendeten Adjektive in verschiedene Formen: was ich sehen kann, was ich fühlen kann, was ich riechen kann usw. Grundform und flektierte Formen werden auf den Vergleichsstufen eingeordnet, dabei auch die in der Sprachwirklichkeit oft anzutreffenden Elativ-Formen: supergruselig, megagruselig usw.

Werden die Vergleichsstufen hierbei geklärt, können wiederum gesammelte Adjektive getestet werden: Zu den Adjektivformen weich, weicher, am weichsten, superweich werden passende Gegenstände zugeordnet. Geht das mit allen Adjektiven, z. B. mit rund oder eckig, lebendig oder tot? Wie ist es mit Farbadjektiven? Welche Adjektive passen auf Pippi Langstrumpf, welche auf den Tyrannosaurus Rex? Schmusetiere der Kinder werden beschrieben, Rätsel daraus entwickelt usw. Als Adjektivprobe wird ausprobiert: ein weicher Zausel, ein runder Zausel, ein lebendiger Zausel. All das geht. Als Probe kann also gelten:

**Adjektivprobe**
Kann ich mit einem Wort so etwas machen wie:
lieb, ein lieber Zausel?
Dann ist es ein Adjektiv.

### Verben, Nomen, Adjektive systematisch verändern

*Wörtermaschine: Pappbogen mit Schlitzen, durch die Streifen gezogen werden*

Wie sich Verben, Nomen und Adjektive verändern können, kann mit einer einfach herzustellenden „Wörtermaschine" erkundet werden. Zwei Streifen können beschriftet werden: Auf einem werden untereinander Wortstämme von Adjektiven geschrieben, die zumeist mit dem Baustein -bar oder -haft gebildet werden. Auf dem anderen stehen dann die Adjektiv-Suffixe: *-bar*, *-haft*. Was geht, was geht nicht? Notfalls kann das Wörterbuch zur Klärung herangezogen werden. Zu den gefundenen Adjektiven werden passende Nomen gesucht, um die Verwendbarkeit zu zeigen: eine wunderbare Geschichte, zwanzig lebhafte Kinder usw.

| | |
|---|---|
| wunder<br>trink<br>fehler<br>leb<br>streit | bar<br>haft |

Drei Streifen werden beschriftet: auf dem linken stehen Wortstämme von Adjektiven, die mit dem Baustein -lich oder -ig gebildet werden, auf dem mittleren die Bausteine *-lich* und *-ig*, auf dem rechten Endungen und Nomen:

| | | |
|---|---|---|
| freund<br>unfreund<br>ärger<br>sonn<br>wind | lich<br>ig | e Menschen<br>e Sachen<br>es Wetter |

Auf solche Weise können vielfältige Übungen zum Ausprobieren von sinnvollen Wortbildungen entwickelt werden, auch bei Verben und Nomen. Dabei kann es zu Diskussionen darüber kommen, ob ein Wort gebildet werden kann und was es wohl bedeutet: So ungebräuchliche Wörter mögen gebildet werden wie *unherzlich, unwindig, unsüß*. Was können sie bedeuten? Was macht der Baustein *un-* mit den Wörtern? Solche Arbeiten haben eine bereichseigene und eine bereichsübergreifende Funktion:

- Sie experimentieren mit Sprache, machen strukturelle Eigenheiten und Funktionen sprachlicher Phänomene erkennbar.
- Sie unterstützen generell das Rechtschreiblernen und helfen bei Kindern mit geringeren Deutschkenntnissen zur Wortschatzerweitung bzw. zur Weiterentwicklung ihrer Wortbildungsfähigkeiten.

**Was ich alles mit einem Wort machen kann**

Das Verständnis vom Wort und der Umgang mit Wörtern sollten nicht auf den engeren grammatischen Aspekt hin begrenzt bleiben. Mit Wörtersteckbriefen können die Kinder ein eigenes und mehraspektisches Wörterbuch schaffen. Die Lehrkraft hält mit den Kindern fest, was sie schon alles mit einem Wort machen können. In Klasse 2 kann das sein: das Wort mit verschiedenen Stiften schreiben, es in einem Satz verwenden, in Sprechsilben trennen, Reimwörter schreiben, Wörter zum Wortfeld finden. Später können weitere Möglichkeiten hinzukommen: ein Gedicht, eine Mini-Geschichte mit dem Wort schreiben, die Wortarten-Probe durchführen, die Wortbedeutung erklären. In ein Formular, das sich von Schuljahr zu Schuljahr erweitert, schreiben Kinder zu einem ausgewählten Wort die Möglichkeiten des Umgangs. Die Wörter können Lieblingswörter, besondere Wörter aus der Lektüre, zentrale Wörter aus den Unterrichtsthemen sein; die Kinder schreiben die Wörter-Steckbriefe mit der Gruppe, dem Partner oder individuell. Sie werden in einem Ordner alphabetisch sortiert bis zum Ende der Grundschulzeit gesammelt. Abbildung 4.1 (s. S. 154) zeigt ein Beispiel aus Klasse 4, das am Computer bearbeitet wurde.

*Wörtersteckbrief: Was ich alles mit einem Wort machen kann.*

### 4.3.3 Zur Satzgrammatik

Die Satzgrammatik im engeren Sinne der Unterscheidung und Benennung von Satzgliedern ist für viele Kinder ein scheinbar unzugängliches Thema. Entsprechend wird sie unterrichtspraktisch oft in die Klasse 4 verlagert und hier kursorisch abgehandelt. Die Chancen für Kinder, Satzstrukturen auf die Spur zu kommen und die erworbenen Strategien und Erkenntnisse auch integrativ für das eigene Schreiben und für das Textverständnis zu nutzen, wachsen aber auch hier mit einem handlungsorientierten didaktischen Konzept: wenn nämlich die Kinder mit Sätzen experimentieren, sprachliche Operationen wie *ergänzen, umstellen, weglassen* als Strategien lernen

| Wörtersteckbrief: von Jan Hendrik | Ritter |
|---|---|
| in verschiedenen Schriften | Ritter Ritter der Ritter Ritter |
| ein Satz | Wir haben eine Burg besichtigt und dabei Bilder von Rittern gesehen. |
| Wortfeld | Ritter: Ritterburg, reiten, Rüstung, Zugbrücke, Bergfried, Verlies, Turnier, Schwert, Lanze, kämpfen, verteidigen |
| Wortbedeutung | Ritter lebten vor über 500 Jahren. Sie waren bewaffnete Reiter und hatten zu ihrem Schutz eine Rüstung an. Sie lebten auf Burgen. |
| Silben | ein Rit - ter |
| Wortarten-Probe | ein Ritter, viele Ritter → N |
| Verwandte Wörter | die Ritterburg, die Ritterrüstung, ritterlich, die Ritterlichkeit, Raubritter |
| Reimwörter | Ritter, Gewitter, Gitter, bitter, fitter, Splitter, ich zitter |
| Gedicht | In den Matsch fiel der Ritter.<br>Das war bitter. |
| Minigeschichte | Als ich die Burg besichtigte, sah ich in der Ecke zwei Ritter stehen. Sie hatten eine Rüstung aus Eisen an und in der einen Hand ein Schild, in der anderen Hand ein Schwert. Ich ging zu den Rittern hin. Sie rührten sich nicht. Ich klopfte an ihre Rüstungen. Es klang ganz hohl. Da standen also nur die leeren Rüstungen mit den Waffen. Die Ritter waren schon vor vielen hundert Jahren gestorben. |

A B C D E F G H I J K L M N O P Q R S T U V W X Y Z

*Abb. 4.1: Wörtersteckbrief*

und nutzen. Dann übrigens ergeben sich für Kinder auch einfache Zugänge zu Sachfeldern wie Fallsetzungen beim Nomen, Verbklammer und Zeitformen beim Verb. Ausgangspunkt ist ein Grammatikmodell, das solche handlungsorientierten Umgangsweisen ermöglicht. Modelle stehen mit der Verbvalenz- und der Dependenzgrammatik zur Verfügung: In beiden Modellen ist der Verbteil Dreh- und Angelpunkt des Satzes, von dem aus Wort- und Satzbildung mit bestimmt werden.

*„Der Satzkern ist der Chef im Satz."*

Die Bildungsstandards tragen dem dadurch Rechnung, dass in der Übersicht „grundlegender sprachlicher Strukturen und Begriffe" zum Terminus Prädikat alternativ der Begriff Satzkern angegeben ist (KMK 2005, 14). Z. B. ist der Satzkern „kommt" für einen Aussagesatz eine unvollständige Information; man fragt sich: wer kommt? je nach Situation auch: wann?, wohin?, zu wem? Möglicherweise auch: warum? Der Satzkern, das Verb also, ist mithin Zentrum des Satzes, von dem aus die Satzglieder erfragt und bestimmt werden können.

### Den Satzkern zum Satz ergänzen

Nach einem Zoobesuch werden, den Beobachtungen und Erlebnissen der Kinder entsprechend, mehrere Satzkerne ausgesucht und mit der Signalfarbe Rot auf Wortkarten geschrieben: *füttert, schläft, streichelt, springt, schwimmt, rutscht* usw. Ein Kind sucht eine Karte aus, liest sie vor und zeigt sie. Die anderen Kinder erfragen die Informationen: Wer füttert wen?, wo?, wann?, womit? Ein Kind fragt: Wer füttert wen? Das Kind mit dem Satzkern antwortet mit einem Satz: Der Tierpfleger füttert die Seehunde. Das nächste Kind fragt: Wann füttert der Tierpfleger die Seehunde? usw. Die Satzkerne können auch zweigliedrig sein: *hat gefüttert, hat gestreichelt, wurde verkauft, haben gegessen* usw. Im Zusammenhang mit einer Märcheneinheit können Satzkerne vorgegeben werden wie: *lebte, küsste, verhexte, lief* usw.

Um Ideen für Geschichten zu gewinnen, wird einer dieser Satzkerne gewählt: *entdeckte, kroch, flog* usw. Dabei geht es darum, möglichst viele verschiedene Ergänzungen zu sammeln und damit ein Ideenfeld zu füllen. Solche Ergänzungsübungen machen vor-terminologisch aufmerksam auf die Funktion des Satzkerns (Prädikats) als Angelpunkt des Satzes, auf Ergänzungsfragen (wer, wo, wann, wen usw.) und sie entwickeln ein Sprachgefühl für Satzglieder, denn jedes Satzglied ist immer die Antwort auf eine Ergänzungsfrage. In einem nächsten Schritt wird das Satzbauschema entwickelt: Der Satzkern erhält als Signale die Farbe Rot und steht im Rechteck; die Ergänzungsfragen werden in Ovalen um den Satzkern herum angeordnet. Wenn die Antworten eingetragen werden sollen, dann muss in den Ovalen entsprechend Platz bleiben.

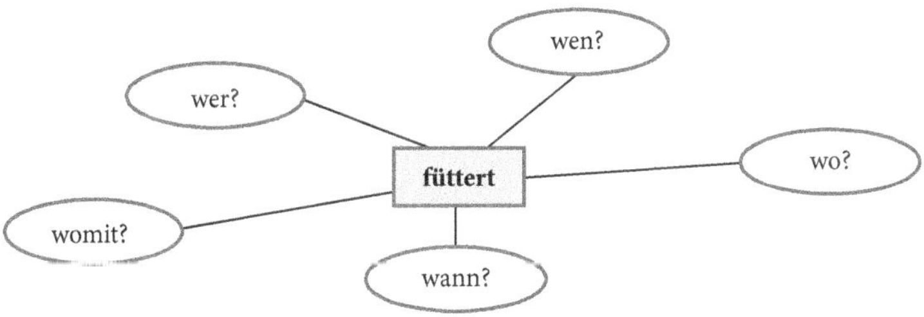


*Abb. 4.2: Satzbauschema als Satzstern*

Damit wird die Strategie vermittelt, mit Ergänzungsfragen Ergänzungen zu finden, bis ein Satz alle erforderlichen Informationen enthält. Mögliche Fragewörter können in Ovalen gesammelt werden und stehen dann im Weiteren bei Ergänzungsübungen zur Verfügung. In sprachschwachen Klassen können die Fragewörter auch vorgegeben werden. Die Kinder suchen die Fragewörter aus, die zum Satzkern passen.

Die Termini: Satzkern, Fragewort, Ergänzung, Satz, auch Satzglied und Satzbau können nach solchen Vorarbeiten dazu gegeben werden. Sie bedürfen jetzt nicht mehr der Definition, weil sie in solchen Arbeitszusammenhängen selbsterklärend sind. Die Ergänzungen übrigens werden mit den Fragewörtern bezeichnet: Wer-Ergänzung, Wo-Ergänzung, Wem-Ergänzung, auch: Womit-Ergänzung. Die Wer-Ergänzung kann irgendwann den Terminus Subjekt erhalten, weil dies die Bildungsstandards und die Lehrpläne so vorsehen. Weitere Termini wie Objekte, adverbiale Bestimmungen sind im Grundschulbereich aber überflüssig.

**Sätze umstellen**

Ein Kind erhält die Wortkarte mit dem roten Satzkern, andere Kinder erhalten je ein Oval mit Fragewort und Ergänzung. Wie können sich die Kinder stellen, damit ein richtiger Satz entsteht? Die Kinder finden heraus, dass der Satzkern immer die zweite Stelle einnimmt, alle Satzglieder aber in ihrer Stellung vertauscht werden können. Steht der Satzkern ganz vorne, dann wird es ein Fragesatz. Ebenso kann mit mehrteiligen Satzkernen verfahren werden: *hat gefüttert, will fliegen, kauft ein* usw. Hier muss der Satzkern in zwei Teile zerschnitten werden. Die Satzklammer wird damit anschaulich. Solche Übungen können die Kinder auch mit Arbeitsblättern in Partner- oder Alleinarbeit durchführen: Satzkern und Satzglieder werden ausgeschnitten und zu einem Satz zusammengestellt. Dabei kann die Aufgabe eingegrenzt sein: Die Wann-Ergänzung soll vorne stehen. Oder die Aufgabe heißt: Alle möglichen Satzstellungen ausprobieren. Auch: Wenn die Wann-Ergänzung vorne steht, wie viele Satzstellungen sind dann möglich? Zusatzüberlegung: Welche Satzglieder kann man weglassen und es bleibt doch ein richtiger Satz stehen?

**Kategorisieren: Weitere Möglichkeiten**

Hier soll nur angedeutet werden, welche weiteren Kategorisierungen mit dieser Form von Satzgrammatik möglich sind:

### Die Fall-Ergänzungen (Objekte)

Beim Thema „Einkaufen und Verkaufen“ werden die verschiedenen Verkäuferbezeichnungen und ihr Warenangebot erkundet: wer verkauft wem was? Beim Thema „Zoobesuch“ wird die Wer-Ergänzung mit „die Tierpflegerin“ vorgegeben: Die Tierpflegerin füttert wem was? Um die Doppelfrage beim Akkusativ mit Sinn zu füllen: Die Tierpflegerin beobachtet jeden Tag wen oder was? Die Kinder ergänzen angefangene Sätze mit Ergänzungen im Wem- und im Wen-oder-was-Fall: *Der große, graue Elefant zeigt* [...] *Das kleine Gespenst gab* [...] *Die Lehrerin erklärte* [...] *Die Hebamme gab* [...] *Der Nikolaus brachte* [...]

### Ort- und Zeitergänzungen (Adverbiale Bestimmungen)

Beim Thema „Verkehr" oder beim Gespräch über Ferien und Urlaub geht es um Satzstrukturen wie: Wer fährt/fuhr wann? wohin? Wurden die Fragewörter auf Wortkarten gesammelt, dann können sie zugeordnet werden: Fragewörter zur Zeit (Beispiel: wann), Fragewörter zum Ort (Beispiel: wohin). Die Kinder bilden mit vorgegebenen Satzkernen Sätze, in denen Orts- und Zeitergänzungen vorkommen: *versteckte sich, verreiste, flog, fand, naschte* usw. Die bewusste Anwendung der einen oder der anderen Kategorie kann geübt werden mit Aufgaben wie: Stellt den Satz so um, dass die Zeitergänzung vorne steht.

### Zeitformen

Beim Thema „Fernsehen" erzählen die Kinder von Sendungen, die sie gesehen haben oder die sie sehen werden: Ich habe gesehen was? Wann? Mit wem? Ich werde sehen was? Wann?

### Bildung von Nebensätzen

Manchmal werden die Ergänzungen auch gleich in einem Nebensatz gebildet. Das Fragewort warum? kann dazu führen: Die Tierpflegerin beobachtet jeden Tag wen oder was, warum?

## 4.3.4 Das eigene Leistungsprofil erarbeiten

Zu einem modernen Leistungsverständnis gehört, dass die Schüler über ihre Lernwege und Lernergebnisse reflektieren und dies auch für das eigene Portfolio erarbeiten. Bezogen auf die Wort- und Satzgrammatik können Leitfragen dafür folgende sein:

- Was kann ich alles mit einem Wort machen? Welche Fachwörter für Wortarten kenne ich? Welche fünf Beispiele für die Wortarten fallen mir sofort ein? Wann habe ich die Fachwörter gelernt? Sind sie für mich leicht – geht so – oder schwierig?
- Was kann ich alles mit einem Satz machen? Welche Fachwörter zum Satz kenne ich? Ich denke mir einen Satz aus und zeige an diesem Satz die Fachwörter. Wann habe ich die Fachwörter gelernt? Sind sie für mich leicht, geht so oder schwierig?

# 5 Mündlicher Sprachgebrauch

## 5.1 Zum Stellenwert des mündlichen Sprachgebrauchs in der Grundschule

*Ulrike Potthoff*

### 5.1.1 Entwicklung des Mündlichen

**Sprachvoraussetzungen zu Beginn der Grundschulzeit**

Bis zum Schuleintritt haben Kinder vielfältige Erfahrungen im mündlichen Sprachhandeln gemacht. Sie haben in ihrer Muttersprache früh sprechen gelernt und über die Produktion von Sprache ein Miteinander erfahren, das es ihnen ermöglichte, sich auszudrücken, mit anderen zu kommunizieren, andere zu verstehen. Sie bildeten in den verschiedensten Sprachhandlungssituationen Wortschatz, Grammatik, Sprechmuster und Kommunikationsstrategien aus. Diese versetzten sie in die Lage, in ihrer Welt zu interagieren und zu handeln. Sie lernten als Sprecher sich mitzuteilen, etwas zu fordern, um Hilfe zu bitten, zu danken, zu fragen, zu befehlen, zu erzählen und vieles mehr. Als Hörer lernten sie Aufforderungen zu verstehen, Sprachklänge zu deuten, Vorstellungen zu Gehörtem zu entwickeln, genau hinzuhören und auf Gehörtes zu reagieren. Durch diese Voraussetzungen konnten sie ihren Alltag kommunikativ bewältigen.

In den letzten Jahren wird besonders durch Kinder mit Migrationshintergrund deutlich, dass die sprachlichen Voraussetzungen nicht immer in einem ausreichenden Maße vorhanden sind. Für ein erfolgreiches Vorankommen in der Grundschule werden sie aber dringend benötigt. Kinder mit Bedarf an Sprachförderung müssen so früh wie möglich identifiziert werden.

**Ausgangspunkt für die Entwicklung des Mündlichen**

Die Grundschule hat die Aufgabe, ausgehend von den unterschiedlichen Vorerfahrungen der Kinder, deren kommunikative Fähigkeiten in alltäglichen und gezielt unterrichtlichen Sprachhandlungssituationen zu fördern. Hierbei ist der Blick auf die Entwicklung der individuellen Fähigkeiten des Sprechens und Zuhörens und auf die Entwicklung der Interaktionsfähigkeit in Gruppen zu richten. Ebenfalls sollen teilkommunikative Prozesse wie der Einsatz von Mimik und Gestik thematisiert und metasprachliche Reflexionen vorgenommen werden. Dadurch erweitert sich der bis dahin unbewusste Gebrauch von Sprache um die bewusste Nutzung und den reflexiven Anteil des Sprachhandelns (vgl. BEHRENS/ERIKSSON 2009a, 46–47).

Die Kinder machen die Erfahrung, dass sich auch in der Schule wichtige Prozesse im Mündlichen vollziehen. Sie können ihre bisherigen Fähigkeiten einsetzen und weiterentwickeln. In neuen Sprachhandlungssituationen werden erweiterte Fähigkeiten von ihnen verlangt wie:

▶ ▶ ▶ das Weitergeben von Wissen, das Anwenden von Fachsprache, die Verständigung über Inhalte, die bewusste Nutzung von Sprache, das Kommunizieren in kleinen und großen Gruppen und die Auseinandersetzung in einer Gemeinschaft.

Die Fähigkeiten als Sprecher und als Hörer müssen ausgebildet und ausdifferenziert werden.

### 5.1.2 Mündliche Kompetenzen

**Bildungsstandards**

Die Kultusministerkonferenz hat in den Bildungsstandards (KMK 2005) dem Mündlichen einen deutlich erweiterten Stellenwert zugewiesen. Gab es bisher in der Grundschule vielfältige Traditionen das Erzählen zum Unterrichtsgegenstand zu machen und die Fähigkeiten, die sich in der Mitarbeit zeigten, zu bewerten, so verankern sich jetzt in dem Bereich *Sprechen und Zuhören* Kommunikationskompetenzen, die deutlich auf eine Mündigkeit in unserer Gesellschaft abzielen.

> *Die mündliche Sprache ist ein zentrales Mittel aller schulischen und außerschulischen Kommunikation. Sprechen ist immer auch soziales Handeln. Die Kinder entwickeln eine demokratische Gesprächskultur und erweitern ihre mündliche Sprachhandlungskompetenz. Sie führen Gespräche, erzählen, geben und verarbeiten Informationen, gestalten ihr Sprechen bewusst und leisten mündliche Beiträge zum Unterricht. Sie drücken ihre Gedanken und Gefühle aus und formulieren ihre Äußerungen im Hinblick auf Zuhörer und Situation angemessen, hören aufmerksam und genau zu, nehmen die Äußerungen anderer auf und setzen sich mit diesen konstruktiv auseinander.*
>
> *(KMK 2005, 8)*

Für den Unterricht in der Grundschule ist der Blick sowohl auf vielfältige komplexe Sprachhandlungssituationen als auch auf reduzierte Teilprozesse wie z. B. eine genau definierte Sprecher- oder Zuhörerrolle zu richten.

## Modelle der Sprachhandlungen

Die dieser mündlichen Kompetenzbeschreibung zugrunde liegenden konstitutiven Faktoren werden von Potthoff et al. anhand des Organonmodells von Bühler deutlich gemacht. Die sprachliche Kommunikation stellt ein Netzwerk aus verschiedenen Elementen dar. Für jedes Gespräch und jede Rede sind vier Faktoren also *Sprecher, Hörer, Zeichen und Sachverhalte* sowie drei Funktionen des Zeichens: *Ausdruck, Darstellung und Appell* konstitutiv. Weiterhin bestimmen die beiden Ebenen des Modells, die *sachliche und die personale*, sowie der *situative Rahmen* das Gelingen des Gesprächs. Alle Elemente müssen in einem ausgewogenen Verhältnis für eine erfolgreiche Kommunikation stehen (vgl. Potthoff et al. 2008, 17–19).

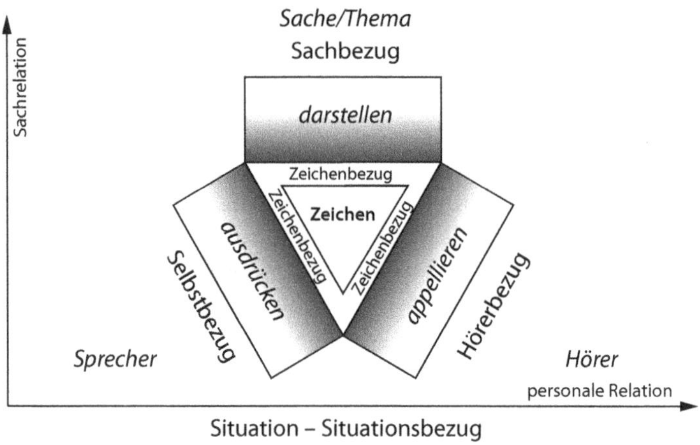


*Abb. 5.1: Organonmodell in Anlehnung an Karl Bühler, aus: Ulrike Potthoff et al.,* Gespräche mit Kindern, *2008, Cornelsen Scriptor, Berlin, S. 17)*

Ein Kind bekommt im Unterricht also die Möglichkeit sich als Sprecher oder als Hörer zu erproben. Dabei achtet es darauf, ob es z. B. laut und deutlich spricht oder eine Information bzw. eine Aufforderung versteht. Auch personale Zeichen wie Wut oder Freude können wahrgenommen werden. Besonders im Rahmen der demokratischen Gesprächskultur wird das Aussprechen und Wahrnehmen von Gedanken und Gefühlen wichtig. Kinder erproben und reflektieren hierbei die unterschiedliche Wirkung einer Selbstkundgabe oder eines Appells.

Becker-Mrotzek beschreibt in diesem Zusammenhang für den Gesprächsprozess vier Anforderungen, die die Komplexität der Rollen von Sprecher und Zuhörer innerhalb einer Sprachhandlung deutlich machen: das *Prozes-*

*sieren des thematischen Wissens, der Identität und der Beziehung, der Handlungsmuster und der Unterstützungsverfahren der Verständnissicherung* (vgl. Becker-Mrotzek 2009, 6 ff.). Wenn ein Kind für einen Vortrag die Chance erhalten hat, sich Wissen anzueignen, kann es dieses sprachlich sicherer darstellen. Es überlegt in der Vorbereitung, welche Fragen die Hörer zum Thema haben könnten und welches Ziel es mit seinem Vortrag verfolgt. Sein Wissen gliedert es nach den möglichen Fragen der Zuhörer. Erprobte Handlungsmuster wie z. B. das Trichtermodell von Pabst-Weinschenk (vgl. 2005, 52) und sprachliche Muster wie *„Ich möchte euch über […] informieren.“* geben dem Vortrag somit eine Struktur, die das Kind individuell ausfüllen kann. So werden für die Zuhörer auch unterschiedliche Persönlichkeiten sichtbar, die schon von ihnen beschrieben werden können. Daraus ergeben sich Hinweise auf Klarheit und Verständlichkeit des Vortrags und alternative Vortragsmöglichkeiten, die wieder neu erprobt werden können. Abraham betrachtet die Sprachfunktionen als Orientierungen im sprachlichen Handeln, so dass z. B. die Darstellung eines Sachverhaltes für den Sprecher ein Erkenntnisgewinn sein kann oder der Ausdruck seines Wissens für den Hörer – das heißt sowohl sprachliche Mittel als auch Sprechausdruck werden anders eingesetzt. Dies zeigt sich in der Grundschule z. B. dann, wenn ein Kind ein Lernplakat über ein Sachthema vorstellt (wobei es beim Sprechen die inhaltlichen Informationen nachvollzieht und sich kriteriell um lautes und deutliches Sprechen bemüht) oder wenn es ein Werbeplakat für eine Veranstaltung vorstellt (bei dem es einen werbenden Sprechausdruck einsetzt, auf den es von den Zuhörern die Rückmeldung bekommt, ob sie sich eingeladen fühlen).

*Lern- und Werbeplakate unterscheiden sich.*

In diesem Zusammenhang erweitert Abraham die Orientierungen um eine *poetische*, der in der Grundschule im Rahmen von Gedichten und Sprachspielen eine hohe Bedeutung zukommt, da Kinder sich dort besonders in ihrem Sprechausdruck erproben und Vortragsweisen üben können (vgl. Abraham 2008, 27).

Mit Blick auf die Bildungsstandards und die Sprachhandlungsmodelle können für den Bereich *Sprechen und Zuhören* in der Grundschule Forderungen für die Gestaltung von Unterricht aufgestellt werden, die den Schülern vielfältige Sprachhandlungssituationen anbieten, in denen sie über bedeutsame Inhalte sprechen, Gedanken, Meinungen und Gefühle äußern, unterschiedliche Rollen erproben und reflektieren, Gesprächsregeln thematisieren und beachten sowie ihr mündliches Sprachhandeln erproben und reflektieren und über ihr Miteinandersprechen und ihr Lernen in einer Metakommunikation nachdenken können.

**Differenzierung der mündlichen Kompetenzen**

Die Ausbildung der Kompetenzen im Bereich der Mündlichkeit im Fach Deutsch nimmt ABRAHAM anhand der Modelle differenzierter in den Blick. Er unterscheidet folgende Kompetenzen:

- Erzählkompetenz (erlebte und erfundene Geschichten nachvollziehbar, spannend und hörerbezogen erzählen können),
- Informationskompetenz (anderen berichten, beschreiben, schildern, zusammenfassen und/oder erklären können, was man selbst erfahren oder recherchiert hat),
- Spielkompetenz (eine vorgegebene oder selbst erfundene Rolle übernehmen und überzeugend gestalten können, einen dramatischen Text bühnenwirksam umsetzen können),
- Redekompetenz (vor Zuhörern ein Statement abgeben, einen Kurzvortrag/ein Referat halten, einen Redebeitrag themazentriert und hörerbezogen einbringen können, z. B. in einer Debatte),
- Gesprächskompetenz (sich an einem Gespräch oder einer Diskussion mit eigenen Argumenten oder moderierend beteiligen können),
- Präsentationskompetenz (eigene oder fremde Texte, z. B. Gedichte, für Zuhörer wirkungsvoll zitieren, vorlesen oder vortragen können) (ABRAHAM 2008, 29)

Die einzelnen Kompetenzen sind bei den Grundschulkindern unterschiedlich weit ausgeprägt. Sie werden aber alle angebahnt und mit unterschiedlichen Schwerpunkten in ihr Bewusstsein gebracht. Im folgenden Kapitel werden einzelne der von ABRAHAM unterschiedenen Kompetenzen in Beziehung zu in der Grundschule praktizierten Lernformen gesetzt, damit sich daraus konkrete Unterrichtsmodelle ableiten lassen.

### 5.1.3 Ausbildung von Kompetenzen in der Grundschule

**Mündliche Kompetenzen in offenen und kooperativen Lernformen**

Durch die Formulierung von Bildungsstandards im Fachbereich *Sprechen und Zuhören* wird deutlich, dass der Unterricht in der Grundschule zunehmend in offenen Lernformen stattfinden muss, um den Schülern Gelegenheiten einzuräumen,

- sich an Gesprächen zu beteiligen,
- gemeinsam entwickelte Gesprächsregeln zu beachten,
- Sprechbeiträge und Gespräche situationsangemessen zu planen,
- funktionsangemessen zu sprechen: zu informieren, zu argumentieren, zu appellieren,

- Lernergebnisse zu präsentieren und dabei Fachbegriffe zu benutzen,
- Verstehen und Nicht-Verstehen zum Ausdruck zu bringen und Perspektiven einzunehmen (KMK 2005, 9–10).

Gesprächsrollen
Gesprächsregeln

Offene Lernformen jeglicher Art verlangen von den Schülern vielfältige kommunikative Fähigkeiten. Um den Erfolg z. B. einer Gruppenarbeit zu sichern, müssen die Gruppenrollen verteilt und geklärt sein, Sprechmuster wie „*Wer möchte mit der Diskussion beginnen?*", „*Wer hat einen Lösungsvorschlag?*" müssen für den Gesprächsleiter vorgegeben und geübt werden und ein Gesprächsverlauf mit entsprechenden Gesprächsregeln wie „*Wir lassen den anderen ausreden.*", „*Wir sprechen zum Thema.*" muss eingeübt sein. (Weitere Ausführungen zu Gruppengesprächen, Rollen und deren Ablauf sind bei Potthoff et al. (2008, 35 ff.) zu finden.)

In offenen und kooperativen Lernformen ist es wichtig, dass die Schüler ihre **Meinung** vertreten und die der anderen akzeptieren. Sie nutzen ein für sie bedeutsames Thema, aktivieren ihr Vorwissen, recherchieren zum Thema und formulieren Argumente. Dann tauschen sie in einem gemeinsamen Gesprächsprozess ihr Wissen mit begründeten Argumenten aus.

**Gesprächsplan**

1. Tragt eure Meinungen zum Thema zusammen.
2. Diskutiert eure Meinungen.
3. Sucht Argumente für eure Meinungen.
4. Vereinbart, welche Meinungen und Argumente ihr für eure Präsentation auswählt.
5. Der Schreiber schreibt die vereinbarten Meinungen auf das Lernplakat.
6. Der Redner übt, wie er die Ergebnisse vorstellt.
7. Gebt ihm ein Feedback. Achte auf die Kriterien.
   *Mir hat gut gefallen, dass …*
   *Ich habe einen Tipp für dich: …*

**Hilfen für den Gesprächsleiter**

Welche *Meinung habt ihr zu …?*

*Wir haben verschiedene Meinungen gehört:*
*1. …   2. …*

*Du hast gesagt, dass …*
*aber …*

*Einerseits hast du gesagt, dass …*
*Andererseits ist es so, dass …*

*Welche Argumente sprechen für …?*

*Ich fasse zusammen: …*

**Hilfen für den Redner**

Sprich *laut und deutlich.*

*Schau deine Zuhörer an.*

*Mach eine Pause nach jeder Meinung.*

*Trage eure Argumente so vor, dass die Zuhörer von eurer Meinung überzeugt werden.*

*Abb. 5.2: Gesprächsplan und Gesprächshilfen*

Das Lernen in kooperativen Methoden fordert die Kooperation der Schüler untereinander und macht die Einbettung in ein soziales Gefüge deutlich. Die Entwicklung der Kommunikationsfähigkeit, die Bereitschaft zur Teamarbeit und ein respektvoller Umgang untereinander gehören zu ihren Zielen. In kooperativen Methoden müssen die Kinder ihre kommunikativen Fähigkeiten einsetzen, die durch klare Verfahrensvorgaben, festgelegte Rollen und evtl. durch Sprechmuster angeleitet bzw. ausgebildet werden.

*Kommunikationsfähigkeit – Teamfähigkeit – Respekt untereinander*

Insgesamt werden in offenen und kooperativen Lernformen vielfältige Gesprächsanlässe genutzt, um gezielt die Gesprächskompetenz, die Redekompetenz, die Informationskompetenz und die Präsentationskompetenz zu fordern und durch einen entsprechenden Unterricht zu fördern.

**Mündliche Kompetenz bei inhaltlichem und fachlichem Lernen**

Die Schüler entwickeln in gezielten Sprachhandlungssituationen ihre Gesprächskompetenzen, indem sie Inhaltliches und Fachliches sprechend so gestalten, dass sie

- an der Standardsprache orientiert und artikuliert sprechen,
- Wirkungen der Redeweise kennen und beachten,
- funktionsangemessen sprechen: erzählen, informieren und
- sich in eine Rolle hineinversetzen und sie gestalten.

In der Hörerrolle erproben sie dann

- Inhalte zuhörend zu verstehen,
- gezielt nachzufragen und
- Verstehen und Nicht-Verstehen ausdrücken (KMK 2005, 9 f.).

Entsprechend dieser Standards müssen unterrichtliche Situationen daraufhin überprüft werden, ob sie den Kindern Gesprächsanlässe bieten, in denen sie erzählen und informieren, fragen und antworten, miteinander sprechen und zuhören, beschreiben und darstellen und auch über ihr Lernen reflektieren können. Die kommunikativen Aktivitäten der Kinder zu bestimmten Inhalten und Sachen führen zu einer Selbstvergegenwärtigung und bilden die eigene Identität aus. Die Kinder erfahren etwas über sich selbst und können durch gezielte Rückmeldungen bewusst ihr eigenes sprachliches Handeln steuern.

*Identitätsbildung*

**Erzählen**

Eine wichtige sprachliche Handlung war in der Grundschule schon immer das *Erzählen*. Das Erzählen als „Allerweltstätigkeit“ (vgl. CLAUSSEN 2006, 14) wird im Unterricht aufgegriffen und bewusst für die Ausbildung von Erzählstrukturen und Erzählfähigkeiten genutzt.

*Erzählen geschieht oft spontan – indem über etwas Erlebtes oder von einem Geschehen erzählt wird. Es ist eine sprachliche Vergegenwärtigung und Weitergabe vergangener Erfahrungen, Ereignisse oder gar reiner Fiktion. Es geht darum, den Zuhörer in ein veränderliches oft auch spannendes Geschehen mit einzubeziehen. [...] Die Erzählfähigkeit der Kinder entwickelt sich von einer reihenden „und dann [...], und dann [...]" Erzählung, in der das Kind Ereignisse gliedert, eine Abfolge bestimmt und diese für den Zuhörer erzählend vergegenwärtigt hin zu einem geübten Erzählen von Geschichten, in denen in eine Situation eingeführt, ein Spannungsbogen entwickelt und für die Zuhörer sprachlich wieder aufgelöst wird.*

*(Fachdidaktische Hinweise Deutsch. Sprechen und Zuhören, NRW, 5–6)*

Das Erzählen im Unterricht stellt oft die Verbindung von Mündlichkeit und Schriftlichkeit her, indem Kinder ihre Erzählung mündlich erproben, um sie als Geschichte niederzuschreiben oder umgekehrt. Die Interaktion zwischen Erzähler und Zuhörer hilft die Erzählfähigkeit auszubilden. Sie erfordert Gelegenheiten, in denen das Kind anderen etwas erzählt, seine Erlebnisse und Gedanken weitergibt und diese mit seinen Wertehaltungen verknüpft. Es erfährt von den anderen zuhörende Anteilnahme und Wertschätzung. Im Bereich des Geschichtenerzählens kann die Interaktion durch Kriterien gesteuert sein. Diese Kriterien können sich beziehen auf:

*Kriterienbezug*

- die Inhaltlichkeit der Geschichte:
  Erzählperspektive, Reihenfolge, Ideen, Geschichtenbogen,
- die Wortsprache:
  treffende Wörter, verschachtelte Sätze, Einhaltung der Erzählzeit,
- die sprachlichen Mittel:
  Aussprache, Deutlichkeit, Lautstärke, Betonung und
- nonverbale Mittel:
  Blickkontakt, Mimik, Gestik und Körperhaltung (ebd., 6).

Sie werden im Unterricht aufgestellt, die Kinder erproben sie in ihrer eigenen Erzählung und bekommen eine Rückmeldung über die Wirkung ihres Erzählens. So wird sowohl die Erzählkompetenz als auch die Präsentationskompetenz der Schüler ausgebildet.

**Zuhören**

In diesen Unterrichtsszenarien geht es auch immer um die Hörerrolle, die Kinder einnehmen. Die Fähigkeit des *Zuhörens* muss im Unterricht ausgebildet werden, da Verstehensleistungen für jeden Unterricht von hoher Bedeutung sind und inhaltliches und fachliches Lernen von Verstehen,

Nicht-Verstehen, Nachfragen und Aktualisieren von Vorwissen abhängig ist. Behrens hat sich im Rahmen der Entwicklung eines Kompetenzmodells zum Zuhören mit Aspekten für einen gelungenen bzw. misslungenen Zuhörprozess beschäftigt (vgl. Behrens 2010, 38 ff.). Sie macht deutlich, dass beim Zuhören der Hörer vielfältige akustische Informationen entsprechend seines Verstehensziels verarbeitet und so zu einem Hörverstehen gelangt. Neben institutionellen Gelingensbedingungen wie einer günstigen Raumakustik spielt die *Konzentrationsfähigkeit des Hörers, sein Vorwissen, paraverbale und nonverbale Merkmale (wie Betonung, Pausen, Redundanzen und Mimik und Körpersprache)* eine Rolle bei der Wahrnehmung und dem Verstehen des Gehörten. Anders als beim Leseverstehen wird das Hörverstehen so erweitert um Informationen zu den Gefühlen der Protagonisten, zu der Betonung einzelner Aussagen und zu der Kernbotschaft des Gesagten.

Im Grundschulunterricht bieten sich im Rahmen des literarischen Lernens Hörbücher an, die neben den bekannten Zielen des Literaturunterrichts auch Ziele wie *Inhalte zuhörend verstehen* verfolgen. Die Beschäftigung mit paraverbalen und nonverbalen Merkmalen kann besonders im Rollenspiel und im darstellenden Spiel zum Tragen kommen.

*Wirkung von Sprechweisen*

Im Rahmen von Medienprojekten in der Grundschule wie z. B. Radiosendungen wurden in den letzten Jahren über das Zuhören schon sprecherische Kriterien wie *„Setze am Ende eines Gedankens eine Pause."* und *„Sprich deutlich."* entwickelt, die den Zusammenhang von Sprechen und Zuhören verdeutlichen. Durch die gezielte Beschäftigung mit dem Zuhören sind nun auch Unterrichtsmodelle gefragt, die die Zuhörleistung der Kinder ausbilden. Die Wahrnehmung der Schüler wird auf spezifische Sprechweisen gelenkt. Sie achten auf die Stimmhöhe, die Lautstärke, die Sprechgeschwindigkeit sowie andere Auffälligkeiten und deren Wirkung. Des Weiteren versuchen sie anhand von Sprechbeispielen Stimmungen wie *wütend, erschrocken, angeekelt, überrascht, fröhlich* oder *traurig* zu identifizieren.

*Zuhörstrategien*

In der Auseinandersetzung mit verschiedenen Hörbeispielen können Kinder Zuhörstrategien wie *„Was weiß ich schon zum Thema?"*, *„Was erwarte ich in dem Hörtext?"* oder *„Welche Fragen habe ich?"* entwickeln, die eine metakognitive Überwachung ihrer Hörverstehensleistung darstellen.

**Reflektieren und Präsentieren**

Der Bildungsstandard *„Über Lernen sprechen"* macht den reflexiven Anteil des inhaltlichen und fachlichen Lernens klar. In diesen Gesprächssituationen werden Inhalte beschrieben, Arbeitsabläufe wiedergegeben, Ergebnisse zusammengetragen und präsentiert, Probleme thematisiert, Befindlichkeiten ausgetauscht und fertige Arbeiten gezeigt. Die Selbsteinschätzung bezogen auf das zu Lernende wird nach und nach ausgebildet. Das Reflektieren des eigenen Lernens kann in ritualisierten Gesprächssituationen stattfinden. Hierfür eignen sich oft auch Reflexionskarten, die eine bestimmte Denkrichtung anstoßen, wie z. B.

*Reflexionshilfen*

| |
|---|
| Ich habe heute gelernt, dass … |
| Mir ist heute besonders gut gelungen: |
| Ich hatte heute Schwierigkeiten mit … |
| Ich habe erkannt, dass … |
| Ich brauche für die Weiterarbeit: |
| Ich nehme mir für morgen vor, … |

Metakommunikation über Lernen erfordert Gesprächskompetenzen wie
- Beobachtungen wiedergeben,
- Sachverhalte beschreiben,
- Begründungen und Erklärungen geben,
- Lernergebnisse präsentieren und dabei Fachbegriffe nutzen,
- über Lernerfahrungen sprechen und
- gezielt nachfragen (vgl. KMK 2005, 10).

Das informierende Sprechen ist die zugrunde liegende mündliche Kompetenz. Hierbei realisieren die Sprecher unterschiedliche Sprechhandlungen: sie berichten, beschreiben, schildern und erklären (vgl. Abraham 2008, 64). Andere zu informieren über thematische Inhalte oder eigene Lernwege und anderen Kindern Lernergebnisse zu präsentieren, gehört zum Schulalltag. Besonders in der Präsentation der Lern- und Arbeitsergebnisse, die durch ein Lernplakat unterstützt sein können, bilden Kinder mündliche Kompetenzen aus. „Zur Planung des Lernvortrags stellen die Kinder einen Sachverhalt, ein Thema, einen Vorgang dar. Sie nutzen eine Fachsprache, um den Zuhörern den Gegenstand, den Inhalt oder den Vorgang nahe zu bringen. Dabei müssen sie überlegen, was ihre Zuhörerschaft schon zum Thema weiß, was neu und was ganz besonders wichtig für sie ist" (Potthoff et al. 2008, 52). Die Präsentation ist eine komplexe Sprechhandlung, „die sich aus sprachlichen und nicht-sprachlichen Anteilen zusammensetzt und die im Kern den Zweck verfolgt, in einer mündlichen Situation Wissen zu vermitteln und zu verarbeiten" (Becker-Mrotzek 2005, 7). Die Kinder sprechen langsam, laut und deutlich, sie halten den Blickkontakt, um Informationen über das Verstehen und Nicht-Verstehen der Zuhörer zu bekommen, sie

*Lernvortrag*

wiederholen gegebenenfalls eine Information und unterstützen durch Mimik und Gestik.

Fazit: Der Stellenwert des Mündlichen in der Grundschule ist gewachsen. Die von ABRAHAM unterschiedenen mündlichen Kompetenzen haben alle ihren Platz in dieser Schulform gefunden. Veränderte Anforderungen an den Unterricht ermöglichen den Schülern eine Vielzahl von Gesprächssituationen, in denen sie ihre mündlichen Kompetenzen ausbilden können.

## 5.2 Methodenübersicht und Medieneinsatz im Deutschunterricht

*Birgit Eriksson/Martin Luginbühl*

*Mündlichkeit als zentrale soziale Kompetenz*

In der einschlägigen sprachwissenschaftlichen und -didaktischen Literatur herrscht weitgehend Konsens, dass Kompetenzen im Bereich ‚Mündlichkeit' zentrale soziale Kompetenzen sind und zur Schlüsselqualifikation des beruflichen wie privaten Alltags gehören – und auch Voraussetzung für schulischen Erfolg sind. Den entsprechend hohen Stellenwert mündlicher Sprachverwendung in kompetenzorientierten Bildungsstandards erläutert POTTHOFF (in diesem Band, S. 158). Zudem zeigt sie das breite Spektrum mündlicher Kommunikationskompetenzen und entsprechender Lernformen auf.

Die Unterrichtspraxis aber – glaubt man den vorliegenden Studien aus Deutschland und der Schweiz (vgl. PEKAREK DOEHLER/DE PIETRO 2009) – zeigt eine andere Gewichtung. So ist im schulischen Kontext ein „written language bias" (LINELL 1982) zu beobachten, der sich darin äußert, dass in erster Linie gezielt schriftsprachliche Kompetenzförderung stattfindet und dass sich Beurteilungen und Bewertungen primär auf geschriebene Texte beziehen.

In diesem Artikel wird zunächst als fachdidaktische Grundlage die Spezifik von mündlichem Sprachgebrauch erläutert. Die herausgearbeiteten Merkmale von Mündlichkeit werden dann in einen größeren Kontext von Lehren und Lernen gestellt, wobei sich ‚Klassenzimmer-Interaktionskompetenz' als Schlüsselkompetenz für Lehrpersonen wie für Schüler erweisen wird. Anschließend werden einzelne Lernfelder mündlicher Sprachkompetenz erläutert und mit exemplarischen Lernaufgaben illustriert. Überlegungen zur Beurteilung mündlicher Sprachkompetenz beschließen den Artikel.

### 5.2.1 Fachdidaktische Grundlagen

Wenn man sprachlich kommuniziert, so kann dies in drei ‚Medialitäten' geschehen: gesprochen, geschrieben oder im Fall von Gebärdensprache gebärdet. Nun ist es in aller Regel nicht so, dass man ‚redet wie gedruckt', sondern es gibt im Gegenteil eine ganze Reihe von grundlegenden Unterschieden zwischen mündlicher und schriftlicher Kommunikation, welche weitreichende Konsequenzen für die Sprachverwendung und für Angemessenheitsurteile haben.

*Hauptmerkmale mündlicher Kommunikation*

Unter ‚mündlicher Kommunikation' soll im Folgenden deren prototypische Form verstanden werden, bei der sich die an der Kommunikation Beteiligten zur selben Zeit im selben Raum befinden. Diese Form der Mündlichkeit ist durch drei Hauptmerkmale geprägt: Interaktivität, Prozessualität, Multimodalität (vgl. dazu Becker-Mrotzek 2009, Fiehler 2009, Deppermann 2004).

**Interaktivität:** In Gesprächen geht es in einem weiten Sinn immer um Verständigung zwischen mindestens zwei Personen, die kopräsent sind. Dies führt zu einer nie aussetzenden gegenseitigen Wahrnehmung und damit zu einer wechselseitigen Beeinflussung. Beim Sprechen berücksichtigt man in einer derartigen Situation nicht nur, was bisher gesagt und gemacht wurde, man reagiert auch während des Sprechens selbst auf das Verhalten des Gegenübers, etwa auf (An-)Zeichen des Nicht-Verstehens, auf Unterbrechungsversuche usw. Während des Zuhörens signalisiert man Zuwendung, Unverständnis, den Wunsch zur Rederechtsübernahme usw. Gespräche stellen deshalb immer Formen gemeinsamen Handelns dar, in denen die einzelnen Teilhandlungen ‚synchronisiert' werden müssen (vgl. Auer 2007).

**Prozessualität:** Gespräche entwickeln sich linear in der Zeit, was die Notwendigkeit der Portionierung und Sequenzialisierung mit sich bringt: Einzelne Redebeiträge (‚Portionen') müssen nacheinander realisiert (‚sequenzialisiert') werden, damit man einander folgen kann. Dabei stellt sich nicht nur die Frage, wie diese Sequenzialität zeitlich realisiert wird, sondern auch, wie die an einem Gespräch Teilnehmenden ihr Verhalten so steuern, dass das Gegenüber Erwartungen an die Reihenfolge und das Nacheinander herausbilden kann.

**Multimodalität:** In mündlicher Face-to-face-Kommunikation findet Verständigung nicht nur auf verbaler Ebene statt, sondern auch auf körperlicher. Damit kommen andere Zeichensysteme, andere ‚Modalitäten' wie Gestik, Mimik, Körperhaltung oder Körperkonstellationen zur Sprache hinzu. Neuere gesprächsanalytische Arbeiten (vgl. etwa Schmitt 2007) weisen detailliert nach, wie die an einer Interaktion Beteiligten ihr Verhalten kontinuierlich koordinieren müssen – und zwar intrapersonell (verbal – nonverbal) wie auch interpersonell. Aus dieser grob umrissenen Spezifik mündlicher Kommunikation ergeben sich:

**Zwei zentrale Konsequenzen für den Sprachunterricht**
Mündlichkeit hat als eigenständige Medialität spezifische Merkmale, die sie von schriftlichem Sprachgebrauch deutlich unterscheiden. Dementsprechend sind auch andere Kompetenzen notwendig, um mündlich erfolgreich kommunizieren zu können. Dies verlangt nach spezifischen Lernzielen sowie entsprechenden Unterrichtsinhalten und Aufgaben. Akzeptiert man, dass Mündlichkeit mit eigenen, spezifischen Kompetenzen verbunden ist, so müssen mündliche Sprachleistungen auch nach anderen Beurteilungskriterien bewertet werden als schriftliche.

Daraus lassen sich weitere Aufgaben für die Sprachdidaktik ableiten, nämlich die Differenzierung von Teilkompetenzen sowie die Entwicklung entsprechender Übungsanlagen und die Erarbeitung adäquater Beurteilungskriterien und -methoden. Bevor die Teilkompetenzen und entsprechenden Aufgaben thematisiert werden, soll im nachfolgenden Kapitel der Stellenwert der Mündlichkeit für das schulische Lernen herausgehoben werden.

### 5.2.2 Mündlichkeit als Voraussetzung für und Bedingung von Lernen

*Mündlichkeit als Ziel und Mittel von Unterricht*

Mündliche Kommunikation und entsprechende Kompetenzen sind nicht nur das *Ziel* von Unterricht, sie sind auch die *Voraussetzung* für und *Bedingung* von Unterricht. Damit muss das Thema Mündlichkeit auch unter der Fragestellung diskutiert werden, inwiefern mündliche Kommunikation im Unterricht für Lehr- und Lernzwecke optimiert werden kann (dazu Pekarek Doehler 2010, Walsh 2011) und welche Kompetenzen von den Lehrpersonen bzw. von den Schülern in mündlichen Lehr-/Lernprozessen verlangt werden. Aufgrund ihrer institutionellen Position kommt den Lehrpersonen eine Schlüsselrolle zu: Sie sind es, die im Unterricht bestimmen, wer mit wem wie lange und über welches Thema spricht. Die Schüler ihrerseits müssen wissen, wie sie sich in die schulischen Interaktionen einbringen können, etwa durch eigenes Formulieren, Umformulieren, Nachfragen usw. (vgl. Walsh 2011, 56f.).

Diese Merkmale mündlicher Interaktion sind für das Lernen hochgradig relevant. Neuere Studien (Walsh 2011, Ellis 2000) verstehen Lernen nicht nur als kognitiven, sondern auch als *sozialen* Prozess. Es muss beim Thema Mündlichkeit deshalb immer auch um die Frage gehen, wie Lehrpersonen und Schüler in einer ‚kollaborativen Konstruktion' („collaborative construction", LANTOLF 2000, 17) Lerngelegenheiten schaffen und inwiefern diese den jeweiligen pädagogischen Zielen entsprechen.

*Lernpotenzial im Unterricht oft nicht ausgeschöpft*

Untersucht man die Unterrichtspraxis, so zeigt sich aber, dass ein Großteil der schulischen Interaktion wenig Lernmöglichkeiten zur Förderung mündlicher Sprachkompetenzen bietet. Gemäß RICHERT (2005), der Unterrichtsstunden verschiedener Fächer der 5.–7. Jahrgangsstufe aus Deutschland analysiert, folgen die Interaktionssequenzen zu 66 % dem I-R-E-Schema (Initiation – Reply – Evaluation; einer Lehrerfrage folgt eine Schülerantwort, die von der Lehrperson bewertet wird); im Deutschunterricht liegt dieser Anteil gar bei 80 %. Im L2-Unterricht sind derartige Interaktionssequenzen häufig durch folgende Merkmale gekennzeichnet – wobei sich die Situation im Schulsprachunterricht (L1) nicht grundsätzlich anders darstellen dürfte (WALSH 2011, 12 f.; 41):

- Von der Lehrperson werden Fragen gestellt, deren Antworten ihr schon bekannt sind („display questions", WALSH 2011, 11).
- Nach einer Frage warten die Lehrpersonen meist nur sehr kurz (etwa eine Sekunde), bis sie die Frage wiederholen.
- Antworten werden umgehend kurz bewertet.

Nun kann es sehr wohl Unterrichtsphasen geben, in denen derartige Interaktionssequenzen den pädagogischen Zielen entsprechen, etwa wenn grammatische Formen eingeübt werden sollen. Grundsätzlich aber ist es in derartigen Sequenzen nicht vorgesehen, dass die Schüler die Initiative ergreifen, eigenständig kommunikative Probleme lösen oder Bedeutungen aushandeln können. Genau darauf kommt es aber in der außerschulischen Kommunikation an.

Bei der Entwicklung mündlicher Kommunikationskompetenz müssen neben den individuellen Kompetenzen auch ein Bewusstsein und entsprechende Praktiken dafür entwickelt werden, dass die sprachlichen Kontexte des Unterrichts immer von Lehrpersonen und Schüler gemeinsam konstruiert werden und dass die Lehr- und Lernmöglichkeiten direkt von diesen auch sprachlich hervorgebrachten Situationen abhängig sind. Ziel der schulischen Interaktion muss es demnach sein, den Schülern ein breites Spektrum an mündlichen Beteiligungsmöglichkeiten zu bieten – und dies auch einzufordern.

*Entwicklung von Schulzimmer-Interaktions-Kompetenz*

Dies kann etwa bedeuten, dass Lehrpersonen mehr echte Fragen stellen, den Schülern mehr Zeit zur Vorbereitung einer Antwort geben, eine große Bandbreite an Antworten akzeptieren, nicht jede Antwort bewerten, sondern nachfragen oder kommentieren, nur gezielt Unterstützung anbieten usw. (vgl. WALSH 2011, 33–35; 45). Fehler werden in Situationen, in denen es nicht primär um formale Korrektheit geht, nur dann korrigiert, wenn sie den Fluss der Kommunikation stören – denn dieser sollte in Lehr-/Lernsituationen im Zentrum stehen, in denen Inhalte gemeinsam erarbeitet werden und die auf authentische Gespräche außerhalb der Schule vorbereiten sollen. Die Schüler andererseits entwickeln ebenfalls ein Bewusstsein dafür, welche Konsequenzen ihr Gesprächsverhalten für die Lehr- und Lernmöglichkeiten hat. WALSH (2011, 21) spricht in diesem Zusammenhang von **Classroom Interaction Competence.** Deren Entwicklung ist ein zentrales Ziel im Bereich der mündlichen Sprachkompetenzen.

Die im Folgenden aufgeführten Aufgabenstellungen sind nicht nach den in Lehrplänen gängigen Unterscheidungen *dialogisches Sprechen* oder *Gespräche führen*, *monologisches Sprechen* und *Zuhören* geordnet. Eine solche Unterscheidung ist im Hinblick auf eine fokussierte Unterrichtsplanung und Lernzielsetzung sinnvoll – in beinahe allen Umsetzungen spielen die rezeptiven und produktiven mündlichen Kompetenzen aber ineinander. Die Aufgabenstellungen orientieren sich deswegen an jenen zugrunde liegenden Teilkompetenzen der Mündlichkeit, die jegliche Interaktion charakterisieren und Sprechende sowie Zuhörende mit gleichen Problemstellungen konfrontieren.

### 5.2.3 Methoden und Medieneinsatz im Bereich ‚Mündlichkeit'

*Teilkompetenzen im Bereich „Gespräche führen"*

Gespräche erfolgreich führen zu können ist wohl eine der anspruchsvollsten Tätigkeiten im Bereich der Kommunikation. Dies wird deutlich, wenn man sich die Menge und Komplexität der darin involvierten Teilkompetenzen vor Augen führt. Neuere Arbeiten zu diesem Thema (BECKER-MROTZEK 2009, GRUNDLER 2009, KRELLE 2011) weisen auf folgende Aspekte hin, aus denen sich entsprechende Lernziele ableiten lassen:

- **Adäquater Gebrauch sprachlicher, para- und nonverbaler Mittel:** bewusster Einsatz der Stimme und der nonverbalen Kommunikation
- **Kollektive Themenbearbeitung:** eigenes Wissen verständlich verbalisieren und das von anderen verbalisierte Wissen integrieren; sich ans Thema halten; Standpunkte begründen und erläutern
- **Realisierung und Einpassung von Handlungsmustern:** die aktuelle Gesprächssituation und die momentanen Erwartungen der Gesprächspartner richtig einschätzen; ein Gespräch strukturieren, auf vorangehende Beiträge eingehen
- **Aushandlung von Identitäts- und Beziehungsaspekten:** die eigene Identität angemessen darstellen und die Identität von anderen

angemessen wahrnehmen; die eigene Wirkung einschätzen können; Beziehungsprobleme erkennen und bearbeiten

Diese Teilkompetenzen sind auf verschiedenen Ebenen anzusiedeln (auf der diskursiven, der sozialen, der interaktiven und der linguistischen), wobei diese Ebenen in gesprächskompetentem Verhalten alle gleichzeitig relevant sind. Ein Blick in entsprechende Publikationen zeigt, dass es eine breite Palette derartiger Übungen gibt.

Bei den nachfolgend vorgestellten Aufgabenstellungen handelt es sich nur um eine Auswahl, dennoch sind sie im Hinblick auf einige Charakteristika durchaus repräsentativ:

- Im Vordergrund steht die instrumentelle Ebene, Reflexion ist seltener integriert.
- Wie Übungen eingeführt, vorbereitet und in ein größeres Curriculum eingebettet werden, wird oft nicht thematisiert. Allerdings lassen sich viele Übungen, wenn sie ja thematisch offen sind, problemlos in Zusammenhänge des Schulstoffs einbetten.
- Binnendifferenzierungen für unterschiedliche Niveaus, insbesondere für DaZ-Schüler sind kaum vorgesehen. Veränderungen des Schwierigkeitsgrades wären aber eine Voraussetzung für individualisierte, gute Übungen.
- Es sind kaum Übungen zu finden, in denen die eigene oder fremde Kommunikationspraxis mit zeitlicher Distanz analysiert wird (aufgezeichnete Gespräche: Ton- oder Filmaufnahme, Transkript).

### Fokus Stimme und nonverbale Kommunikation

*Zuhören als Voraussetzung für mündliche Kommunikation*

**Lauschen:** Mit Lauschübungen kann das Zuhören besonders gut geübt werden. Die nachfolgend beschriebene Übung steht in einer Unterrichtssequenz zum Zuhören: Nach verschiedenen Lauschübungen (Augen schließen, was kann man hören?) stellen die Schüler kleine Hörgeschichten her, indem sie einzelne Geräusche, Klänge und Stimmen aufnehmen und diese zu einer Geschichte zusammenstellen (vgl. Behrens/Eriksson 2009b, Übung 15 auf CD).

Kommentar: Zur individuellen Förderung werden unterschiedlich schwierige Lauschübungen angeboten – die Kinder trainieren auf ihrem jeweiligen Kompetenzlevel. Diese Differenzierung bedingt, wie bei vielen mündlichen Übungen, den Einsatz von Audioequipments (u.a. Headsets). Die Aufgabenerfüllung wird individuell auf Zuhörstrategien hin reflektiert (Fokussierung, Konzentration). Eine Mindestzielerreichung wird gesetzt.

*Stimme als bewusst einzusetzendes „Werkzeug"*

**Stimmbildung:** Die Schüler machen genau nach, was die Lehrperson tut, z. B. tiefe, hörbare Atemzüge machen, Schultern hochziehen und fallen lassen, Zischlaute sprechen usw. Die Klasse erweitert ihr Repertoire laufend (vgl. BEHRENS/ERIKSSON 2009b, Übungen 20–22 auf der CD).

Kommentar: Der Übung sollte ein Einblick in die Wichtigkeit unserer Stimme und deren Pflege vorausgehen (Einblick in die Stimmorgane, Beispiele falscher Nutzungen und deren Wirkung auf Organe und Kommunikation), damit die Kinder den Sinn der Übungen einsehen. Mit den Schülern wird besprochen, wann und wie solche stimmbildenden Übungen zur Vorbereitung eingesetzt werden können (Vortrag, Gedichtrezitation, Singstunde, Theaterspielen).

*Sprechen muss mit Körpersprache koordiniert werden*

**Nonverbale Kommunikation:** Alle notieren sich einen Gefühlszustand (Trauer, Zufriedenheit, Angst, Wut usw.). Nun werden die Gefühlszustände dargestellt: mit einem Blatt wird dabei das Gesicht abgedeckt, sodass nur Mund und Kinn zu sehen sind. Daraufhin kann besprochen werden, welche Gefühlsausdrücke schwer zu erkennen waren und woran das liegen könnte (Name der Übung: „Schweigender Hund", ERNST/RUTHEMANN 2008, 66).

Kommentar: Je nach Fokus braucht diese Übung eine andere Einbettung in den Unterricht: Geht es um das Training der eigenen rezeptiven und produktiven nonverbalen Kompetenzen, dann wäre ein sinnvoller Kontext bspw. das Einüben eines Theaterstücks sinnvoll. Geht es um die Wissenserweiterung zur Wirkung nonverbaler Kommunikation, kann auch ein Sachthema behandelt werden (interkulturelle Unterschiede, Zusammenspiel verbaler und nonverbaler Kommunikation u. a. m.).

### Fokus Themenbearbeitung

*Themen entwickeln statt aneinander vorbeireden*

**Echo:** Das „Echo" soll die Kinder darin unterstützen, einen gedanklich vernetzten Dialog zu realisieren. Gleichzeitig werden genaues Zuhören und Empathie gefördert. Die Lehrperson oder die Schüler beobachten den Verlauf eines Gesprächs und greifen ein, wenn die Redebeiträge inhaltlich keinen Bezug mehr aufeinander haben. Die beobachtende Person verlangt nun für eine begrenzte Zeit (z. B. drei Minuten lang) ein Echo. Dies bedeutet, dass alle vor einem eigenen Redebeitrag den vorangehenden sinngemäß zusammenfassen müssen. Diese Zusammenfassung muss vom Vorredner akzeptiert werden (TRAUB 2006, 70 f.).

Kommentar: Dieser Übung kann die Analyse eines Klassengesprächs vorangehen, welches deutliche thematische Brüche aufweist. Es kann reflektiert werden, worin die Gründe für Themenwechsel liegen können und welche Konsequenzen diese für ein Gespräch haben. Wird die Übung über längere Zeit wiederholt durchgeführt, kann ein danach aufgezeichnetes Gespräch mit dem anfangs analysierten verglichen werden.

**Schrumpfendes Bild:** Diese Übung schult die verständliche und gut strukturierte mündliche Weitergabe von Information innerhalb einer Gruppe sowie das aufmerksame Zuhören und die Wiedergabe relevanter Informationen. Fünf bis sieben Schüler verlassen den Raum und werden nacheinander hereingerufen. Die erste Person schaut ein Bild an, das in der Zimmermitte liegt. Anschließend beschreibt sie dieses Bild der zweiten Person, diese beschreibt es der dritten Person usw. Am Ende wird die letzte Beschreibung mit dem Bild verglichen (Traub 2006, 69 f.).

*Beim Formulieren ans Zuhören denken*

Kommentar: Diese Aufgabe dient weniger der Förderung der individuellen Kompetenzen, sondern ist eher als Einstieg ins Thema Informationsweitergabe gedacht, indem sie sensibilisiert und zur Reflexion darüber anregt, wie Informationen strukturiert werden müssen, damit sie wahrgenommen und verstanden werden können. Gleichzeitig wird das mündliche Beschreiben geübt.

**Fragen stellen:** Bei den meisten gängigen Hörverstehensaufgaben müssen Schüler Fragen, die sich auf den Inhalt des gehörten Textes beziehen, beantworten. Dies ist eigentlich eine Testsituation. Eine gute Lernmöglichkeit bietet sich bei einer umgekehrten Vorgehensweise an: Anstatt Fragen zu einem Hörtext zu beantworten, suchen Schüler in gemeinsamer Arbeit gute Fragen zu einem Textinhalt. Sie lernen dabei im Austausch miteinander nicht nur Frageformate kennen und anwenden, sondern wägen auch ab, welche Inhalte warum wichtig sind. Werden diese Hörtexte mit den selbst formulierten Fragen anderen Schüler vorgelegt, kann geprüft und reflektiert werden, ob und warum die Beantwortung der Fragen gelingt (vgl. Hörverstehenstest, Behrens/Eriksson 2009a, 64 f.).

*Fragen formulieren, um das Zuhören zu üben*

Kommentar: Diese Übung kann dem individuellen Kompetenzniveau der Kinder angepasst werden, indem unterschiedlich schwierige Hörtexte und ein Set von Frageformaten zur Auswahl stehen.

### Fokus Handlungsmuster

**Gesprächsregeln erarbeiten:** Am Beispiel von aufgezeichneten schlechten oder guten Gesprächen leiten die Kinder Regeln für gute Gespräche ab (Streitgespräch; fiktives Gespräch, in dem eine Person die andere ständig unterbricht und nicht auf deren Themen eingeht, vgl. Traub 2006, 151, vgl. auch Übung „Schlechtes Zuhören" in Behrens/Eriksson 2009a, 65 f.). Die Gesprächsregeln werden im Klassenzimmer sichtbar gemacht, damit jederzeit auf sie verwiesen werden kann.

*Regeln aufstellen – und situativ anpassen!*

Kommentar: Die Erarbeitung von Gesprächsregeln soll der Entwicklung einer guten Gesprächskultur in der Klasse dienen. Es ist wichtig, in der Klasse wie auch individuell diese Regeln und deren Einhaltung von Zeit zu Zeit zu reflektieren (z.B. Beobachtungsbogen für das eigene/fremde Gesprächsverhalten; Videoaufnahme eines Klassen- oder Gruppengesprächs). Gesprächsregeln dürfen aber nicht dogmatisch behandelt werden, sie müssen sich den gesprächsspezifischen Situationen anpassen (vgl. nachfolgende Übung).

*Im Spiel den Einfluss verschiedener Situationen ausloten*

**Gespräche spielen:** Die Kinder führen verschiedene Gespräche als Rollenspiele (irrtümlich gekaufte Artikel ins Geschäft zurückbringen; eine Freundin zum Spielen überreden; der Lehrerin mitteilen, dass man die Aufgaben vergessen hat usw.). Die restlichen Schüler erhalten Beobachtungsaufgaben (Wie begrüßen sich die Figuren? Wie tragen sie ihr Anliegen vor? Wie reagieren die Angesprochenen? Wie wird das Gespräch beendet?). Es wird reflektiert, welche Regeln für welche Gespräche gelten (Ernst/Ruthemann 2003, 83).

Kommentar: In dieser Übung ist eine ertragreiche Beobachtung und Reflexion unterschiedlicher Gesprächsregeln von gelingenden Rollenspielen abhängig. Wenn die Schüler im Rollenspiel nicht trainiert sind, ist der Einsatz von aufgenommenen Gesprächen vorzuziehen. Diese haben zudem mind. zwei Vorteile: die Sequenzen können nochmals angeschaut und mit den Beobachtungen verglichen werden. Es können hier unterschiedlich anspruchsvolle Gesprächssequenzen (Inhalt, Situation) zur Beobachtung vorgelegt und damit dem unterschiedlichen Entwicklungsstand der Kinder Rechnung getragen werden.

### Zwischen Themenbearbeitung und Handlungsmuster: Diskutieren

Stellvertretend für andere Gesprächstätigkeiten wie Erzählen oder Erklären soll hier auf Diskussionen fokussiert werden. Unter Diskussionen versteht man sprachliches Handeln, in dem mehrere Personen gemeinsam ein Thema durch aufeinander bezogene sprachliche Handlungen argumentativ bearbeiten (vgl. Vogt 2002, 29f.).

*Diskutierend überzeugen und einen Konsens finden*

**Robinson:** In einer Gruppe wird ausgehandelt, welche Gegenstände auf eine einsame Insel mitgenommen werden sollen. Nachdem sich jeder einzelner Schüler für drei Gegenstände entschieden hat, muss sich die Gruppe als Gesamtes auf drei Gegenstände einigen. Dabei kann eine Liste mit Gegenständen vorgegeben werden, der Schwierigkeitsgrad kann etwa durch Gewichtsangaben und eine entsprechende Obergrenze des Gesamtgewichts erhöht werden. Ebenso können Meinungsbildung und Hierarchien thematisiert oder gemeinsam Diskussionsregeln entwickelt werden (Ernst/Ruthemann 2008, 36).

Kommentar: Diese Übung kann i. d. R. nur gelöst werden, wenn argumentativ gehandelt und danach im Gespräch durch Abwägen eine Einigung erzielt wird. Ergänzend können Beobachtende eingesetzt werden, die im Anschluss an die Gespräche berichten, wer sich warum mit der eigenen Position durchsetzen konnte.

*Diskussionen spielerisch vorbereiten*

**Kugellagerdebatte:** Die Kugellagerdebatte eignet sich, um vor einer Gruppendiskussion eigene Argumente abzusichern und mögliche Gegenargumente zu antizipieren. Die Klasse wird in zwei gleich große Gruppen eingeteilt, diese setzen sich nun in zwei konzentrischen Kreisen gegenüber. Die Pro-Position wird zunächst vom Innenkreis eingenommen, die Kontra-Position vom Außenkreis. Nach einer festgelegten Zeit (max. zwei Minuten) ‚dreht' sich das ‚Kugellager': Die im Innenkreis Sitzenden rücken im Uhrzeigersinn zwei Plätze weiter. Nach zwei Wechseln übernimmt der Außenkreis die Pro-Position, der Innenkreis die Kontra-Position. Nach weiteren zwei Wechseln sind die Schüler argumentativ auf ein Thema vorbereitet (Gora 2008, 10 f., Traub 2006, 67 f.).

Kommentar: Diese Übung dient, wie erwähnt, der Vorbereitung von Diskussionsübungen. Sie setzt voraus, dass alle Schüler mindestens ein paar wenige Argumente verständlich anführen können. Eine entsprechende inhaltliche, themenspezifische Vorbereitung ist deshalb ebenso unerlässlich wie argumentations-spezifische Wortschatz- und Formulierungsarbeit. Das Kugellager dient so gleichzeitig der Einübung pragmatischer Kompetenz wie der vertieften inhaltlichen Auseinandersetzung.

### Fokus Identitäts- und Beziehungsarbeit

*Stimmlich Rollen inszenieren*

**Sprechrollen:** Die Schüler sollen erkennen, dass über die Art und Weise, wie ein Text akustisch realisiert wird, eine bestimmte Rolle eingenommen werden kann. Ein beliebiger Text aus einer Zeitung oder einem Roman von ca. 30 Wörtern Länge wird ausgewählt. Auf Kärtchen sind verschiedene Rollen notiert („Märchenerzähler", „Sportreporterin", „Nachrichtensprecher", „Fee", „Räuber" usw.). Einzelne Schüler erhalten je ein Kärtchen und lesen den Text nun in dieser Rolle vor. Die Zuhörenden erraten, welche Rolle übernommen worden sein könnte (Ernst/Ruthemann 2003, 65).

Kommentar: Je nach vergebenen Rollen müssen entsprechende Realisierungen vorbereitend angehört und analysiert werden (z. B. eine Live-Reportage eines Fußballspiels, eine Radio-Nachrichtensendung usw.). Die Schwierigkeit der Übung kann variiert werden, indem die Schüler ihre Rollen selbst wählen können oder indem unterschiedlich anspruchsvolle Texte vorgegeben werden. Eine Variation der Übung besteht darin, dass man nicht eine bestimmte Rolle realisiert, sondern sich umgekehrt verschiedenen Adressaten (Kleinkindern, ungeduldigen Personen, Respektspersonen usw.) sprachlich anpasst.

*Streiten – aber richtig!*

**Kontrolliertes Streiten:** Kontrolliertes Streiten soll verhindern, dass man sich im Streit anschreit oder alle durcheinander reden. Es wird im kontrollierten Streit die Regel eingeführt, dass vor jedem Beitrag explizit auf einen vorangehenden Beitrag eingegangen werden muss, erst dann folgt die eigene Meinung (Ernst/Ruthemann 2003, 93).

Kommentar: Diese Übung wird sinnvollerweise dann eingesetzt, wenn in der Klasse ein wirkliches Streitgespräch unkontrolliert und chaotisch geführt wird; sie ist insofern nicht planbar. Sie liefert aber ein effizientes Mittel zur Versachlichung von Streitgesprächen.

Bei den bis hierher vorgestellten Übungen handelt es sich schwerpunkthaft um das, was Lepschy (2002) als „aktivierende Repräsentationsmethoden" (ebd., 55) bezeichnet: Es werden Kommunikationshandlungen produziert, die entweder einen (u. U. spielerischen) Als-ob-Charakter haben oder in Form einer strukturierten Kommunikationsübung Teilkompetenzen fokussiert bearbeiten. Derartige Übungen sind vor allem für die instrumentelle Ebene geeignet, also zur Erweiterung der eigenen kommunikativen Spielräume im Gespräch. Auf einer Metaebene angeordnet ist in den obigen Beispielen nur das Formulieren von Gesprächsregeln; in den meisten anderen Übungen ist eine Reflexion nicht angedacht oder sekundär. Somit sind – in Lepschys Terminologie (Lepschy 2002, 63) – „reflexive Bearbeitungsmethoden" deutlich seltener zu finden, obwohl sie für bewusste Lernprozesse im Bereich ‚Mündlichkeit' zentral sind und in der sprachdidaktischen Literatur gefordert werden (vgl. Abraham 2008).

### Fokus Reflexion

*Durch Beobachten lernen*

**Beobachtungsgruppe („fishbowl"):** Eine mittlerweile gut bekannte Methode nennt sich *fishbowl*, Fischglas. Eine Gruppe von Schüler wird – wie Goldfische im Fischglas – von einer anderen Gruppe bei einem Gespräch beobachtet. Anschließend werden die Beobachtungen besprochen. Viele Variationen sind denkbar: Die Beobachtungen fokussieren auf eine Teilkompetenz, unterschiedliche Beobachter achten auf je eine andere Teilkompetenz usw. (Krelle 2009).

**Beobachtungsbogen:** Anhand eines vorgegebenen Kriterienkataloges werden mündliche Leistungen dokumentiert. Es steht auch Raum für frei formulierte Ergänzungen zur Verfügung; die Eintragungen können durch Ankreuzen erfolgen (ich spreche sehr zögernd/langsam/flüssig) oder qualitativ durch eine skalare Einschätzung von Ausprägungsgraden (Sprechflüssigkeit ++ + 0 – – –). Derartige Bogen können zur Selbst- wie auch zur Fremdeinschätzung verwendet werden (KIRK 2004, 101–104).

*Sich selbst beobachten und Fortschritte dokumentieren*

**Mindmaps und Tagebücher:** Mindmaps und Tagebücher dokumentieren, ordnen und kommentieren Sachverhalte und Erfahrungen. Im Kontext mündlicher Kompetenzen können sie besonders gut eingesetzt werden, um die eigene Gesprächspraxis darzulegen, mit anderen zu vergleichen und zu reflektieren (vgl. Zuhörtagebuch, Zuhör-Selbstkontrolle, Zuhör-Mindmap (BITTINS 2008, 4–8)).

### 5.2.4 Medieneinsatz als unausgeschöpftes Potenzial

Wie oben dargelegt, sind kaum Übungen zu finden, in denen authentische Gespräche ohne Zeitdruck, also losgelöst von ihrer Flüchtigkeit, für eine gemeinsame Reflexion genutzt werden. Gerade hier eröffnet ein gezielter Medieneinsatz neue Perspektiven. Denn im Bereich von Gesprächskompetenzen beschränken sich die Methoden der Grundschule beinahe ausnahmslos auf Beobachtungen bei einmalig stattfindender und laufender Interaktion. Entsprechende Beobachtungen müssen zwingend punktuell bleiben und sind meist nicht überprüfbar. Dies kann durch zwei unterschiedliche Medien vermieden werden: Videoaufnahmen und Transkripte.

*Gezielter Medieneinsatz als neue Perspektive*

**Videoaufnahmen** von Klassengesprächen, von Gesprächen, die im Rahmen einzelner Übungen entstehen, oder aber von massenmedialen Gesprächen werden unter verschiedenen Aspekten analysiert. Dies kann als Vorbereitung dienen, aber auch als Reflexion einer instrumentell orientierten Übung.

Vertraute eigene oder fremde, altersentsprechende Gespräche können ausschnittweise **transkribiert** und dann analysiert werden (dazu BRÜNNER/WEBER 2009). Dies entzieht Gesprächen nicht nur ihre Flüchtigkeit, sondern auch ihre Zeitlichkeit: Was auch in einer Videoaufnahme schnell vorbeigeht, ist im Medium der Schriftlichkeit ohne Zeitdruck beobachtbar. Zudem führt der Medienwechsel zu einer gänzlich neuen Wahrnehmung von Gesprächen.

Fazit: Die vorliegende Literatur bietet eine breite Palette an Unterrichtsmethoden, die sich auf mündliche Sprachkompetenzen beziehen. Die meisten dieser Übungen müssen aber von der Lehrperson selbst fokussiert ausgestaltet und sinnvoll in den Unterricht integriert werden. Um von einem instrumentell-intuitiven zu einem bewussten Problemverständnis zu kommen, sind reflexive Aspekte in allen Übungen notwendig, auch in primär aktivierenden Repräsentationsmethoden. Dies bedeutet zum einen, dass

*Von der Intuition zum bewussten Lernen*

bereits in der Einführung von Übungen transparent gemacht wird, worauf der Fokus einer Übung liegen soll, was dabei zu lernen ist und was die Leistungserwartungen sind. Ebenso müssen die sprachlichen Voraussetzungen zur Bewältigung einer Übung geschaffen werden (Wortschatzarbeit, typische Formulierungsmuster einführen usw.). Zum anderen sind reflexive Aspekte in allen Übungen notwendig, wenn auch in einfacher Form. Nur so ist zu verhindern, dass Schüler Muster starr abarbeiten müssen oder, dass bezüglich ihres Lernzieles, ihre mangelhaften oder verbesserungsfähigen Äußerungen unkommentiert bleiben und so Lernprozesse erschwert, wenn nicht gar verunmöglicht werden. Dazu gehört immer auch das reflexive Ausloten von Alternativen, ein Austausch über Situationseinschätzungen usw. Ziel soll es sein, dass alle Beteiligten Gesprächsprozesse bewusst mitgestalten können. Hierfür reicht es nicht aus, einfach Interaktion in Gang zu bringen; sie muss reflektiert und von der Lehrperson begleitet werden. Gerade hier zeigt sich, dass ein gezielter Medieneinsatz noch wenig genutzte Möglichkeiten bietet.

## 5.3 Erzählen im Unterricht der Grundschule

*Sören Ohlhus*

Erzählen im Alltag und Erzählen im Unterricht der Grundschule sind zweierlei. Bei der Suche nach einer Antwort auf die Frage, wie man Erzählanlässe in der Schule herstellt, lohnt es sich daher, das mündliche Erzählen in seinem jeweiligen Kontext zu betrachten. Nur so wird deutlich, vor welchen Anforderungen ein Erzähler steht, welche Fähigkeiten er braucht, um sie zu erfüllen, und was ihm beim Erwerb dieser Fähigkeiten helfen kann. Im Folgenden wird diesen Fragen nachgegangen und einige Folgerungen für das Erzählen im Unterricht umrissen.

*Die Vielfalt alltäglichen Erzählens*

Mündliches Erzählen ist ein Ereignis im Gespräch. Die Geschichte, die man erzählt, und die Art und Weise, wie man das tut, hängen eng mit der Erzählsituation zusammen, die man im jeweiligen Gespräch vorfindet:

- Im Gespräch können sich die Zuhörer einer Erzählung mehr oder weniger aktiv beteiligen; es können sogar Erzählungen mit mehreren Erzählern vorkommen.
- Die erzählte Geschichte kann mehr oder weniger „erzählenswert" sein.
- Die Erzählung kann eng in den Kontext des Gespräches eingewoben sein, etwa als Stütze eines Argumentes in einem Streitgespräch. Sie kann sich aber auch mehr oder weniger stark verselbstständigen und auf diese Weise einen eigenen Kontext im Gespräch schaffen.

- Manche Erzählungen folgen einer strikten Chronologie und Kausalität der Ereignisse, andere nehmen es damit nicht so genau oder gewinnen ihren Reiz (etwa ihren Witz oder ihre Spannung) gerade erst aus der Umkehrung solcher Verhältnisse.
- Oft werden Geschichten erzählt, um die darin enthaltenen Vorkommnisse zu bewerten und die Zuhörer zu einer ähnlichen Bewertung zu veranlassen. Zuweilen aber ist man sich selbst mit einer solchen „Moral der Geschichte" nicht ganz sicher – und erzählt sie vielleicht eben deshalb.

(Vgl. hierzu die ‚Dimensionen des Narrativen' in OCHS/CAPPS 2001, 18 ff.)

Beim mündlichen Erzählen als einem Phänomen des sprachlichen Alltags hat man es also mit einer großen Vielfalt von Erzählformen und -situationen zu tun. In der Forschung zum Erzählerwerb und zur Didaktik des Erzählens wird dagegen nicht selten von einem Idealtypus des Erzählens mit einer maximal expliziten und ausgebauten Erzählstruktur ausgegangen. Es geht dann, kurz gesagt, um weitgehend monologische Erzählungen besonders erzählenswerter Geschichten. Das Vorkommen solcher Erzählungen hängt nicht allein von den narrativen Kompetenzen des Erzählers ab: Ein versierter Erzähler wird seine Erzählung in den jeweiligen Kontext einpassen, auch wenn sie sich dadurch möglicherweise vom Prototypen entfernt (vgl. ABRAHAM 2008, 41 ff.).

*Unterricht – ein problematischer Erzählkontext*

Der Zusammenhang der Struktur mündlicher Erzählungen mit dem Gesprächskontext, in dem sie vorkommen, ist für das Erzählen im Unterricht von besonderer Bedeutung. Beiträge zur Erzähldidaktik beginnen zwar häufig mit dem Hinweis darauf, dass das Erzählen im außerschulischen Alltag fest verankert ist. Einer einfachen Übertragung alltäglicher Erzählformen auf die Schule stehen jedoch häufig die spezifischen Kommunikationsformen des Unterrichtsgesprächs entgegen. Hier wird meist vor der ganzen Klasse gleichsam „öffentlich" gesprochen und die Lehrkraft ist nicht allein Zuhörerin, sondern Moderatorin und Bewertungsinstanz (FLADER/HURRELMANN 1984). Im Vergleich mit dem Erzählen außerhalb der Schule kann das Erzählen im Unterricht deshalb „zweckentfremdet" (BECKER-MROTZEK 1997) wirken oder gar zu einer Art von „Zwangskommunikation" (FIENEMANN/VON KÜGELGEN 2003) ausarten.

Um solche Probleme erkennen und bearbeiten zu können, lohnt es sich also, das Erzählen nicht lediglich als mündlichen „Erzähltext" außerhalb seines Kontextes zu betrachten, sondern die Anforderungen mit einzubeziehen, die durch seine Einbettung in das mündliche Gespräch entstehen, sei es eine Alltagsunterhaltung oder ein Unterrichtsgespräch.

### 5.3.1 Erzählen im Gespräch

Das folgende Beispiel zeigt eine Erlebniserzählung, die im Rahmen eines Forschungsprojektes erhoben wurde. Am Gespräch beteiligen sich die Schulanfängerinnen Lisa und Tiara sowie eine Erwachsene. Die Erwachsene hat den Mädchen eine Geschichte vorgelesen, in der ein unbeaufsichtigter Hund eine Geburtstagstorte auffrisst. Der folgende Ausschnitt setzt ein, nachdem kurz über diese Geschichte gesprochen wurde.

**Beispiel 1: Kucki**
E: Erwachsene; Li: Lisa; Ti: Tiara

E ist dir sowas AUCH schon mal passiert,
mit m HUND,
Li 'HM'hm; (.)
((LI schüttelt den Kopf))
E oder mit ANderen tieren, (-)
Li SUsi hat das noch nicht gemAcht; (-)
E SUsi ist dEIn hUnd? (.)
((LI nickt))
Li HM=hm,(-)
((LI nickt))
wie macht [das]
Ti [UND-]
aber mein KUcki ist schon mal AUSgebrochen;=
= der HAT dann der der hat dann e mal ein BRÖTchen
(gegen)gefAllen is,=
= hat er sich das in den KÄfig mit reingenommen; (-)
E und wer IST dein kucki?
Ti ein GANZ schlImmes klEInes mEErschweinchen; (-)
E ein GANZ schlImmes klEInes meerschweinchen.
((lacht))
und der ist AUSgebrochen? (-)
Ti JA;(-)
und hat und hat opas und hat hat opas
weil opa seine brötchen kurz hin gestellt hat
( )
( ) er opas BRÖTchen angeknabbert; (--)
E OH;(1.7)
hat er HUNger gehabt;=hm, (.)
Ti HM=hm, (-)
((TI nickt))
(Die Verschriftlichung folgt der Transkriptionskonvention GAT, vgl. Selting et al. 1998)

An diesem kurzen Gesprächsausschnitt lassen sich einige grundlegende Eigenschaften mündlicher Erzählungen als Erzählungen *im Gespräch* aufzeigen:

- Zunächst muss in der gegebenen Situation eine Erzählung überhaupt erst einmal als ein möglicher und relevanter nächster Schritt im Gespräch hervorgebracht werden. Im Beispiel geschieht dies zum einen dadurch, dass bereits eine Erzählung vorgelesen wurde, zum anderen aber durch die einleitende Frage der Erwachsenen in Zeile 1.
- In einer solchen Situation kann nun eine Geschichte zum Thema des Gesprächs werden. Am Beispiel wird deutlich, dass dies nicht immer ganz einfach ist. Einerseits muss geklärt werden, wer überhaupt Erzählerin wird (Lisa oder Tiara), andererseits zeigt sich in den Frage-Antwort-Sequenzen zwischen der Erwachsenen und Lisa in den Zeilen 1 bis 11, dass über eine anschlussfähige Erzählung möglicherweise erst „verhandelt" werden muss. – Tiara bricht diesen Prozess in Zeile 12 mit der Thematisierung ihrer eigenen Geschichte ab und macht sich damit zur Erzählerin. Sie hält sich dabei möglichst an den gegebenen thematischen Kontext des Gesprächs: Wie in der vorgelesenen Geschichte geht es um ein Tier, das etwas frisst, das nicht für es bestimmt war.
- Die Durchführung ihrer Erzählung gerät dabei allerdings zunächst so knapp, dass bei ihrer erwachsenen Zuhörerin noch Fragen offen bleiben. Mit den Nachfragen in den Zeilen 17 und 21 geht Tiaras Erzählung gleichsam in eine zweite Runde. Eine solche aktive Einflussnahme von Zuhörern auf den Erzählprozess ist im mündlichen Erzählen durchaus nichts Ungewöhnliches.
- Auch die Beendigung der Erzählung in den Zeilen 27 ff. geschieht in einer Kooperation von Zuhörerin und Erzählerin. Mit ihrer Bewertung („OH;") und der anschließenden Interpretation des Ereignisses („hat er HUNger gehabt;") zeigt die Zuhörerin ihr Verständnis von Tiaras Erzählung, mit dem sich Tiara im Anschluss zufrieden zeigt.

Aus dem Beispiel wird deutlich, wie schwer es ist, eine Erzählung von ihrem Kontext, d. h. der Gesprächssituation und der Interaktion mit den Zuhörern, zu trennen. Wie genau dieses Zusammenspiel funktioniert und welchen Anteil die Beteiligten jeweils daran nehmen, wird sich von Situation zu Situation unterscheiden. Dabei spielt auch die Fähigkeit der Erzähler, eigenständig Lösungen für die in der Erzählsituation entstehenden Aufgaben und Probleme zu finden, eine wichtige Rolle.

### 5.3.2 Erzählkompetenzen

*Aufgaben des Erzählers, Teilkompetenzen des Erzählens*

Ausgehend von Beispielen wie dem obigen, schlägt QUASTHOFF (2009) vor, Erzählkompetenz als einen Teil der Gesprächskompetenzen eines Sprechers zu betrachten. Erzählkompetenz ist in diesem Sinne die Fähigkeit, eine Erzählung in Gespräch und jeweiligen Situation angemessen einbetten und durchführen zu können. Zur näheren Bestimmung dieser Fähigkeit geht QUASTHOFF von drei Aufgaben aus, die sich einem Erzähler stellen:

- Die Aufgabe der „Kontextualisierung" betrifft die Einbettung der Erzählung in eine gegebene Gesprächssituation.
- Bei der „Vertextung" geht es darum, die eigentliche Geschichte zu entwickeln und auszubauen, um die es in der Erzählung geht.
- Der Aufgabenaspekt der „Markierung" betrifft schließlich die sprachliche Form der Erzählung: Es müssen Formulierungen gefunden werden, mit denen die Struktur der Erzählung für die Zuhörer verständlich und nachvollziehbar gemacht werden kann.

Mündliche Erzählkompetenz lässt sich im Anschluss hieran als Fähigkeit auffassen, jeden dieser Aspekte in einer gegebenen Erzählsituation erfolgreich zu bearbeiten. In den folgenden Abschnitten werden die damit verbundenen Aufgabenbereiche und erzählerischen Teilkompetenzen näher erläutert und auf Möglichkeiten hin untersucht, wie sie zur Förderung von Erzählfähigkeiten im Unterricht fruchtbar gemacht werden könnten (vgl. auch OHLHUS/STUDE 2009).

#### Kontextualisierung

Der Aufgabenaspekt der Kontextualisierung einer Erzählung im Gespräch lässt sich etwa mit folgenden Fragen umreißen:

- Ist eine Erzählung in der gegebenen Situation überhaupt anschlussfähig bzw. angemessen?
- Welche (Art von) Erzählung erfüllt diese Bedingung?
- Wie ausführlich oder knapp sollte meine Erzählung sein, um in die Gesprächssituation zu passen?
- Und wie mache ich meinem Gegenüber deutlich, dass ich nun etwas erzählen will, dass meine Geschichte zum Gesprächsthema passt usw.?

Die Kontextualisierungsfähigkeit zeigt sich also darin zu erkennen, dass eine Erzählung in einem gegebenen Kontext anschlussfähig ist und sie dann in angemessener Weise in diesen Kontext einzupassen. Die letzte Frage macht deutlich, dass auch die Zuhörer in einer Erzählung entsprechende Fähigkeiten mitbringen müssen. Wenn sie nicht „mitgehen", nützt dem Erzähler die schönste und „passendste" Geschichte nichts.

Insofern ist Erzählkompetenz ein Teil umfassenderer Gesprächskompetenzen. Es geht grundlegend darum, die Gesprächssituation einschätzen zu können und ein Gefühl dafür zu entwickeln, was darin möglich und was eher unerwartet wäre. In Gesprächen lässt sich die Entwicklung von Kontextualisierungskompetenz festmachen an der Selbstständigkeit, mit der Sprecher ihre Erzählung einbetten. Ungeübte Erzähler reagieren oft direkt auf den gegebenen Kontext, häufig mit einzelnen Äußerungen, die sie nicht zu einer Erzählung ausbauen. Mit wachsender Kontextualisierungsfähigkeit beteiligen sich Sprecher dagegen selbstständig an der Herstellung eines Kontextes, der für ihre Erzählung anschlussfähig ist, und bauen diese stärker aus: Sie „kontextualisieren" ihre Erzählung aktiv (vgl. Quasthoff 2009; Kern/Quasthoff 2005).

*Ansprüche des Kontextes*

Eine solche Entwicklung kann man freilich nur in vergleichbaren Erzählsituationen feststellen. Denn jede Art von Situation stellt besondere, mal höhere und mal geringere, Anforderungen an mögliche Erzähler. Im normalen Unterrichtsgespräch z. B. sind die Hürden zum Anschluss einer Erzählung relativ hoch. Möglichkeiten zum Erzählen müssen daher durch die Lehrperson hergestellt werden. Eine solche Möglichkeit ist etwa der Erzählkreis, in dem nicht zuletzt die räumliche Ordnung der Unterrichtskommunikation aufgebrochen wird zugunsten eines Kreises, der die wechselseitige Beteiligung an der Interaktion ermöglicht. Alle Beteiligten werden potenzielle Erzähler und Zuhörer möglicher Geschichten. Durch die Erwartbarkeit von Erzählungen in einer solchen Unterrichtsform wird zugleich der Anspruch an die Kontextualisierung abgesenkt. Andererseits kann durch einen solchen Kontext der Erwartungsdruck auch in einer Weise ansteigen, die einem „natürlichen" Erzählen im Wege steht. In diesem Sinne herrschen unter Umständen auch im Erzählkreis keine idealen Bedingungen für das Erzählen (vgl. Fienemann/von Kügelgen 2003).

*Erzählfreundliche Situationen*

Bei dem Versuch, erzählfreundliche Situationen im Unterricht zu schaffen, kann man sich vor dem Hintergrund dieser Problematik an zwei Überlegungen orientieren:

- Je kleiner die Gruppe ist, in der erzählt wird, desto weniger aufgabenförmig kann das Erzählen eingebettet werden. Kleine Gruppen bieten zudem die Möglichkeit einer interaktiven Unterstützung der Erzähler, die im großen Kreis so nicht umzusetzen ist.
- Je offener die thematische Entwicklung eines Gesprächs gehalten wird – etwa auch dadurch, dass Beiträge zugelassen sind, die nicht im engeren Sinne Erzählungen sind – desto mehr Anknüpfungsmöglichkeiten erge-

ben sich für die Beteiligten. Nur in einem thematisch offenen Gespräch kann die Fähigkeit zur Kontextualisierung geübt werden.

Die Schaffung entsprechender Erzählsituationen muss natürlich mit der Organisation des Unterrichts zusammengebracht werden und wird deshalb mit Kompromissen einhergehen müssen. Zur Auflösung dieses „situativen und institutionellen Dilemmas“ (Hausendorf/Wolf 1998) gibt es allerdings kein allgemeingültiges Rezept.

**Vertextung**

Folgende Fragen umreißen den Problemaspekt der Vertextung:

- Wie soll meine Geschichte aufgebaut sein?
- Was ist darin wichtig, was unwichtig?
- Welche Hintergrundinformationen müssen mitgeliefert werden, damit die Handlung im Vordergrund der Geschichte von meinen Zuhörern verstanden wird?

*Entwicklung der Erzählstruktur*

Hier geht es also um den Auf- und Ausbau der Geschichte selbst, die ja nicht nur in den Kontext passen, sondern etwas zu ihm beitragen soll. Die Entwicklung der Fähigkeit, Erzählungen in diesem Sinne zu strukturieren, bildet traditionell den Hauptfokus der Erzählerwerbsforschung. Einschlägige Studien (vgl. etwa Boueke et al. 1995) kommen zu dem Ergebnis, dass wichtige Weichenstellungen in diesem Bereich im Grundschulalter geschehen. Dabei wird gewöhnlich von einer mehrstufigen Entwicklungsfolge ausgegangen:

- Kinder versprachlichen zunächst nur einzelne, sprachlich isolierte Sätze als Erzählungen (nach Maßgabe ihres subjektiven Urteils darüber, was wichtig ist).
- Es folgt eine Phase des Ausbaus der Erzählungen, in der sich die Erzähler zunächst vor allem nach der Chronologie der Ereignisse richten,
- um dann auch den zweiten Aspekt der Erzählstruktur stärker zu berücksichtigen: die Ausrichtung der gesamten Erzählung auf ein unvorhergesehenes und überraschendes Ereignis (eine „Komplikation“ oder ein „Planbruch“), das die Erzählung im engeren Sinne „erzählenswert“ macht.
- Wenn diese strukturellen Eigenschaften der Erzählung gemeistert sind, machen sich die Erzähler daran, sich stärker an ihren Zuhörern zu orientieren, den emotionalen Aspekt ihrer Darstellung hervorzustreichen und z. B. mit Redewiedergaben und Dialogen eine größere Nähe zum Geschehen herzustellen.

Verlauf und Ausprägung dieser Entwicklung zeigen dabei nicht nur große individuelle Unterschiede bezogen auf den Erzähler, sie unterscheiden sich auch nach den Typen von Erzählungen und den jeweiligen Erzählsituationen. So stellt etwa Becker (2001) fest, dass Nacherzählungen und Erzählungen nach Bildergeschichten Erzählern zu Beginn der Grundschulzeit zunächst größere Schwierigkeiten bereiten als Erlebniserzählungen, im Laufe der Grundschulzeit jedoch deutlich stärker ausgebaut werden.

*Erzählgenres*

Auch die Fantasieerzählung zeigt in diesem Sinne eine „steilere Entwicklungskurve", was man etwa erkennen kann, wenn man die folgende ausgedachte Geschichte von Tiara mit ihrer Erlebniserzählung aus Beispiel 1 vergleicht. Die Aufnahme fand einen Tag vor der Erlebniserzählung statt. Tiara soll hier einen Geschichtenanfang fortsetzen, den die erwachsene Zuhörerin vorgibt:

**Beispiel 2: Fahrt im Ballon**
E: Erwachsene; Ti: Tiara

E MEIN ANfang der geht so; (--)
es WA:R einmal,=
=ein kleines MÄDchen, (--)
und das kOnnte FLIEgen; (---)
und EInes TAges, (-)
da pasSIERte etwas;
(3.0)
erzÄhlst du WEIter,=
Ti = da daf: da da entDECKte es, (.)
dass (.) dass (.) dass GANZ rIEsengroße
LUFTballons,
mitf: dass 'a am am 'e AUFgepustet wUrden;
und dann und dann L:IEF,
lief das kleine MÄDchen, (.)
zu einem der LUFTballons,
s:Etzte sich REIN,
machte den SAND ab, (.)
und (.) stieg in den HImmel rein; (.)
und DANN kam aber ein geWItter, (.)
und (-)
es: es es wußte NICHT-=
=wie es wieder RUNterkommen sollte;
(1.0)
dasch: machte (.) da SCH:NITT es die sch::nÜre,
vom LUFTballon ab, (.)

und sEgelte mit dem KORB,
auf die ERde;
(1.0)
E ((lacht))
das aber ne SCHÖne geschichte;
Ti ((lacht))

Deutlicher als in ihrer Erlebniserzählung von Kucki lassen sich hier bereits die unterschiedlichen Komponenten der Erzählstruktur unterscheiden: Es gibt eine Art Exposition, die in die Gegebenheiten einführt (Zeilen 9 bis 17), dann tritt eine Komplikation auf (18 bis 22), die zum Ende der Geschichte eine Auflösung erfährt (23 bis 26).

Hinsichtlich der Diagnostik narrativer Kompetenzen mag man am Vergleich der beiden Erzählungen von Tiara erkennen, dass ein Urteil über die Erzählfähigkeiten eines Kindes nicht auf der Grundlage nur einer Erzählung oder auch nur eines Typs von Erzählungen gefällt werden sollte. Im Unterricht sollten in diesem Sinne mit Blick auf den Kompetenzaspekt der Vertextung unterschiedliche Arten von Erzählungen und Erzählanlässen nebeneinander stehen.

*Wechselnde Erzählanlässe*

Ein Wechsel der Erzählformen und -anlässe fördert zugleich die Einsicht, dass hier jeweils unterschiedliche Ansprüche an den Auf- und Ausbau einer Erzählung bestehen können. Nicht jede Situation ist auf ausgebaute Erzählungen hin angelegt – Erlebniserzählungen im Erzählkreis z. B. sollen in erster Linie überschaubare Gesprächsbeiträge sein und müssen als solche kürzer ausfallen als Fantasieerzählungen wie die aus Beispiel 2.

Es ist nicht zuletzt der formale Charakter expliziter Erzähl*aufgaben* wie im Beispiel 2, der von den Erzählern einen stärkeren Ausbau ihrer Erzählungen verlangt. In Unterrichtssituationen mit mehr als einem Zuhörer können solche Aufgaben allerdings leicht Prüfungscharakter annehmen und die Entwicklung einer Erzählung eher hemmen als fördern. Hier bietet es sich an, mit anderen Gesprächsformen zu experimentieren: Die Struktur einer Erzählung kann nicht nur durch Erzählen im engeren Sinne erforscht werden, sondern etwa durch gemeinsame Planungsinteraktionen zu einer Geschichte, zu denen mehr als ein Erzähler beitragen kann und die auch die Möglichkeit von Kommentaren zum Inhalt und Aufbau einer Geschichte ermöglichen. So wird der einzelne Erzähler von der alleinigen Verantwortung für eine Geschichte entlastet und ein Format geschaffen, in dem Zuhören und Erzählen eng aufeinander bezogen sind. Auch im Rahmen von Erzählwerkstätten (z. B. Claussen/Merkelbach 2004) werden Kommunikationsformen gefunden, mit denen ganz unterschiedliche Aspekte der Erzählstruktur thematisiert und in den Prozess des Erfindens und Erzählens eingebracht werden können.

Durch die Integration des Redens über Erzählungen gehen solche Formen der Interaktion über den reinen Vollzug des Erzählens hinaus und eröffnen den Aspekt der Reflexion über das eigene sprachliche Handeln. In dieser Hinsicht passen sie sich nicht zuletzt auch gut in die allgemeine Ausrichtung unterrichtlicher Kommunikation ein (HAUSENDORF/WOLF 1998).

**Markierung**

Im Aufgabenaspekt der Markierung stellen sich etwa folgende Fragen:

- Welche sprachliche Form wähle ich für meine Erzählung?
- Wie kann ich die Struktur meiner Erzählung sprachlich herausarbeiten?
- Wie gestalte ich die Geschichte „spannend", um meine Zuhörer zu orientieren und zu gewinnen?

Es geht hier also um ein Repertoire sprachlicher Möglichkeiten, auf das in Abhängigkeit von der Situation und dem Ausbau der Erzählung zurückgegriffen werden kann. Dieses Repertoire kann je nach Erzählform sehr unterschiedlich ausfallen. Man betrachte etwa den Erzählanfang „Es war einmal ein kleines Mädchen" im Beispiel 2 und die Folgen, die diese Formel für die sprachliche Gestalt von Tiaras Fantasieerzählung hat.

Um erzählerische Strukturen sprachlich markieren zu können, muss in der Entwicklung von Erzählfähigkeiten freilich erst einmal ein Gefühl für diese Strukturen entstanden sein. In diesem Sinne hängt die Markierungskompetenz eng mit den beiden anderen Kompetenzaspekten zusammen. Eine Vermittlung sprachlicher Formen für das Erzählen als Liste von Formulierungsmöglichkeiten außerhalb einer konkreten Erzählung wird deshalb in den meisten Fällen wenig sinnvoll sein und möglicherweise dazu führen, dass durch die Konzentration auf bestimmte sprachliche Formen der Aufbau der Erzählung vernachlässigt wird.

*Modelle des Erzählens*

Sprachliche Formen des Erzählens lernt man v. a. über Modelle kennen. Wichtig ist es dabei, die Formulierungen im Kontext ganzer Erzählungen wahrzunehmen, da nur so ihre Funktion im Ganzen der Erzählung nachvollziehbar wird. In Nacherzählungen kann man beobachten, welche Faszination bestimmte Formulierungen in einer Geschichte auf (nicht nur kindliche) Zuhörer ausüben können (vgl. BECKER 2005). Solche Modelle von Erzählungen sind sicherlich die wichtigste Quelle beim Ausbau eines eigenen Formenrepertoires. Im Anschluss an die Rezeption von (literarischen) Erzählungen sollte den Kindern deshalb die Möglichkeit gegeben werden, sich selbst an der Verwendung solcher Formen zu versuchen und eigene Geschichten zu erfinden, die sich mit dem Inhalt, aber eben auch der sprachlichen Form des Vorbildes auseinandersetzen. Nicht immer muss in einer solchen Auseinandersetzung mit der sprachlichen Form des Erzählens ein Vorbild explizit gegeben sein. In der im Abschnitt zur Vertextung genannten Planungsinteraktion und den verschiedenen Formen innerhalb von Erzählwerkstätten ergeben sich Möglichkeiten, an der sprachlichen Gestalt von Erzählungen zu feilen, ohne dass der Erzählprozess darunter ins Stocken gerät. Hier können die Beteiligten ihre je eigenen Erfahrungen fruchtbar einbringen und mit alternativen Vorschlägen vergleichen.

### 5.3.3 Die Vielfalt des Erzählens nutzen und fördern

Das mündliche Erzählen ist eine sprachliche Praxis, die ihre Vielfalt nicht allein dadurch entwickelt, dass jeder unterschiedliche Geschichten zu erzählen hat, sondern auch dadurch, dass man das in unterschiedlichen Gesprächssituationen und mit unterschiedlichen Zielen tut. Auch beim Erzählen im Unterricht sollte auf eine Vielfalt von Erzählsituationen und -impulsen gesetzt werden, wenn die Erzählkompetenz in allen ihren Aspekten gefördert werden soll. Einzelne Formen und Situationen des Erzählens sprechen dabei je unterschiedliche Aspekte und „Ressourcen" des Erzählerwerbs an (vgl. auch OHLHUS/STUDE 2009).

Dabei gilt es, die Besonderheit des unterrichtlichen Kontextes gegenüber dem außerschulischen Alltag des Erzählens im Blick zu behalten. Nicht immer ist eine einfache Übertragung möglich. Auf der anderen Seite bieten z. B. gemeinsame Planungsinteraktionen und Erzählwerkstätten spezifische Möglichkeiten, Charakteristika der Unterrichtskommunikation fruchtbar auf den Gegenstand des Erzählens zu übertragen und den Erzählerwerb durch das Reden *über* Erzählungen um eine reflexive Komponente zu bereichern.

## 5.4 Szenisches Interpretieren in der Grundschule

*Anne Steiner*

### 5.4.1 Grundlagen

Blickt man in die wissenschaftliche Literatur, so finden sich zum szenischen Lernen eine Vielzahl von unterschiedlichen Konzeptionen, Ansätzen und Richtungen (SCHELLER 1998 u. 2004, SCHAFHAUSEN 1995, THURN 1996, WELSCHER-FORCHE 1999). Diese sind nicht vollkommen deckungsgleich und machen es unmöglich, eine allgemeingültige Definition des szenischen Lernens zu formulieren. Allerdings basieren alle Ansätze auf einigen grundsätzlichen Einsichten, die im Folgenden zunächst vorgestellt werden und anschließend für das szenische Interpretieren im Allgemeinen und in der Grundschule im Besonderen konkretisiert und schließlich an einem praktischen Beispiel veranschaulicht werden.

*Kennzeichen des szenischen Lernens*

**Szenisches Lernen**

Allen Ansätzen von szenischem Lernen ist Folgendes gemeinsam:

Szenisches Lernen ist eine handlungs- und erfahrungsorientierte Unterrichtsform, die ganzheitliches Lernen ermöglichen will. Sie basiert auf der Annahme, dass Lernen nicht losgelöst von Vorerfahrungen und aktueller Situation erfolgt, sondern immer in konkrete Situationen eingebettet ist, „in Szenen [...], in die wir mit allen Sinnen eingebunden sind" (SCHELLER 1998, 17). Die in der jeweiligen Lernsituation beteiligten Personen, der Raum, die Uhrzeit, aber auch die individuellen Wahrnehmungs-, Denk- und Verhaltensmuster der Lernenden beeinflussen und steuern die Aufnahme und kognitiv-emotionale Verankerung der Lerninhalte.

Szenisches Lernen lässt Lerninhalte nicht nur über Sprache, sondern auch über den Körper erfahren und gestaltet Unterricht so, dass Schüler die Möglichkeit haben, eigene Erfahrungen und individuelle Fähigkeiten in der Auseinandersetzung mit dem Lerninhalt zu aktivieren und einzubringen (vgl. SCHAFHAUSEN 1995, 15; für die Primarstufe WALLRABENSTEIN 2001).

Szenisches Lernen baut Elemente des Rollen- und Theaterspiels in den Unterrichtsalltag ein, weil im szenischen Spiel Lerninhalte ganzheitlich erfahr- und lernbar werden. „Es ist eine Form des Lernens durch Spielprozesse. Wissen wird in und durch Spielprozesse vermittelt. Auf der Als-ob-Ebene des Spiels soll durch emotionales Erleben das Begreifen von Wissen erleichtert werden. Dadurch wird zu einer veränderten, intensiveren und umfassenderen Wahrnehmung der Realität geführt." (Akademie für Lehrerfortbildung 1997, 90)

Zusammengefasst bedeutet szenisches Lernen die erfahrungsbezogene Auseinandersetzung mit Unterrichts- und Lerninhalten jeglicher Art durch die Umsetzung und Darstellung in gestalteten Theaterszenen kleineren und größeren Umfangs (vgl. SCHAFHAUSEN 1995, 19). Es ermöglicht die handlungsorientierte Aneignung von Wissen, weil dieses im szenischen Spiel ausagiert, erlebt und erfahren werden kann. Szenisches Lernen veranschaulicht Lerninhalte über die szenische Darstellung und macht sie damit auch jenseits von sprachlicher Abstraktion erfahrbar und fassbar. Da sie dabei nicht nur sprachlich-kognitiv verarbeitet werden, sondern gleichzeitig auch körperlich und emotional spürbar sind, kann Wissen im Gedächtnis mehrfach encodiert werden. Es werden kognitive, emotionale, sinnliche und auch ästhetische Lernprozesse angeregt und das Wahrnehmungs- und Urteilsvermögen geschärft. „Das szenische Lernen ist eine ganzheitliche, schüleraktivierende Unterrichtsmethode, die in einem ästhetisch gestaltenden Spiel mit dem gesprochenen Wort und/oder dem Körper einerseits nachhaltig Lerninhalte vermittelt, andererseits auch emotionale und gruppendynamische Prozesse auslöst." (GRIMBS 2005, 9)

### Szenisches Interpretieren

Szenisches Interpretieren stellt eine spezifische Ausprägung des szenischen Lernens dar und findet seine Anwendung in einem handlungs- und produktionsorientierten Literaturunterricht. Es „dient der Aneignung und Erschließung von Texten, der Auseinandersetzung mit ihnen und der Erfahrung eigener Imaginationen und Gefühle" (SPINNER 2006b, 752).

Maßgeblich entwickelt wurde das Konzept von SCHELLER, der literarische Texte als „Entwurf, als Partitur für Szenen, die in Vorstellungen umgesetzt und durch Spielhandlungen dargestellt und gedeutet werden" (SCHELLER 2004, 48) versteht. Diese werden „über szenische Handlungen im Hier und Jetzt des Unterrichts belebt und in Beziehung gesetzt zu Erfahrungen und Situationen, die den Schülerinnen und Schülern vertraut sind oder die sie beschäftigen" (ebd.).

Damit wird einerseits den literarischen Texten Rechnung getragen, deren Spezifikum es ja ist, Unbestimmtheits- oder Leerstellen aufzuweisen, die der Leser im Leseprozess konkretisiert und ergänzt. Andererseits nimmt dies auch die Leseerfahrungen der Schüler ernst, da ihnen so die Möglichkeit gegeben wird, eigene Vorerfahrungen mit den beim Lesen durch den Text evozierten Vorstellungen zu verbinden und durch die szenische Darstellung anderen zugänglich zu machen.

Szenisches Interpretieren greift zudem auf theaterpädagogische und -theoretische Überlegungen zurück, so z. B. auf Brechts Lehrtheater oder Boals Theater der Unterdrückten. Es macht sich deren Grundsatz zu eigen, dass im szenischen Spiel sowohl die Spieler als auch das Publikum lernen können. Die körperliche Darstellung kann beiden zunächst Unverstandenes und vielleicht als undurchschaubar Erfahrenes veranschaulichen, verdeutlichen und begreifbar machen, sodass das szenisch Gespielte intensivere Reflexionsprozesse auszulösen vermag als eine rein kognitiv gesteuerte sprachliche Auseinandersetzung:

> *Der Unterricht wird somit zu einem Erfahrungsraum der ‚Möglichkeiten', der Schüler/-innen erlaubt ihre Phantasien und Erlebnisse in der Vorstellung nicht nur zu erleben, sondern auch neue Verfahrensweisen auszuprobieren und im Spiel zu konkretisieren. […] Die szenische Auseinandersetzung […] lässt neue Perspektiven, Erklärungsmuster oder Verhaltensweisen erkennen, neue Erfahrungen machen und den Blick für Wahrnehmungsprozesse schärfen.*
>
> (CZERNY 2004, 25)

> **Szenisches Interpretieren**
> - stellt den Text in den Mittelpunkt, weil es seine Unbestimmtheitsstellen konkretisiert und in der szenischen Darstellung verschiedene Verstehensmöglichkeiten veranschaulicht,
> - gibt gleichzeitig den Erfahrungen und Erlebnissen der Schüler Raum, weil in der szenischen Darstellung auf diese zurückgegriffen wird,
> - arbeitet handlungs- und produktionsorientiert, da die Interpretation in der szenischen Darstellung Körper und Sprache einbezieht, vielfältige Handlungsmöglichkeiten bietet und die individuellen Deutungsansätze der Rezipienten vergegenständlicht und sichtbar werden lässt,
> - bezieht den einzelnen und die Gruppe gleichermaßen ein, weil stets individuelle Deutungen Grundlage für das gemeinsame szenische Agieren, Darstellen und Reflektieren sind.

Literarische Texte entwerfen über gestaltete Sprache Menschen, Beziehungen und Handlungen, Orte, Räume und Landschaften und verbinden sie mit Gefühlen, Sinneseindrücken und Empfindungen. Diese setzt der Rezipient in seiner Vorstellung in konkrete Szenen um, die bewusst oder unbewusst an eigene Erlebnisse, Erfahrungen und Empfindungen anknüpfen. Das Lesen und Verstehen eines literarischen Textes ist daher ein höchst subjektiver und individueller Prozess, der nur dann wirklich gelingt, wenn der Leser den Text sowohl auf Wort- und Satzebene versteht als auch mit emotionaler Beteiligung und Empathie für das Verhalten und Handeln der Figuren rezipiert. Gerade für Kinder im Grundschulalter – und das unabhängig davon, ob sie erst- oder zweitsprachlich aufwachsen – stellt dies eine große Herausforderung dar: Bereits das Decodieren und Entschlüsseln der oberflächlichen Textbedeutung erfordert so viel kognitive Kapazität, dass ein Hineindenken in die Handlung und ein Nachempfinden der Motive und Gefühle der Figuren nur schwer möglich sind. Und dies vor allem dann, wenn der literarische Text vieles nur zwischen den Zeilen andeutet, wenn er also Unbestimmtheitsstellen enthält, die es zu konkretisieren gilt. Eine weitere Schwierigkeit stellt für viele Kinder schließlich die Aufgabe dar, eigene Leseeindrücke und -erfahrungen sprachlich angemessen und für andere eindeutig verständlich zu formulieren, da ihnen die sprachlichen Mittel fehlen, die durch das Lesen hervorgerufenen Vorstellungen und Empfindungen zu beschreiben und anderen mitzuteilen.

*Szenisches Interpretieren hilft Kindern, literarische Texte zu verstehen.*

Szenische Interpretationsverfahren bieten hier eine gute Möglichkeit, über eigene Lesevorstellungen ins Gespräch zu kommen, ohne dass diese sofort ausführlich versprachlicht werden müssten. Anders als bei anderen gestalterischen Aufgaben zu einem literarischen Text funktioniert die szenische Interpretation aber nur in Zusammenarbeit mit anderen, sodass bereits in der Entwicklung einer szenischen Darstellung erste Aushandlungs- und Verständigungsprozesse über das Gelesene stattfinden. Dies wiederum führt zu einer vertieften Auseinandersetzung mit dem literarischen Text. Lesekompetenzen und literarästhetische Kompetenzen werden dabei in gleichem Maße geschult wie Ausdrucks- und Argumentationskompetenz. Szenisches Interpretieren in der Grundschule knüpft an die Spielfreude der Kinder an, regt verbale und non-verbale Kommunikation an, schult Vorstellungsvermögen und Wahrnehmung und führt über produktive szenische Ausgestaltung der Textinhalte zu reflexiven Erkenntnisprozessen. Das gilt auch in Bezug auf AV-Medien, wie Mattern (1999) in ihrer Arbeit über „Fernsehstars und Kinderalltag" gezeigt hat: Der Unterricht nähert sich in szenischen Verfahren der Bedeutung von TV-Helden für die Selbstkonzeptentwicklung der jungen Zuschauer.

### 5.4.2 Verfahren und Methoden szenischen Interpretierens

#### Phasen des szenischen Interpretierens

Scheller entwickelt sein Konzept am Beispiel längerer epischer und dramatischer Texte und beschreibt die szenische Interpretation als eine Abfolge von aufeinander aufbauenden Phasen, in denen sich Schüler den Text analog zum Leseprozess allmählich aneignen. Auf eine erste Phase, in der die spontanen Reaktionen auf die Handlung und die Figuren ausgetauscht werden, folgt die szenische Auseinandersetzung mit Lebensumständen und Charakteristika wichtiger Figuren, bevor in einem nächsten Schritt die individuelle Auseinandersetzung mit einer Figur stattfindet. In dieser Phase fühlen sich die Schüler in „ihre" Figur ein, erkunden deren äußere und innere Haltung sowie deren Motivation. In einem nächsten Schritt erarbeiten sie analog zur Handlungschronologie des Textes wichtige Szenen des Textes und stellen diese in der Rolle ihrer Figur szenisch dar. Der Interpretationsprozess endet schließlich mit einer Reflexion des szenisch Dargestellten durch Zuschauer und Spieler (vgl. Scheller 2004, 49).

Für die unterrichtliche Beschäftigung mit kürzeren literarischen Texten dagegen ist die Einhaltung einer solchen Phasenabfolge nicht zwingend erforderlich. Hier sind durchaus auch nur einzelne szenische Interpretationstechniken einsetzbar, um Imagination, Einfühlung in Figuren und ihre Motive, Nachvollzug der Handlung und Auseinandersetzung mit der sprachlichen Gestalt des Textes anzuregen. In arbeitsteiliger Gruppenarbeit lassen sich durchaus auch verschiedene szenische Verfahren gleichzeitig einsetzen, sodass in der abschließenden Präsentation unterschiedliche Facetten des Textes beleuchtet und diskutiert werden können.

### Szenische Interpretationsverfahren

Szenische Interpretationsverfahren müssen die Möglichkeit eröffnen, systematisch sinnlich-konkrete Vorstellungen über die im Text entworfene Welt zu entwickeln. Sie müssen dazu anregen, innere und äußere Handlung nachzuvollziehen, Bilder von Räumen, Zeiten und Orten zu evozieren, aber auch Lebenssituationen und Beziehungen der Figuren zu vergegenwärtigen. Sie müssen es ermöglichen, individuelle Vorstellungen in verfremdender oder realistischer szenischer Darstellung gemeinsam umzusetzen und so allen zur Diskussion zu stellen.

Eine Vielzahl von szenischen Interpretationsverfahren bzw. -techniken ist bislang theoretisch beschrieben und in der Praxis erprobt worden (z. B. Scheller 1998 und 2004, Spinner 2001, Müller/Schafhausen 2008). Im Deutschunterricht der Grundschule sollten Verfahren zum Einsatz kommen, die zum einen der Spiel- und Darstellungsfreude der Kinder entgegenkommen und dabei auch zur klanglichen Variation und pantomimischen Umsetzung von Texten anregen (vgl. die Vorschläge bei Weinrebe 2001). Zum anderen müssen sie das Einfühlen in die Figur und das Nachempfinden ihrer Emotionen und Motive befördern, ohne dabei sprachlich zu sehr herauszufordern. Darüber hinaus sollten sowohl ergebnisoffene als auch zu präzisen szenischen Darstellungen führende Verfahren gewählt werden. Auf diese Weise lassen sich die Vorerfahrungen der Kinder in die Auseinandersetzung mit dem literarischen Text integrieren und können die Qualität und Präzision der szenischen Präsentationen zu Reflexionen und Diskussionen anregen, ohne dabei den Kindern zu hohe kognitive Abstraktions- oder zu spontane Improvisationsleistungen abzuverlangen. Dazu zählen die folgenden vier grundlegenden Verfahren und Techniken:

*Vier grundlegende Verfahren und Techniken des szenischen Lernens*

**Standbilder**

Ein Standbild ist eine Art dreidimensionales, begehbares Foto, das bestimmte Momente der Handlung, Personenkonstellationen oder Beziehungsstrukturen veranschaulicht. Standbilder entstehen, wenn eine gerade ablaufende szenische Darstellung gestoppt wird, und dabei die Darsteller erstarren, Gestik, Mimik und Körperhaltung „einfrieren" (Scheller 2004, 72). Sie lassen sich aber auch eigens bauen, sodass Schüler ihre Vorstellungen einer Szene anderen veranschaulichen können („situationsbezogenes Standbild", ebd.).

**Rollenbiografie**

Darunter wird die Selbstdarstellung einer literarischen Figur verstanden, die aus Sicht der Figur in der Ich-Form formuliert wird. Angeregt durch Einfühlungsfragen (*Wie heißt du? Hast du viele Freunde? Wie sieht dein Zimmer aus?* usw.) zu äußeren Lebensbedingungen und inneren Charakteristika verfassen die Schüler die Biografie ihrer gewählten Figur und verbinden dabei Informationen aus dem literarischen Text mit eigenen Vorstellungen und Erfahrungen (nach SCHELLER 2004, 61–64). Für Schreiblernende in der Grundschule, denen das Verfassen längerer Texte noch schwerfällt, lässt sich dieses Verfahren ein wenig abwandeln. So könnten die Schüler aufgefordert werden, nur Stichpunkte zu notieren und diese dann im mündlichen Vortrag zusammenhängend zu formulieren.

**Raumdarstellung**

Der Raum, innerhalb dessen sich eine Handlung abspielt, ist von entscheidender Bedeutung für die Wahrnehmung der beteiligten Personen. Dies gilt auch für die szenische Darstellung, der Raum beeinflusst auch hier die Eigen- und Fremdwahrnehmung der Darsteller und des Publikums (vgl. SCHELLER 2004, 66 f.).
Räume werden in literarischen Texten oftmals nur knapp behauptet, nicht immer aber detailliert beschrieben und geschildert. In der szenischen Interpretation kommt daher dem Raum und seiner Beschaffenheit eine doppelte Bedeutung zu: Er ist zum einen zu interpretierendes und mit Vorstellungen auszukleidendes Textelement, zum anderen ist er auch Spielort für die szenischen Darstellungen und muss so gestaltet werden, dass Spieler sich mit ihren Rollen in ihm wiederfinden können.
In einem ersten Schritt können daher die im Klassenzimmer vorhandenen Möbel genutzt werden, um den vorgestellten Handlungsort aufzubauen. Anhand von Leitfragen zur Größe und zu den Ausmaßen des Raumes, zur Beschaffenheit seiner Wände und zu seinem Mobiliar, aber auch zur Atmosphäre, die in ihm herrscht, zu den Gerüchen und Geräuschen, die in ihm wahrgenommen werden können, gestalten Schüler nach und nach eine konkrete Vorstellung des Handlungsraumes. Dabei definieren sie ihn auch als gewohnt oder ungewohnt, bescheiden oder pompös, leer oder voll usw., und veranschaulichen so für sich und andere, wie sie die Raumhinweise des Textes verstehen.

**Körperhaltung**

Haltungsübungen zielen darauf ab, Körperhaltung, Gang, Gestik und Mimik einer Figur körperlich wahrzunehmen. Dafür werden Schüler angeregt, verschiedene Sitz-, Steh- und Gehhaltungen in unterschiedlichen Situationen für ihre Figur zu erproben, die charakteristischen für ihre Figur zu bestimmen und darauf zu achten, welche Gedanken ihnen in der typischen Haltung der Figur durch den Kopf gehen. Dies führt dazu, dass eigene Verhaltens- und Haltungsmuster, die im Körpergedächtnis gespeichert sind, abgerufen und auf ihre Tauglichkeit für die Figur überprüft werden. Die gefundenen charakteristischen Haltungen werden abschließend vor den anderen Schülern präsentiert und zur Diskussion gestellt (vgl. SCHELLER 2004, 64 f.).

### 5.4.3 Szenisches Interpretieren am Beispiel

Die epischen Kurzformen Märchen, Sage und Legende sind bis heute fest im literarischen Kanon der Grundschule verankert und werden nach wie vor im Literaturunterricht der Primarstufe gelesen. Gerade für die Einführung szenischer Interpretationsverfahren sind sie gut geeignet: Aufgrund ihrer Kürze können sie im Unterricht vollständig gelesen und szenisch umgesetzt werden. Die szenische Konkretisierung der recht vagen Orts- und Zeitangaben, die diese Texte meist aufweisen, veranschaulicht nicht nur die individuellen Vorstellungen der Rezipienten. Sie lässt auch bewusst werden, dass das Lesen eines literarischen Textes immer ein individueller und subjektiver Vorgang ist, und regt so auch zu metakognitiven Reflexionsprozessen an. Und obwohl insbesondere die Figuren in Märchen und Sagen meist eindimensional angelegt sind und wenig bis keine psychologische Tiefe aufweisen, müssen ihr Handeln und Verhalten nachvollzogen werden, um die Texte zu verstehen. Szenische Interpretationsverfahren unterstützen den Verstehensprozess, weil sie helfen, ein präzises Bild von den erzählten Figuren zu entwerfen, von ihrem Aussehen, ihrer Gestik und Mimik. Sie regen zudem die Fantasie an, indem sie auch über Vorgeschichte, Lebenssituation und Handlungsmotive von Figuren nachdenken lassen.

## Der Sagentext

**Das Riesen-Spielzeug**

Im Elsaß auf der Burg Nideck, die an einem hohen Berg bei einem Wasserfall liegt, waren die Ritter vorzeiten große Riesen. Einmal ging das Riesen-Fräulein herab ins Tal, wollte sehen, wie es da unten wäre, und kam bis fast nach Haslach auf ein vor dem Wald gelegenes Ackerfeld, das gerade von den Bauern bestellt ward. Es blieb vor Verwunderung stehen und schaute den Pflug, die Pferde und Leute an, das ihr alles etwas Neues war. „Ei", sprach sie, und ging herzu, „das nehm ich mir mit." Da kniete sie nieder zur Erde, spreitete ihre Schürze aus, strich mit der Hand über das Feld, fing alles zusammen und tats hinein. Nun lief sie ganz vergnügt nach Haus, den Felsen hinaufspringend, wo der Berg so jäh ist, daß ein Mensch mühsam klettern muß, da tat sie einen Schritt und war droben.

Der Ritter saß gerad am Tisch, als sie eintrat. „Ei, mein Kind", sprach er, „was bringst du da, die Freude schaut dir ja aus den Augen heraus." Sie machte geschwind ihre Schürze auf und ließ ihn hineinblicken. „Was hast du so Zappeliches darin?" – „Ei Vater, gar zu artiges Spielding! So was schönes hab ich mein Lebtag noch nicht gehabt." Darauf nahm sie eins nach dem andern heraus und stellte es auf den Tisch: den Pflug, die Bauern mit ihren Pferden; lief herum, schaute es an, lachte und schlug vor Freude in die Hände, wie sich das kleine Wesen darauf hin und her bewegte. Der Vater aber sprach: „Kind, das ist kein Spielzeug, da hast du was Schönes angestiftet! Geh nur gleich und trags wieder hinab ins Tal." Das Fräulein weinte, es half aber nichts. „Mir ist der Bauer kein Spielzeug", sagt der Ritter ernsthaftig, „ich leids nicht, daß du mir murrst, kram alles sachte wieder ein und trags an den nämlichen Platz, wo du's genommen hast. Baut der Bauer nicht sein Ackerfeld, so haben wir Riesen auf unserm Felsen-Nest nichts zu leben."

(aus: Brüder Grimm 1816/1994: *Deutsche Sagen*, 52 f., Deutscher Klassiker Verlag, Frankfurt a. M.)

## Individuelle Leseerfahrungen mit einem Sagentext

„Das Riesenspielzeug" weist typische Merkmale der Ortssage auf. Es spielt zu einer längst vergangenen, aber nicht näher bestimmten Zeit an einem zwar konkret benannten, aber ebenfalls nicht genauer charakterisierten

Ort. Protagonisten sind eindimensional gezeichnete Riesen-Wesen, die in Opposition zueinander und zu den Menschen stehen und eindeutig als gut oder böse zu bewertendes Verhalten zeigen. Die sprachliche Gestaltung des Textes ist vermeintlich schlicht gehalten und erinnert in Syntax und Wortwahl an eine mündliche Erzählung aus vergangener Zeit.

*Szenische Verfahren veranschaulichen individuelle Lesarten.*

Die Sage enthält etliche Unbestimmtheitsstellen, die es beim Lesen zu konkretisieren gilt, um den Text zu verstehen und das Handeln und Verhalten der Figuren nachzuvollziehen. Gelingt es nicht, diese mit eigenen Vorstellungen zu füllen oder eigene Vorstellungen mit den Textangeboten in Einklang zu bringen, kann die Geschichte unter Umständen unverständlich bleiben. Abhängig von subjektiven und dabei durchaus auch medial geprägten Vorstellungen, die die konkreten Ortsbezeichnungen „Nideck“ und „Haslach“ evozieren, und abhängig auch von den individuellen, sozial und kulturell geprägten Vorerfahrungen mit elterlichen Geboten und Verboten, die Rezipienten im Kindesalter mitbringen, ruft der Text unterschiedliche Deutungsmöglichkeiten hervor. Diese können durch Verfahren des szenischen Interpretierens für alle Kinder gewinnbringend zur Diskussion gestellt werden.

### Beispiele möglicher szenischer Interpretationsverfahren und -aufgaben

#### ▶ Standbilder

*Erzählt die Sage in drei Standbildern. Baut dann ein Standbild zur Schlüsselszene des Textes.*

Diese Aufgabe erfordert eine Verständigung über die Handlungsabfolge des Textes. Gemeinsam müssen die wesentlichen Handlungsschritte und die Kernszene der Geschichte bestimmt werden, was zu intensiver mündlicher Kommunikation sowohl über den Text als auch über die individuellen Vorstellungen auffordert. Die Chronologie der Ereignisse und damit die Handlungsabfolge sind relativ leicht zu bestimmen: Die Riesentochter entdeckt die Bauern und sammelt sie als Spielzeug ein, sie zeigt ihrem Vater ihr neues Spielzeug, wird daraufhin von ihm zurechtgewiesen und gezwungen, die Bauern wieder zurück aufs Feld zu setzen. Die Auswahl der Details, die dann in den drei Standbildern gezeigt werden sollen, und die jeweilige Gestik, Mimik und Körperhaltung der Figuren sind weniger einfach und erfordern intensive Aushandlungs- und Verständigungsprozesse über einzelne Textpassagen, Formulierungen und einzelne Wörter (*Wie weint das Riesenmädchen? Bitterlich oder eher leise und unbemerkt? Weint sie aus Wut, Angst oder Enttäuschung? Welche Körperhaltung hat jemand, der laut/leise/wü-*

*tend/enttäuscht weint? Welche Szene wird als die Schlüsselszene des Textes empfunden? Warum gerade diese? usw.*).

### Rollenbiografien

*Schreibe die Rollenbiografie des Riesen, seiner Tochter und der Bauern und präsentiere sie vor der Klasse.*

Die Aufgabenstellung ermöglicht das Einfühlen in und Nachempfinden von Handlungsmotiven und Verhaltensweisen. Individuelle Vorstellungen und Erfahrungen werden dabei bewusst und sichtbar, weil je nach eigenem Erleben das Verhalten des Riesenmädchens als unangemessen und für das Kind selbst am Ende unangenehm (*Sie nimmt sich, was sie will, ohne die Konsequenzen zu bedenken, weil sie schon immer so unbedacht handelt und egoistisch ist*) oder als richtig und verständlich empfunden wird (*Das Riesenmädchen hat keine Geschwister und braucht daher dringend Spielzeug*). Das Verfassen einer Rollenbiografie für die Bauern fordert dazu auf, Vorstellungen über ihre Zahl und ihr Alter zu entwickeln und verdeutlicht das (fehlende) Identifikationspotenzial dieser Figuren und ihre nur marginale Rolle innerhalb der erzählten Handlung.

### Raumdarstellung

*Sammelt Informationen über das Elsaß, Burg Nideck und Haslach und gestaltet das Klassenzimmer so, wie ihr euch die Orte vorstellt, an denen die Handlung spielt.*

Diese Aufgabe regt das genaue Lesen, das Recherchieren und das mündliche Beschreiben an. Da der Text nur wenige Angaben zum Ort des Geschehens und seiner Atmosphäre macht, bedarf es der Aktualisierung eigener Vorstellungen. Dabei muss zwischen einzelnen subjektiven Vorstellungen vermittelt werden (*Ist die Burg ein angenehmer, freundlicher oder eher ein kalter, schrecklicher Ort?*), um zu einer gemeinsamen Gestaltungslinie zu gelangen. Ganz abgesehen davon fördert die Aufgabe ästhetisches Lernen, weil Gestaltungsentscheidungen getroffen und dazu passende, stimmige gestalterische Mittel gefunden werden müssen.

### Körperhaltung

*Präsentiert den Riesen, seine Tochter und die Bauern auf dem Laufsteg.*

Die Aufgabe bedarf erst einer Erprobung von Gangarten und Körperhaltungen, von Gestik und Mimik, bevor die Figuren anderen präsentiert werden können. Erprobung und Präsentation lassen körperlich wahrnehmen, was im Text zwischen den Zeilen angedeutet ist (*hilflose, geknechtete Bau-*

*ern, ein erst fröhliches, dann trauriges Kind, ein wütender Vater, der über andere herrscht*). Eigene Vorstellungen und eigenes körperliches Verhalten in unterschiedlichen Situationen und Bedingungen (*Wie bewege ich mich, wenn ich aufgeregt/fröhlich/traurig bin? Wie bewegt sich ein Riesenmädchen, wenn es aufgeregt/fröhlich/traurig ist?*) können dabei bewusst und mit denen der literarischen Figur verglichen werden. Daneben lassen sich auch sprachliches Ausdrucksvermögen schulen, Wortschatz erweitern und Einsicht in das ästhetische Ausdrucks- und Gestaltungspotenzial von Sprache und Stimme fördern, wenn zusätzlich zum körperlichen Ausdruck eine der Figur angemessene Stimmlage und Modulation gefunden oder die Äußerungen der Figur in heutiges Alltagsdeutsch übersetzt werden. ■

# Im Deutschunterricht Medien untersuchen und nutzen

6

## 6.1 Medienästhetisches Lernen in der Grundschule – Leitfach Deutsch

*Ulf Abraham*

### 6.1.1 Mediensozialisation und Kindheit im 21. Jahrhundert

#### Medien und Sozialisation

Medien gelten heute als Sozialisationsinstanzen, das heißt sie spielen neben Familie, Peergroup und verschiedenen Bildungseinrichtungen die Rolle von Miterziehern. Dass schon Kleinkinder vielfach vor dem Fernseher sozialisiert werden, ist sicherlich mehr als ein Klischee. Nicht das ist allerdings das Problem (Kinder müssen auch *visual literacy* erwerben), sondern die Ausschließlichkeit dieses Medienkonsums und das Fehlen erwachsener Bezugspersonen, die als ‚kompetente Andere' verfügbar wären. Da dies in sehr unterschiedlichem Ausmaß gegeben ist, kommen Kinder verschieden (einseitig) mediensozialisiert in die Schule. Dort geht es dann nicht darum, den Medienkonsum in Familie und Freizeit noch zu doppeln, sondern eine gemeinsame und reflektierte Nutzung verschiedener Medien zu erreichen, die einerseits Kritikfähigkeit, andererseits aber auch Genussfähigkeit stärkt. Bewahrpädagogik gilt heute als überwunden; es ist kein vernünftiger medienpädagogischer Ansatz, die Kinder vor den Medien zu warnen, ohne Vorbilder für eine sinnvolle Mediennutzung bereitzustellen und die dafür nötigen Kompetenzen darzustellen. Die weit fortgeschrittene Durchdringung nicht nur der Wohn- und Kinderzimmer, sondern auch des öffentlichen Raums mit Medien der Kommunikation, Information und Unterhaltung lässt jede andere Einstellung von Lehrern dazu nicht nur als verantwortungslos, sondern auch als wenig aussichtsreich erscheinen.

*Kinder brauchen Vorbilder und Gesprächspartner für Mediennutzung.*

#### Medien und Gender

In den letzten Jahrzehnten ist es unter allen Bedingungen der Sozialisation vor allem diejenige der Genderzugehörigkeit gewesen, die die Diskussion und Forschung im Bereich der Medienkompetenz bestimmt hat: Weder für Print- noch für andere Medien ist es belanglos, ob das Kind männlich oder weiblich ist. Man weiß heute, dass die Geschlechter sich in ihrer Mediennutzung nach dem Was und dem Wie unterscheiden: Es gibt „auf der Ebene der Sozialisationsinstanzen" eine „Engführung zwischen Sozialsystem und

Mediensystem" (HURRELMANN/GROEBEN 2006, 56), insofern Medien a) Gender kulturell zuschreiben und b) Nutzungsinteressen genderspezifisch bedienen, „bis hin zur Typisierung der Medien(genres) als männlich und weiblich" (ebd.). Den Mediengebrauch der Eltern nehmen Kinder bereits in den Familien nicht unabhängig vom Geschlecht wahr. In der Schule reagieren Mädchen und Jungen jedenfalls unterschiedlich auf Medienangebote. Besonders Bücher werden vielfach weiblich konnotiert, wobei die Tatsache, dass die überwältigende Mehrheit der Lehrkräfte in den Grundschulen heute Frauen sind, leider eine positive Rückkopplung erzeugt und die daraus entstehende Verknüpfung von *Doing Gender, Doing Reader* sich bis in die Sekundarstufe I fortpflanzt (vgl. FENKART 2011, 13). Lesekompetenz als Teil von Medienkompetenz (vgl. dazu den nächsten Abschnitt) kann aber nur erwerben, wer sich dem Medium mit einer Grundhaltung der Offenheit und Neugier nähert. Auch in anderen Medien, z. B. Kinderfilmen, sind es die Genres, an denen sich Genderpräferenzen festmachen. Die Aufgabe der Lehrkraft ist es, sowohl bei Büchern als auch bei audiovisuellen und Computer-Medien Angebote zu machen, die Mädchen und Jungen ansprechen. Eine zeitweilige Entmischung der Lerngruppe kann sinnvoll sein, aber das Ziel sollte gemeinsame Anschlusskommunikation bleiben. Das ist auch deshalb wichtig, weil sich die Medien ihrerseits aktiv am *Doing Gender* beteiligen, das heißt den beiden Geschlechtern deutlich unterschiedliche Rollenstereotype anbieten (vgl. JUD-KREPPER 1997 für das Fernsehen).

*Mediengebrauch ist abhängig vom Geschlecht.*

### 6.1.2 Medienbezogene Lernziele, Kompetenzen und Standards im Bereich der Primarstufe

#### „Medienkompetenz" als Begriff

Bekannt ist die Vorgabe der Bund-Länder-Kommission von 1995, Medien (vor allem elektronische) für das schulische Lernen besser zu nutzen und dafür nicht ein „eigenständiges Fach" zu schaffen (vgl. BLK 1995, 20). Medienkompetenz „als Bestandteil allgemeiner und beruflicher Bildung" (ebd., 14) soll vielmehr in allen Fächern angestrebt und schon in der Grundschule angebahnt werden. Dabei kann Deutsch als Leitfach gelten, das den letztlich nur sprachlich möglichen bzw. kommunizierbaren Umgang mit schrift- und bildbasierten Medien vermittelt, und zwar so weit wie möglich handlungs- und produktionsorientiert (vgl. VACH in diesem Band, S. 212).

*Deutsch ist Leitfach der Medienerziehung.*

Bevor dieser Gedanke für verschiedene Medien entfaltet wird, sind einige Angaben zum Begriff der Medienkompetenz in Anwendung auf die Primarstufe notwendig. Gegen die leider nicht unübliche Verkürzung des Begriffs auf die Fähigkeit, Medien zu handhaben, definiert GAPSKI:

> *Medienkompetenz ist die Selbstorganisationsdisposition eines einzelnen oder eines sozialen Systems im Hinblick auf die sinnvolle, effektive und reflektierte Nutzung technischer Medien.* (GAPSKI 2006, 78)

Andere Autoren allerdings legen heute Wert darauf, dass auch die Printmedien zu den Medien gehören und es mithin nicht nur um technische oder gar nur um elektronische Medien geht. Lesekompetenz ist basal für die Nutzung aller Medien; auch und gerade „Neue Medien fordern Lesekompetenz" (WILDE 2002) und Schreibkompetenz (vgl. z. B. die E-Mail-/Chat-Projekte von FREDERKING/STEINIG 2000 oder das „Schreibprojekt Hypertext" von MAIWALD/ATZHORN 2004). Eine Synopse vorliegender Konzeptionen von Medienkompetenz bei GAPSKI (2006, 69) macht eine Unterscheidung von fast durchweg sechs Dimensionen deutlich:

*Medienkompetenz hat sechs Dimensionen.*

- kognitive Dimension: Wissen über Medien und ihre Nutzungsbedingungen erwerben,
- ethische Dimension: kritikfähig gegenüber Medienprodukten werden,
- soziale Dimension: Medien gemeinsam nutzen und gestalten,
- affektive Dimension: emotionale Reaktionen ausdrücken, mitteilen und reflektieren können,
- ästhetische Dimension: Medienprodukte miteinander vergleichen und bewerten; genussfähig in Bezug auf ihre je spezifischen Ausdrucksformen werden,
- Handlungsdimension: Medien handhaben und mit ihrer Hilfe Ziele erreichen können.

**Lernziele, Kompetenzen und Standards**

Eine Begründung für den oft zu beobachtenden Vorrang von Printmedien gegenüber auditiven, audiovisuellen und Computermedien im Deutschunterricht der Grundschule sieht BARTNITZKY (2008, 109) „in der begrenzten Zeit, die der Grundschule für das Fach Deutsch zur Verfügung steht", was wegen der Dringlichkeit der Lesekompetenzförderung den „Schrifttexten" eine „Vorrangstellung" einräume. Das Argument der Ökonomie ist zwar nicht von der Hand zu weisen; aber ein weniger guter Grund für die Vernachlässigung der Nichtprintmedien ist sicherlich auch darin zu sehen, dass fast alle Darstellungen (ähnlich wie die hier zitierte) ‚die Medien' in enger Verknüpfung mit dem Leseunterricht behandeln. Sie sehen sich darin bestärkt von Lehrplänen, die mehrheitlich noch immer „Umgang mit Texten und Medien" zusammenspannen. Die Einsicht, dass auch *Schreiben und Medien* oder *Sprachreflexion und Medien* zusammengehören, wird zum Opfer solcher Systematiken (vgl. z. B. BARTNITZKY 2008, 64–105). Anders sehen

*Medien dürfen nicht nur mit Lesen/Literatur verbunden werden.*

das CICHLINSKI/GRANZER (2009). Sie unterscheiden (ebd., 203) Kompetenzaufbau *für* und Kompetenzaufbau *durch* Mediennutzung, und dafür wiederum beziehen sie sich ausdrücklich auf Lesen *und* Schreiben. Sie berufen sich dabei auf die Bildungsstandards für die Primarstufe (KMK 2004):

| Kompetenz | Standard |
|---|---|
| **Richtig Schreiben** | Rechtschreibhilfen verwenden/Wörterbuch nutzen/Rechtschreibhilfen des Computers kritisch nutzen |
| **Über Leseerfahrungen verfügen** | Informationen in Druck- und – wenn vorhanden – elektronischen Medien suchen |
| **Texte präsentieren** | Verschiedene Medien für Präsentationen nutzen |

Über diese unmittelbar evidenten Möglichkeiten hinaus verweist die Darstellung auch auf die Rolle von Hörmedien für den Lernbereich „Sprechen und Zuhören“ (ebd., 207–209), der AV-Medien für einen produktionsorientierten Lyrikunterricht (vgl. ebd., 211: „Lyrikverfilmung“) sowie auf Film/Fernsehen und Fotografie (vgl. ebd., 212: „Bildgeschichten“) für die Leseförderung.

Vor allem die Neuen Medien werden aber in der Grundschule eine Schlüsselrolle spielen, wenn es um eine veränderte Lernkultur geht: Insofern Computermedien alle anderen Medien simulieren und miteinander verbinden können, sind PCs oder Laptops im Klassenzimmer künftig aber auch eine unverzichtbare Voraussetzung für die kompetenzorientierte Arbeit mit Hör- und AV-Medien.

### 6.1.3 Die Rolle der Einzelmedien

#### Printmedien

Die Herausbildung basaler Kompetenzen im Umgang mit Buch- und anderen Printmedien ist eine Kernaufgabe des Deutschunterrichts auf der Primarstufe; sie umfasst mehr als Leseförderung und (nicht identisch damit) Lesekompetenzvermittlung. Nicht nur um die Texte (z. B. solche der epischen und lyrischen Kinderliteratur) geht es, sondern auch um die Wertschätzung von Büchern. Mit KJL im Medienverbund umzugehen, bedeutet nicht (nur) literarische Stoffe als Filme oder Graphic Novels in den Unterricht hereinzuholen (vgl. JOSTING Hrsg. 2007, KRUSE 2011), sondern jedes Einzelmedium in seiner Eigenart zu würdigen. Nicht ausreichend ist die gelegentliche Filmvorführung vor den Ferien. Die Aufmerksamkeit muss sich auf das Medium selber richten, und das gilt auch für das Buch als Medium. Das Sprechen über Covergestaltung und Klappentext gehört hier ebenso

*Alle Einzelmedien sind in ihrer Eigenart zu würdigen.*

dazu wie der Vergleich verschiedener Ausgaben, gegebenenfalls auch in verschiedenen Sprachen, und in unterschiedlicher Illustrierung. Andere Printmedien sollten darüber aber nicht vergessen werden; so können Kinder verschiedene Kinderzeitschriften arbeitsteilig vorstellen und vergleichen (vgl. METZGER 2001, 75–77).

### Hörmedien

Hörmedien leiden traditionell und nicht nur in der Schule unter der Dominanz der „bilddominierten Medienangebote" (MAIWALD 2005). ABRAHAM und KEPSER (2009, 196 f.) vermerken eine Neubelebung der Hörspieldidaktik im Zusammenhang mit dem wachsenden Publikumsinteresse an Hörbüchern (vgl. zu deren fachdidaktischer Bewertung MÜLLER 2004, MÜLLER/SCHILCHER 2010). Auch das Kinderhörspiel wird nach wie vor von verschiedenen Zielgruppen viel genutzt; seine Bedeutung ist zwischen 1970 und 1990 stark gewachsen (vgl. HEIDTMANN 1992, 64 f.) und hoch geblieben. Trotzdem ist sein Stellenwert für die literarische Bildung erst spät thematisiert worden (vgl. WEBER 1997, WERMKE 1999, EDER/FOKKEN 2008). Ein Grund dafür ist die Einordnung der meisten Kinderhörspiele als serielle Unterhaltungsliteratur. Hinzu kommt eine ungute Tendenz zur Funktionalisierung eines Mediums, das noch weniger als die AV-Medien *auf sich selber aufmerksam* macht. So setzt BERGMANN (2003) zwar mit ihrem fächerübergreifend konzipierten Curriculum zur Hörerziehung bereits in der Grundschule an (vgl. ebd., 136 f.) und fordert (ebd., 51) auch den Einbezug der Hörmedien. Aber die Rolle der akustischen Medien wird dann doch nur ganz instrumentell bedacht; sog. „Tonträger" sind nur Hilfsmittel. Auch andere Medien – z. B. LINKS Spielfilm *Jenseits der Stille* von 1997 – werden gelegentlich empfohlen, aber auch dabei steht nicht die Reflexion des (AV-)Mediums im Vordergrund, sondern der Impulscharakter einzelner Szenen (vgl. ebd., 165 f.). Dieses mangelnde Medienbewusstsein macht sich im Bereich der Literaturrezeption bemerkbar: In welchen medialen Formen die empfohlenen „Texte, die von professionellen Sprechern gesprochen werden" (ebd., 177), eigentlich vorliegen, wird nicht einmal erwähnt.

*Hörmedien werden oft gegenüber Print- und AV-Medien vernachlässigt.*

Generell werden Hörmedien in der Grundschule eher produktions- als rezeptionsorientiert genutzt (vgl. z. B. GESELL 2000 zum Kinderradio oder METZGER 2001, 83–86 zur selbstgemachten Gedicht-CD), wogegen angesichts der leichten Bedienbarkeit von Programmen wie *Audacity* (ein Programm u. a. zur Erstellung von Liveaufnahmen) am Laptop nichts spricht. Allerdings geht es dann nicht nur um die Handhabung einer medialen Technik, sondern immer auch um die Reflexion der ästhetischen Möglichkeiten eines Mediums!

## Film und Fernsehen

Eine aktuelle Publikation zur Filmerziehung in der Schule (Spielmann 2011) setzt bereits in der Primarstufe an mit einer Konzeption, die Filmverstehen zum gemeinsamen Anliegen aller Schulstufen und verschiedener Fächer macht. Die Hauptverantwortung tragen dieser Konzeption nach, die im „Freiburger Filmcurriculum" (Fuchs et al. 2008) systematisch entfaltet wird, die Fächer Deutsch, Kunst und Musik (vgl. Spielmann 2011, 98):

- Bild: Fach Kunst (z. B. location scouting, Maske, Kostüme, Montage)
- Ton: Fach Musik (z. B. Tonaufnahme, Tonmischung)
- Text: Fach Deutsch (z. B. Idee, Exposé, Drehbuch, szenisches Spiel, Filmkritik)

Dass es Überlappungen zwischen diesen drei Zuständigkeiten gibt, macht Spielmann (ebd.) u. a. durch Aufgaben wie die folgenden deutlich: Regie führen, Storyboards zeichnen, Filmsongs schreiben, singen und aufzeichnen.

*Grundschule ist für den Aufbau filmischen Wissens elementar.*

Der Beitrag der Grundschule zum Aufbau filmischen Wissens und Könnens ist sicherlich begrenzt, aber sehr wichtig. Kinder bringen bereits *visual literacy* mit; im Unterricht kann das Bekannte auf Begriffe gebracht, reflektiert und allmählich um Neues ergänzt werden. „Sich mit Hilfe von Fachbegriffen über Filme unterhalten" (Fuchs et al. 2008, 86), schlägt das „Freiburger Filmcurriculum" als Kompetenz für Klasse 4 vor und nennt (neben anderen, eher für das Fach Kunst einschlägigen Begriffen) *Titel, Regisseur, Schauspieler, Kamera, Handlung, Drehbuch, Schwarzweiß/Farbe.* Konkret sollten die Kinder z. B. bereits erfahren,

- nicht welche Einstellungsgrößen und Perspektiven es gibt, sondern *dass* die Kamera je nach Position und Nähe zum Objekt unterschiedliche Bilder hervorbringt und der Bildausschnitt ganz wichtig ist,
- nicht was ein Regisseur alles tut, sondern *dass* es eine Person gibt, die die Umsetzung eines Drehbuchs verantwortet und gestaltet und alle wichtigen Entscheidungen trifft,
- nicht wie genau ein Drehbuch aussieht, sondern *dass* es eine solche Produktionsvorlage gibt, die neben Anweisungen für Schauspieler (Dialog) auch solche für Kameraleute, Beleuchter und Tonmeister enthält.

Es geht dabei um die Voraussetzungen dafür, Filme ästhetisch (ein-)schätzen und beurteilen zu können. Das erschöpft sich nicht in verfilmter Kinderliteratur, auch wenn diese in der Grundschule einen hohen Stellenwert hat (vgl. Josting/Maiwald 2010). Ein Kerngeschäft des Deutschunterrichts ist der verbale Austausch über alles, was strittig, unterschiedlich wahrnehmbar und damit *interpretationsfähig* ist; dazu gehören auch nichtliterarische Filme, vom Kurzfilm bis zum TV-Format. Wichtig ist dabei die Produktionsorientierung – Kinder können z. B. filmen (lernen) (vgl. PESCHEL 2000). METZGER (2001, 39 f.) nutzt Filmausschnitte, um Geschichten schreiben zu lassen; nach ABRAHAM (2012) lassen sich Kinder durch einen Kurzfilm (*Die besten Beerdigungen der Welt*) zum kreativen Schreiben anregen.

Von großer Bedeutung ist auch das medienbezogene Gespräch: Kinder entwickeln Urteilsfähigkeit im „Sehgespräch" (vgl. MÖBIUS 2006) und bewältigen Seherfahrungen durch szenisches Spiel (vgl. ABRAHAM 2002 und MATTERN 2002). Und schließlich kann man Filme auch zur Sprachreflexion nutzen, etwa wenn die Kinder denselben Satz in verschiedenen Sprachen (DVD-Sprachauswahl) hören und vergleichen (vgl. METZGER 2001, 54–57) oder sich mit der sprachlichen Gestalt von Untertiteln auseinandersetzen (vgl. ebd., 2008). Auch das Kino sollte bereits in der Grundschule thematisiert werden; so erarbeiten sich die Schüler Einsichten in Filmprojektion und Kino, indem sie ein Tischkino bauen, eine Geschichte erfinden oder „Filmrollen" aus gezeichneten Einzelbildern erstellen und eine Filmvorführung veranstalten (vgl. PFEIFFER 2001).

*„Sehgespräche" sind wichtig.*

**Computer**

Deutschland gehört im internationalen Vergleich nicht zu den Ländern, die sich bisher besonders bemüht haben, Grundschülern Computer und Internet nahezubringen. Schon in den 1990er Jahren zeigt sich ein Rückstand gegenüber der angelsächsischen Welt und Frankreich (vgl. ARENHÖVEL 1994, 13 f.). Dabei geht es weder um technische Rückständigkeit noch um Geldmangel, sondern um eine dem pädagogischen Mediendiskurs in Deutschland eigene Skepsis gegenüber einer Medialisierung des Primarbereichs (vgl. z. B. v. HENTIG 2002); der Computer erscheint dabei pauschal als „das Sinnbild einer nicht personalen Pädagogik" (ebd., 194). Diese Sichtweise geht von einem Vorrang der Primärerfahrung aus und misstraut der Sekundärerfahrung. Sie übersieht allerdings, dass für Kinder als *digital natives* die Medien ein integraler Teil ihrer Sozialisation sind. Prinzipiell kann jedes Medium zur Befriedigung persönlicher Ausdrucks- und Gestaltungsbedürfnisse genutzt werden (vgl. DEHN et al. 2004, PETERS 2004).

*Die Schreibdidaktik hat den Computer längst entdeckt.*

Bereits in den 1990er Jahren wird die Rolle des neuen Mediums in der Schreibdidaktik diskutiert. ARENHÖVEL (1996, 176) argumentiert, das Tastaturschreiben stelle die Graphem-Phonem-Beziehung in den Vordergrund (da jeder Tastendruck genau ein Graphem generiere), und damit sei die Durchgliederung eines Wortes beim Computerschreiben eine willkommene Notwendigkeit (vgl. ebd., 177). Orthographische Verstöße sind, wenn auch nicht immer durch die Schreiber selbst, von den Lehrkräften leichter zu erkennen, womit der Computer den Schrifterwerb unterstütze. Das Schreiben mit dem Computer, sagt KOCHAN (1994, 28), könne die kognitive Entfaltung der Lernenden „als Schreiber" unterstützen: Es zwinge zum Nachdenken über Schriftlichkeit und Schrift. Erst recht gilt das für Aktivitäten im Internet: Wer eine Suchmaschine erfolgreich nutzen oder sich in ein Forum einloggen will, muss auf die Rechtschreibung des Suchbegriffs oder Passworts besonders achten (vgl. TRAUTMANN 2001, 34).

*Auch das digitale Schreiben muss erlernt werden.*

Bei ersten Versuchen mit kooperativem Schreiben wird intensive Kommunikation zwischen Grundschulkindern über den Inhalt verfasster Texte festgestellt (vgl. LANGENBRUCH/MATTERN 1990, KOCHAN/ SCHRÖTER 1993). Allerdings zeigen explorative Studien von RENNER (1996) und REUEN (1997) auch, wie voraussetzungsreich erfolgreiches Schreiben am Computer ist; seine oft betonte größere „Beweglichkeit" (vgl. SCHMITZ 2003, 251) kann nur unter bestimmten Kompetenzvoraussetzungen genutzt werden. RENNER (1996, 103) beobachtet, dass besonders solche Grundschulkinder am PC gut zurechtkamen, die auch beim Handschreiben wenig Probleme hatten. Im Umkehrschluss bedeutet das, dass das neue Schreibwerkzeug Probleme mit dem Schrifterwerb nicht unbedingt behebt. Im Übrigen führten die Kinder nur „Oberflächenrevisionen" durch, keine „Tiefenrevisionen" (ebd., 179), obwohl sie selber in halboffenen Interviews die „mühelosen Überarbeitungsmöglichkeiten" hervorhoben (vgl. ebd., 185). Künftige Grundschulkinder müssen also nicht nur die Schriftlichkeit an sich, sondern auch das digitale Schreiben und Revidieren erlernen; werden sie dabei unterstützt, so erreichen viele früher als beim Handschreiben eine Stufe, auf der sie kohärente Texte produzieren. BLATT (2001, 49) fordert eine „Medien-Schrift-Kompetenz" als Zielgröße schon im sprachlichen Anfangsunterricht, allerdings habe der Schriftspracherwerb Vorrang vor irgendeiner Medien-Handhabungskompetenz.

### Internet

Ähnlich, wenn auch (noch) weniger abgesichert, stellt sich die Erkenntnislage im Bereich der Internetnutzung durch Grundschüler dar; „das Kind als aktiver und interaktiver Rezipient des Internets" (FEIL 2002, 224) kam nur zögerlich und erst nach der Jahrtausendwende in den Fokus der Forschung. RICHTER (2004) weist in einer qualitativen Studie zur Internetnutzung durch sechs- bis 13-Jährige nach, wie voraussetzungsreich auch eine subjektiv befriedigende rezeptive Nutzung des Mediums ist: Die Kinder müssen schon Grundfertigkeiten haben, um etwas dazuzulernen. In deutschdidaktischer Hinsicht lässt insbesondere der Befund aufhorchen, dass schwächere Leser mehr Probleme haben als gute Leser, die Struktur des Mediums zu erfassen (vgl. ebd., 241). Das zeigt, wie verquickt der Erwerb von Lese- und Medienkompetenz ist; folgt man HURRELMANN (2002) und damit der Leitidee eines gesellschaftlich handlungsfähigen Subjekts als Ziel des Kompetenzerwerbs, dann ist erstere integraler Bestandteil der letzteren.

Obwohl für Kinder das Internet zunächst kein im strikten Sinn informatorisches Medium ist, sollten sie im Blick auf eine Zone der nächsten Entwicklung bereits auf der Primarstufe in die Internetrecherche eingeführt werden; das jedenfalls ist die Ausgangsannahme einer Studie von SEIB (2006) mit zwei Kölner Klassen (einer zweiten und einer vierten). In Partnerarbeit lösen die Kinder hier diverse Rechercheaufgaben. Durch teilnehmende Beobachtung sowie Auswertung der Audio- und Videoaufzeichnungen, der Mitschnitte von Bildschirmaktivitäten und der von den Kindern geführten „Internet-Tagebücher" können „als Verfahren der spezifischen Aufgabenbewältigung" (ebd., 315) fünf Handlungsmuster unterschieden werden (vgl. SEIB 2006, 350): Orientierung im Hypertextraum, Aneignung von Inhalten und Aufnehmen von Informationen, Verständigung über das gemeinsame Vorgehen beim Recherchieren, Verstehen und Nutzen der technischen Möglichkeiten des Mediums, Suchen und Geben von Hilfe.

*Recherchieren im Internet beginnt in der Grundschule.*

### 6.1.4 Medien und ihre Reflexion im Spannungsfeld zwischen Literalitätserziehung und ästhetischer Bildung

Die Arbeit mit und an Medien im Deutschunterricht spielt sich in einem Spannungsfeld zwischen Literalitätserziehung und ästhetischer Bildung ab. Einerseits: Der Schrifterwerb ‚goes internet', behält aber auch im Medienzeitalter die Aufgabe der Normvermittlung. So beschreibt etwa METZGER (2001, 50–54), wie Kinder Kurzrezensionen von Kinderbüchern für das Internet verfassen. Andererseits: Ästhetische Bildung in der Grundschule, traditionell vom Medium Bilderbuch ausgehend, wird multimedial. In diesem Sinn dokumentiert BÖRDER (2003) eine Unterrichtsreihe in einer dritten Klasse über das Bilderbuch *Irgendwie anders* (Kathryn Cave/Chris Riddell 1994), zu dem die Schüler einen multimedialen Hypertext gestalten. Das Produkt ist ein „mit dem Computer gemeinsam erstelltes „Geschichtenbuch" (BÖRDER 2003, 120).

*Ästhetische Bildung ist multimedial.*

Medienpädagogisch sinnvoll ist es grundsätzlich, nicht Einzelmedien (Buch, Film, Hörspiel) getrennt voneinander oder nacheinander einzusetzen, sondern geeignete Medienverbünde zu berücksichtigen. Das begleitend eingesetzte Hörbuch kann die Lektüre eines Kinderromans entlasten, das „Buch zum Film" (meist eine Textausgabe mit Screenshots) leseungewohnte Schüler besonders ansprechen, und Ausschnitte aus einer Verfilmung wiederum können helfen, die Figuren und ihre Beziehung zueinander im Unterricht zu klären.

Medienhandhabung ohne Medienreflexion, das sollte deutlich geworden sein, kann aber nicht das Ziel des Deutschunterrichts sein. Ein Beispiel aus der fachdidaktischen Literatur mag das illustrieren. BAUER (1999) skizziert am Beispiel eines sechsminütigen Cartoons aus einer schwedischen Serie über „Lehrer Linke" und seine Grundschulklasse, ausgestrahlt in der *Sendung mit der Maus* (23.6.1996), den seinerzeit neuen medienpädagogischen Ansatz, der Kinder nicht mehr als den Medien ausgelieferte Konsumenten, sondern als „handelnde Subjekte" sehen wollte (vgl. BAUER 1999, 22). Er diskutiert aber nicht alle Implikationen des gewählten Unterrichtsgegenstands. Als sich nämlich Lehrer Linke überreden lässt, eine langweilige Erdkundestunde über die „Hauptstadt von England" abzubrechen und stattdessen den von den Kindern vorher lautstark geforderten „Film" zu zeigen, machen („Film im Film") einige Kinder ein Picknick auf der Wiese und finden eine vergrabene Schatzkiste. Sie öffnen diese, aber der Zuschauer sieht den Inhalt nicht. Gerade als ein hinter einem Baum versteckter Mann ins Bild kommt, reißt der Film, und in der Klasse beginnt eine lebhafte Diskussion über den Inhalt der Kiste und die Rolle des Mannes. Die Analyse des Kurzfilms ergibt zwar keine Klarheit in der Frage, ob Lehrer Linke den Filmriss absichtlich herbeigeführt hat und damit ein didaktisches Verfahren vorliegt (vgl. ebd., 20), aber dennoch füllen Spekulationen über den Kisteninhalt (geklaute Sparschweine oder nur schmutzige Wäsche?) den Rest der Unterrichtsstunde, die der Lehrer bei aller Tollpatschigkeit durchaus moderiert: „Film gucken" in der Schule unterscheidet sich grundsätzlich von der Freizeitrezeption. Ein Mehrwert schulischer Medienrezeption liegt in der Möglichkeit der gemeinsamen Verständigung über Inhalte und deren medienspezifische Gestaltung sowie in der Vermittlung von *Wissen* über solche Gestaltung. Das ist die ‚Botschaft' des Kurzfilms, der von einer Art ungeplanten, aber durchaus wirksamen Medienunterrichts erzählt. Ein Unterricht mit diesem Kurzfilm in einer realen Grundschulklasse allerdings müsste darüber hinaus klären, dass

*Filmrezeption in der Schule unterscheidet sich vom „Freizeitsehen".*

- Medien im Deutschunterricht keine kurzweilige Alternative zu langweiligem ‚Stoff' sind: Auch über sie gibt es etwas zu lernen;
- „Lehrer Linke" so etwas ist wie das blinde Huhn, das ein Korn gefunden hat: Der Filmriss funktioniert als Verfahren der Rezeptionsentschleunigung und der Auseinandersetzung mit Deutungsvermutungen (z. B.: wieso wird ein Mann hinter dem Baum dazwischen geschnitten, wenn es doch jetzt um die Untersuchung einer Kiste geht?);

- der Sinn eines solchen Unterrichts in der kognitiven Distanz zum eigenen Medienkonsum liegt: Es geht nicht nur um Medienintegration (die auch „Lehrer Linke“ irgendwie bewerkstelligt), sondern auch um Medienreflexion; indem reale Grundschulkinder die Kinder im Film dabei beobachten, wie sie über den „Film im Film“ streiten, geraten sie selber in ein Interpretationsgespräch und lernen über das nachzudenken, was zwischen Film und Zuschauer passiert.

Ein solcher Medienunterricht, der bei der Verständigung und Auseinandersetzung über Gesehenes oder Gehörtes ansetzt und eine narrative Bewältigung und Aneignung anstößt, kann emotionales Lernen vorantreiben, indem er in Bezug auf bekannte Medienfiguren Momente der Identifikation und Empathie aufgreift und damit Selbstreflexion anzielt. Er ermöglicht außerdem Wissenserwerb in Bezug auf das Medium selber, das mithilfe solchen Wissens dann anders wahrgenommen wird als vorher bzw. auch außerhalb der Schule. Beide Lernprozesse laufen über eine lange Zeit und können in der Grundschule lediglich didaktisch angestoßen und befördert werden; das allerdings müssen sie, wenn die Schule ihrem medienpädagogischen Auftrag gerecht werden will.

*Emotionales Lernen und Wissenserwerb gehen Hand in Hand.*

Alle in diesem Überblick erwähnten, für die Primarstufe bedeutsamen Medien sind in diesem Sinn der Reflexion ihrer spezifischen Wirkung und Funktion zugänglich. Später wird auch die Reflexion über ökonomische und ästhetische Bedingungen hinzukommen, in denen Medien stehen, vor allem durch ihre Verflechtung miteinander. Medienverbünde nur mit dem Zweck der Leseförderung multimedial zu nutzen, ist zu wenig. Auch das Ziel des Nachdenkens über die eigenen Mediennutzungsgewohnheiten, so wichtig es ist, greift noch zu kurz, wenn es nicht ergänzt wird um das Ziel des Nachdenkens über das jeweilige Medium selber, seine Rolle in der eigenen Lebenswelt und – mit dem Lerneralter zunehmend – auch seine gesellschaftliche und kulturelle Rolle.

Eine auf diese Weise zunehmend wissensbasierte Medienreflexion hat im Übrigen zwangsläufig auch eine historische Komponente: Was ein Filmriss ist, muss man den *digital natives*, die heute in unseren Grundschulklassen sitzen, künftig erklären. Digitalisierter Film kann ja nicht reißen; allenfalls kann sich das Abspielprogramm aufhängen.

## 6.2 Mit Medien handlungsorientiert umgehen

*Karin Vach*

Dass Medien einen tiefgreifenden Einfluss auf Gesellschaft und Individuen haben, steht außer Frage. Durch die rasante Entwicklung der Medien ändern sich die Anforderungen an Schule und Unterricht. Die Wahrnehmungen der Kinder, ihre Verarbeitungsmöglichkeiten und Erfahrungen, ihre Wirklichkeitskonstruktionen und Selbstbilder sind in hohem Maße von Medien geprägt. Der Deutschunterricht darf das nicht ignorieren, sondern muss den Schülern Gelegenheit und Hilfestellung bieten, die durch Medien vermittelten Inhalte und Erfahrungen aufzuarbeiten und zu durchschauen. Zudem sind bei der Vermittlung von Kommunikationsfähigkeit, neben Sprache und Schrift, die Vielzahl von Kommunikationsmedien, ihrer Textformen und Zeichensysteme zu berücksichtigen. Dies ist vor allem deshalb von Bedeutung, da Schüler in der Grundschule je nach soziokultureller Herkunft über sehr unterschiedliche Voraussetzungen und Bedingungen für den Erwerb von Medienkompetenz verfügen. Um einer Verschärfung der gesellschaftlichen Wissenskluft entgegenzusteuern, muss auch den Schülern ein kompetenter Zugang zu Medien eröffnet werden, denen zu Hause diese Möglichkeit nicht geboten wird. Wie das im Unterricht erreicht werden kann, soll im Folgenden ausgeführt werden.

*Medienerfahrungen im Deutschunterricht ermöglichen*

### 6.2.1 Unterrichtliche Rahmenbedingungen

Der handlungsorientierte Umgang mit Medien im Deutschunterricht entspricht einer Lernkultur, die auf eine höhere Lernwirksamkeit durch schüleraktives Lernen setzt (vgl. Jürgens 2006). Dieses Verständnis vom Lernen korrespondiert mit einem gemäßigt konstruktivistischen Unterrichtsansatz, der in Unterrichtsformen wie dem Projektunterricht seinen Ausdruck finden kann (vgl. Reinmann/Mandl 2006, 639). Situierte, problemorientierte und möglichst authentische Lernumgebungen, wie sie gemeinsame Medienprojekte bieten, ermöglichen persönlich sinnhaftes Lernen. Medienprojekte im Deutschunterricht bieten Möglichkeiten zum selbstständigen und kooperativen Lernen und lassen Freiraum für individuelle Lernwege. So ist in bestimmten Projektphasen die gezielte Instruktion technisch-instrumenteller Abläufe oder medienspezifischer Gestaltungsmittel durch die Lehrperson gefragt, während es in offenen Lernphasen um die Umsetzung und Anwendung der Kenntnisse geht.

*Neue Lernkultur*

Ein umfassendes Verständnis einer solchen Lernkultur spiegelt sich auch in der Öffnung des Unterrichts nach außen. Die Zusammenarbeit mit Medieneinrichtungen ist sinnvoll, da Schulen oftmals nicht über die entsprechende Ausstattung oder das technische Know-how verfügen. Kommunale oder andere Einrichtungen bieten kostengünstig oder gar kostenfrei attraktive Medienprojekte, die unabhängig von den Voraussetzungen der Schule und der Lehrkraft durchgeführt werden.

### 6.2.2. Argumente für handlungsorientierte Medienprojekte

*Höhere Lernwirksamkeit durch handlungsorientierte Medienprojekte*

Die Lernwirksamkeit handlungsorientierter Medienprojekte lässt sich mit Forschungsbefunden aus verschiedenen Wissenschaftsbereichen begründen (vgl. z. B. VACH 2005). Im produktiven Prozess sind die Schüler gefordert, vorhandenes Wissen, Einstellungen und Erfahrungen mit neuen Kenntnissen und Strategien zu verknüpfen und diese umzusetzen (vgl. STERN 2006, 45). Um sich der eigenen Verstehensprozesse zu versichern, diese zu reflektieren und zu erweitern, ist der Austausch mit anderen hilfreich.

Ein Zusammenleben in der Gesellschaft verlangt die entsprechenden Erfahrungen in der Schule. Im Rahmen von Medienprojekten werden den Schülern Selbst- und Mitbestimmungsmöglichkeiten gewährt. Sie bringen ihre Vorschläge ein und legen gemeinsam Handlungsschritte und Ziele ihrer Vorhaben fest. Die Schüler lernen, Verantwortung zu übernehmen.

Sinnvolle und selbstbestimmte Handlungszusammenhänge, wie sie Medienprojekte bieten, tragen zur Befriedigung menschlicher Grundbedürfnisse nach Erfolg, Anerkennung oder Wertschätzung bei. Aus anthropologischer Sicht ist die Befriedigung menschlicher Grundbedürfnisse für eine gesunde Persönlichkeitsentwicklung wichtig (vgl. MASLOW 1991).

Neurowissenschaftlich betrachtet kann erworbenes Wissen umso besser im Langzeitgedächtnis gespeichert werden, je mehr Assoziationen und Wege der vielfältigen Einordnung damit verbunden und durch konkrete Anwendungsbezüge gefestigt sind. Medienprojekte bieten dafür die beste Voraussetzung (vgl. STERN 2006; TILLMAN/WISCHER 2005). Schließlich sprechen auch motivationspsychologische Befunde für Medienprojekte (vgl. JÜRGENS 2006, 55).

### 6.2.3 Förderung von Medienkompetenz

Der handlungsorientierte Umgang mit Medien zielt auf die Förderung von Medienkompetenz: Die Schüler lernen, Medien zu handhaben und mit ihrer Hilfe Ziele zu erreichen. Es lassen sich dabei verschiedene Abstufungen der Handhabung unterscheiden, die von der Bedienung des Computers, des Fotoapparats oder des Aufnahmegerätes über das handelnde Erproben und Erkunden interaktiver Angebote und Computerprogramme bis zu komple-

*Dimensionen von Medienkompetenz*

xeren Produktionen wie Homepages, Radiobeiträgen oder Filmen reichen. Schüler in der Grundschule brauchen Unterstützung und müssen zunächst an die selbstständige Bewältigung des Handlungsprozesses herangeführt werden. Der Erwerb medienbezogener Handlungsfähigkeit ist nicht isoliert, sondern im Zusammenhang mit anderen Teilkompetenzen zu betrachten (vgl. Vach 2005, 239ff.).

Die Selbsttätigkeit, Konzentration und Kreativität, die beim handelnden Umgang mit Medien gefordert sind, können ein Glücksgefühl, einen Flow bzw. ein Aufgehen im eigenen Handeln hervorrufen (vgl. Csikszent-mihalyi 1985). Diese genussvollen Erfahrungen korrespondieren mit den sozialen (Konstituierung von Gruppenidentität) und affektiven Dimensionen (Reflexion über eigene Empfindungen) von Medienkompetenz.

Die Planung eines Projekts verlangt sowohl technisch-instrumentelles Können als auch Kenntnisse über Medienangebote sowie ihre spezifischen Strukturen und Gestaltungsmittel. Damit ist die kognitive Dimension von Medienkompetenz angesprochen. Die Gestaltung eines Produkts schult das Bewusstsein für die Medialität. In Rezeptionsprozessen ist die Medialität der Angebote oftmals nicht zu durchschauen. In eigenen Produktionsprozessen kann die Unterscheidung von Medialität und Realität bzw. dargestellter Realität und Fiktionalität bewusst werden. Dafür ist es wichtig, dass die Schüler mit medienspezifischen Gestaltungsmitteln und deren Wirkungsweisen experimentieren und diese im Hinblick auf ihre Mitteilungsabsichten einschätzen lernen. Sie erkennen, wie Spannung erzeugt, Komik inszeniert oder subjektives Involviertsein angeregt werden können. Mit diesem Wissen können Schüler durchschauen, wie z. B. das Erzählen im Film oder die Dramaturgie im Hörspiel funktionieren oder wie Informationen in Hypertexten dargeboten werden.

Zugleich ist damit auch die ästhetische Dimension von Medienkompetenz angesprochen. Mit der Sensibilisierung der Sinne ist ein Empfänglichwerden für die Wahrnehmungsangebote der Umwelt sowie für den medialen Ausdrucksreichtum an Bildern, Hörangeboten, Filmen und Multimedia zu evozieren. Eine bewusstere und sinnliche Wahrnehmung ermöglicht es den Heranwachsenden, ästhetische Qualitäten zu genießen und an einer Kultur des Sehens und Hörens zu partizipieren.

Zum Medienwissen gehören auch Kenntnisse über Formen der Medienmitgestaltung, die die Schüler bei der (außerschulischen) Präsentation ihrer Ergebnisse gewinnen können. Dabei lässt sich möglicherweise ein erster kritischer Blick auf ökonomische, politisch-gesellschaftliche oder ästhetische Anforderungen bei der Medienproduktion und -distribution werfen.

Medienbezogene Kritikfähigkeit kann im Laufe des Produktionsprozesses gefördert werden. So können sich die Schüler fragen, ob es ihnen gelungen ist, das Medienprodukt ihren Zielen entsprechend zu gestalten, bzw. was noch verändert werden muss, um bestimmte Wirkungen zu erzielen. Die Bewertung des eigenen Medienproduktes kann eine erste kritische Sensibilität gegenüber anderen Medienangeboten anregen.

### 6.2.4 Sprachliche, literale und soziale Kompetenzen

Durch Medienprojekte werden auch (schrift-)sprachliche, kommunikative und soziale Kompetenzen gefördert. In authentischen Lernsituationen bieten sich vielfältige (schrift-)sprachliche Anlässe: So müssen bspw. für eine Hörspielproduktion ein Drehbuch geschrieben sowie die Stimmen und die Sprechgestaltung eingeübt werden. Die Präsentation von Sachverhalten in einem Hypertext setzt die Rezeption verschiedener Sachtexte und die Umsetzung in eigenen Textbausteinen voraus. Der kommunikative Austausch über den Produktionsprozess trägt dazu bei, dass alle Beteiligten zur Sprache kommen. Die Schüler stellen ihre Zwischenergebnisse vor und planen gemeinsam die weitere Vorgehensweise. Medienprojekte enthalten auch Potenziale für soziales Lernen. So müssen sich die Schüler über die Aufgabenverteilung einigen oder Konflikte bei Gruppenarbeiten lösen. Darüber hinaus lernen sie, sich selbst zum Ausdruck zu bringen, sich in verschiedenen Rollen medial zu inszenieren und ihre Wirkung auf andere zu reflektieren. Medienprojekte tragen zur Stärkung des eigenen Selbstvertrauens und zum Aufbau eines positiven Selbstkonzepts bei.

*Vielfältige (schrift-) sprachliche Anlässe für den Erwerb von Kompetenzen*

### 6.2.5 Zugang zu neuen Medienbereichen

Medienprojekte eröffnen Zugang zu neuen Medienbereichen. Zu diesem Ergebnis kommt eine Studie, die drei Jahre die Entwicklung der Medienkompetenz bei Schülern einer jahrgangsgemischten Grundschulklasse in einem sozialen Brennpunkt der Stadt Köln evaluiert hat (vgl. Vach 2005).

*Eigene Mediennutzung erweitern, neue Rezeptionsmuster erwerben*

Die Ausgangslage dieser Schüler war im Hinblick auf die Mediennutzung und Rezeptionsmuster sehr eingeschränkt. Sie verbrachten viel Zeit mit Fernsehen und Spielen auf Spielekonsolen. Andere Medien wie Print- und Hörmedien, Film, Kino, Computer und Internet waren ihnen weitgehend verschlossen. Die Unterrichtsreihen waren anfänglich – den traditionellen mediendidaktischen Ansätzen entsprechend – darauf ausgerichtet, den Schülern eine reflektierte und kritische Mediennutzung zu vermitteln. Hier zeigte sich allerdings bald, dass die Schüler zwar den Unterrichtserwartungen entsprechend mitarbeiteten, aber echtes Engagement und eine tiefergehende Motivation nicht zu beobachten waren. Eine Ausdifferenzierung ihres außerschulischen Medienverhaltens war so nicht zu erwarten (vgl. dazu auch das Ergebnis des Medienunterrichts von PÖTTINGER 1997, 258). Eine Veränderung der didaktischen Ausrichtung hin zur Ermöglichung eigener Medienproduktionen führte hingegen zu einer deutlich erkennbaren Erhöhung der Lernwirksamkeit. In vier Projekten, die im Laufe von drei Jahren in allen vier Jahrgängen der Grundschule durchgeführt wurden, konnte ihnen ein Zugang zu neuen Medienbereichen eröffnet werden. Bei allen Schülern ließ sich eine hohe Leistungsbereitschaft beobachten, die weit über die üblichen Unterrichtserwartungen hinausging. Eine Änderung des Mediennutzungsverhaltens konnte zumindest mittelfristig beobachtet werden.

*Außerschulisches Medienverhalten anregen*

### 6.2.6 Medienprojekte im Deutschunterricht

In den im Folgenden vorgestellten Medienprojekten werden Rezeptions- und Produktionsprozesse miteinander verknüpft. Die durch die Produktionsprozesse gewonnenen Erkenntnisse und Erfahrungen wirken auf die Rezeptionsprozesse zurück. Umgekehrt ermöglichen Medienprojekte es den Heranwachsenden, Medienerfahrungen zu intensivieren und in eigenen Produkten aufzuarbeiten. Zur Vorbereitung eines Projekts gehören Überlegungen zur räumlichen und technischen Ausstattung sowie zur personellen Unterstützung. Auf dieser Basis kann die genauere Planung des Projekts vorgenommen werden: Welche Aufgaben gibt es, was wird für die einzelnen Arbeitsschritte benötigt und welche Teilziele werden angestrebt? Schließlich geht es dann um die konkrete Umsetzung des Vorhabens. Ein Handlungsplan gibt dabei Orientierung.

*Verknüpfung von Rezeption und Produktion*

#### Hörmedien

Den Schülern einer jahrgangsgemischten Klasse 1/2 war aufgrund ihres soziokulturell eingeschränkten familiären Hintergrunds der Zugang zu Hörmedien weitgehend verschlossen. Aufgrund ihrer fehlenden Rezeptionserfahrungen und ihrer mitunter eingeschränkten sprachlichen Fähigkeiten hatten sie Mühe, die geforderte Hörbereitschaft und Konzentration aufzubringen. Daher erschien es sinnvoll, zunächst ganz grundlegend bei der Ermöglichung vielfältiger Hörerfahrungen anzusetzen. Das spielerische Erzeugen von Geräuschen mit unterschiedlichen Materialien trug dazu bei, die Schüler für das Hören zu sensibilisieren.

An diese Erfahrungen anknüpfend erhielten sie in kleinen Gruppen die Aufgabe, zu der Bildvorlage „Die Brücke von Langlois in Arles mit Wäscherinnen“ von Vincent van Gogh (1888) Geräusche zu imaginieren. Im nächsten Schritt ging es darum, die vorgestellten Töne, Klänge und Geräusche mithilfe der Materialien aus der Geräuschewerkstatt und mit sogenannten Körperinstrumenten umzusetzen. Die akustischen Vorschläge wurden kritisch in Bezug auf die Wirkung der klanglichen Umsetzung überprüft. Es entstand eine gemeinsame Klangkomposition, die sogar einen chronologischen Verlauf des visuell Dargebotenen einschloss: Mit Kokosnüssen wurde z. B. das langsam näher kommende Pferdegetrappel umgesetzt. Das rhythmische Schütteln eines Regenschirms und das Aneinanderschlagen von Eisenketten ließen die Bewegung der Zugbrücke ertönen, oder das Plätschern des Flusses wurde mithilfe einer Schüssel mit Wasser dargestellt. Die Verklanglichung des Bildes wurde live vor anderen Klassen aufgeführt.

*Klänge und Geräusche imaginieren, erstellen und hören*

Die eigenen Produktionserfahrungen eröffneten den Schülern Zugang zu der Kunstserie „Bilder im Ohr“, die bei der Kinderradiosendung „KiRaKa“ (WDR 5) ausgestrahlt wird und als Podcast heruntergeladen werden kann. In den Beiträgen wird jeweils ein Bild etwa aus dem Kröller-Müller-Museum in Otterlo bei Arnheim, aus dem Museum Kunstpalast in Düsseldorf oder aus dem Wallraf-Richartz-Museum in Köln vorgestellt. Die Schüler ließen sich gerne auf das Radioangebot ein und erhielten zugleich neue Anregungen für weitere eigene Produktionen, nämlich Musik, O-Töne, Hörspiele und Lesungen mit einzuspielen. In Anlehnung an die Radioserie ist auch eine eigene klassenübergreifende Serie über Bilder denkbar, die als Podcast veröffentlicht wird. So wie die Kunstserie bieten auch andere Beiträge des Kinderradios im Unterricht die Möglichkeit, themenbezogene Beiträge vorzustellen, neue Themen aufzuwerfen und Hörgenuss erlebbar zu machen. Die kurzen Radiobeiträge eignen sich besonders für Höranfänger. Mit zunehmenden Zuhörerfahrungen werden dann die Zuhördauer und die Komplexität der Darbietung gesteigert. Freie Lesezeiten können durch Hörzeiten ergänzt werden.

*Bilder im Ohr*

### Mediengestützte Leseförderung

Die Förderung von Leseflüssigkeit mit einem handlungsorientierten Umgang mit Medien zu verbinden war das Ziel eines Medienprojekts in einem 3. Schuljahr. „Leseflüssigkeit (*Fluency*) umfasst die exakte Dekodierfähigkeit von Wörtern, die Automatisierung der Dekodierprozesse, eine angemessen schnelle Lesegeschwindigkeit und die Fähigkeit zur sinngemäßen Betonung des gelesenen Satzes, also zu einem ausdrucksstarken Vorlesen“ (Rosebrock/Nix 2008, 38). Damit das Einüben von Leseflüssigkeit in diesem umfassenden Sinne motivierend bleibt, ist die Wahl der Lektüre ebenso wie die Einbettung in eine sinnhafte Vorlesesituation wichtig.

Die Lektüreentscheidung fiel auf den Klassiker der Kinderliteratur *Pu der Bär* von ALAN ALEXANDER MILNE (1926/1999). Durch die Ausstrahlung der Disney-Verfilmungen und durch Merchandising-Produkte waren den Schülern die Figuren rund um Pu bekannt: Der naive und immer hungrige Pu, das ängstliche Ferkel, Känga, die überfürsorgliche Mutter und deren Kind Ruh, die wichtigtuerischen Kaninchen und Eule sowie der oft missgelaunte Esel I-Ah verstricken sich in vielerlei komische Abenteuer, die den Kindern im Grundschulalter genussvolle Leseerfahrungen bieten. Die Mehrfachadressierung des Textes ermöglicht es zudem, dass auch Erwachsene viele Anlässe zum Schmunzeln finden (vgl. RICHTER 2007, 112 f.).

Über das literarische Lernen hinaus sollte die Lektüre der Leseförderung dienen. Sie eignet sich durch den hohen Dialoganteil hervorragend für das szenische Lesen, in dem die Rollen von verschiedenen Lesern übernommen werden. In einer Schüler-Lesung bei einem Elternabend wurden drei Kapitel des Buches von je einer Schülergruppe vorgetragen: Kapitel 5, in dem Ferkel ein Heffalump trifft, Kapitel 6, in dem Pu und Ferkel dem missmutigen I-Ah ein Geschenk machen wollen, sowie Kapitel 7, in dem Ruh entführt wird (vgl. dazu auch RICHTER 2007, 114).

*Schüler-Lesung mit einer Powerpoint-Präsentation*

Visuell wurde die Schüler-Lesung durch eine von den Kindern erstellte Power-Point-Präsentation mit Fotos unterstützt. Sie zeigte Fotos mit den Figuren und Schlüsselszenen der Kapitel (vgl. WINTER/SCHNEIDER 2011). Die Stofftiersammlungen der Kinder enthielten ein reiches Pu-Sortiment. Kostengünstig können per Internet weitere Spielfiguren erworben werden, so dass für jede Gruppe genügend Spielfiguren zur Verfügung stehen. Zur Vorbereitung wählten die Schüler die für ihr Kapitel relevanten Szenen aus, stellten diese mit den Spielfiguren nach und fotografierten diese. Jeweils ein Kind war für ein Foto verantwortlich. Dazu musste erarbeitet werden, wie die Spielfiguren auf dem Foto abgebildet sein sollten, welcher Hintergrund und welche Requisiten gewählt werden müssen. Es musste zudem über die Perspektive (Frosch, Vogel, Normal) und über die Einstellungsgröße (Weit, Totale, Halbtotale, Groß) entschieden werden. Die Fotos wurden dann unter Anleitung der Lehrperson zu einer Powerpoint-Präsentation zusammengeführt. Jeder Schüler sorgte für die Einbindung des eigenen Fotos und erhielt auf diese Weise erste Einblicke in die Bedienung des Programms.

Vorausgegangene Rezeptionserfahrungen waren wichtig für das Gelingen der mediengestützten Lesung. Dazu gehörten sowohl Hör- als auch Seherfahrungen. Im Medienprojekt fanden neben dem Buch auch das Hörbuch, gesprochen von Harry Rowohlt, und der Disney-Animationsfilm aus dem Jahre 1966 Berücksichtigung. Die Kinder genossen es, der Stimme, der

Artikulation und der Prosodie Rowohlts zu folgen. Dieser ästhetische Zugang war wichtig für das Empfinden der liebevollen Beziehung Christopher Robins zu seinen Spielfiguren, besonders zu Pu, für das Erleben der eigenen intellektuellen Überlegenheit gegenüber den Protagonisten sowie für das Erfassen der komischen Situationen, in denen viel geredet, aber nichts gesagt wird (vgl. RICHTER 2007, 113). Zugleich diente die Stimm- und Sprechgestaltung des Sprechers als Lesemodell, „das zeigt, wie Texte klingen können, wenn sie empathisch, fühlbar und geübt, kurz gekonnt gelesen werden" (WINTER/SCHNEIDER 2011, 14; GAILBERGER 2011). Zur Vertiefung wurden Aspekte des Leseausdrucks wie etwa Geschwindigkeit, Prosodie oder Pausengestaltung bearbeitet. Es wurde deutlich, dass Leseanweisungen und Signalwörter im Text eine Orientierung darüber geben, ob fragend, ängstlich, fröhlich usw. gelesen werden muss. Ein Arbeitsblatt mit einem Textauszug aus dem Buch und detailliert zugeordneten Sprechanweisungen ermöglichte in Partnerarbeit erste Erfahrungen mit dem ausdrucksstarken Vorlesen. Auf der Basis gewonnener Kenntnisse konnten die Schüler ihre Leserollen erfolgreich trainieren. Es bot sich eine Kombination von Begleitendem und Wiederholtem Lautlesen an (vgl. ROSEBROCK/NIX 2008, 38 ff.).

*Am Leseausdruck arbeiten*

Für das Arrangement der Fotos knüpften die Schüler an ihre Filmerfahrungen an. Zum Einstieg in die Lektüre wurde ihnen der Kurz-Animationsfilm *Winnie Puuh und der Honigbaum* (amerik. OF: *Winnie the Pooh and the honey tree*) aus dem Jahre 1966 gezeigt, der sich auf die Kapitel 1 und 2 bezieht. Im Gegensatz zu anderen Pu-Verfilmungen ist diese Adaption eng an die Vorlage angelehnt. Die Fiktionalität des Erzählten wird filmisch so vermittelt, dass zu Beginn jedes neuen Kapitels zunächst das Buch gezeigt und dann in die animierte Welt des Hundertsechzig-Morgen-Waldes übergeblendet wird. Das genussvolle Filmerleben stand bei der filmischen Darbietung von Kapitel 1 und 2 im Vordergrund. In einer darauffolgenden Stunde wurden mithilfe verschiedener Screenshots die Kameraperspektiven und Einstellungsgrößen sowie ihre Wirkungsweisen erarbeitet. Die gewonnenen Kenntnisse wurden danach an Filmausschnitten überprüft (zur Arbeit mit Kinderfilmen vgl. MÖBIUS in diesem Band, S. 221). Zur Vertiefung fotografierten die Schüler nach den Vorgaben. In einem kleinen Handbuch konnte jeder Schüler die ausgedruckten Fotos den Erklärungen zuordnen. Das erstellte Handbuch bot eine Hilfe bei der Vorbereitung der Fotos, um bei der Powerpoint-Präsentation die entsprechenden Wirkungen zu erzielen und dadurch die Lesung zu unterstützen. Dem subtilen Humor der Lektüre entsprechend variierten die Schüler kreativ die Figuren und Requisiten. So wurde Christopher Robin durch Barbie-Ken ersetzt oder das

Schaumbad Ferkels mit Watte veranschaulicht. Die durch die Präsentation gestützte Lesung war für Schüler und Eltern mit einem genussvollen Medienerleben und einer hohen Lesemotivation verbunden. ■

## ▶ Informieren mit einer eigenen Website

Sach- und Informationstexte spielen in der außerschulischen Lebenswelt eine wichtige Rolle. Daher ist es wichtig, im Deutschunterricht vielgestaltige Angebote aufzugreifen und im handlungsorientierten Umgang Kenntnisse und Sicherheit bei Informationskonstruktionen zu gewinnen. Die Fußball-Europameisterschaft 2012 war in einer 4. Klasse Anlass für ein Projekt, in dem mittels verschiedener Medienangebote Informationen erarbeitet und in eigenen Texten vertieft wurden. Für die Präsentation der Ergebnisse wurde die Internetplattform „Primolo.de" gewählt, die die Möglichkeit bietet, eine eigene Website zu erstellen.

*Informationen verarbeiten, eigene Informationstexte produzieren*

In themenverschiedenen Gruppen erarbeiteten die Schüler Informationen über die Gastgeberländer, die Nationalmannschaften, die Ausstattung der Mannschaften und Fußballregeln. Sie nutzten Kinderzeitschriften und Kinderseiten der Tageszeitungen, informierende Fotos und Filmausschnitte, einen Mitschnitt des Kinderradios sowie Sachbücher. Als hilfreich für den Zugang zu den Texten bewährten sich die Anwendung von Lesestrategien (vgl. Bismarck in diesem Band, S. 13) sowie vor allem auch der Nachvollzug der Textstrukturen. Mit Listen oder Mindmaps visualisierten die Schüler die einzelnen Informationsbausteine. Im Anschluss daran verarbeiteten sie die gewonnenen Informationen in eigenen Schrifttexten, führten fiktive Interviews mit Nationalspielern oder anderen Schülern und fotografierten sich gegenseitig, um die Fußballregeln zu veranschaulichen. In Lernkonferenzen gaben sie sich gegenseitig Rückmeldungen zu ihren Produkten. Das Feedback der Mitschüler fand in den entsprechenden Überarbeitungsprozessen Berücksichtigung. Am Ende konnten alle Produkte unter „Primolo.de" hochgeladen werden. Die einfache Handhabung der Plattform ermöglichte es, die Arbeitsergebnisse zu veröffentlichen. Plakate mit Hinweisen auf die Website trugen zur Verbreitung in der Schule bei. Für die Adressaten bot ein Quiz mit Fragen zu allen Texten einen Anreiz, das eigene Wissen zu überprüfen. ■

## 6.3 Kinderfilme sehen und verstehen

*Thomas Möbius*

### 6.3.1 Begriffsdefinition, Begriffshintergrund

Unter „Kinderfilm“ werden Filme verstanden,

> *[…] die inhaltlich und formal auf Verständnis, Auffassungsvermögen und Bedürfnisse von Kindern [und Jugendlichen] besondere Rücksicht nehmen und mit der Absicht konzipiert und produziert wurden, der Unterhaltung, Entspannung, Information, Bildung und Erziehung […] zu dienen.*
>
> (Wolf 1977, 176)

Da seit 2005 die früher gesondert ausgewiesenen Kategorien „Kinderfilm“ und „Jugendfilm“ bei der Verleihung des Deutschen Filmpreises in der Kategorie „Kinderfilm“ zusammengefasst werden, wird der Begriff in diesem umfassenden Sinne hier verwendet.

*Genres des Kinderfilms*

Literaturwissenschaftlich betrachtet handelt es sich beim Film um eine Gattungsmischung mit epischen, dramatischen und lyrischen Anteilen (vgl. Kern 2002, 219). Der „Kinderfilm“ ist in das Handlungs- und Symbolsystem der Kinder- und Jugendliteratur eingegliedert und lässt sich im Hinblick auf das Genre grob unterscheiden in Dokumentarfilm, Animationsfilm, realistischer und fantastischer Film sowie computergenerierter Kombinationsfilm (vgl. Möbius 2008b). Typisch für die Kinderfilmszene ist der hohe Anteil von Literaturverfilmungen.

*Der „gute“ Kinderfilm*

Anhaltspunkte für die Beurteilung der ästhetischen und pädagogischen Qualität von Kinderfilmen geben die von Abraham (2002) formulierten Merkmale, nach denen ein „guter“ Kinderfilm die kindliche Wahrnehmung berücksichtigt, filmsprachliche Möglichkeiten angemessen einsetzt, dem Bedürfnis der Heranwachsenden nach Erwerb von Weltwissen, Vorstellungsbildung und Weltorientierung entgegenkommt und seine Funktion als generationenübergreifendes Medium, das gleichzeitig aber auch das Recht auf Kindheit vertritt, ernstnimmt (vgl. Abraham 2002, 15).

### 6.3.2 Didaktische Modelle für den Kinderfilm im Deutschunterricht der Grundschule

Da das Fach Deutsch als Leitfach für die Medienerziehung betrachtet wird (Abraham), taucht die Beschäftigung mit dem Film z. B. im Primarstufen-Bildungsplan für Baden-Württemberg auf, wo der selbstverständliche Umgang mit dem Medium Film vorgesehen ist (vgl. Ministerium für Kultus,

*Basiskonzepte der Filmvermittlung*

Jugend und Sport Baden-Württemberg 2004, 50). Die Anzahl von didaktisch-methodisch modellierten Vorschlägen zur schulischen Filmvermittlung ist unüberschaubar. Wenn im Folgenden grundlegende Konzeptionen auch chronologisch differenziert werden, dann geschieht das mit der Zielsetzung einer halbwegs plausiblen Systematik, ohne dass die einzelnen Ansätze idealtypisch der gewählten Vermittlungsrichtung entsprechen müssten; vielmehr finden sich in allen Ansätzen mehr oder weniger stark ausgeprägte Überschneidungen mit anderen Richtungen der Filmvermittlung.

Die Basiskonzeptionen werden differenziert in eher medienpädagogische, eher analytische und eher identitäts- und imaginationsbildende Ansätze; in der aktuellen Konzeption der „Filmlesefähigkeit“, die auf der einschlägigen Medienkompetenzdefinition von Groeben/Hurrelmann (2002) bzw. Rosebrock (2004) beruht, tauchen diese Konzepte wieder auf.

**Medienpädagogische Konzepte**

*Film als Gefahr*

Pädagogische Kritik begleitete das Medium seit seinen Anfängen: Es wurde als schädlich angesehen (vgl. Dannmeyer 1907, 3). Beispielhaft sei für diesen bewahrpädagogischen Ansatz die Schrift von Martin und Margarete Keilhacker herangezogen, die in der Reihe mit dem bereits programmatisch-vielsagenden Titel „Bedrohte Jugend – Drohende Jugend“ (1955) erschien. Die Autoren schätzen es als gefährlich ein, dass Kinder mit einem „Übermaß an Reizen“ (Keilhacker 1955, 17) konfrontiert werden. Weitere Gefahren seien die Abstumpfung (vgl. ebd., 19), die Orientierung an schlechten Vorbildern (vgl. ebd., 21) und die Unwahrhaftigkeit des Films (vgl. ebd., 27). Das Anschauen sei anstrengungslos, gefördert werde ein „oberflächlicher didaktischer Impressionismus“, das Bilderlebnis führe zu einer „Lähmung der schöpferischen Phantasie“ und einer „Zurückdrängung der Primär-Erfahrungen zugunsten dubioser sekundärer Bilderlebnisse“ (Heimann [ca. 1962], 5), auf die Konzentration wirkten bewegte Bilder eher zerstreuend und emotionalisierend.

*Film als Bildungsmittel*

Auch die Vermittlung von Kenntnissen über den Film (Technik, Tricks) diente der Desillusionierung und dem Erlernen eines rechten Gebrauchs von Funk, Film und Fernsehen. Darüber hinaus konnte Heimann dem Film durchaus etwas Positives abgewinnen: Der Tradition der Schulfilmbewegung folgend (vgl. Spielmann 2011, 30 f.) verstand er ihn in erster Linie als ein Bildungsmittel (vgl. Heimann [ca.1962], 7). Diese Position ist der sichtbare Ausdruck einer veränderten Einstellung zum Film: Die Vorteile des Einsatzes audio-visueller Medien sah man v. a. in einer Effizienzsteigerung bei der Stoffvermittlung. Das änderte sich auch Ende der 1960er Jahre unter den Vorzeichen des ideologiekritischen Paradigmas nicht: Filmkritik wurde als

Gesellschafts- und Kapitalismuskritik verstanden, die Analyse der Produktionsbedingungen geschah mit Ziel der Aufklärung und der Hoffnung auf Gesellschaftsveränderung (vgl. LANGE 2003, 702).

Der in den 1970er Jahren verfolgte kommunikationsdidaktische Ansatz, der Medien auch für die Darstellung eigener Erfahrungen nutzen wollte (vgl. RUPP 1976), hatte es sich zum Ziel gesetzt, die mediale Manipulation zu reflektieren. In eine ähnliche Richtung geht noch der 1983 publizierte Vorschlag von Kluth zu *Ein Tag mit dem Wind* (1978, Regie: Haro Senft), der bereits ansatzweise vorstellungsorientiert ist, sich aber noch auf pädagogisch ausgerichtete inhaltliche Erarbeitung konzentriert: Sie lässt die Kinder zunächst über deren Sehgewohnheiten sprechen und dabei herausarbeiten, dass Filmsehen oft mit der Erfüllung von Wünschen gekoppelt ist (vgl. KLUTH 1983b, 26).

Dass der Film „als Gegenstand medienpädagogischer Arbeit" (DALLWITZ 1989, 8) betrachtet werden müsse, behauptet noch 1989 DALLWITZ in ihrer Dissertation, die eigentlich der Beschreibung filmanalytischer Verfahren gewidmet ist. Im Interesse der Lesemotivation (vgl. ebd., 29) sollen die spezifischen Ausdrucksmöglichkeiten des Films, die besonderen Produktionsbedingungen im Vergleich mit dem literarischen Text vermittelt werden – auf diese Weise soll gewährleistet sein, Schüler „für Kritik und Genußfähigkeit des Films zu sensibilisieren" (ebd.).

### Analytischer Umgang

Neuere analytische Verfahren gehen von der Annahme aus, dass die Vorstellung von Text und Lesbarkeit nicht mehr an Schriftform oder an das Papier gebunden ist (vgl. MAIWALD 2010a, 221), sondern dass jede Zeichenfolge, die eine Bedeutung konstituiert, ein Text ist (vgl. NÖTH 2000, 392). Sind aber Filme audiovisuelle Texte (vgl. GAST 1996, 15; SPIELMANN 2011, 15), so fordern sie eine spezifische, ausgeprägte Lesekompetenz, wobei „Lesen" semiotisch, d. h. als Aufnehmen und Verstehen zeichenbasierter Information, verstanden wird. Ziel analytischer Verfahren ist eine *Visual Literacy*, also die Fähigkeit, Bilder zu „lesen" und sinnkonstituierend zu deuten. Eine semiotisch orientierte Analyse der „Filmsprache" legitimiert sich somit durch die Annahme, dass Filme als ästhetische Konstrukte eine eigene Sprache haben, die sich visueller, akustischer und narrativer Zeichen bedient, sie können daher unter Berücksichtigung dieser Differenzqualität genauso wie schriftliche Texte analysiert werden. Eine Analyse der Filmsprache nimmt die folgenden Bereiche in den Blick.

*Film als Text*

| Visuelle Zeichen |
| --- |
| Einstellungsgröße (weit/Panorama, Totale, Halbtotale, halbnah/„amerikanisch", nah, groß, Detail), Perspektive (Normal-, Unter-, Aufsicht), Farbe/Format/Licht, Bildanordnung,- komposition, Denotation und Konnotation, Kamerabewegung (Fahrt, Schwenk, Neigen, Rollen, Zoom, Handkamera), Kameraobjektiv (Zoom, Weitwinkel, Tele, Normal), Schnitt (Ab-, Auf-, Wisch-, Über-, Irisblende, übergangsloser Schnitt), Montage (straight cut, jump cut, match cut, split screen, flashback, Vorausschau, Rückblende), Mise-en-scène (Bildaufbau, Linienführung, Tiefenschärfe) (vgl. LEUBNER/SAUPE 2006, 193; vgl. auch SPIELMANN 2011, 126) |
| **Akustische Zeichen** |
| Musik, Geräusche, gesprochene Sprache |
| **Narration** |
| Figuren/Figurenzeichnung, Kamera als objektive/subjektive Erzählinstanz, Einstellung/Szene/Sequenz als narrative Einheiten, geschlossene/offene Form der Handlung, Genres/Plotmuster |

*Filmsprache*

Auch wenn im Primarbereich sicherlich nicht alle Zeichen behandelt werden können, so gibt es eine Reihe von Beispielen von für die Grundschule geeigneten semiotischen Analysen: So hat MATTHIAS schon 1975 einen zeichentheoretisch ausgerichteten Unterrichtsvorschlag zu dem polnischen Kurzfilm *Der Zauberer* (1962, Regie: Makarczynski) vorgelegt, in dem er die Schüler auf der Grundlage einer Einstellungsliste die verschiedenen Zeichenelemente analysieren lässt (vgl. MATTHIAS 1975, 55). Auch BAUER (vgl. 1996, 28) stellt eine Analyse einiger ausgewählter filmsprachlicher Mittel für den Grundschulbereich vor; so könnten die verschiedenen Einstellungsgrößen für die Verwendung im Grundschulbereich auf vier reduziert werden (Totale, „amerikanisch", groß, Detail). MATTHIAS (1996) zeigt am Beispiel des Trickfilms *Pingus Sprache sieht man doch*, dass man Filmanalyse in der Grundschule bereits betreiben kann: Er reduziert die Zeichenebenen, indem er einen Film wählt, der Bedeutungsangebote fast ausschließlich auf visueller Ebene herstellt. Die Schüler konzentrieren sich neben der Erarbeitung des Inhaltes auf die Analyse nonverbaler Zeichen und Symbole sowie auf Mimik und Gestik.

Eine Erweiterung analytischer Verfahren über die vorgestellte Analyse der Filmsprache hinaus bietet MAIWALD (2005) an: Er versteht den Text als ein produziertes und sich als ein abgeschlossenes Ganzes darstellendes Geflecht, das sich mit den Antagonismen „unimedial/multimedial", „unbewegt/bewegt" und „material/emergent" beschreiben lässt (vgl. MAIWALD 2005, 106 f.). MAIWALD liefert handhabbare Beobachtungskategorien für fast alle Medienangebote (vgl. ebd., 126). Am Beispiel der Behandlung einer Fernsehwerbung in einer dritten Klasse zeigt er, wie Schüler visuelle Medienangebote in verlangsamter Wahrnehmung durch Schreiben zu Einzelbildern reflektieren können. Auch ABRAHAM (2010) schlägt beim Vergleich der Verfilmungen von *Vorstadtkrokodile* (1997/2008) vor, einzelne ausgewählte Sequenzen im Hinblick auf die Sprach- und Bildebene untersuchen zu lassen.

**Identitäts- und imaginationsfördernder Umgang**

Imaginationskraft ist eine unabdingbare Voraussetzung für literarisches Verstehen und daher ein wichtiger Teilaspekt des literarischen Lernens (vgl. SPINNER 2006a, 8), auch in Bildungsplänen ist die Forderung festgehalten, dass Schüler beim Umgang mit literarischen Texten innere Vorstellungsbilder entwickeln können. Dem von literaturwissenschaftlicher Seite aus zuweilen geäußerten Vorurteil, Filme würden dem Rezipienten im Gegensatz zu schriftlichen literarischen Texten keine Imaginationsräume gewähren (vgl. z. B. ISER 1990, 223 f.), das Filmsehen sei mithin ein mental anspruchsloser Akt, trat schon HAMBURGER mit dem Hinweis entgegen, dass das Filmerleben von „rein stimmungshaften Wirkungen" bis hin zu „symbolmäßigem Interpretieren" (1956, 879) reiche. Auch SCHMITT meint, dass man es schlechterdings nicht vermag, ein inneres Bild von etwas zu entwerfen, das gänzlich unbekannt ist.

Ohne die Vorstellungsaktivität des Rezipienten entwickelt sich auch beim Filmtext kein (literarisches) Verstehen. Der Grund dafür ist, dass Filmrealität immer konstruierte Realität – eine „gemachte Optik" (KÖPPERT/SPINNER 2003, 61) – ist, wodurch eine Voraussetzung für die Annahme von Unbestimmtheitsstellen gegeben ist, die im Vorstellungsprozess gedeutet werden können. Eine solche imaginierende Rezeptionshaltung wird durch aktives Sehen gefördert, wie es durch produktionsorientierte Arbeitsaufträge angestoßen werden kann. Entfaltungsräume öffnet auch der Verzicht auf das einseitige Primat des Erwerbs von gewissermaßen handwerklichen Fähigkeiten – wie etwa die rein deklarative Kenntnis filmsprachlicher Mittel. Die Förderung der Vorstellungskraft und die Wahrnehmungsschulung ergänzen sich in sogenannten „Stelle dir vor"-Aufgabenstellungen: Die textnahe Erarbeitung des optisch-akustisch realisierten Filmtextes (die Textwahrnehmung) regt Vorstellungsangebote an, die mit dem Wissen über den Filmtext verbunden werden (vgl. KÖPPERT/SPINNER 2003, 60 f.).

*Aktives Sehen*

KÖPPERT und SPINNER verdeutlichen ihr Konzept an solchen Filmelementen, die mit Bewegung gekoppelt sind (Figurenbewegung, Kamerabewegung und Schnitt). Sie lassen Standbilder erstellen, analysieren dabei z. B. Proxemik (Bewegung/Verhalten im Raum), Gestik und Mimik der Figuren und lassen fiktive Gespräche oder innere Monologe produzieren (vgl. ebd., 64 ff.). Mit solchen imaginationsorientierten Methoden wollen sie Schüler die Möglichkeit geben, „das Wahrgenommene in ihrer Vorstellung differenziert und reichhaltig zu entfalten" (ebd., 72), eine synästhetische Wahrnehmungsweise fördern und durch die Abkehr von „automatisierter, stumpfer Wahrnehmung" (ebd., 73) eine intensivere und „differenziertere Alltagswahrnehmung" (ebd.) erreichen. Vergleichbare Ziele verfolgt auch Möbius (2006): Der Vermittlung der Einsicht in die Konstruiertheit von Filmprodukten und der Förderung des Vorstellungsvermögen dient bspw. der methodische Weg, dass sämtliche Geräusche einer Szene weggeschnitten werden und die Aufgabe gestellt wird, anhand der vorliegenden Bildsequenzen passende Dialoge und Geräusche zu entwickeln (vgl. Möbius 2006).

Mattern (2002) schlägt vor, eine Filmfigurenanalyse von *Pippi Langstrumpf* mit der Hilfe von Angeboten zur Rollenübernahme zu unternehmen, und auf diese Weise sowohl Imaginations- wie Identitätsförderung zu betreiben. Dabei können die Kinder „Pippi als Projektionsfläche für ihre (unbewussten) Träume, Wünsche, Hoffnungen und Ängste nutzen" (Mattern 2002, 24). Möbius (2011) hat unlängst einen Unterrichtsvorschlag für eine Grundschulklasse vorgestellt, in dem die SpongeBob-Folge *Idiot Box* für die Förderung des literarischen Lernens verwendet wird.

**„Filmlesefähigkeit"**

Als Teilbereiche einer „Filmlesefähigkeit" können die Auseinandersetzung mit dem fiktionalem Wirklichkeitsmodell, die Dekodierung des filmischen Textes (visuelle, akustische, narrative Codes), die Analyse der intertextuellen und transmedialen Zusammenhänge sowie Gattungs- und Genrewissen angesehen werden (vgl. Abb. 6.1).

Die „Filmlesefähigkeit" wird ergänzt durch kulturelle Handlungsfähigkeit, mit den Teilbereichen Filmwissen (Produktion, Rezeption, Distribution von Filmen), Filmauswahl, Reflexion emotionaler Gratifikationen, Kenntnis verschiedener Rezeptionssituationen und Filmdiskurse sowie Anschlusskommunikation mit ästhetischen Urteilen (vgl. Frederking et al. 2008, 187 ff.).

Mit der Vermittlung einer „Filmlesefähigkeit" sind alle Kompetenzbereiche des Deutschunterrichts befasst (vgl. Abraham 2009, 59); außerdem fördert der Umgang mit Filmen ein „Verständnis für Zeichen" (ebd.), das als allgemeine Interpretationskompetenz auch für andere ästhetische Konstrukte genutzt werden kann. Aus diesem Grund ist es sinnvoll, bereits in der Grundschule ein „Filmlesepropädeutikum" zu betreiben, allerdings mit Rücksicht auf den Entwicklungsstand und die Lebenswelt der Kinder.

Ein solches Propädeutikum sieht das Freiburger Filmforschungsprojekt „Integrative Filmdidaktik" vor (vgl. Fuchs et al. 2008). Die Vorschläge für die Primarstufe zeigen, dass die Forschergruppe von einem umfassenden Filmlesefähigkeitskonzept ausgeht: In Klasse 2 ist vorgesehen, dass Schüler über eigene Filmerlebnisse erzählen und einfache Fragen zur Filmhandlung beantworten können, eine bedürfnisorientierte Filmauswahl betreiben, einige visuelle und sprachliche Zeichen erkennen und deuten sowie zentrale Begriffe der Filmproduktion kennen und handlungs- und produktionsorientiert Filmsequenzen entwickeln (vgl. SPIELMANN 2011, 116). Als geeignete Filme werden Animations- und Kinderspielfilme vorgeschlagen.

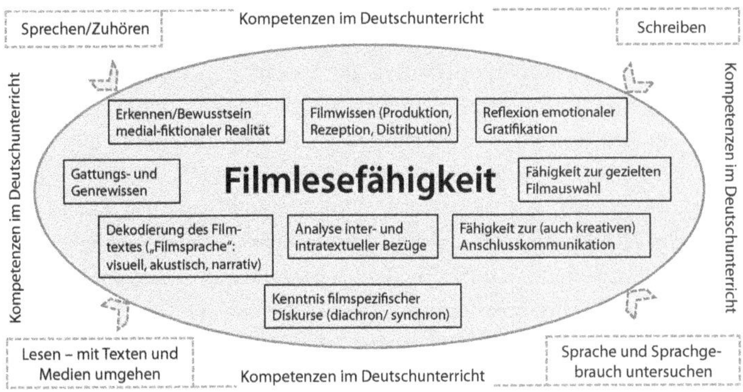


*Abb. 6.1: Prototypische Merkmale einer „Filmlesefähigkeit" im kompetenzorientierten Deutschunterricht*

Der von dem Freiburger Filmforschungsprojekt entwickelte integrative Ansatz erscheint sinnvoll und gerade für Filmtexte angemessen. Unter Aufnahme dieser Überlegungen entwickelt ABRAHAM (2009) einen Vorschlag für die Grundschule, der die Anschlusskommunikation und auch bereits die Vermittlung einiger Fachbegriffe ins Zentrum stellt (vgl. ABRAHAM 2009, 44). Die „Filmlesefähigkeit" unter besonderer Betonung der Anschlusskommunikation steht im Zentrum des Konzepts des „Literarischen Sehgesprächs" (MÖBIUS 2008b), das als ein Format von mehr oder weniger stark gelenkten sprachlich-kommunikativen Äußerungen über die von bilddominierten Medien ausgelösten Imaginationsinhalte in möglichst authentischen Gesprächssituationen verstanden wird (vgl. ebd., 143). Mithilfe des Sehgesprächs werden nicht nur individuelle Rezeptionsvorgänge angestoßen und weitergeführt, sondern die kommunikativen Qualitäten der elektronischen Medien intensiver erfahren, da Schüler die eigenen Wahrnehmungserwartungen und die Verarbeitungsprozesse des Wahrgenommenen reflektieren (vgl. BARTH 1999, 16). MÖBIUS dokumentiert ein Beispiel für diese Gesprächsform am Beispiel des Kinderfilms *Lepel* (2005).

*Kinderfilm und Medienkonvergenz*

Die Integration von Kinderfilmen in Medienverbünden (z. B. Paul Maars *Sams* als Buch, Film, Theater, Hörspiel und Computerspiel) und die konvergente Medienaneignung (vgl. Barsch 2011, 41), in der der Rezipient wie bei verfilmten populären Jugendromanen auch Produzent von medialen Inhalten ist („Produsage“, vgl. Bruns 2008) stellen didaktische Herausforderungen dar. Ein Vorschlag von Kruse (2010) sieht den abwechselnden Einsatz verschiedener audiovisueller Medien vor.

### 6.3.3 Empfehlenswerte Kinderfilme

Neben den oben erwähnten Kinder- bzw. Familienfilmen gelten einige der Preisträger des Deutschen Filmpreises in der Kategorie „Bester Kinderfilm“ als empfehlenswert für die Primarstufe; zu den preisgekrönten Filmen zählen realistische Langfilme wie *Wintertocher* (2011, Regie: Schmid), *Chandani und ihr Elefant* (2009, Regie: Birkenstock), *Vorstadtkrokodile* (2009, Regie: Ditter), *Hände weg von Mississippi* (2007, Regie: Buck), *Die Höhle des gelben Hundes* (2005, Regie: Davaa), *Die Blindgänger* (2004, Regie: Sahling), *Das fliegende Klassenzimmer* (2003, Regie: Wigand) sowie phantastische Kinderfilme wie die Literaturverfilmungen *Das Sams* (2001, Regie: Verbong) und *Der kleine Vampir* (2000, Regie: Edel). Insbesondere für die erste und zweite Klasse empfehlen sich die Animationsfilme *Lauras Stern* (2004, Regie: De Rycker und Rothkirch) und *Käpt'n Blaubär* (1999, Regie: Freitag), daneben aber auch (animierte) Kurzfilme wie z. B. *Der Vogelschreck* (2000, Regie: Eggleston; vgl. dazu Lischeid 2007) oder *Flatlife* (2004, Regie: Geirnaert). Gerade im Kindergarten oder in jüngeren Klassen kann auch mit den neuen ARD-Märchenverfilmungen gearbeitet werden; diese Verfilmungen bieten individuelle Charaktere statt typenhafter Märchenfiguren und somit attraktive Identifikationsangebote. Sie sind entweder eng an der literarischen Vorlage orientiert (vgl. z. B. *Brüderchen und Schwesterchen* 2008, Regie: Eißler) oder interpretieren die literarischen Vorlagen auf eine sehr eigenständige Weise (vgl. *Das tapfere Schneiderlein* 2008, Regie: Theede). Darüber hinaus lässt sich die Filmlesefähigkeit gerade in der 1. und 2. Klasse mit den Maulwurf-Filmen, z. B. Der *Maulwurf als Filmstar* (1988, Regie: Miler; vgl. dazu Abraham 2009, 110 ff.) oder auch mit Fernsehserien wie *SpongeBob* (vgl. Möbius 2011a) vermitteln. Abraham (2012) legt einen für diese Klassenstufen geeigneten Vorschlag zu *Die vielen Abenteuer von Winnie Puh* (1977, Regie: Reitherman und Lounsberry) vor, dessen Behandlung er mit Vorschlägen zu Filmgesprächen und kreativen Schreibaufgaben verbindet (vgl. ebd., 113 ff.); auf eine literarische Vorlage geht auch der Animationsfilm *Das Dschungelbuch* (1967, Regie: Reitherman) zurück.

Langfilme, die für die 3. und 4. Klasse empfohlen werden, sind z. B. die realistischen Filme *Lepel* (2005, Regie: van de Sande Bakhuyzen, vgl. MÖBIUS 2008b) und *Charlie und die Schokoladenfabrik* (2005, Regie: Burton). Geeignet erscheinen auch *Katja und der Falke* (1999, Regie: Hesselholdt, vgl. ABRAHAM 2007), *Hodder rettet die Welt* (2002, Regie: Genz), *Matilda* (1996, Regie: de Vito), *Tinke – kleines starkes Mädchen* (2008, Regie: Kohlert), *Elina* (2002, Regie: Härö) aber auch die Neu-Verfilmung von *Emil und die Detektive* (2001, Regie: Buch), Pünktchen und Anton (1999, Regie: Link) und die Verfilmungen des Romanzyklus *Die Chroniken von Narnia* (z. B. *Der König von Narnia* 2005, Regie: Adamson), die sich aufgrund ihres phantastischen Realitätsmodells dafür eignen, ein grundlegendes Bewusstsein von literarischer Realität zu vermitteln.

### 6.3.4 Sensibilisierung für die Verwendung von Kinderfilmen im Deutschunterricht

Betrachtet man die Vorschläge der Filmvermittlung im Primarbereich kritisch, so lassen sich die folgenden Aspekte herausstellen: Nicht angemessen ist vor dem Hintergrund eines zeichentheoretischen Ansatzes eine Abwertung des Filmtextes im Vergleich zum literarischen Schrifttext. Der Literaturunterricht hat die Aufgabe, Buch, Hörspiel, Film und Fernsehen als gleichberechtigt zu betrachten (vgl. LANGE 2003, 703). Auch die Qualifizierung von „wertvollen" Filmen, im Gegensatz zu Filmen, die dem sogenannten „Eventkino" zuzurechnen sind, ist vor dem Hintergrund der tatsächlichen Medienerfahrungen von Kindern und Jugendlichen wenig ergiebig. Man kann nicht einerseits den Erwerb einer Filmlesefähigkeit fordern, andererseits aber gerade aus vorgeblich qualitativen Gründen die Filme ausblenden, die die Medienrezeption von Kindern- und Jugendlichen prägen.

*Welche Filme auswählen?*

Eine ausschließlich analysierende Filmbegegnung gerade für den Primarbereich ist mit dem Verweis auf die Dominanz des theoretischen Begriffsinstrumentariums und die weitgehende Ausblendung des Rezeptionssubjekts abzulehnen. Der imaginationsorientierte Ansatz führt zwar zu einer diskursiven Auseinandersetzung mit dem Filmtext als ästhetischem Konstrukt, allerdings müsste geklärt werden, was „Imagination" in Bezug auf Film eigentlich ist (vgl. PREUSSER 2012). Das Konzept der „Filmlesefähigkeit" ist das bislang umfassendste und überzeugendste Konzept, da es die älteren Konzepte beinhaltet und außerdem eine große Offenheit beweist, sodass es mit diesem Ansatz möglich erscheint, auch die Integration des Films im konvergenten Medienhandeln didaktisch zu berücksichtigen.

# 7 Einschätzen, Rückmelden und Bewerten – Zum Umgang mit Unterrichtsergebnissen

*Ulf Abraham/Julia Knopf*

## 7.1 Kriterienbasierte Einschätzung sprachlicher Leistungen

*Leistungen sollten im Unterricht gewürdigt werden.*

Leistungen müssen gewürdigt werden. Über Bewertungsprobleme sogenannter kreativer Leistungen wird diskutiert (vgl. hierzu BECKER-MROTZEK/BÖTTCHER 2003, 77 ff., HOFEN 2006a.). „Kreativ" sind aber nicht nur Ergebnisse „Kreativen Schreibens", wie sie etwa der Artikel von KOHL (s. in diesem Band, S. 70 ff.) darstellt, sondern auch mündliche Erzählungen und Rollenspiel-Dialoge (vgl. die Artikel in diesem Band von OHLHUS, S. 180 ff. und STEINER, S. 190 ff.). Auch der Lese- und Literaturunterricht (vgl. den Artikel in diesem Band von BISMARCK; S. 13 ff.) bringt gerade dann, wenn er im Sinn des Kompetenzgedankens (vgl. den Beitrag in diesem Band von GATTERMAIER, S. 22 ff) geplant und gemacht wird, immer wieder Ergebnisse hervor, die man anhören (z. B. Vorlesen und Vortragen!) oder anschauen kann (z. B. Fortführungen von Texten oder Parallelgedichte). In Bezug auf handlungs- und produktionsorientiertes Arbeiten (vgl. NIKLAS in diesem Band, S. 43 ff.) sollte man zwar den Wert der Prozesse vor dem der Produkte betonen, darf aber dabei nicht übersehen, dass auch mit diesen im Unterricht umgegangen werden muss. Eine leider nicht selten angewandte Strategie ist die des Weglobens: Die Lehrkraft lobt zwar (hoffentlich) die Lernenden für ihren Einsatz und Ideenreichtum und lässt die Produkte vielleicht auch aufhängen, äußert sich aber inhaltlich wenig dazu und betreibt damit unbewusst die Entwertung der Schülerleistungen, die hier sichtbar und doch nicht *gesehen* werden.

*Zur Einschätzung sprachlicher Leistungen braucht man Kriterien.*

Sie zu sehen, setzt Kriterien voraus, mit deren Hilfe sprachliche Leistungen einzuschätzen und zu bewerten sind; solche Kriterien tragen zur Aufwertung all dessen bei, was Lernende in einem kompetenzorientierten Unterricht hervorbringen (vgl. BAURMANN/DEHN 2004). Was BÖTTCHER/BECKER-MROTZEK (2003, 83) über die prozessorientierte Bewertung kreativer Texte sagen, gilt viel allgemeiner für alles, was Kinder im Deutschunterricht leisten: Es geht um *Unterstützung*, *Würdigung* und *Bewertung*. Dazu aber bedarf es eines interpretierenden Blicks, der nicht nur Merkmale feststellt, sondern eine Gestalt erfasst und damit eine zwar individuelle, aber an Erwartungen und Normen durchaus zu messende Leistung. Insofern können und sollen Kriterienraster, wie sie vielfach schon in der Beurteilung schriftlicher Leistungen Verwendung finden (vgl. dazu unten, 7.4), zwar der Lehrkraft die eigene Wahrnehmung, Einschätzung und letztlich Bewertung der „sprachlichen Leistung“ (NUTZ 2003) nicht abnehmen. Aber sie können doch eine große Hilfe dabei sein, einer hohen Erwartung gerecht zu werden: Jedes Kind, das sich Mühe gibt, hat Anspruch darauf, dass gewürdigt wird, was es sagt, spielt oder schreibt. Nicht erst für die ‚Notenfindung‘, sondern schon für die ‚Rückmeldung‘ an die Lernenden brauchen Lehrer Kriterien: Wie sollten sie sonst Schülern eine (mündliche oder schriftliche) *Antwort* geben (vgl. ABRAHAM/LAUNER 1999)?

*Der Beurteilung geht eine Analyse der Leistung voraus.*

Kriterienlos ist eine Analyse der sprachlichen Leistung nicht gut möglich. SACHER (2011, 164) bezeichnet die Analyse und die Bewertung einer Leistung als „zwei unterschiedliche geistige Akte, die möglichst voneinander getrennt werden sollten“. Das setzt aber voraus, dass eine Analyse stattfindet!

## 7.2 Einschätzen und Bewerten mündlicher Leistungen

POTTHOFF et al. (1995, 103) machen in *Gespräche mit Kindern* auf die Gefahr aufmerksam, eher das in der primären Sozialisation der Kinder Angelegte zu bewerten als tatsächliche Lernfortschritte im Deutschunterricht. Das sprachlich gewandte, fast dialektfreie Mittelschichtkind, dessen Interaktionsverhalten auf Dialog und Verhandlung gepolt ist, wird zunächst fast zwangsläufig bessere mündliche Leistungen erzielen als das aus einem bildungsfernen Elternhaus stammende Kind, das die Hochsprache kaum beherrscht und womöglich auch nicht gewöhnt ist, mit Erwachsenen zu diskutieren; bei vorliegendem Migrationshintergrund kommt eventuell noch eingeschränkte Beherrschung des Deutschen hinzu. Aber so verständlich angesichts dessen die Zurückhaltung mancher Lehrkräfte in Bezug darauf ist, mündliche Leistungen zum Gegenstand der Bewertung zu machen, so wenig ist es eine Lösung, fehlende Ausdrucksfähigkeiten einfach zu übersehen. Gerade solche Kinder, deren sprachliche Sozialisation ihnen bisher wenige Lernmöglichkeiten geboten hat, haben Anspruch auf Förderung. Drei Kompetenzaspekte lassen sich unterscheiden, zu denen (in Anlehnung an POTTHOFF et al. 1995, 103 f.) Kriterien genannt werden:

*Fehlende Ausdrucksfähigkeiten der Kinder sollten bemerkt werden.*

**Sich anderen zuwenden und zuhören**

- Zeigt das Kind mimisch und körpersprachlich Interesse an anderen?
- Wie lange kann es anderen zuhören?
- Kann es Gehörtes verstehen und verarbeiten?

| Sich in Gesprächen äußern |
| --- |
| • Äußert sich das Kind im Gespräch, wenn es das für notwendig hält?<br>• Ist es dabei verständlich?<br>• Stellt es sich auf Andere und deren Äußerungen ein?<br>• Bleibt es beim Thema?<br>• Begründet es eine vorgebrachte Meinung? |
| **Sich an Gesprächsregeln halten und über Gespräche reflektieren** |
| • Stellt es sich auf die Situation ein und trägt ein Gesprächsritual aktiv mit?<br>• Hält es sich an basale Regeln (z. B. „nur einer spricht"), ist es gar imstande, solche Regeln mitzuentwickeln?<br>• Beteiligt es sich an Phasen der Metakommunikation?<br>• Akzeptiert es Meinungen anderer?<br>• Kann es eine Moderationsaufgabe (teil-)erfüllen? |

Sind dies Kriterien für die Einschätzung eher dialogischer Kommunikation, so bleiben die monologischen Formen des Sprechens zu bedenken: Bereits in der Grundschule kann und soll auch das Vortragen und Präsentieren geübt werden, etwa an Hand vorzustellender Kinderbücher (Berkemeier/Pfenning 2006). Solche Präsentationen (bzw. erste mediengestützten Referate) lassen sich an Hand folgender Checkliste einschätzen:

*Sprechen vor der Klasse ist bewertbar.*

- Spricht das Kind wenigstens ansatzweise frei?
- Bedient es sich in angemessener Form vorbereiteter Notizen auf Kärtchen oder Folien (Zitate, Schaubilder, Illustrationen)?
- Kann es einen vorbereiteten kurzen Text angemessen vorlesen?
- Nimmt es Blickkontakt zu den Zuhörern auf und lässt es körpersprachlich Offenheit und Dialogbereitschaft erkennen?
- Strahlt es Interesse an seinem Thema aus?
- Lässt es Fragen zu und geht auf sie ein?
- Kann es verwendete Begriffe erklären oder Behauptungen begründen?

## 7.3 Einschätzen und Bewerten von Leistungen im szenischen Spiel

Wie kaum ein zweites Handlungs- und Lernfeld des Deutschunterrichts hat das Szenische Spiel ein außerschulisches Pendant: Theater, Kino und Fernsehen versorgen uns ständig mit Vorbildern jeglicher, auch zweifelhafter, Art. Auch das jugendkulturell inzwischen sehr bedeutsame Improtheater ist hier zu nennen: Über Maßstäbe für die Qualität einer Spielleistung verfügen die Lernenden eher zu viel als zu wenig. Die Gefahr, in Spielrollen agierende Kinder an Theater- oder TV-Profis zu messen, ist nicht zu unterschätzen. Auch in diesem Bereich steht daher am Anfang eine Analyse, im Sinn einer genauen Wahrnehmung dessen, was die Spieler zu leisten haben oder hätten. Die vier *Merkmale des Spielprozesses* nach BARTNITZKY (1975, 95) sind bis heute hilfreich:

1. Vergegenwärtigung: Ein Konflikt wird „quasi-real“ dargestellt.
2. Distanzierung: Das Rollenspielen erlaubt kognitive Distanzierung; Unterbrechung und Wiederholung sind möglich und sinnvoll.
3. Variation: Vorgaben können nach Absprache verändert werden, wodurch „divergierende“ Lösungen entstehen.
4. Bewertbarkeit: Es sind Kriterien vereinbart worden, die eine vergleichende Bewertung verschiedener durchgespielter Lösungsansätze erlauben.

*Szenisches Spiel ist bewertbar.*

Ein gelingender Spielprozess weist diese Merkmale auf und kann so insgesamt beurteilt werden; die Leistungen einzelner Spieler allerdings sind damit noch nicht unbedingt einschätzbar. Dafür wiederum sind die seit KRAPPMANN (1972) geläufigen vier Ziele eine Analysehilfe.

| **1. Empathie (die Fähigkeit, sich in andere hineinzuversetzen)** |
|---|
| Identifiziert sich das Kind mit seiner Rolle, macht es die Sache des Dargestellten zu seiner?<br>Lässt es erkennen, dass es die Probleme und Erwartungen des Gegen-Spielers wenigstens im Ansatz versteht? |
| **2. Rollendistanz (die Fähigkeit, übernommene Rollen zu reflektieren und ggf. zu revidieren)** |
| Kann das Kind, z. B. in Phasen des Einfrierens („Freeze“), über sich in seiner Rolle sprechen?<br>Kann es beim Rollentausch zeigen, dass es auch die Gegen-Rolle einnehmen kann?<br>Kann es anderen Spieler sinnvolle Vorschläge zu deren Rollen machen, greift es selber solche Vorschläge auf? |
| **3. Ambiguitätstoleranz (die Fähigkeit, die zwischen Rollenpartnern oft divergierenden Erwartungen zu ertragen)** |
| Kann das Kind die Interessen seiner Rolle auch gegen Widerstände des Gegen-Spielers glaubhaft vertreten?<br>Bleibt es in seinem Spielverhalten konsequent?<br>Kann es sein Spiel, z. B. in der Phase der Nachbesprechung, erklären und begründen? |
| **4. Kommunikative Kompetenz (die Fähigkeit, die eigene Rolleninterpretation überzeugend sprachlich zu verwirklichen)** |
| Entwickelt das Kind eine zur Rolle passende, angemessene Sprache (Standardsprache, Dialekt, Jargon, usw.)?<br>Unterstützt es den eigenen Auftritt para- und nonverbal (z. B. Sprechtempo, Lautstärke, Gestik, Mimik und Körpersprache)? |

Kinder wollen gern spielen und sind im Allgemeinen für szenische Verfahren leicht zu gewinnen; sie müssen aber lernen, auch szenisches Arbeiten tatsächlich als Form der Arbeit (an einem Text oder einem Problem) zu betrachten und ernsthaft nach Verbesserungsmöglichkeiten zu suchen.

Konstruktive Kritik anzubringen und entgegenzunehmen, ist dafür unabdingbar. Lehrkräfte sollten verbale Bewertungen ebenso wenig scheuen wie Verbesserungsvorschläge. Die dafür genannten Kriterien gelten unabhängig davon, ob es sich um szenisches Spiel im Anschluss an literarische Texte oder um Konfliktrollenspiele ohne Vorlage handelt.

## 7.4 Einschätzen und Bewerten schriftlicher Leistungen

Wie schließlich eine Analyse von Schülertexten als Ausweis einer schriftlichen Leistung aussehen kann, zeigt MAAS (2010) „Textanalysebaum". Die Visualisierung ermöglicht eine Verständigung über Kriterien mit den Lernenden (vgl. z. B. BOHL 2001): Schreiber müssen erfahren und verstehen, worin die Leistung aus Sicht der Lehrkraft besteht. Die wichtigsten Gütekriterien für schriftliche Texte (vgl. BÖTTCHER/BECKER-MROTZEK 2003, HOFEN 2006b, ABRAHAM/BAURMANN 2010) sind hier heruntergebrochen auf die Kriterien, die in der Grundschule wichtig sind. Neben der *(Sprach-)Richtigkeit* sind *Inhalt*, *Verständlichkeit* und *Schönheit* unverzichtbar (diese Kriterien stehen in Abhängigkeit von der Textsorte, in der geschrieben wird). Wichtig ist, den fertigen Text nicht isoliert zu sehen, sondern als Prozessergebnis.

*Kriterien für schriftliche Texte sind abhängig von der Textsorte.*

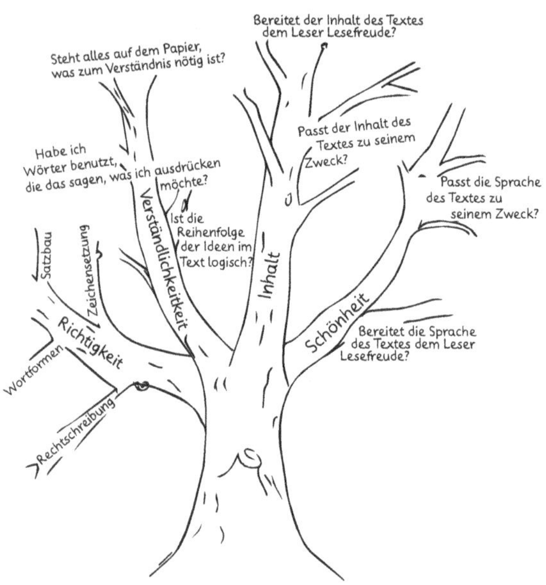


*Abb. 7.1: Textanalysebaum, aus: Kerstin Maass,* Der Textanalysebaum, *2010, in: Praxis Deutsch, Heft 223, 18–25*

Entsprechende Beobachtungsaufgaben, die auch den Entstehungsprozess einbeziehen, teilt man mit BÖTTCHER/BECKER-MROZEK (2003, 84–86) wie folgt ein:

- **Motivation:** Ist eine Schreibbegeisterung durchgängig vorhanden?
- **Ideenfindung:** Hat der Schreiber überraschende Ideen?
- **Bilden einer Zielvorstellung:** Berücksichtigt er neben inhaltlichen Zielen auch formale Vorgaben oder Textsortenmerkmale?
- **Schriftsprachliche Umsetzung:** Gibt es einen klar erkennbaren Aufbau und/oder außergewöhnliche sprachliche Mittel („Stilmittel" wie z. B. Wiederholung)?

- **Weiterarbeit:** In welchen Bereichen findet auf Anregung (z. B. in einer Schreibkonferenz) wie viel Textrevision statt?

Wahrzunehmen ist immer erst das Gelungene, danach das Verbesserungsbedürftige am Text. Wenn LIEBNAU (1995, 132–135) „Gesichtspunkte zur Bewertung" zusammenstellt und als letzte von vier Kriteriengruppen „qualitätsmindernde Faktoren" nennt (nämlich Denkfehler, Widersprüche, ungewollte Normverstöße in Orthographie oder Grammatik), so folgt er diesem Prinzip, sollte aber die anderen drei Gruppen eigentlich als „qualitätsfördernd" herausheben:

- **Erfüllung der gestellten Forderungen:** Werden Schreibregeln eingehalten und ggf. „inhaltliche Bausteine" aus einer literarischen Vorlage verarbeitet?
- **Machart des Textes:** Wird die angestrebte Form durchgehalten und ist sie der Intention, den Adressaten, dem Gegenstand angemessen?
- **Nutzung des von der Schreibaufgabe gesetzten Rahmens:** Wie selbstständig bzw. „originell" ist das Produkt, z. B. im Verhältnis zur Textsorte? Hierfür setzt sich in Anlehnung an das „Zürcher Textanalyseraster" der Begriff „Wagnis" durch (vgl. ABRAHAM 2005b, bes. 10).

*Vor allem auch qualitätsfördernde Merkmale wahrnehmen!*

Originalitätserwartungen können allerdings einschüchternd wirken; Kinder brauchen vor allem sprachliche Vorbilder, die sie variieren können. Besonders interessant sind daher Konzepte, die eine Beurteilung und Verbesserung der Texte Lernender anbinden an eine Strukturanalyse der jeweiligen Textsorte (vgl. GRAU/SEIDLER 2004, die in der Orientierungsstufe ein Märchen haben weiterschreiben lassen).

Eine Benotung ist nicht zwingend; Bewerten kann auch anders erfolgen. „Kreatives Schreiben" jedenfalls sollte nur dann „bewertet und benotet werden, wenn im Unterricht kontinuierlich mit kreativen Schreibverfahren und Schreibversuchen gearbeitet wird" (BÖTTCHER/BECKER-MROTZEK 2003, 78). Nicht erst für eine eventuelle Benotung, sondern bereits für die Verständigung über Textqualitäten und die oft sinnvolle Verbesserung sind Kriterien unerlässlich. Lernende sollten erfahren, wie sie eigene Arbeitsergebnisse einschätzen können. Dass und wie dafür auch das *Portfolio* in der Grundschule eingesetzt werden kann, zeigt BRUNNER (2002); im Übrigen ist auch die weit verbreitete Arbeit mit *Lesetagebüchern* (vgl. den Überblick bei HINTZ 2002) unbefriedigend, wenn das, was die Kinder hineinschreiben, nicht im Unterricht gewürdigt wird.

# Literatur


ABRAHAM, ULF (2002): „Ich bin Pünktchen!" – „Ich bin nicht Pippi!" Kinderfilmstars im Deutschunterricht. In: Praxis Deutsch, Heft 171, 27–33.

ABRAHAM, ULF (2002): Kino im Klassenzimmer. Klassische Filme für Kinder- und Jugendliche im Deutschunterricht. In: Praxis Deutsch, Heft 175, 6–18.

ABRAHAM, ULF (2005a): Lesekompetenz, Literarische Kompetenz, Poetische Kompetenz. Fachdidaktische Aufgaben in einer Medienkultur. In: RÖSCH, HEIDI (Hrsg.): Kompetenzen im Deutschunterricht. Peter Lang Verlag: Frankfurt a. M., 13–26.

ABRAHAM, ULF (2005b): Poetisches Schreiben bewerten. In: Praxis Deutsch, Heft 193, 6–15.

ABRAHAM, ULF (2008) Sprechen als reflexive Praxis. Mündlicher Sprachgebrauch in einem kompetenzorientierten Deutschunterricht. Fillibach Verlag: Freiburg i. Br.

ABRAHAM, ULF (2009): Filme im Deutschunterricht. Klett/Kallmeyer: Seelze (Velber). 2. aktual. Aufl. 2012

ABRAHAM, ULF (2010): Grammatik beim Lesen und Schreiben von Texten in der Schule. In: HABERMANN, MECHTHILD (Hrsg.), 323–340.

ABRAHAM, ULF (2010): Vorstadtkrokodile. Einstieg in die Arbeit mit der Neuverfilmung (2008) oder einem Filmvergleich (1977/2008). In: JOSTING, PETRA/MAIWALD, KLAUS (Hrsg.), 215–224.

ABRAHAM, ULF (2011): Die Wahrheit schweigt grundsätzlich. Reden über Literatur im Unterricht. In: KIRSCHENMANN, J. et al. (Hrsg.): Reden über Kunst. Kopaed: München, 47–62.

ABRAHAM, ULF (2012): Kreative Schülerarbeiten bewerten. In: Pädagogik 2/2012, 16–19.

ABRAHAM, ULF/LAUNER, CHRISTOPH (1999): Beantwortung und Bewertung kreativer schriftlicher Leistungen. In: Praxis Deutsch, Heft 155, 43–46.

ABRAHAM, ULF et al. (2003) (Hrsg.): Deutschdidaktik und Deutschunterricht nach PISA. Fillibach Verlag: Freiburg i. Br., unveränderter Nachdruck 2013.

ABRAHAM, ULF et al. (2005): Im Spannungsfeld von Didaktik und Pädagogik: Schreibförderung und Schreiberziehung. In: DIES. (Hrsg.): Schreibförderung und Schreiberziehung. Eine Einführung für Schule und Hochschule. Auer Verlag: Donauwörth, 5–11.

ABRAHAM, ULF/KUPFER-SCHREINER, CLAUDIA (2007): Schreibaufgaben für die Klassen 1 bis 4. Cornelsen: Berlin.

ABRAHAM, ULF/KEPSER, MATTHIS (2009): Literaturdidaktik Deutsch. Eine Einführung. Erich Schmidt Verlag: Berlin.

ABRAHAM, ULF/MÜLLER, ASTRID (2009): Aus Leistungsaufgaben lernen. In: Praxis Deutsch, Heft 214, 4–12.

AKADEMIE FÜR LEHRERFORTBILDUNG UND PERSONALFÜHRUNG DILLINGEN (1997) (Hrsg.): Spiel macht Schule macht Schulspiel. Auer Verlag: Donauwörth.

ALTENBURG, ERIKA ([6]2011): Offene Schreibanlässe. Auer Verlag: Donauwörth.

ANDRESEN, HELGA (2002): Spiel, Interaktion und Dekontextualisierung von Sprache vor Schulbeginn. In: Der Deutschunterricht 54, 3, 39–46.

ARENHÖVEL, FRANZ (1994): Computereinsatz in der Grundschule. Auer Verlag: Donauwörth.

ARENHÖVEL, FRANZ (1997): Der Computereinsatz im Sprachunterricht der Grundschule. Bestandsaufnahme, Irrwege und Perspektiven. In: OBST. Neue Medien im Deutschunterricht. Oldenburg, 36–51.

ARTELT, CORDULA (2000): Strategisches Lernen. Waxmann: Münster.

ARTELT, CORDULA et al. (2001): Lesekompetenz. Testkonzeption und Ergebnisse. In: BAUMERT et al. (2001), 69–137.

ARTELT, CORDULA et al. (2007): Förderung von Lesekompetenz. Expertise. Bundesministerium für Bildung und Forschung: Berlin.

AUER, MARTIN (1986): Alles kann man nicht sagen. In: GELBERG, HANS-JOACHIM: Überall und neben dir. Gedichte für Kinder. Beltz: Weinheim/Basel, 145.

AUER, PETER (2009): On-line syntax: Thoughts on the temporality of spoken language. In: Language Sciences 31, 1–13.
AUGST, GERHARD et al. (2007): Text-Sorten-Kompetenz. Eine echte Longitudinalstudie zur Entwicklung der Textkompetenz im Grundschulalter. Peter Lang Verlag: Frankfurt a. M.
BAI, GABRIELA et al. (2005): Dingsda. Grundwortschatz Deutsch als Zweitsprache für das 1.–4. Schuljahr. Schulverlag plus: Zürich.
BALHORN, HEIKO (1986): „Jetzt schreib ich die Wörtersprache …". In: BRÜGELMANN, HANS (Hrsg.). ABC und Schriftsprache. Verlag Faude: Konstanz, 112–123.
BALHORN, HEIKO/BÜCHNER, INGE. (2010): Wortlisten (wlt), 6. Schuljahr. Klett Verlag: Stuttgart.
BALL, HUGO (1917/2008): Karawane. In: KRAUS, HANS-PETER/SCHMITT, WERNER (Hrsg.): Den Mond wollt' ich dir schenken. Poetische Präsente. Books on Demand: Norderstedt, 127.
BARDELI, MARLIES (2009): Timur und die Erfindungen aus lauter Liebe. Sauerländer: Düsseldorf.
BARSCH, ACHIM (2011): Zum Begriff der Medienkonvergenz. In: MARCI-BOEHNCKE/RATH, MATTHIAS (Hrsg.): Medienkonvergenz im Deutschunterricht. Jahrbuch Medien im Deutschunterricht 2010, 38–49.
BARTH, SUSANNE (1998): Medien im Deutschunterricht. In: Praxis Deutsch, Heft 153, 11–19.
BARTNITZKY, HORST (1975): Konfliktspiele im Unterricht. Neue Deutsche Schule Verlagsgesellschaft mbH: Essen.
BARTNITZKY, HORST (2005): Integriert, nicht isoliert: Sprachförderung in thematischen Unterrichtseinheiten. In: BARTNITZKY, HORST/ SPECK-HAMADAN, ANGELIKA. Deutsch als Zweitsprache lernen. Arbeitskreis GS e.V.: Frankfurt a. M., 196–204.
BARTNITZKY, HORST (2006) (Hrsg.): Lesekompetenz. Ein Lese- und Arbeitsbuch des Grundschulverbandes. Arbeitskreis Grundschule: Frankfurt a. M.
BARTNITZKY, HORST (2008): Deutschunterricht. Kompetent im Unterricht der Grundschule. Schneider Verlag Hohengehren: Baltmannsweiler.
BARTNITZKY, HORST (2010): Sprachunterricht heute. Sprachdidaktik. Unterrichtsbeispiele. Planungsmodelle. Cornelsen Scriptor: Berlin.
BARTNITZKY, HORST (⁴2011): Grammatikunterricht in der Grundschule. Cornelsen Scriptor: Berlin.
BAUER, KARL W. (1996): Medienerfahrungen im Deutschunterricht der Grundschule. Anregungen zu einem vernachlässigten Gebiet. In: Praxis Deutsch, Heft 140, 26–28.
BAUER, KARL W. (1999): „Film gucken!" Zur Auseinandersetzung mit Medien in der Grundschullehrerinnen-Ausbildung – am Beispiel eines kurzen Cartoons. In: ERLINGER, HANS DIETER/MARCI-BOEHNCKE, GUDRUN (1999) (Hrsg.), 15–34.
BAUMERT, JÜRGEN et al. (2001) (Hrsg.): PISA 2000. Basiskompetenzen von Schülerinnen und Schülern im internationalen Vergleich. Leske & Budrich: Opladen.
BAUR, RUPPRECHT S./SPETTMANN, MELANIE (2007): Screening – Diagnose – Förderung. Der C-Test im Bereich DaZ. In: AHRENHOLZ, BERNT (Hrsg.): Deutsch als Zweitsprache. Voraussetzungen und Konzepte für die Förderung von Kindern und Jugendlichen mit Migrationshintergrund. Freiburg: Fillibach, 95–110.
BAURMANN, JÜRGEN (²2006): Schreiben, Überarbeiten, Beurteilen. Ein Arbeitsbuch zur Schreibdidaktik. Kallmeyer: Seelze (Velber).
BAURMANN, JÜRGEN/ ABRAHAM, ULF, (2010): Kriterien für Texte entwickeln – das Schreiben nach Vorgaben fördern. In: Praxis Deutsch, Heft 223, 4–11.
BAURMANN, JÜRGEN/LUDWIG, OTTO (1985): Texte überarbeiten. Zur Theorie und Praxis von Revisionen. In: BOUEKE, DIETRICH/HOPSTER, NORBERT (Hrsg.): Schreiben. Schreiben lernen: Rolf Sanner zum 65. Geburtstag. Narr: Tübingen, 254–276.
BAURMANN, JÜRGEN/DEHN, MECHTHILD (2004): Beurteilen im Deutschunterricht. In: Praxis Deutsch, Heft 184, 6–13.
BAURMANN, JÜRGEN/POHL, THORSTEN (2009): Schreiben – Texteverfassen. In: BREMERICH-VOS, ALBERT et al. (Hrsg.), 75–103.
BEAR, MARK F. et al. (³2009): Neurowissenschaften. Spektrum Verlag: Heidelberg.

BECK, MARC (2009): Diktate für Jungs. Klett-Pons: Stuttgart.
BECKER, KARL FERDINAND (1833): Über die Methoden des Unterrichts in der deutschen Sprache. Kettembeil: Frankfurt a. M.
BECKER, TABEA (2001): Kinder lernen erzählen: Schneider Verlag Hohengehren: Baltmannsweiler.
BECKER, TABEA (2005): Mündliche Erzählentwicklung: Die Einflüsse textsortenbezogener Faktoren und literarischer Erfahrung mit ihren didaktischen Konsequenzen. In: WIELER, PETRA (2005): Narratives Lernen in medialen und anderen Kontexten. Fillibach: Freiburg, 29–48.
BECKER-MROTZEK, MICHAEL (1997): Mündliche Kommunikation in der Schule. In: BECKER-MROTZEK, MICHAEL/HEIN, JÜRGEN/KOCH, HELMUT (1997), 331–344.
BECKER-MROTZEK, MICHAEL (2003): Mündlichkeit – Schriftlichkeit – Neue Medien. In: BREDEL, URSULA et al. (Hrsg.), Bd. 1, 69–89.
BECKER-MROTZEK, MICHAEL (2004): Schreibkonferenzen in der Grundschule. In: BRÄUER, GERD (Hrsg.): Schreiben(d) lernen. Ideen und Projekte für die Schule. edition Körber-Stiftung: Hamburg, 105–119.
BECKER-MROTZEK, MICHAEL (2005) (Hrsg. des Thementeils): Präsentieren. In: Praxis Deutsch, Heft 190.
BECKER-MROTZEK, MICHAEL (2009) (Hrsg.): Mündliche Kommunikation und Gesprächsdidaktik. Schneider Verlag Hohengehren: Baltmannsweiler.
BECKER-MROTZEK, MICHAEL/BRÜNNER, GISELA (2004a) (Hrsg.): Analyse und Vermittlung von Gesprächskompetenz. Verlag für Gesprächsforschung: Radolfszell.
BECKER-MROTZEK, MICHAEL/BRÜNNER, GISELA (2004b): Einleitung. In: DIES. (2004a) (Hrsg.), 7–13.
BECKER-MROTZEK, MICHAEL/BRÜNNER, GISELA (2006): Gesprächsanalyse und Gesprächsführung. Eine Unterrichtsreihe für die Sekundarstufe II. Verlag für Gesprächsforschung: Radolfszell.
BECKER-MROTZEK, MICHAEL/BÖTTCHER, INGRID (2006): Schreibkompetenz entwickeln und beurteilen. Cornelsen: Berlin.
BECKER-MROTZEK, MICHAEL/HEIN, JÜRGEN/KOCH, HELMUT (1997) (Hrsg.): Werkstattbuch Deutsch: Texte für das Studium des Faches. LIT Verlag: Münster.
BEHRENS, ULRIKE (2010): Aspekte eines Kompetenzmodells zum Zuhören und Möglichkeiten ihrer Testung, http://www.pedocs.de/volltexte/2010/3229/pdf/Behrens_2010_Kompetenzmodell_zum_Zuhoeren_D_A.pdf (letzter Zugriff am 12.10.2012).
BEHRENS, ULRIKE/KRELLE, MICHAEL (2011): Schülertexte beurteilen im Licht von Bildungsstandards, Kompetenzrastern und Unterrichtsalltag. In: WYSS, E. L./STOTZ, D./GNACH, A./PIETRO, J. F./SAINT-GEORGES, I. (Hrsg.): Sprachkompetenzen in Ausbildung und Beruf – Übergänge und Transformationen. Les compétences langagières dans la formation et dans la vie professionnelle – Transitions et transformations. Bulletin VALS-ASLA. N°94, 167–183.
BEHRENS, ULRIKE/ERIKSSON, BRIGIT (2009a): Sprechen und Zuhören. In: BREMERICH-VOS, ALBERT/GRANZER, DIETLINDE/BEHRENS, ULRIKE/KÖLLER, OLAF (Hrsg.), 43–74.
BEHRENS, ULRIKE/ERIKSSON, BRIGIT (2009b). Kompetenzorientiert unterrichten – Aufgaben profilieren: Aufgabenkultur im Bereich Zuhören im Visier. In: KRELLE, MICHAEL/SPIEGEL, CARMEN (Hrsg.): Sprechen und Kommunizieren. Entwicklungslinien, Diagnosemöglichkeiten und Lernszenarien in Deutschunterricht und Deutschdidaktik. Schneider Verlag Hohengehren: Baltmannsweiler, 204–219.
BEISBART, ORTWIN et al. (1993) (Hrsg.): Leseförderung und Leseerziehung. Theorie und Praxis des Umgangs mit Büchern für junge Leser. Auer: Donauwörth.
BEISBART, ORTWIN/BISMARCK, KRISTINA (2010): Lesestrategien im Literaturunterricht. In: FREDERKING et al. (2010), 340–356.
BELKE, GERLIND (2011): Mit Sprache(n) spielen. Kinderreime, Gedichte und Geschichten für Kinder zum Mitmachen und Selbermachen, Schneider Verlag Hohengehren: Baltmannsweiler.
BEREITER, CARL (1980): „Development in Writing" In: GREGG, LEE W./STEINBERG, ERWIN R. (Hrsg.): Cognitive Processes in Writing. Hillsdale: Erlbaum, 73–93.

BERGMANN, KATJA (²2003): Hör-Gänge. Konzeption einer Hörerziehung für den Deutschunterricht. Oberhausen: Athena.
BERKEMEIER, ANNE/PFENNING, LOTHAR (2006): Den Zuhörer im Blick: Jugendbücher erfolgreich präsentieren. Mündliche Präsentationen üben und bewerten. In: Deutschunterricht 5, 20–25.
BERTSCHI-KAUFMANN, ANDREA (2002): Lesen und Schreiben in einer Medienumgebung In: KAMMLER, CLEMENS/KNAPP, WERNER (Hrsg.): Empirische Unterrichtsforschung und Deutschdidaktik. Schneider Verlag Hohengehren: Baltmannsweiler, 141–155.
BETTELHEIM, BRUNO/ZELAN, KAREN (1982): Kinder brauchen Bücher. Lesen lernen durch Faszination. Deutsche Verlags-Anstalt: Stuttgart.
Bildung in Deutschland 2012 (2012): Ein indikatorengestützter Bericht mit einer Analyse zur kulturellen Bildung im Lebenslauf. Bertelsmann: Bielefeld, http://www.bildungsbericht.de/daten2012/bb_2012.pdf (letzter Zugriff am 12.10.2012).
Bildungsstandards im Fach Deutsch für den Primarbereich (Jahrgangsstufe 4) (2004), hrsg. vom Sekretariat der Ständigen Konferenz der Kultusminister der Länder in der Bundesrepublik Deutschland. Wolters Kluwer: München.
BISCHOFF, PAUL (1976): Der Rechtschreibunterricht. In: WOLFRUM, ERICH (Hrsg.): Taschenbuch des Deutschunterrichts. Schneider Verlag Hohengehren: Baltmannsweiler, 157–179.
BITTINS, PETRA (2008): Hör- und Gesprächskultur als Entwicklungsschwerpunkt im schulinternen Curriculum. In: Grundschulunterricht 01/2008, 4–8.
BLATT, INGE (2001): Lernen mit neuen Medien (2): „Medien-Schrift-Kompetenz" im sprachlichen Anfangsunterricht. Überlegungen zur Integration der neuen Medien in den Deutschunterricht der Grundschule. In: Sache, Wort, Zahl 29, 35, 48–52.
BOETTCHER, WOLFGANG/SITTA, HORST (1978): Der andere Grammatikunterricht. Urban & Schwarzenberg: München.
BOGDAL, KLAUS-MICHAEL/KORTE, HERMANN (2002): Grundzüge der Literaturdidaktik, dtv: München.
BOHL, THORSTEN (2001): Prüfen und Bewerten im offenen Unterricht. Luchterhand: Neuwied.
BÖRDER, METTE (2003): Vom Bilderbuch zum multimedialen Hypertext. In: WERMKE, JUTTA (Hrsg.): Literatur und Medien. kopaed (Medien im Deutschunterricht, 2002): München, 118–127.
BOS, WILFRIED et al. (2003) (Hrsg.): Erste Ergebnisse aus IGLU. Schülerleistungen am Ende der vierten Jahrgangsstufe im internationalen Vergleich. Waxmann: Münster.
BOS, WILFRIED et al. (2007) (Hrsg.): IGLU 2006. Lesekompetenzen von Grundschulkindern in Deutschland im internationalen Vergleich. Zusammenfassung, http://www.bmbf.de/pubRD/IGLU_zusammenfassung.pdf (letzter Zugriff am 12.10.2012).
BOS, WILFRIED et al. (2008) (Hrsg.): IGLU-E 2006. Die Länder der Bundesrepublik Deutschland im nationalen und internationalen Vergleich. Zusammenfassung, www.ifs.uni-dortmund.de (letzter Zugriff am 12.10.2012).
BÖTTCHER, INGRID/BECKER-MROTZEK, MICHAEL (2003 u. 2006): Texte bearbeiten, bewerten und benoten. Schreibdidaktische Grundlagen und unterrichtspraktische Vorschläge. Cornelsen Scriptor: Berlin.
BÖTTCHER, INGRID/WAGNER, MONIKA (1993): Kreative Texte bearbeiten. In: Praxis Deutsch, Heft 119, 24–27.
BOUEKE, DIETRICH (1987): Systematischer oder integrativer Grammatikunterricht? Zur Methodik des Sprachunterrichts. In: ERMERT, KARL (Hrsg.): „Wieviel Grammatik braucht der Mensch?" Aufgaben, Konzeptionen und Probleme der Sprachdidaktik im Deutschunterricht, Loccumer Protokolle 27. Evangelische Akademie Loccum: Rehburg-Loccum, 68–81.
BOUEKE, DIETRICH et al. (1995): Wie Kinder erzählen. Untersuchungen zur Erzähltheorie und zur Entwicklung narrativer Fähigkeiten. Wilhelm Fink: München.
BRÄUER, CHRISTOPH (2010): Könnerschaft und Kompetenz in der Leseausbildung. Theoretische und empirische Perspektiven. Juventa: Weinheim/München.
BRÄUER, GERD (1998): Schreibend lernen. Grundlagen einer theoretischen und praktischen Schreibpädagogik. (= i d e extra, Bd. 6) Studien-Verlag: Innsbruck.

BREDEL, URSULA (2007): Sprachbetrachtung und Grammatikunterricht. Ferdinand Schöningh: Paderborn.
BREDEL, URSULA et al. (2003) (Hrsg.): Didaktik der deutschen Sprache, 2 Bde. Ferdinand Schöningh: Paderborn.
BREDEL, URSULA et al. (2004) (Hrsg.): Schriftspracherwerb und Orthographie. Schneider Verlag Hohengehren: Baltmannsweiler.
BREMERICH-VOS, ALBERT (1999): „Farbiger" Grammatikunterricht. Studierende und ihre „Grammatikbiographien". In: KLOTZ, PETER/PEYER, ANN (Hrsg.): Wege und Irrwege grammatischer Sozialisation. Bestandsaufnahme – Reflexionen – Impulse, Schneider Verlag Hohengehren: Baltmannsweiler, 25–52.
BREMERICH-VOS, ALBERT et al. (2009) (Hrsg.): Bildungsstandards für die Grundschule. Deutsch konkret. Cornelsen Scriptor: Berlin.
BREMERICH-VOS, ALBERT ([3]2011): Die Bildungsstandards Deutsch. In: BREMERICH-VOS, ALBERT et al. (Hrsg.): Bildungsstandards für die Grundschule. Deutsch konkret. Cornelsen Scriptor: Berlin.
BREMERICH-VOS, ALBERT/BEHRENS, ULRIKE/KRELLE, MICHAEL (2011): Vergleichsarbeiten 2011-3. Jahrgangsstufe (VERA-3). Erläuterungen zum Kompetenzbereich Schreiben. IQB: Berlin.
BRINKMANN, ERIKA (1996): Rechtschreibgeschichten. Zur Entwicklung einzelner Wörter und orthographischer Muster im Grundschulalter. Dissertation: Universität Bremen.
BRINKMANN, ERIKA (2010): Rechtschreibung als institutionelle Barriere. In: Die Grundschulzeitschrift 24, Heft 240, 8–11.
BRÜGELMANN, HANS/RICHTER, SIGRUN (1994): Zur Bedeutung der Bedeutung. In: RICHTER, SIGRUN/BRÜGELMANN, HANS (Hrsg.), 121–131.
BRÜNNER, GISELA/WEBER, PETER (2009): Gesprächsdidaktik: Gespräche im Unterricht transkribieren und analysieren. In: BECKER-MROTZEK, MICHAEL (Hrsg.), 297–323.
BRUNS, AXEL (2008): Blogs, Wikipedia, Second Life, and Beyond. From Production to Produsage. Peter Lang: New York.
BUDDE, MONIKA/RIEGLER, SUSANNE/WIPRÄCHTIGER-GEPPERT, MAJA (2011): Sprachdidaktik. Akademie Verlag: Berlin.
BÜKER, PETRA (2002): Literarisches Lernen in der Primar- und Orientierungsstufe. In: BOGDAL, KLAUS-MICHAEL/KORTE, HERMANN, 120–133.
BUND-LÄNDER-KOMMISSION (BLK) für Bildungsplanung und Forschungsförderung (1995): Medienerziehung in der Schule. Bonn.
CICHLINSKI, GERD/GRANZER, DIETLINDE (2009): Bildungsstandards Deutsch – Lernen mit Medien. In: BREMERICH-VOS, ALBERT et al. (Hrsg.), 202–216.
CLAUSSEN, CLAUS (2006): Mit Kindern Geschichten erzählen. Cornelsen Scriptor: Berlin.
CLAUSSEN, CLAUS/MERKELBACH, VALENTIN (2004): Erzählwerkstatt. Westermann: Braunschweig.
COLTHEART, MAX (2006): Modeling Reading: The Dual-Route-Approach. In: SNOWLING, J./HULME, C. (eds.): The Science of Reading. A Handbook. Blackwell: Malden, Mass., 6–23.
CRAIK, FERGUS I. M./LOCHHART, ROBERT S. (1972): Levels of processing. In: Journal of Verbal Learning, 11, 671–684.
CSIKSZENTMIHALYI, MIHALY ([7]1985): Das Flow-Erlebnis. Jenseits von Angst und Langeweile: im Tun aufgehen. Klett-Cotta: Stuttgart.
CZERNY, GABRIELE (2004): Theaterpädagogik. Ein Ausbildungskonzept im Horizont personaler, ästhetischer und sozialer Dimension. Wißner: Augsburg.
DALLWITZ, MONIKA (1989): Film und Bildungsauftrag. Einsatzmöglichkeiten von Literaturverfilmungen im Deutschunterricht unter besonderer Berücksichtigung filmanalytischer Verfahren. Dissertation: Berlin.
DANNENBAUER, FRIEDRICH ([4]1999): Grammatik. In: BAUMGÄRTNER/FÜSSENICH (Hrsg.): Sprachtherapie mit Kindern. UTB: München, 105–161.

DANNMEYER, CARL HEINRICH (1907): Bericht der Kommission für Lebende Photographien, hrsg. von der Gesellschaft der Freunde des Vaterländischen Schul- und Erziehungswesens. Kampen: Hamburg.

DAVID, THOMAS (1998): Vincent van Gogh: Brücke von Arles. Rowohlt: Reinbek b. Hamburg.

DEGENHART, INGE (1978): AV-Medien im Deutschunterricht – Eine Einführung. In: KUSKE, FRIGGA/KRANKENHAGEN, GERNOT (Hrsg.): Audiovisuelle Medien im Deutschunterricht. Klett: Stuttgart, 10–32.

DEHN, MECHTHILD (1999): Texte und Kontexte. Schreiben als kulturelle Tätigkeit in der Grundschule. Volk und Wissen: Berlin.

DEHN, MECHTHILD (2006): Lesekompetenz. In: KLIEWER, HEINZ-JÜRGEN/POHL, INGE (Hrsg.), 413–414.

DEHN, MECHTHILD/HOFFMANN, THOMAS/LÜTH, OLIVER/PETERS, MARIA (2004): Zwischen Text und Bild. Schreiben und Gestalten mit neuen Medien. Freiburg i. Br.: Fillibach.

DEHN, MECHTHILD/MERKLINGER, DANIELA/SCHÜLER, LIS (2011): Texte und Kontexte. Schreiben als kulturelle Tätigkeit in der Grundschule. Kallmeyer: Seelze (Velber).

DEPPERMANN, ARNULF (2004): „Gesprächskompetenz“ – Probleme und Herausforderungen eines möglichen Begriffs. In: BECKER-MROTZEK, MICHAEL/BRÜNNER, GISELA (2004a) (Hrsg.), 15–28.

DOELKER, CHRISTIAN (1997): Ein Bild ist mehr als ein Bild. Visuelle Kompetenz in der Multimedien-Gesellschaft. Klett-Cotta: Stuttgart.

DUDA, CHRISTIAN/FRIESE, JULIA (2010): Schnipselgestrüpp. Bajazzo: Zürich.

DUDERSTADT, MATTHIAS/FORYTTA, CLAUS (1999). Literarisches Lernen. Grundschulverband: Frankfurt a. M.

ECKHARDT, ANDREA (2008): Sprache als Barriere für den schulischen Erfolg. Waxmann: Münster.

EDELMANN, WALTER (1992): Lernen. In: ASANGER, ROLAND/WENNINGER, GERD (Hrsg.): Handwörterbuch Psychologie. Psychologie Verlags-Union: Weinheim, 393–397.

EDER, KATJA/FOKKEN, SILKE (2008): Hier gibt's was in die Ohren ... Lesefest für Kinder und Eltern mit dem Schwerpunkt Hörmedien. In: Grundschulunterricht. Deutsch 55, Heft 1, 14–16.

EHLICH, KONRAD (1984) (Hrsg.) Erzählen in der Schule. Narr: Tübingen.

EICHLER, WOLFGANG (2010): Sprachbewusstheit bei DESI. In: WILLENBERG, HEINER (Hrsg.): Kompetenzhandbuch für den Deutschunterricht. Schneider Verlag Hohengehren: Baltmannsweiler, 124–133.

EISENBERG, PETER (2006): Die Grammatik des Deutschen. (2 Bde) Metzler: Stuttgart.

ELLIS, ROD (2000): Task-based research and language pedagogy. In: Language Teaching Research 49, 193–220.

ENGLER, TIHOMIR/LESAR-DOLENC, LEA/ULRICH, STEFAN/WIELAND, REGINA (2010): „Pfoten sind wie Füße“. Virtuelle Klassenpartnerschaften im Primarbereich. In: Fremdsprache Deutsch 42, 15–22.

ERLINGER, HANS D. (1997) (Hrsg.): Neue Medien – Edutainment – Medienkompetenz. Deutschunterricht im Wandel. Kopaed: München.

ERLINGER, HANS DIETER/MARCI-BOENCKE, GUDRUN (1999) (Hrsg.): Deutschdidaktik und Medienerziehung. Kopaed: München.

ERNST, KARL/RUTHEMANN, URSULA (2003): 10x10 Gesprächsübungen: Kommunikationsaufgaben für die Grundschule. Erle: Zofingen.

ERNST, KARL/RUTHEMANN, URSULA (2008): 10x10 Übungen zur Kommunikation. Erle: Zofingen.

FALSCHLEHNER, GERHARD (1997): Vom Abenteuer des Lesens. Residenz Verlag: Salzburg/Wien.

FEILKE, HELMUTH (2003): Entwicklung schriftlich-konzeptualer Fähigkeiten. In: BREDEL, URSULA et al. (Hrsg.), 178–192.

FEILKE, HELMUTH (2005): Entwicklungsaspekte beim Schreiben. In: ABRAHAM, ULF et al. (Hrsg.): Schreibförderung und Schreiberziehung. Eine Einführung für Schule und Hochschule. Auer Verlag: Donauwörth, 38–48.

FEILKE, HELMUTH (2012): Bildungssprachliche Kompetenzen – fördern und entwickeln (Basisartikel). In: Praxis Deutsch, Heft 233, 4–13.

FENKART, GABRIELE (2011): Sachorientiertes Lesen und Geschlecht. Transdifferenz – Geschlechtersensibilität – Identitätsorientierung. Dissertation: Klagenfurt.
FIEHLER, REINHARD (82009): Gesprochene Sprache. In: Duden. Die Grammatik. Dudenverlag: Mannheim, 1165–1244.
FIENEMANN, JUTTA/VON KÜGELGEN, RAINER (2003): Formen mündlicher Kommunikation in Lehr- und Lernprozessen. In: BREDEL et al. (2003), 133–147.
FIX, MARTIN (22004): Textrevisionen in der Schule. Prozessorientierte Schreibdidaktik zwischen Instruktion und Selbststeuerung. Empirische Untersuchung in achten Klassen. Schneider Verlag Hohengehren: Baltmannsweiler.
FIX, MARTIN (2006): Texte schreiben. Schreibprozesse im Deutschunterricht. Ferdinand Schöningh: Paderborn.
FIX, MARTIN (2008): Texte schreiben – Schreibprozesse im Deutschunterricht. UTB: Paderborn.
FLADER, DIETER/HURRELMANN, BETTINA (1984): Erzählen im Klassenzimmer. In: EHLICH (1984), 223–249.
FREDERKING, VOLKER (2006) (Hrsg.): Themen-Schwerpunkt Filmdidaktik und Filmästhetik. Kopaed (Medien im Deutschunterricht): München.
FREDERKING, VOLKER et al. (2010) (Hrsg.): Taschenbuch des Deutschunterrichts, Bd. 2: Literatur- und Mediendidaktik. Schneider Verlag Hohengehren: Baltmannsweiler, 2., erw. Aufl. 2013.
FREDERKING, VOLKER/STEINIG, WOLFGANG (2000): Früh übt sich. E-Mail und Chat-Projekte im Deutschunterricht der Grundschule. In: Computer+Unterricht 10, Heft 40, 12–14.
FREDERKING, VOLKER et al. (2008): Mediendidaktik Deutsch. Eine Einführung. Erich Schmidt Verlag: Berlin.
FRIEDRICH, HELMUT FELIX/MANDL, HEINZ (1992): Lern- und Denkstrategien – ein Problemaufriss. In: MANDL, H./FRIEDRICH H.F. (Hrsg.): Lern- und Denkstrategien: Analyse und Intervention. Hogrefe: Göttingen, 3–54.
FUCHS, MECHTHILD/KLANT, MICHAEL/PFEIFFER, JOACHIM/STAIGER, MICHAEL/SPIELMANN, RAPHAEL (2008): Freiburger Filmcurriculum. Ein Modell des Forschungsprojekts „Integrative Filmdidaktik" (Pädagogische Hochschule Freiburg). In: Der Deutschunterricht 60, Heft 3, 84–90; in diesem Rahmen: Fachbibliographie Filmdidaktik (2008): http://opus.bsz-bw.de/phfr/volltexte/2008/105/pdf/biblio_filmdidaktik_final.pdf (letzter Zugriff am 11.10.2012).
GAILBERGER, STEFFEN (2011): Lesen durch Hörbücher. Leseförderung in der Sek. I mit Hörbüchern und neuen Lesestrategien. Beltz: Weinheim/Basel.
GAPSKI, HARALD (2006): Medientechnologien und schulische Bildung. Über Medienkompetenzen und Formen der Selbstorganisation. In: JOSTING/HOPPE (Hrsg.), 66–82,
GARBE, CHRISTINE (2007): Lesen – Sozialisation – Geschlecht. Geschlechterdifferenzierende Leseforschung und -förderung. In: BERTSCHI-KAUFMANN, ANDREA (2007): Lesekompetenz – Leseleistung – Leseförderung. Klett/Kallmeyer: Seelze (Velber), 66–82.
GAST, WOLFGANG (1996): Filmanalyse. In: Praxis Deutsch, Heft 140, 14–25.
GESELL, HEIDI (2000): Radio Kunterbunt geht auf Sendung. Kinder gestalten ein Hörmagazin für Mitschülerinnen und Mitschüler. In: Grundschulmagazin, Heft 6, 15–18.
GOGOLIN, INGRID et al. (2011) (Hrsg.): Förderung von Kindern und Jugendlichen mit Migrationshintergrund FÖRMIG. Bilanz und Perspektiven eines Modellprogramms. Waxmann: Münster.
GORA, STEPHAN (2008): Debattieren im Deutschunterricht. Kontroverse Auseinandersetzungen im Klassenzimmer. In: Deutschmagazin 5, 9–14.
GORNIK, HILDEGARD (22006): Methoden des Grammatikunterrichts. In: BREDEL, URSULA et al. (Hrsg.): Didaktik der deutschen Sprache. Bd. 2. Ferdinand Schöningh: Paderborn, 814–829.
GRAF, PETER (1989): Deutsch als Zweitsprache in der Schule. In: TUMAT, ALFRED (Hrsg.): Deutsch als Fremdsprache. Konzeption und Unterricht. Schneider Verlag Hohengehren: Baltmannsweiler, 107–149.
GRAF, WERNER (2004): Der Sinn des Lesens. Modi der literarischen Rezeptionskompetenz. LIT Verlag: Münster.

Graf, Werner (2007): Lesegenese in Kindheit und Jugend. Einführung in die literarische Sozialisation. Schneider Verlag Hohengehren: Baltmannsweiler.

Grau, Herwig/Seidler, Burkhard (2004): Wenn Texte wandern ... Schüler beurteilen Schülertexte. In: Praxis Deutsch, Heft 184, 28–31.

Grice, H. Paul (1979): Logik und Konversation. In: Meggle, Georg (Hrsg.): Handlung, Kommunikation, Bedeutung. Suhrkamp: Frankfurt a. M., 243–265.

Grimbs, Robert (2005): Diesseits des Theaters in der Schule. Anmerkungen zum szenischen Lernen und zur Neurobiologie. In: Spiel und Theater, Heft 176, 9–12.

Groeben, Norbert (2002): Dimensionen der Medienkompetenz: Deskriptive und normative Aspekte. In: Groeben, Norbert/Hurrelmann, Bettina (Hrsg.): Medienkompetenz. Voraussetzungen, Dimensionen, Funktionen. Juventa: Weinheim/München, 160–197.

Groeben, Norbert (2004): Funktionen des Lesens – Normen der Gesellschaft. In: Groeben, Norbert/Hurrelmann, Bettina (Hrsg.): Lesesozialisation in der Mediengesellschaft. Ein Forschungsüberblick. Juventa: Weinheim/München, 11–35.

Groeben, Norbert/Hurrelmann, Bettina (2002 u. [2]2006) (Hrsg.): Lesekompetenz. Bedingungen, Dimensionen, Funktionen. Juventa: Weinheim/München.

Grotlüschen, Anke/Riekmann, Wibke (2011): leo. – Level-One Studie. Literalität von Erwachsenen auf den unteren Kompetenzniveaus, http://www.alphabetisierung.de/fileadmin/files/Dateien/Downloads_Texte/leo-Presseheft-web.pdf (letzter Zugriff am 12.10.2012).

Grundler, Elke (2009): Was heißt eigentlich Angemessenheit? Eine Annäherung an eine offensichtlich scheinende Bedingung der Gesprächskompetenz. In: ide – Informationen zur Deutschdidaktik, 4/2009, 32–40.

Guggenmos, Josef (1970): Sieben kecke Schnirkelschnecken. In: Ders.: Was denkt die Maus am Donnerstag? Bitter: Recklinghausen, 59.

Günther, Hartmut (1993): Erziehung zur Schriftlichkeit. In: Eisenberg, Peter/Klotz, Peter: Sprache gebrauchen – Sprachwissen erwerben. Klett: Stuttgart, 85–96.

Haas, Gerhard (1997): Handlungs- und produktionsorientierter Literaturunterricht. Theorie und Praxis eines „anderen" Literaturunterrichts für die Primar- und Sekundarstufe. Kallmeyer: Seelze (Velber).

Haas, Gerhard (1999): In der Schule Leistungen bewerten, ohne pädagogische Prinzipien außer Kraft zu setzen. Bewerten und Benoten im offenen Unterricht. In: Praxis Deutsch, Heft 155, 10–19.

Habermann, Mechthild (2010) (Hrsg.): Grammatik wozu? Vom Nutzen des Grammatikwissens in Alltag und Schule. Dudenverlag: Mannheim/Zürich.

Hamburger, Käte (1956): Zur Phänomenologie des Films. In: Merkur, Heft 9, 873–880.

Härle, Gerhard (2004): Literarische Gespräche im Unterricht. Versuch einer Positionsbestimmung. In: Härle, Gerhard/Rank, Bernhard (Hrsg.): Wege zum Lesen und zur Literatur. Schneider Verlag Hohengehren: Baltmannsweiler, 137–168.

Härle, Gerhard (2011): „... und am Schluss weiß ich trotzdem nicht, was der Text sagt". Grundlagen, Zielperspektiven und Methoden des Literarischen Unterrichtsgesprächs. In: Steinbrenner, Marcus et al. (Hrsg.), 29–65.

Haueis, Eduard (1995): Einübung in kulturelle Vielstimmigkeit. In: OBST, Heft 51: Schriftaneignung und Schreiben, 190–195.

Hausendorf, Heiko/Quasthoff, Uta (1996): Sprachentwicklung und Interaktion. Opladen: Westdeutscher Verlag.

Hausendorf, Heiko/Wolf, Dagmar (1998): Erzählentwicklung und -didaktik. In: Der Deutschunterricht, Heft 1, 38–52.

Havukainen, Aino/Toivonen, Sami (2010): Tatu und Patu und ihre verrückten Maschinen. Thienemann: Stuttgart/Wien.

HAYES, JOHN R./FLOWER, LINDA S. (1980): Identifying the Organization of Writing Processes. In: GREGG, LEE W./STEINBERG, ERWIN R. (Hrsg.): Cognitive Processes in Writing. Hillsdale: Erlbaum, 3–30.
HEIDTMANN, HORST (1992): Kindermedien. Metzler: Stuttgart.
HEIMANN, PAUL (ca. 1962): Massenmedien in der Volksschule. 4. Sonderheft der Zeitschrift für gegenwartsnahe Schularbeit, hrsg. von Ernst Meyer. Klett: Stuttgart, 1–9.
HEIZMANN, FELIX (2011): „... weil alles könnte gar keinen Sinn ergeben". Literarisches Lernen durch Erfahrung mit Alterität im Gespräch mit Grundschulkindern. In: STEINBRENNER, MARCUS et al. (Hrsg.), 305–336.
HELD, URSULA (1999): Schreibprotokolle – eine Möglichkeit zur Beobachtung der Lernentwicklung. In: Praxis Deutsch, Heft 155, 25–29.
HELD, URSULA (2006): Textüberarbeitung in der Grundschule. Eine Untersuchung zur Entwicklung und Förderung grundlegender Kompetenzen bei jungen Schreibern. Peter Lang: Frankfurt a. M.
HELD, URSULA (2009): Diagnostik schriftsprachlicher Kompetenzen in der Primarstufe. In: JEUK, STEFAN et al. (Hrsg.): Differenzen diagnostizieren und Kompetenzen fördern im Deutschunterricht. Fillibach: Freiburg, 213–228.
HENTIG, HARTMUT VON (2002): Der technischen Zivilisation gewachsen bleiben. Nachdenken über die Neuen Medien und das gar nicht mehr allmähliche Verschwinden der Wirklichkeit. Beltz: Weinheim/Basel.
HINNEY, GABRIELE (1997): Neubestimmung und Lerninhalte für den Rechtschreibunterricht. Peter Lang: Frankfurt a. M.
HINTZ, INGRID (2002): Das Lesetagebuch: intensiv lesen, produktiv schreiben, frei arbeiten. Bestandsaufnahme und Neubestimmung einer Methode zur Auseinandersetzung mit Kinder- und Jugendbüchern im Deutschunterricht. Schneider Verlag Hohengehren: Baltmannsweiler.
HOFEN, NIKOLAUS (2006a): Leistungsmessung. In: KLIEWER, HEINZ-JÜRGEN/POHL, INGE (Hrsg.), 389 f.
HOFEN, NIKOLAUS (2006b): Aufsatzbeurteilung und -bewertung. In: KLIEWER, HEINZ-JÜRGEN/POHL, INGE (Hrsg.), 25–29.
HOFF, DAGMAR VON (2003): Video-Kunst und Fresken für Kinder. Bill Violas begehbare Bilderräume. In: WERMKE, JUTTA (Hrsg.): Literatur und Medien. Kopaed: München, 104–117.
HOFFMANN, LORE/LEHRKE, MANFRED (1986): Eine Untersuchung über Schülerinteressen an Physik und Technik. In: Zeitschrift für Pädagogik, 32, 189–204.
HOFFMANN, LUDGER (1991): Funktionaler Grammatikunterricht für die Grundschule. In: Grundschule 24, Heft 1, 19–24.
HOLLE, KARL (1997): Wie lernen Kinder, sprachliche Strukturen zu thematisieren? Grundsätzliche Erwägungen und ein Forschungsüberblick zum Konstrukt „literale Sprachbewusstheit" (metalinguistic awareness). In: DERS. (Hrsg.): Konstruktionen der Verständigung. Die Organisation von Schriftlichkeit als Gegenstand didaktischer Reflexion. Lüneburg, 29–80.
HOLLE, KARL (2010): Psychologische Lesemodelle und ihre didaktische Implikationen. In: GARBE, CHRISTINE et al. (Hrsg.): Texte lesen. Textverstehen, Lesedidaktik, Lesesozialisation. Ferdinand Schöningh: Paderborn, 103–165.
HÖLSKEN, GEORG (1993): Leseverstehen und kognitive Textverarbeitung. In: BEISBART, ORTWIN et al. (Hrsg.), 47–54.
HUNEKE, HANS-WERNER (2010): Schrifterwerb und Rechtschreibunterricht. In: FREDERKING, VOLKER et al. (Hrsg.), 304–322.
HURRELMANN, BETTINA (1987): Textverstehen im Gesprächsprozeß – Zur Empirie und Hermeneutik von Gesprächen über die „Geschlechtertausch"-Erzählungen. In: HURRELMANN, BETTINA et al. (Hrsg.): Man müßte ein Mann sein ...? Interpretationen und Kontroversen zu Geschlechtertausch-Geschichten in der Frauenliteratur. Schwann: Düsseldorf, 57–82.
HURRELMANN, BETTINA (2002): Leseleistung – Lesekompetenz. In Praxis Deutsch, Heft 127, 6ff.

Hurrelmann, Bettina/Groeben, Norbert (2006): Geschlecht und Mediensozialisation – ein immer noch ungeklärtes Verhältnis. In: Josting, Petra/Hoppe, Heidrun (Hrsg.), 50–64.

Ingendahl, Werner (1999): Sprachreflexion statt Grammatik. Ein didaktisches Konzept für alle Schulstufen. Niemeyer: Tübingen.

Iser, Wolfgang ($^{3}$1990): Der Akt des Lesens. Theorie ästhetischer Wirkung. Wilhelm Fink: München.

Ivo, Hubert/Neuland, Eva (1991): Grammatisches Wissen. Skizze einer empirischen Untersuchung über Art, Umfang und Verteilung grammatischen Wissens (in der Bundesrepublik). In: Diskussion Deutsch, Heft 22, 437–493.

Jantzen, Christoph (2010): Verändert sich die Welt beim Überarbeiten? Oder: Warum Schreiben und Überarbeiten von Anfang an zusammen gehören. In: Jantzen, Christoph/Merklinger, Daniela (Hrsg.): Lesen und Schreiben: Lernerperspektiven und Könnenserfahrungen. Fillibach: Freiburg, 115–147.

Jeuk, Stefan (2010): Deutsch als Zweitsprache in der Schule. Grundlagen – Diagnose – Förderung. Kohlhammer: Stuttgart.

Josting, Petra (2007) (Hrsg.): Kinder- und Jugendliteratur im Medienverbund. Grundlagen, Beispiele und Ansätze für den Deutschunterricht. Kopaed: München (Kjl & m extra).

Josting, Petra/Hoppe, Heidrun (2006) (Hrsg.): Mädchen, Jungen und ihre Medienkompetenzen. Aktuelle Diskurse und Praxisbeispiele für den (Deutsch-) Unterricht. Kopaed: München.

Josting, Petra/Maiwald, Klaus (2010) (Hrsg.): Verfilmte Kinderliteratur. Gattungen, Produktion, Distribution, Rezeption und Modelle für den Deutschunterricht. Kopaed: München.

Jud-Krepper, Helga: Das Mädchen- und Jungenbild im Fernsehen und seine sozialisierende Wirkung. In: Erlinger, Hans D. (Hrsg.) (1997), 105–118.

Jürgens, Eiko (2006): Lebendiges Lernen in der Grundschule. Ideen und Praxisbausteine für einen schüleraktiven Unterricht. Beltz: Weinheim/Basel.

Karg, Ina (2005): Mythos PISA. Vermeintliche Vergleichbarkeit und die Wirklichkeit eines Vergleichs. V&R unipress: Göttingen.

Keilhacker, Martin/Keilhacker, Margarete (1955): Kind und Film. Klett: Stuttgart.

Kern, Friederike/Quasthoff, Uta M. (2005): Fantasy stories and conversational narratives of personal experience. In: Quasthoff, Uta/Becker, Tabea (eds.), 15–56.

Kern, Peter Chr. (2006): Die Emotionsschleuder. Affektpotenzial und Affektfunktion im Erzählfilm. In: Frederking, Volker (Hrsg.), 19–45.

Kern, Peter Chr. (2002): Film. In: Bogdal, Klaus-Michael/Korte, Hermann, 217–229.

Kerschensteiner, Georg (1922): Theorie der Bildung. Verlag Teubner: Leipzig.

Kirk, Sabine (2004): Beurteilung mündlicher Leistung. Pädagogische, psychologische, didaktische und schulrechtliche Aspekte mündlicher Leistungsbeurteilung. Julius Klinckhardt: Bad Heilbrunn.

Kliewer, Heinz-Jürgen/Pohl, Inge (2006) (Hrsg.): Lexikon Deutschdidaktik. Schneider Verlag Hohengehren: Baltmannsweiler.

Klix, Friedhart (1992): Gedächtnis. In: Asanger, Roland/Wenninger, Gerd (Hrsg.). Handwörterbuch Psychologie. Psychologie Verlags-Union: Weinheim, 213–219.

Klotz, Peter (1996): Grammatische Wege zur Textgestaltungskompetenz. Theorie und Empirie. Niemeyer: Tübingen.

Klotz, Peter (2010): Grammatisches Wissen als Orientierung. Aspekte einer Didaktik für den sprachlichen Alltag. In: Habermann, Mechthild (Hrsg.), 341–356.

Kluth, Theda (1983a): Der deutsche Kinderfilm und die Literatur. In: Praxis Deutsch, Heft 57, 13.

Kluth, Theda (1983b): Ein modernes Filmmärchen: „Ein Tag mit dem Wind". In: Praxis Deutsch, Heft 57, 24–26.

KMK (2005): Bildungsstandards im Fach Deutsch für den Primarbereich (Jahrgangsstufe 4). Beschluss vom 15.10.2004. Wolters Kluwer: München.

Knapp, Werner (1999): Verdeckte Sprachschwierigkeiten. In: Grundschule 31, Heft 5, 30–34.

Knapp, Werner (2001): Diagnostische Leitfragen. Sprachschwierigkeiten bei Kindern aus sprachlichen Minderheiten. In: Praxis Grundschule 24, Heft 3, 4–6.
Knapp, Werner (2009): Sprachförderung und ihre wissenschaftliche Erforschung. In: Nauwerck (Hrsg.): Kultur der Mehrsprachigkeit in Schule und Kindergarten. Fillibach: Freiburg, 75–95.
Knapp, Werner (2011): Deutsch als Zweitsprache sprechen und schreiben. In: Knapp et al.: Sprechen, schreiben und verstehen. Sprachförderung in der Primarstufe. Klett/Kallmeyer: Seelze (Velber), 193–228.
Knapp, Werner et al. (2010): Sprache fördern im Kindergarten. Umsetzung wissenschaftlicher Erkenntnisse in die Praxis. Beltz: Weinheim/Basel.
Knopf, Julia (2011): „Die Geschichte ist sehr schön geworden" – Zur Beurteilung von Texten aus Lehrer- und Schülerperspektive. In: Die Grundschule, Heft 3, 34–38.
Knopf, Julia (2011): Von Zauberern und Karawanen. Sprachliche Gestaltung in literarischen Texten genau wahrnehmen. In: Praxis Grundschule, 3, 34–37.
Kochan, Barbara et al. (1994): Selbstbestimmtes Schreiben mit dem Computer im entfaltenden Unterricht. In: Praxis Deutsch, Heft 128, 28–33.
Kochan, Barbara/Schröter, Elke (1993): Der Computer als Schreibwerkzeug beim Schriftspracherwerb. Beobachtungen im Anfangsunterricht. In: Grundschule 10, 24–28.
Kohl, Eva Maria (2005): Schreibspielräume. Freies und kreatives Schreiben mit Kindern. Kallmeyer: Seelze (Velber).
Kohl, Eva Maria (2007a): Rund um Märchen. Kopiervorlagen für den Unterricht in der Grundschule. Cornelsen: Berlin.
Kohl, Eva Maria (2007b) Rund um kreatives Schreiben. Kopiervorlagen für den Unterricht in der Grundschule. Cornelsen: Berlin.
Kohl, Eva Maria (2012): Wenn Kinder schreiben, ... In: Ritter, Alexandra/Ritter, Michael (Hrsg.): Schreibkompetenz und Schriftkultur. Grundschulverband: Frankfurt a. M., 162.
Kohl, Eva Maria/Ritter, Michael (2010): Schreibszenarien. Klett/Kallmeyer: Seelze (Velber).
Kohl, Eva Maria/Ritter, Michael (2011): Die Stimmen der Kinder. Kindertexte in Forschungsperspektiven. Schneider Verlag Hohengehren: Baltmannsweiler.
Köller, Wilhelm (1997): Funktionaler Grammatikunterricht. Tempus, Genus, Modus: Wozu wurde das erfunden? Schneider Verlag Hohengehren: Baltmannsweiler.
Köppert, Christine/Metzger, Klaus (2001) (Hrsg.): Entfaltung innerer Kräfte. Blickpunkte der Deutschdidaktik. Friedrich Verlag: Seelze (Velber).
Köppert, Christine/Spinner, Kaspar H. (2003): Filmdidaktik: Imaginationsorientierte Verfahren zu bewegten Bildern. In: Deubel, Volker/Kiefer, Klaus H. (Hrsg.): MedienBildung im Umbruch. Lehren und Lernen im Kontext der Neuen Medien. Aisthesis Verlag: Bielefeld, 59–74.
Köster, Juliane/Rosebrock, Cornelia (2011): Der Kompetenzbereich Lesen. In: Bremerich-Vos, Albert et al. (Hrsg.), 104–138.
Krapp, Andreas (2010): Interesse. In: Rost, Detlef H. (Hrsg.): Handwörterbuch Pädagogische Psychologie. Beltz: Weinheim/Basel, 311–323.
Krappmann, Lothar (1972): Lernen durch Rollenspiel. In: Klewitz, Marion/Nickel, Hans-Wolfgang (Hrsg.): Kindertheater und Interaktionspädagogik. Klett: Stuttgart, 37–57.
Krelle, Michael (2009): Zum Beurteilen von Sprechen und Kommunizieren in Lernkontexten. In: Krelle, Michael/Spiegel, Carmen (Hrsg.): Sprechen und Kommunizieren. Entwicklungslinien, Diagnosemöglichkeiten und Lernszenarien in Deutschunterricht und Deutschdidaktik. Schneider Verlag Hohengehren: Baltmannsweiler. 276–291.
Krelle, Michael (2011): Dimensionen von Gesprächskompetenz. Anmerkungen zur Debatte über mündliche Fähigkeiten im Deutschunterricht. In: Eriksson, Brigit/Behrens, Ulrike (Hrsg.): Sprachliches Lernen zwischen Mündlichkeit und Schriftlichkeit. Hep: Bern, 13–34.
Krelle, Michael (vorauss. 2013): Schreibkompetenz. In: Rothstein, Björn (Hrsg.): Kernbegriffe der Sprachdidaktik Deutsch. Ein Handbuch. Schneider Verlag Hohengehren: Baltmannsweiler.

KROHN, DIETER (1992): Grundwortschätze und ihre Auswahlkriterien. Metalexikographische und fremdsprachendidaktische Studien zur Struktur und Funktion deutscher Grundwortschätze (Göteborger Germanistische Forschungen 34). Acta universitatis gothoburgensis: Göteborg.
KRUSE, IRIS (2010): Figuren, Handlungen und Räume in Text, Ton und Bild. Literarisches und medienästhetisches Lernen in intermedialer Lektüre. In: JOSTING, PETRA/MAIWALD, KLAUS (Hrsg.), 177–185.
KRUSE, IRIS (2011): Medien und Mediengeschichten. Kinderliterarische Medienvielfalt als Herausforderung für den Literaturunterricht. In: Grundschulunterricht. Deutsch 58, Heft 1, 4–6.
KRUSE, NORBERT (2011): Zur Poetik in schulischen Lernprozessen. Ein Vorschlag zur Erweiterung des sprachlichen Rahmens für die Analyse. In: KOHL, EVA MARIA/RITTER, MICHAEL (2011), 73–82.
KÜMMERLE, WILHELM (ca. 1962): Auswertung eines Farbtonfilms. In: HEIMANN, PAUL, 28–31.
LADENTHIN, VOLKER (2012): Kompetenzorientierung als Indiz pädagogischer Orientierungslosigkeit, http://bildung-wissen.eu/wp-content/uploads/2012/03/ladenthin-kompetenz (letzter Zugriff am 22. 6. 2012).
LANGE, GÜNTER ([8]2003): Film und Fernsehspiel im Unterricht. In: DERS. et al. (Hrsg.): Taschenbuch des Deutschunterrichts, Bd. 2: Literaturdidaktik. Schneider Verlag Hohengehren: Baltmannsweiler, 695–720.
LANGENBRUCH, GERDA/MATTERN, KIRSTEN (1990): Auch der Computer ist ein Schreibwerkzeug. In: Grundschule 2, 23–25.
LANTOLF, JAMES P. (2000): Sociocultural Theory and Second Language Leaming. Oxford University Press: Oxford.
LECKE, BODO (2003): Medienwechsel – Medienwandel – Mediengeschichte: auch eine Chance für Lesemotivation und Literaturunterricht.
LEPSCHY, ANNETTE (2002): Lehr- und Lernmethoden zur Entwicklung von Gesprächsfähigkeit. In: BRÜNNER, GISELA et al. (Hrsg.): Angewandte Diskursforschung, Bd. 2. Opladen, 50–71.
LESSMANN, BEATE (1998): Schreiben und Rechtschreiben: Verlag Dieck: Heinsberg.
LEUBNER, MARTIN/SAUPE, ANJA (2006): Erzählungen in Literatur und Medien und ihre Didaktik. Schneider Verlag Hohengehren: Baltmannsweiler.
LEUBNER, MARTIN et al. ([2]2012): Literaturdidaktik. Akademie Verlag: Berlin.
LIEBNAU, ULRICH (1995): EigenSinn. Kreatives Schreiben – Anregungen und Methoden. Diesterweg: Frankfurt a. M.
http://www.lilipuz.de/Wissen/Bilder im Ohr (letzter Zugriff am 12.10.2012).
LINELL, PER (1992): The written language bias in linguistics. (Studies in Communication 2) University of Linköping: Linköping.
LISCHEID, THOMAS (2007): Kompetenzfächer Filmverstehen – Modell und Beispiel. Pixars „Der Vogelschreck“, USA 2000. In: Grundschulunterricht, Heft 5, 9–16.
LÖSENER, HANS/SIEBAUER, ULRIKE (2011): Hochform@Lyrik. Konzepte und Ideen für einen erfahrungsorientierten Lyrikunterricht. Edition Vulpes: Regensburg.
LYPP, MARIA (1984): Einfachheit als Kategorie der Kinderliteratur. Peter Lang: Frankfurt a. M.
LYPP, MARIA (2000): Der Lehrer und die Eskimos. In: DIES.: Vom Kaspar zum König. Studien zur Kinderliteratur. Peter Lang: Frankfurt a. M., 215–221.
MAAS, UTZ (1992): Grundzüge der deutschen Orthographie. Niemeyer: Tübingen.
MAAS, UTZ (2003): Alphabetisierung. Zur Entwicklung der schriftkulturellen Verhältnisse in bildungs- und sozialgeschichtlicher Perspektive. In: BESCH, WILHELM et al. (Hrsg.), Sprachgeschichte, Bd. 2. Walter de Gruyter: Berlin, 403–2418.
MAAS, UTZ (2008): Sprache und Sprachen in der Migrationsgesellschaft. Die schriftkulturelle Dimension. V&R Unipress: Osnabrück.
MAASS, KERSTIN (2010): Der Textanalysebaum. Über Texte und Textualität reden. In: Praxis Deutsch, Heft 223, 18–25.
MACLACHLAN, PATRICIA (1994): Schere, Stein, Papier. dtv: München.

MAIWALD, KLAUS (2005): Wahrnehmung – Sprache – Beobachtung. Eine Deutschdidaktik bilddominierter Medienangebote. Kopaed: München.
MAIWALD, KLAUS (2010a): Filmdidaktik und Filmästhetik – Lesen und Verstehen audiovisueller Texte. In: FREDERKING, VOLKER et al. (Hrsg.), 219–237.
MAIWALD, KLAUS (2010b): Grundlegende filmanalytische Begriffe und Kategorien. In: JOSTING, PETRA/MAIWALD, KLAUS (Hrsg.), 168–176.
MAIWALD, KLAUS/ATZHORN, CORDULA (2004): Schreibprojekt Hypertext. In: Grundschule 36, Heft 1, 58–59.
MARCI-BOEHNCKE, GUDRUN/RATH, MATTHIAS (2007): Jugend – Werte – Medien. Die Studie. Beltz: Weinheim/Basel.
MARX, PETER (2007): Lese- und Rechtschreiberwerb. Ferdinand Schöningh: Paderborn.
MASLOW, ABRAHAM H. (1991): Motivation und Persönlichkeit. Rowohlt: Reinbek b. Hamburg.
MATTENKLOTT, GUNDEL (1979): Literarische Geselligkeit. Schreiben in der Schule. Metzlersche J. B. Verlagsbuchhandlung: Stuttgart.
MATTERN, KIRSTEN (1999): Fernsehstars und Kinderalltag. Die Bedeutung von TV-Helden für die Selbstkonzeptentwicklung von Kindern. Athena: Oberhausen.
MATTERN, KIRSTEN (2002): Mein Star heißt Pippi Langstrumpf. Eine Filmfigurenanalyse. In: Praxis Deutsch, Heft 175, 22–26.
MATTHIAS, DIETER (1975): Wie ein Film erzählt. Eine semiotische Analyse. In: Praxis Deutsch, Heft 8, 55–60.
MATTHIAS, DIETER (1996): „Pingus Sprache sieht man doch". Übersetzung der Körpersprache eines Trickfilms als Einstieg in die Filmanalyse. In: Praxis Deutsch, Heft 140, 29–34.
MATTHIAS, DIETER (1998): Ganzheitliches Texterleben im Ausdrucksspiel nach Disneys „Dschungelbuch". In: Praxis Deutsch, Heft 150, 28–31.
MAY, PETER (1994): Jungen und Mädchen schreiben ‚ihre' Wörter. In: RICHTER, SIGRUN/BRÜGELMANN, HANS (Hrsg.), 110–120.
MAY, PETER (⁶2002): Die Hamburger Schreibprobe 1–9. Verlag für pädagogische Medien (vpm): Hamburg.
MCCARTHY, MICHAEL J. (2005): Fluency and confluence: What fluent speakers do. In: The Language Teacher 29, Heft 6, 26–28.
MECHERIL, PAUL/QUEHL, THOMAS (2006) (Hrsg.): Die Macht der Sprachen. Waxmann: Münster.
MENZEL, WOLFGANG (1985): Rechtschreibunterricht. Praxis und Theorie. Aus Fehlern lernen. Friedrich Verlag: Seelze (Velber).
MERKEL, JOHANNES (2000): Spielen, Erzählen, Phantasieren: die Sprache der inneren Welt. Kunstmann: München.
MERKL, MATTHIAS (2012): Wir kennen keine Regel, http://www.forschung-und-lehre.de/wordpress/?p=10516&print=1 (letzter Zugriff am 12.10.2012).
MERZ-GRÖTSCH, JASMIN (2000): Schreibforschung und Schreibdidaktik. Ein Überblick. Fillibach: Freiburg i. Br.
MERZ-GRÖTSCH, JASMIN (2010): Texte schreiben lernen: Grundlagen, Methoden, Unterrichtsvorschläge. Kallmeyer: Seelze (Velber).
METZGER, KLAUS (2001): Handlungsorientierter Umgang mit Medien im Deutschunterricht. Didaktische Voraussetzungen; Modelle und Projekte. Cornelsen Scriptor: Berlin.
METZGER, KLAUS (2008): Umgang mit Medien in der Grundschule, Teil 2. Die effektive Einbindung von Medien in den Deutsch- und Sprachunterricht. In: Grundschulmagazin 76, Heft 2, 51–54.
MINISTERIUM FÜR KULTUS, JUGEND UND SPORT BADEN-WÜRTTEMBERG (Hrsg.): Bildungsstandards für die Grundschule – Klassen 2, 4, http://www.bildung-staerkt-menschen.de/service/downloads/Bildungsstandards/GS/GS_D_bs.pdf (letzter Zugriff am 12.10.2012).
MINISTERIUM FÜR SCHULE UND WEITERBILDUNG DES LANDES NORDRHEIN-WESTFALEN (o. J.): Fachdidaktische Hinweise Deutsch Grundschule. Sprechen und Zuhören, http://www.standardsicherung.schul-

ministerium.nrw.de/ → Kernlehrpläne Grundschule → Deutsch → Hinweise und Materialien Deutsch → Fachdidaktische Hinweise Sprechen und Zuhören (letzter Zugriff am 12.10.2012)
MÖBIUS, THOMAS (2006): Wahrnehmen – Vorstellen – Versprachlichen. Aspekte einer Filmdidaktik für die Grundschule. In: FREDERKING, VOLKER (Hrsg.): Themen-Schwerpunkt Filmdidaktik und Filmästhetik. kopaed (Jahrbuch Medien im Deutschunterricht): München, 92–115.
MÖBIUS, THOMAS (2008a): Das „literarische Sehgespräch" als sprachlich-kommunikative Vermittlungsweise bilddominierter Medienangebote. In: RATH, MATTHIAS et al. (Hrsg.): Log In! Kreativer Deutschunterricht und Neue Medien. Festschrift für Hartmut Jonas. München, 141–156.
MÖBIUS, THOMAS ([3]2008b): Kinderfilm und Kinderfernsehen. In: WILD, REINER (Hrsg.): Geschichte der deutschen Kinder- und Jugendliteratur. Metzler: Stuttgart, 450–484.
MÖBIUS, THOMAS (2011a): „Mit 'ner Menge Fantasie ..." Literarisches Lernen mit SpongeBob. Unterrichtsanregungen für Klasse 4. In: Grundschulunterricht, Heft 1, 39–46.
MÖBIUS, THOMAS (2011b): Kreatives Schreiben. In: HABSCHEID, STEPHAN (Hrsg.): Textsorten, Handlungsmuster, Oberflächen. Linguistische Typologien der Kommunikation. Walter de Gruyter: Berlin, 597–620.
MÜLLER, BARBARA/SCHAFHAUSEN, HELMUT (2008): Szenisches Lernen. Texte und Theater im Deutschunterricht. Schöningh Verlag im Westermann Schulbuch: Braunschweig u. a.
MÜLLER, CLAUDIA (2012): Kindliche Erzählfähigkeiten und (schrift-)sprachsozialisatorische Einflüsse in der Familie. Eine longitudinale Einzelfallstudie mit ein- und mehrsprachigen (Vor-) Schulkindern. Schneider Verlag Hohengehren: Baltmannsweiler.
MÜLLER, KARLA (2004): Literatur hören und hörbar machen. In: Praxis Deutsch, Heft 185, 6–13.
MÜLLER, KARLA (2006): Hörbücher im Deutschunterricht. In: Die Grundschulzeitschrift 20, Heft 193, 4–8.
MÜLLER, KARLA/SCHILCHER, ANITA (2010): Literarisches Lernen mit Medien. In: Praxis Grundschule 33, Heft 6, 4–6.
NAEGELE, INGRID/VALTIN, RENATE (1989): Materialien zur Recht-schreibförderung in der Primar- und Sekundarstufe. In: DIES. (Hrsg.): LRS in den Klassen 1–10. Beltz: Weinheim/Basel, 163–165.
NAUMANN, CARL-LUDWIG/WEINHOLDT, SWANTJE (2011): Zur Bedeutung des Rechtschreibens für die Schülerinnen und Schüler der Primarstufe. In: BREMERICH-VOS, ALBERT et al. (Hrsg.), 185–201.
NEALE, DEREK (2006): Writing what you know. In: ANDERSON, LINDA: Creative Writing. A Workbook with Readings. Routledge: Oxfordshire, 57–69.
NECKNIG, ANDREAS THOMAS (2011): Schreibkonferenz versus traditionelle Aufsatzdidaktik. Eine empirische Untersuchung, http://kola.opus.hbz-nrw.de/volltexte/2011/644/pdf/Necknig_Schreibkonferenz_vs._trad_Aufsatzdidaktik.pdf (letzter Zugriff am 21.6.2012).
NEULAND, EVA et al. (2009): Schülersprache, Schulsprache und Unterrichtssprache. In: BECKER-MROTZEK, MICHAEL (Hrsg.): Mündliche Kommunikation und Gesprächsdidaktik (= DU in Theorie und Praxis 3). Schneider Verlag Hohengehren: Baltmannsweiler, 392–407.
NIKLAS, ANNEMARIE (2010): Lyrik sinnvoll. In: Praxis Grundschule 2010, Heft 4, 52–56.
NODARI, CLAUDIO/STEINMANN, CORNELIA (2008): Fachdingsda. Fächerorientierter Grundwortschatz für das 5–9. Schuljahr. Lehrmittelverlag des Kantons Aargau: Buchs.
NÖSTLINGER, CHRISTINE (1984/1997): Geschichten vom Franz. Oetinger: Hamburg.
NÖTH, WINFRIED ([2]2011): Handbuch der Semiotik. Metzler: Stuttgart/Weimar.
NUTZ, MAXIMILIAN (2003): Beurteilung sprachlicher Leistungen. In: BREDEL, URSULA et al. (Hrsg.), Bd. 2, 924–937.
OCHS, ELINOR/CAPPS, LISA (2001): Living narrative. Harvard University Press: Cambridge, Mass.
OEHLER, HEINZ (1978): Grundwortschatz Deutsch in sechs Sprachen. Klett Verlag: Stuttgart.
OHLHUS, SÖREN/STUDE, JULIANE (2009) Erzählen im Unterricht der Grundschule. In: BECKER-MROTZEK, MICHAEL (2009), 471–486.
OOMEN-WELKE, INGELORE/KÜHN, PETER (2011): Sprache und Sprachgebrauch untersuchen. In: BREMERICH-VOS, ALBERT et al. (Hrsg.), 139–184.
ORSENNA, ERIK (2009): Die Grammatik ist ein sanftes Lied. dtv: München.

OSSNER, JAKOB (2006): Sprachdidaktik Deutsch. Ferdinand Schöningh: Paderborn.
OSSNER, JAKOB (2010): Orthographie. Ferdinand Schöningh: Paderborn.
OTT, MARGARETE (2003): Entwicklung schriftlich-konzeptualer Fähigkeiten im mehrsprachigen Kontext. In: BREDEL, URSULA et al. (Hrsg.), Bd. 1, 193–207.
PABST-WEINSCHENK, MARITA (2005): Freies Sprechen in der Grundschule. Cornelsen Scriptor: Berlin.
PAULE, GABRIELA (2003): Sachtexte lesen und schreiben – Fächerverbindungen nutzen. In: ABRAHAM, ULF et al. (Hrsg.), 347–360.
PEKAREK DOEHLER, SIMONA/DE PIETRO, JEAN-FRANÇOIS (2009): L'organisation du discours dans l'interaction en langue première et seconde: acquisition, enseignement, évaluation. Rapport final. Schweizerischer Nationalfonds, http://edudoc.ch/record/33781/files/zu09056.pdf (letzter Zugriff am 12.10.2012).
PEKAREK DOEHLER, SIMONA (2010): Conceptual changes and methodological challenges: on language, learning and documenting learning in conversation analytic SLA research. In: SEEDHOUSE, PAUL et al. (eds.): Reconceptualising 'Learning' in Applied Linguistics. Palgrave-MacMillan: London, 105–125.
PESCHEL, ANDREA (2000): Film ab für die Hexen. Videofilm-Projekte für die 1. und 2. Klasse. In: Grundschulmagazin, Heft 6, 11–14.
PETERS, MARIA (2004): Magie der Dinge. Ästhetisch-biografische Arbeit und digitale Gestaltung in der Grundschule. In: Computer+Unterricht 14, Heft 55, 12–16.
PETTE, CORINNA (2001): Psychologie des Romanlesens. Lesestrategien zur subjektiven Aneignung eines literarischen Textes. Juventa: Weinheim/München.
PEYER, ANN (2005): Grammatikunterricht. In: LANGE, GÜNTER/WEINHOLD, SWANTJE (Hrsg.): Grundlagen der Deutschdidaktik. Sprachdidaktik. Mediendidaktik. Literaturdidaktik, Schneider Verlag Hohengehren: Baltmannsweiler, 73–100.
PFEIFFER, SIMONE (2001): Medien – von Kindern selbst entwickelt, gestaltet und erprobt. In: Grundschulunterricht 48, Heft 9, 15–18.
PIEPER, IRENE (2009): Lese- und literarische Sozialisation. In: KÄMPER-VAN DEN BOOGAART, MICHAEL/SPINNER, KASPAR H. (Hrsg.): Lese- und Literaturunterricht, Teil 1. Reihe Deutschunterricht in Theorie und Praxis, Bd. 11/1. Schneider Verlag Hohengehren: Baltmannsweiler, 87–147.
POTTHOFF, ULRIKE et al. (1995 u. 2008): Gespräche mit Kindern. Cornelsen Scriptor: Berlin.
PÖTTINGER, IDA (1997): Lernziel Medienkompetenz. Theoretische Grundlagen und praktische Evaluation anhand eines Hörspielprojekts. Kopaed: München.
PÖTTINGER, IDA (2004): Kleine Piraten entern den Computer. Grundschulkinder stellen ein multimediales Bilderbuch zum Thema Piraten her. In: Computer+Unterricht 14, Heft 53, 16–18.
PRANGE, KLAUS (2002): Lesen lehren. Zum Kerngeschäft des Schulunterrichts. In: Lehren und Lernen, Heft 1, 3–7.
PREUSSER, HEINZ-PETER (2012) (Hrsg.): Anschauen und Vorstellen. Schnüren: Marburg.
http://www.primolo.de/node/22448 (letzter Zugriff am 12.10.2012).
QUASTHOFF, UTA M. (2009): Entwicklung der mündlichen Kommunikationskompetenz. In: BECKER-MROTZEK, MICHAEL (2009), 88–105.
QUASTHOFF, UTA/BECKER, TABEA (2005) (eds.): Narrative interaction. Benjamins: Amsterdam.
RANK, BERNHARD/BRÄUER, CHRISTOPH (2008): Literarische Bildung durch literarische Erfahrung. In: HÄRLE, GERHARD/RANK, BERNHARD (Hrsg.): „Sich bilden, ist nichts anders, als frei werden". Sprachliche und literarische Bildung als Herausforderung für den Deutschunterricht. Schneider Verlag Hohengehren: Baltmannsweiler, 63–88.
REINMANN, GABI/MANDL, HEINZ (2006): Unterrichten und Lernumgebungen gestalten. In: KRAPP, ANDREAS/WEIDENMANN, BERND (Hrsg.): Pädagogische Psychologie. Ein Lehrbuch. Beltz, Psychologie Verlags-Union: Weinheim/Basel, 613–658.
RENNER, GÜNTER (1996): Der Computer als Schreibwerkzeug. Entwicklung einer computerunterstützten Schreibumgebung für den Anfangsunterricht. Hausarbeit zum 1. Staatsexamen für das Lehramt an Grundschulen. Univ. Erlangen-Nürnberg.

Reuen, Sascha (1997): Der Computer als Schreibwerkzeug. Theoretische Grundlagen und praktische Erfahrungen aus einer vierten Grundschulklasse. Peter Lang: Frankfurt a. M.
Richert, Peggy (2005): Typische Sprachmuster der Lehrer-Schüler-Interaktion. Empirische Untersuchung zur Feedbackkomponente in der unterrichtlichen Interaktion. Klinkhardt: Bad Heilbrunn.
Richter, Karin (2007): Kinderliteratur im Literaturunterricht der Grundschule. Schneider Verlag Hohengehren: Baltmannsweiler.
Richter, Karin/Plath, Monika (2005): Lesemotivation in der Grundschule. Empirische Befunde und Modelle für den Unterricht. Juventa: Weinheim/München.
Richter, Sigrun (1998): Interessenbezogenes Rechtschreiblernen. Westermann: Braunschweig.
Richter, Sigrun (2002): Schreibwortschatz von Grundschulkindern. Roderer Verlag: Regensburg.
Richter, Sigrun (2012): Geschlechterforschung und Deutschdidaktik. In: Kampshoff, Marita/Wiepcke, Claudia (Hrsg.): Handbuch Geschlechterforschung und Fachdidaktik. VS-Verlag: Wiesbaden.
Richter, Sigrun/Brügelmann, Hans (1994) (Hrsg.): Mädchen lernen anders – anders lernen Jungen. Libelle: Lengwil.
Richter, Susanne (2004): Die Nutzung des Internets durch Kinder. Peter Lang: Frankfurt a. M.
Richter, Tobias/Christmann, Ursula (2006): Lesekompetenz: Prozessebenen und interindividuelle Unterschiede. In: Groeben, Norbert/Hurrelmann, Bettina (2002 u. [2]2006), 25–58.
Risel, Heinz (2011): Arbeitsbuch Rechtschreibdidaktik. Schneider Verlag Hohengehren: Baltmannsweiler.
Ritter, Michael (2008): Wege ins Schreiben. Eine Studie zur Schreibdidaktik in der Grundschule: Schneider-Verlag Hohengehren: Baltmannsweiler.
Röber, Christa ([2]2010): Die Leistungen der Kinder beim Lesen- und Schreibenlernen. Schneider Verlag Hohengehren: Baltmannsweiler.
Röber, Christa (2011): Ermittlung rechtschreibsprachlicher Kompetenz. In: Bredel, Ursula/Reissig, Tilo (Hrsg,): Weiterführender Orthographieerwerb. Schneider Verlag Hohengehren: Baltmannsweiler, 509–545.
Röber-Siekmeyer, Christa (1993): Die Schriftsprache entdecken. Beltz: Weinheim.
Rosebrock, Cornelia (2000): Literaturdidaktik und Lesekultur. In: ide 2000, Heft 2, 35–48.
Rosebrock, Cornelia (2004): Rezeptionskompetenz in Bildschirm- und Bücherwelten. In: Härle, Gerhard/Rank, Bernhard (Hrsg.): Wege zum Lesen und zur Literatur. Schneider Verlag Hohengehren: Baltmannsweiler, 105–120.
Rosebrock, Cornelia (2010): Leseförderung. In: Frederking, Volker (2009), 326–339.
Rosebrock, Cornelia/Nix, Daniel (2008 u. [5]2012): Grundlagen der Lesedidaktik und der systematischen schulischen Leseförderung. Schneider Verlag Hohengeghren: Baltmannsweiler.
Roth, Gerhard (2011): Bildung braucht Persönlichkeit. Wie Lernen gelingt. Klett-Cotta: Stuttgart.
Ruckriegl, Peter/Koebner, Thomas (2002): Literaturverfilmung. In: Koebner, Thomas (Hrsg.): Reclams Sachlexikon des Films. Reclam: Stuttgart, 350–353.
Sacher, Werner (2011): Beurteilung und Bewertung von Schülerleistungen. In: Wiater, Werner/Metzger, Klaus (Hrsg.): Erziehen und Unterrichten in der Grundschule. Cornelsen Scriptor: Berlin, 158–167.
Sahr, Michael (2004): Verfilmte Kinder- und Jugendliteratur. Der literarische Kinderfilm – ein vernachlässigtes Unterrichtsmedium. Schneider Verlag Hohengehren: Baltmannsweiler.
Schädlich, Hans Joachim (2011): Der Sprachabschneider. Westermann Schrödel Diesterweg Schöningh: Braunschweig.
Schafhausen, Helmut (1995): Handbuch szenisches Lernen: Theater als Unterrichtsform. Beltz: Weinheim/Basel.
Scheerer-Neumann, Gerheid (1985): Freiheit und Systematik im Spracherfahrungsansatz. In: Bergk, Marion/Meiers, Kurt (Hrsg.): Schulanfang ohne Fibeltrott. Klinkhardt: Bad Heilbrunn, 179–188.
Scheerer-Neumann, Gerheid (1988): Rechtschreibtraining mit rechtschreibschwachen Hauptschülern auf kognitionspsychologischer Grundlage. Westdeutscher Verlag: Opladen.

Scheerer-Neumann, Gerheid (1986): Sprechen, Denken und Rechtschreiben. Schreibe, wie du sprichst – Rechtschreibhilfe? – falsche Strategie – oder unvermeidlich? In: Grundschule, Heft 6, 20–24.
Scheller, Anne (2009): Diktate für Mädchen. Klett-Pons: Stuttgart.
Scheller, Ingo (1998): Szenisches Spiel. Handbuch für die pädagogische Praxis. Cornelsen: Berlin.
Scheller, Ingo (2004): Szenische Interpretation. Theorie und Praxis eines handlungs- und erfahrungsbezogenen Literaturunterrichts in Sekundarstufe I und II. Kallmeyer: Seelze (Velber).
Schiefele, Hans (1986): Interesse – Neue Antworten auf ein altes Problem. In: Zeitschrift für Pädagogik 32, Heft 2, 153–162.
Schiefele, Hans/Stocker, Karl (1990): Literaturinteresse. Beltz: Weinheim/Basel.
Schilcher, Anita (2010): Geschlechterdifferenzierung im Literaturunterricht. In: Frederking, Volker et al. (Hrsg.), 357–373.
Schmitt, Christoph (2000): Können Filme Märchen erzählen? In: Grundschule, Heft 10, 9–12.
Schmitt, Reinhold (2007) (Hrsg.): Koordination. Zur Analyse multimodaler Interaktion. Narr (Studien zur deutschen Sprache 38): Tübingen.
Schmitz, Ulrich (2003): Schreiben und neue Medien. In: Bredel, Ursula et al. (Hrsg.), Bd. 1, 249–260.
Schmölzer-Eibinger, Sabine (2008): Lernen in der Zweitsprache. Grundlagen und Verfahren der Förderung von Textkompetenz in mehrsprachigen Klassen. Narr: Tübingen.
Schulze, Cordula (2011): Brauchen Grundschullehrer grammatische Kompetenzen? – Einstellungen und Selbsteinschätzungen von Deutschlehrern und Studierenden. In: Köpcke, Michael/Noack, Christina (Hrsg.): Sprachliche Strukturen thematisieren. Sprachunterricht in Zeiten der Bildungsstandards. Diskussionsforum Deutsch, Bd. 28. Schneider Verlag Hohengehren: Baltmannsweiler.
Seib, Sibylle (2006): Internet-Recherche von Grundschulkindern. Eine qualitativ-empirische Studie mit dem Schwerpunkt auf Kindergesprächen. Kopaed: München.
Selting, Margret et al. (1998): Gesprächsanalytisches Transkriptionssystem. In: Linguistische Berichte 173, 91–122.
Senatsverwaltung für Bildung, Wissenschaft und Forschung (o. J.) (Hrsg.): Der Grundwortschatz im Unterricht, http://www.berlin.de/imperia/md/content/sen-bildung/bildungswege/grundschule/handreichung_grundwortschatz.pdf?start&ts=1345462685&file=handreichung_grundwortschatz.pdf (letzter Zugriff am 12.10.2012).
Sevegnani, Friederike (2010): Wie nennt man diese Halse? Schreibgespräche als Chance für semantisch-lexikalisches Lernen. In: Rost-Roth, Martina (Hrsg.): DaZ-Spracherwerb und Sprachförderung Deutsch als Zweitsprache. Fillibach: Freiburg, 237–254.
Sevegnani, Friederike (2012): „ … weil der ist irgendwie verständlicher als der." Erste Ergebnisse einer Pilotstudie zum Verfassen informierender Texte bei Schülerinnen und Schülern der vierten Klasse. In: Jeuk, Stefan/Schäfer, Joachim (Hrsg.): Deutsch als Zweitsprache in Kindertagseinrichtungen und Schulen. Analysen und Konzepte zu Unterricht und individueller Förderung. Fillibach: Freiburg.
Skinner, B. F./Burrhus, Frederic (1938): The behaviour of organisms. Appleton Cent. Crofits: New York.
Spiegel, Carmen (2006): Unterricht als Interaktion. Gesprächsanalytische Studien zum kommunikativen Spannungsfeld zwischen Lehrern, Schülern und Institution. Verlag für Gesprächsforschung: Radolfzell.
Spielmann, Raphael (2011): Filmbildung NOW! Traditionen, Modelle, Perspektiven. Kopaed: München.
Spinner, Kaspar H. (2001): Spielszenen im Deutschunterricht. In: Praxis Deutsch, Heft 166, 4–9.
Spinner, Kaspar H. (2002): Handlungs- und produktionsorientierter Literaturunterricht. In: Bogdal, Klaus-Michael/Korte, Hermann (Hrsg.), 247–257.

SPINNER, KASPAR H. (2004): Höreraktivierung beim Vorlesen und Erzählstruktur. Unveröffentlichter Vortrag am 19. Februar 2004 an der Freien Universität Berlin.
SPINNER, KASPAR H. (2006a): Literarisches Lernen. Basisartikel. In: Praxis Deutsch, Heft 200, 6–16.
SPINNER, KASPAR H. (2006b): Szenisches Interpretieren. In: KLIEWER, HEINZ-JÜRGEN/POHL, INGE (Hrsg.), 752–753.
SPINNER, KASPAR H. (2010): Lesekompetenz ausbilden. In: SCHULZ, GUDRUN (Hrsg.): Lesen lernen in der Grundschule. Cornelsen Scriptor: Berlin, 48–61.
SPINNER, KASPAR H. (2011): Gespräche über Literatur: Was Schülerinnen und Schüler lernen sollen. In: KIRSCHENMANN, J. et al. (Hrsg.): Reden über Kunst. Kopaed: München, 63–72.
SPITTA, GUDRUN (1992): Schreibkonferenzen in Klasse 3 und 4. Cornelsen: Berlin.
SPITTA, GUDRUN (1996): Fördern Schreibkonferenzen selbständiges (Sprach-)Handeln von Grundschulkindern? In: Praxis Deutsch, Heft 136, 19–21.
SPITTA, GUDRUN (1998 u. 32010): Freies Schreiben – eigene Wege gehen. Libelle: Lengwil.
SPITTA, GUDRUN (51999): Schreibkonferenzen in der Klasse 3 und 4. Ein Weg vom spontanen Schreiben zum bewussten Verfassen von Texten. Cornelsen: Berlin.
SPITTA, GUDRUN (2008): Freies Schreiben und Schreibkonferenzen – in der Grundschule? In: Grundschule Deutsch 5, Heft 20, 40–43.
SPRECKELSEN, TILMAN (2012): So hungrig sind die Kinder nach Abenteuern, FAZ vom 07.04.2012.
STEINBRENNER, MARCUS/WIPRÄCHTIGER-GEPPERT, MAJA (2006): Literarisches Lernen im Gespräch. Das „Heidelberger Modell" des Literarischen Unterrichtsgesprächs. In: Praxis Deutsch, Heft 200, 14–15.
STEINBRENNER, MARCUS et al. (2011) (Hrsg.): „Seit ein Gespräch wir sind und hören voneinander". Das Heidelberger Modell des Literarischen Unterrichtsgesprächs in Theorie und Praxis. Schneider Verlag Hohengehren: Baltmannsweiler.
STEINIG, WOLFGANG/HUNEKE, HANS-WERNER (2007): Sprachdidaktik Deutsch. Eine Einführung. Erich Schmidt Verlag: Berlin.
STEINIG, WOLFGANG (2010): Rechtschreibung als soziale Barriere. In: Die Grundschulzeitschrift 24, Heft 240, 4–7.
STERN, ELSBETH (2006): Lernen. Was wissen wir über erfolgreiches Lernen in der Schule? In: Pädagogik, Heft 1, 45–49.
THIELE, JENS (2000): Das Bilderbuch. Ästhetik, Theorie, Analyse, Didaktik, Rezeption. Isensee: Oldenburg.
THOMSEN, HOLGER (1989): Schreibanlaß Umweltverschmutzung. In: Der Deutschunterricht 41, Heft 3, 76–80.
THORNDIKE, EDWARD LEE (1898): Animal Intelligence. Macmillan: New York.
THURN, BERNHARD (1996): Mit Kindern szenisch spielen. Spielfähigkeit entwickeln, Pantomimen, Stegreif- und Textspiele. Von der Idee zur Aufführung. Cornelsen Scriptor: Berlin.
TILLMANN, KLAUS-JÜRGEN (1999): Deutsche Schulen unter „ferner liefen"? Was leisten internationale Leistungsvergleiche? In: Friedrich-Jahresheft „Leistung", 84–87.
TRAUB, SILKE (2006): Gespräche führen – leicht gemacht: Gesprächserziehung in der Schule. Schneider Verlag Hohengehren: Baltmannsweiler.
TRAUTMANN, THOMAS (2001): Computer im Anfangsunterricht deutsch. In: Grundschule 33, Hefte 7–8, 32–34.
ULSHÖFER, ROBERT (1958): Welchen Raum können Filmerziehung und Hörspielarbeit im Deutschunterricht der Gymnasien beanspruchen? In: Der Deutschunterricht, Heft 3, 8–13.
URBANEK, RÜDIGER (1994): Rechtschreiben lernen und lehren. Kamp: Bochum.
VACH, KARIN (2005): Medienzentrierter Deutschunterricht in der Grundschule. Konzeptualisierung, unterrichtliche Erprobung und Evaluation. Frank & Timme: Berlin.
VOGT, RÜDIGER (2002): Im Deutschunterricht diskutieren. Zur Linguistik und Didaktik einer kommunikativen Praktik. Niemeyer: Tübingen.

VOGT, RÜDIGER (2004): Miteinander-Sprechen lernen: Schulische Förderung von Gesprächsfähigkeit. In: BECKER-MROTZEK, MICHAEL/BRÜNNER, GISELA (Hrsg.), 199–224.

VOIGT, GERHARD (2001): Schwierigkeiten beim Grammatikunterricht. Ein Statement. Skizze des Bewusstseinszustands eines grammatikinteressierten Gymnasiallehrers für das Fach Deutsch. In: Mitteilungen des deutschen Germanistenverbandes, Heft 1, 18–25.

WALCHER-FRANK, KATHRIN/CRÄMER, CLAUDIA (2011) (Hrsg.): Mobile Sprachbuch 3. Westermann: Braunschweig.

WALLRABENSTEIN, WULF (2001): Szenen spielen? Mit Szenen lernen. In: Die Grundschulzeitschrift 146, 6–11.

WALSH, STEVE (2011): Exploring Classroom Discourse. Language in Action. Routledge (Routledge Intrductions to Applied Linguistics): London.

WARDETZKY, KRISTIN (2006): Projekt Erzählen. Schneider Verlag Hohengehren: Baltmannsweiler.

WEBER, WIBKE (1997): Strukturtypen des Hörspiels, erläutert am Kinderhörspiel des öffentlich-rechtlichen Rundfunks seit 1970. Peter Lang: Frankfurt a. M.

WEINREBE, HELGE (2001): Texte, Spiele, Szenen. In: Praxis Deutsch, Heft 166, 24–31.

WELSCHER-FORCHE, URSULA (1999): Lernen fördern mit Elementen des szenischen Spiels. Schneider Verlag Hohengehren: Baltmannsweiler.

WERMKE, JUTTA (1999): Kinderhörkassetten zwischen Film und Literatur. In: Deutschunterricht (Berlin) 52, Heft 5, 371–379.

WIELER, PETRA (1997): Vorlesen in der Familie. Fallstudien zur literarisch-kulturellen Sozialisation von Vierjährigen. Juventa: Weinheim/München.

WIELER, PETRA (1998): Gespräche über Literatur im Unterricht. Aktuelle Studien und ihre Perspektiven für eine verständigungsorientierte Unterrichtspraxis. In: Der Deutschunterricht 50, Heft 1, 26–37.

WIELER, PETRA (2010): Vorlesen, Erzählen – Gespräche im Literaturunterricht. In: FREDERKING et al. (Hrsg.), 283 –295.

WILDE, DAGMAR (2002): Durch die Texte zappen … Neue Medien fordern Lesekompetenz. In: Unterrichten, erziehen 21, Heft 6, 306–311.

WILLENBERG, HEINER (2004): Lesestrategien. Vermittlung zwischen Eigenständigkeit und Wissen. In: Praxis Deutsch, Heft 187, 6–15.

WINTER, FABIAN/SCHNEIDER, ALEXANDER (2011): Pu der Bär. Konzeption einer Schülerlesung. Unveröffentlichte Hausarbeit Pädagogische Hochschule Heidelberg.

WITTGENSTEIN, LUDWIG (1969): Philosophische Untersuchungen. In: DERS: Schriften 1. Frankfurt a. M.

WOLF, STEFFEN (1977): Kinderfilm. In: DODERER, KLAUS (Hrsg.): Lexikon der Kinder- und Jugendliteratur, Bd. 2. Beltz: Weinheim/Basel, 176–178.

WOLFF, DIETER (2009): Strategien im bilingualen Sachfachunterricht. In: GNUTZMANN, CLAUS et al. (Hrsg.): Strategien im Fremdsprachenunterricht (= FLuL 2009, 38. Jg). Narr: Tübingen, 139–156.

WOLFF, GERHART (1981): Sprechen und Handeln. Pragmatik im Deutschunterricht. Scriptor: Königstein.

WOLFRUM, JUTTA (2010): Kreativ Schreiben. Gezielte Schreibförderung für jugendliche und erwachsene Deutschlernende (DaF/DaZ).

WYGOTSKI, LEV (1971): Denken und Sprechen. Fischer Verlag: Stuttgart.

**Quellennachweis**

S.62: Der Titel des Beitrags „Aller Anfang ist leicht" wurde entnommen aus:

REPPERT, KRISTIN (2012): Aller Anfang ist schwer – Schreibimpulse zum prozessorientierten Schreiben in der Grundschule: Lehrstuhl für Didaktik der deutschen Sprache und Literatur, Zulassungsarbeit, Universität Bamberg.

# Register